谨以此书献礼思想政治教育学科设立40周年

2022 年度教育部人文社会科学重点研究基地重大项目（22JJD710007）
2022 年度国家社会科学基金项目资助（22VRC150）

国家出版基金项目
NATIONAL PUBLICATION FOUNDATION

马克思恩格斯思想政治教育思想研究

（全四卷）　　李忠军 等 著

第一卷 概念

本卷作者　李忠军　刘怡彤

中国教育出版传媒集团
高等教育出版社 · 北京

内容提要

《马克思恩格斯思想政治教育思想研究》（全四卷）是对马克思恩格斯经典著作中蕴含的思想政治教育立场、观点和方法进行系统梳理和深入阐释的学术专著。全书分为概念、范畴、内容、方法四卷，着重对马克思恩格斯直接或者间接使用的思想政治教育概念、范畴、内容和方法等相关论述思想加以研究阐释，初步构建了马克思主义思想政治教育的概念系统、范畴基础、内容框架和方法体系。本书可作为思想政治教育学科研究生教学参考用书，也可供广大思想政治教育工作者和社会读者学习使用。

图书在版编目（CIP）数据

马克思恩格斯思想政治教育思想研究. 第一卷，概念 / 李忠军，刘怡彤著. -- 北京：高等教育出版社，2024. 5
ISBN 978-7-04-062274-4

Ⅰ. ①马… Ⅱ. ①李… ②刘… Ⅲ. ①马恩著作-思想政治教育-教育思想-研究 Ⅳ. ①A811.64

中国国家版本馆 CIP 数据核字（2024）第 104866 号

MAKESI ENGESI SIXIANG ZHENGZHI JIAOYU SIXIANG YANJIU

策划编辑　迟宝东　王溪桥	责任编辑　孙天旭	封面设计　赵　阳	
版式设计　童　丹	责任校对　陈　杨	责任印制　赵义民	

出版发行　高等教育出版社	网　　址	http://www.hep.edu.cn
社　　址　北京市西城区德外大街 4 号		http://www.hep.com.cn
邮政编码　100120	网上订购	http://www.hepmall.com.cn
印　　刷　北京盛通印刷股份有限公司		http://www.hepmall.com
开　　本　787mm×1092mm　1/16		http://www.hepmall.cn
本册印张　27.25		
本册字数　350 千字	版　　次　2024 年 5 月第 1 版	
购书热线　010-58581118	印　　次　2024 年 12 月第 2 次印刷	
咨询电话　400-810-0598	总 定 价　270.00 元	

本书如有缺页、倒页、脱页等质量问题，请到所购图书销售部门联系调换
版权所有　侵权必究
物 料 号　62274-00

作者简介

李忠军，现任东北师范大学党委书记、马克思主义学部（院）教授，博士生导师。先后任东北师范大学马克思主义学部（院）部（院）长，吉林大学马克思主义学院院长，陕西师范大学马克思主义理论学科带头人。教育部马克思主义理论研究和建设工程重点教材首席专家、教育部高等学校马克思主义理论类专业教学指导委员会副主任委员，入选国家高层次人才特殊支持计划、国家百千万人才工程（国家有突出贡献中青年专家）、教育部新世纪优秀人才支持计划、吉林省高级专家，享受国务院特殊津贴，获第六届高等学校科学研究优秀成果奖（人文社会科学）三等奖（著作），长期致力于思想政治教育基础理论研究，先后主持完成教育部哲学社会科学研究重大攻关项目（2 项）、国家社科基金委托项目、国家社科基金重点项目、国家社科基金一般项目、国家出版基金资助项目等多项国家级课题。在《马克思主义研究》《中国高校社会科学》《人民日报》等权威期刊（CSSCI）上发表论文 70 余篇，其中 5 篇被《新华文摘》全文转摘， 25 篇被《人大复印报刊资料》全文转载，出版专著 4 部，主编教材 5 部。

序

习近平总书记指出："马克思主义是我们立党立国的根本指导思想，是我们党的灵魂和旗帜。"① 百年历程充分表明，中国共产党开创和领导的整个思想政治教育事业，无论是理论探索、学科建设，还是实践发展和制度保障，始终是以马克思主义为根本指导思想的，始终是建立在马克思主义经典作家，特别是马克思、恩格斯关于思想政治教育的基本立场、观点和方法这个"理论地基"与"精神王座"之上的。这就意味着，深化思想政治教育基础理论研究或创新思想政治教育前沿探索，都离不开回到经典、思入文本，离不开以之为精神要义、理论原则和思想方法，来观照现实、解决问题，推动思想政治教育学术发展和实践创新。

马克思恩格斯经典著作中蕴含着丰富的思想政治教育理论资源。学界历来重视围绕思想政治教育核心范畴对马克思恩格斯经典著作进行文本梳理、思想总结和理论阐释，形成了诸多厚重的学术成果，进一步夯实了思想政治教育理论与实践的观念基础和精神原则。在此背景和前提下，我们一直坚持从思想政治教育视角出发来学习研读马克思恩格斯经典著作，解读论断、阐释思想、揭示规律，而今正式将学习结果《马克思恩格斯思想政治教育思想研究》（全四卷）出版，也算是为新时代思想政治教育理论研究事业尽一份力。

本书以《马克思恩格斯文集》（人民出版社 2009 年版）为文献基准，同时参考《马克思恩格斯全集》相关卷次，总体追求是从思想政治教育的概念、范畴、内容和方法四个维度，对马克思恩格斯思想政治教

---

① 《习近平著作选读》第二卷，人民出版社 2023 年版，第 483 页。

育理论的主要框架和基本观点进行全面梳理、系统总结,尽可能"以文本释文本"的方式还原马克思恩格斯思想政治教育理论原相和精神实质,突出原典和整体性。

之所以要从概念、范畴、内容和方法四个维度切入对马克思恩格斯思想政治教育理论的整体性研究,一方面是因为在经典文本中,马克思、恩格斯不曾直接使用过"思想政治教育"这个术语,很有必要将文献中指向"思想政治教育"的相关概念按照一定逻辑梳理出来,探明马克思、恩格斯通过这些概念对"思想政治教育"这个社会现象究竟思考过什么、表述过什么;另一方面是因为马克思恩格斯思想政治教育理论作为一个"观念的整体",其概念、范畴、内容和方法是构建这个观念体系的基本构架与主要元素,属于马克思恩格斯关于思想政治教育系列重要论述的逻辑线索和理论纲目。选取这四个维度深化马克思恩格斯思想政治教育理论研究,既是梳理文本,也是反思学科原理,力求回溯和呈现马克思恩格斯关于思想政治教育基本问题的理论追问与思想释惑,对这一理论整体进行点位突破和横向掘进。

第一卷是概念,着重梳理和总结马克思恩格斯经典著作中与思想政治教育相关的概念。"马克思恩格斯的思想政治教育概念"是一个总体性指谓,由"思想""政治""教育""精神""意识形态"等相关概念融合而成。虽然马克思、恩格斯没有使用过"思想政治教育"这一概念,但没有人怀疑他们揭示了思想政治教育现象的一般规律,指明了无产阶级思想政治教育的原则要求,也没有人怀疑他们的理论建树和革命实践活动本身就是思想政治教育典范。梳理和总结经典文本中马克思恩格斯思想政治教育概念,力求从相关概念出发梳理和把握思想政治教育本身,厘清马克思、恩格斯关注了哪些问题、提出了哪些观点,有助于总结和阐释马克思恩格斯思想政治教育理论概念体系。第一卷重点分析了共同指向思想政治教育本质内涵的十一个概念:思想、政治、教育、共产主义理想信念、实践、意识形态、群众、道德、世界观、人生观、价值观。选取这些与思想政治教育相关的概念的依据是：思想、政治、教育构成了"思想政治教育"这一概念整体，选取这三个概念，能够从三个维度揭示出思想政治教育的本质内涵；共产主义理想信念是思想政治教育的终极追求；实践明确了思想政治教育的发展形态；意识形态凸显了思想政治教育的本质属性；群众揭示了思想政治教育的主体力量；道德构成了思想政治教育的基础内容；世界观把控着思想政治教育的核心枢纽；人生观规定着思想政治教育的现实目标；价值观关涉着思想政治教育的利益原则。

第二卷是范畴，着重梳理和总结马克思恩格斯经典著作中与思想政治教育相关的范畴。范畴是知识谱系中的基本概念。思想政治教育范畴是认识和表述思想政治教育现象的结构性概念，是思想政治教育学的基本概念，是思想政治教育理论体系的基本单元。如果说第一卷对概念的梳理和阐发旨在通过经典文本考察马克思、恩格斯通过哪些相关概念、理论术语来理解和表述思想政治教育，那么第二卷则力求通过对这些与思想政治教育相关的概念进行学术追问，梳理和阐释马克思恩格斯关于思想政治教育的对偶性范畴，实质就是要以范畴解析为概念中介和学术线索，对马克思恩格斯思想政治教育理论进行梳理和建构，揭示思想政治教育规律，深化对马克思主义思想政治教育原理的研究。第二卷重点选取和阐释了九对范畴，分为三类：第一类是思想政治教育起始范畴，包括个人与社会、思想与利益、理论与实践。这三对思想政治教育范畴主要解决思想政治教育的根源和本质问题，是对经典文本中马克思、恩格斯关于思想政治教育何以产生、为何必然产生、如何产生及其本质规定等理论前提问题的范畴凝结，实际上是对马克思主义思想政治教育哲学基础及其指导下形成的本原理论的文本把握和范畴表述。第二类是思想政治教育过程范畴，包括能动与受动、理性与非理性、教育与环境。这三对思想政治教育范畴主要解决思想政治教育的运行过程问题，指向马克思、恩格斯在经典文本中对思想政治教育规律的讨论和揭示。

第三类是思想政治教育目的范畴，包括物质武器与精神武器、副本与原本、神圣形象与非神圣形象。这三对范畴可以说是思想政治教育的结果范畴，是从效力争取或者达成目标上，对思想政治教育运行发展的根本任务、价值追求的理论揭示。

第三卷是内容，着重梳理和总结马克思恩格斯经典著作中关于思想政治教育内容的论述。该卷重点对马克思、恩格斯关于思想政治教育究竟应该做什么、教什么等基本问题的理论探索和思想观念作了考察，包括政治教育、阶级利益教育、理论武装、世界观教育、共产主义教育、道德教育、与生产劳动相结合的教育、人的全面发展的教育、政党教育、策略教育十方面内容。这些思想政治教育内容的选取依据在于：政治教育是根本性内容，为其他内容提供方向规约；阶级利益教育、理论武装、世界观教育和共产主义教育是基础性内容，阶级利益教育帮助无产阶级懂得区分不同阶级的利益和原则，理论武装帮助无产阶级掌握科学理论指导和强大精神武器，世界观教育帮助无产阶级塑造新世界观，共产主义教育帮助无产阶级树立共产主义理想信念；与生产劳动相结合的教育、道德教育、人的全面发展的教育是拓展性内容，与生产劳动相结合的教育致力于综合提升和发挥人的体力与智力，道德教育致力于培养指向未来道德形式的无产阶级道德，人的全面发展的教育致力于全面激发和培育人的天赋与才能；政党教育和策略教育是特殊性内容，政党教育为组织独立强大的无产阶级政党服务，策略教育为取得无产阶级革命不断胜利提供智慧原则。

第四卷是方法，着重梳理和总结马克思恩格斯经典著作中关于思想政治教育方法的论述。方法是贯穿马克思恩格斯思想政治教育理论体系的精神原理。该卷重点考察经典著作中蕴含的矛盾分析法、历史分析法、阶级分析法、理论灌输法、批判揭露法、说服教育法、情感感染法、宣传鼓动法、组织教育法、自我革命法十种思想政治教育方法，包括根本方法、方法论原则、一般方法、具体方法四个层次。矛盾分析法、历史分析法、阶级分析法直接来源于唯物辩证法，是具有原则高度、统领一般方法、覆盖整个过程的方法论原则，能够帮助我们解决关系思想政治教育存在与发展的根基性问题。理论灌输法、批判揭露法、说服教育法、情感感染法、宣传鼓动法、组织教育法、自我革命法是解决思想政治教育各个领域核心问题的一般方法。理论灌输法旨在清除剥削阶级意识形态，输送无产阶级意识形态，引导形成无产阶级意识；批判揭露法旨在揭露反动思想，驳倒错误观念，纠正思想偏差；说服教育法重在有理讲理、讲理有理、以理服人，保证理论对群众的武装和群众对理论的掌握；情感感染法旨在以情感人、由情入理、深入人心，从而触及内心世界、增强情感共鸣、塑造革命精神；宣传鼓动法旨在传播科学思想，广泛凝聚共识和鼓舞实践力量；组织教育法旨在统一思想和行动，将人民群众组织成为自觉自为、协调一致、高度统一的革命群体；自我革命法重在反思自我、改造自我、超越自我，使革命阶级和革命政党永葆先进性与纯洁性。

从概念到范畴，从内容到方法，这四卷本力求通过对马克思恩格斯思想政治教育理论开展整体性研究，尽可能全面地梳理和总结相关重要文献，但是挂一漏万在所难免。同时，研读阐释经典文本也是开放性事业、长期性工程，这四卷本虽然希冀推动对思想政治教育理论的追问和构建，但其广度、深度和高度还有努力空间，期待学界同仁批评指正。

作　者
2024 年 3 月

目　录

导　　论

　　思想政治教育基本概念是指能够反映思想政治教育主要对象，揭示思想政治教育本质内涵、奠定思想政治教育概念基础的概念。思想政治教育基本概念是一个系统化的概念体系，不同概念之间相互联系、相互作用，共同规定了"思想政治教育"这一概念。马克思恩格斯经典文本是思想政治教育基本概念萌芽、产生、发展的理论源头。研究思想政治教育基本概念，首先应从马克思恩格斯经典文本中寻找确切的学理依据和翔实的文本支撑。

　　从马克思恩格斯经典文本中解析思想政治教育基本概念，第一个需要明确的问题是以什么样的思维方式来展开这项理论研究。马克思在《〈1857—1858年经济学手稿〉导言》中介绍了历史唯物主义的思维方式：从具体到抽象再到具体。这种思维方式经历了"从具体到抽象"和"从抽象再到具体"的两条路径："从具体到抽象"是"从抽象再到具体"的前提基础，"从抽象再到具体"是"从具体到抽象"的进一步展开和发展。这两条路径相互衔接、相互贯通、相互推动，促进人的思维对一个事物的理解和把握不断深入，推动人的思维伴随一个事物的发展而不断洞察这个事物本质的认识发展过程。根据这一基本的思维方式，我们需要从思想政治教育的"实在和具体开始，从现实的前提开始"①，深入到马克思恩格斯经典文本中，通过对思想政治教育整体的杂多表象作更贴近思想政治教育本质规定的思想论述，"从分析中找出一些有决定意义的抽象的一般的关系"②，进而提炼出思想政治教育"越来越简单的概念""越来越稀薄的抽象"和"一些最简

---

① 《马克思恩格斯文集》第8卷，人民出版社2009年版，第24页。
② 《马克思恩格斯文集》第8卷，人民出版社2009年版，第24页。

单的规定"①。走完第一条路径以后，我们还需要用已经获得了的思想政治教育的"最一般的抽象"来掌握马克思恩格斯经典文本中关于思想政治教育的具体经验，把思想政治教育基本概念"当作一个精神上的具体再现出来"②。这种从抽象再到具体的过程决不是思想政治教育具体经验本身的产生过程，而是思想政治教育基本概念"抽象的规定在思维行程中导致具体的再现"③，是为了把思想政治教育基本概念的本质内涵充实为"许多规定和关系的丰富的总体"④。历史唯物主义"在理论方法上，主体，即社会，也必须始终作为前提浮现在表象面前"⑤。所以，从马克思恩格斯经典文本中解析思想政治教育基本概念，不是要把思想政治教育基本概念当作凌驾于文本表象和事实表象之上的思辨运动，而是要对马克思恩格斯经典文本中现实的、具体的、历史的思想政治教育现象进行思想提炼和学科加工，把思想政治教育现象发生的社会历史条件作为概念抽象的客观前提，把思想政治教育基本概念置于它所产生的社会历史过程中去把握，考察思想政治教育基本概念"表现它的各种关系的范畴以及对于它的结构的理解"⑥，做到在学理上既完整又具体地呈现出思想政治教育的本质内涵。

以此作为基本的思维方式来解析马克思恩格斯经典文本中的思想政治教育概念，我们需要注意两个基本问题，这关涉本研究的合理性。第一个问题是，马克思恩格斯没有明确提出过"思想政治教育"这一概念，即我们应该如何从马克思恩格斯经典文本中锁定那些就是在谈及思想政治教育基本概念的表述呢？"思想政治教育"概念与其他概念的形成过程相同，它们"决不是处于直观和表象之外或驾于其

---

① 《马克思恩格斯文集》第 8 卷，人民出版社 2009 年版，第 24 页。
② 《马克思恩格斯文集》第 8 卷，人民出版社 2009 年版，第 25 页。
③ 《马克思恩格斯文集》第 8 卷，人民出版社 2009 年版，第 25 页。
④ 《马克思恩格斯文集》第 8 卷，人民出版社 2009 年版，第 24 页。
⑤ 《马克思恩格斯文集》第 8 卷，人民出版社 2009 年版，第 26 页。
⑥ 《马克思恩格斯文集》第 8 卷，人民出版社 2009 年版，第 29 页。

上而思维着的、自我产生着的概念的产物，而是把直观和表象加工成概念这一过程的产物"①。"思想政治教育"概念虽然是中国共产党独创的表述，但思想政治教育现象在阶级社会中却是始终存在且不断变化的客观事实。"思想政治教育"概念凝结了思想政治教育的本质内涵，它作为中国共产党从思想政治教育现象中提炼出来的"思想总体"和"思想具体"，是中国共产党从思想政治教育这一实践活动中获得的"思维的、理解的产物"。分析马克思恩格斯经典文本中的思想政治教育基本概念，不是要"对概念作辩证的平衡"②，而是要"解释现实的关系"③。只要马克思恩格斯经典文本探讨的思想政治教育现象包含着多种多样的"现实的关系"，我们就可以从中认识和理解思想政治教育的基本概念，这样的理论研究也是合理的。通过研究分析马克思恩格斯经典文本，可以发现马克思、恩格斯提出了"马克思主义宣传"④ "社会主义的宣传鼓动"⑤ "政治教育"⑥ "理性的、精神的和道德的教育"⑦等诸多与思想政治教育基本概念相关的经典论述。马克思恩格斯在批判资本主义生产关系、阐发科学社会主义理论、指导建立无产阶级政党和指导无产阶级革命的整个过程中，不仅鲜明地揭示了马克思主义思想政治教育的"元问题"，而且系统地阐述了马克思主义思想政治教育的"元理论"，为我们厘清思想政治教育基本概念提供了基本立场、观点和方法。

　　第二个问题是，思想政治教育基本概念本身具有一般性、固定性的含义，我们再从马克思恩格斯经典文本中分析它们的本质内涵是否具有

① 《马克思恩格斯文集》第 8 卷，人民出版社 2009 年版，第 25 页。
② 《马克思恩格斯文集》第 8 卷，人民出版社 2009 年版，第 14 页。
③ 《马克思恩格斯文集》第 8 卷，人民出版社 2009 年版，第 14 页。
④ 《马克思恩格斯文集》第 4 卷，人民出版社 2009 年版，第 504 页。
⑤ 《马克思恩格斯文集》第 10 卷，人民出版社 2009 年版，第 683 页。
⑥ 《马克思恩格斯文集》第 2 卷，人民出版社 2009 年版，第 415 页。
⑦ 《马克思恩格斯文集》第 1 卷，人民出版社 2009 年版，第 425 页。

独特的价值和意义？我们所探讨的思想政治教育基本概念，都是围绕思想政治教育本身来诠释思想政治教育不同维度的本质内涵的。这些基本概念的含义在一般意义上似乎是不言而喻的，它们在思想政治教育中的含义似乎也是不言而喻的。思想政治教育学之所以能够作为一门独立的学科存在，说明它要解决的"总问题"具有特殊性，是其他学科无法解决的，这也决定了它的学科地位是其他学科无法取代的。一门学科的概念系统是最能凸显一门学科主要矛盾、最能体现一门学科使命任务的思想标识。思想政治教育的基本概念如果只是按照它的一般意义来理解，那么就无法精准地理解思想政治教育概念的本质内涵。"最一般的抽象总只是产生在最丰富的具体发展的场合，在那里，一种东西为许多东西所共有，为一切所共有。"① 思想政治教育基本概念在一般意义上的含义就是"为许多东西所共有"的含义，是这些概念在综合了其所属事物所有方面所得出的"最一般的抽象"，思想政治教育基本概念是其所属事物在思想政治教育的维度产生出来的"最丰富的具体发展"。我们如果只把握到思想政治教育基本概念在一般意义上的含义，就不能笼统地认为自己已经把握到思想政治教育本身。只有在"一般的抽象的规定"的基础上，从思想政治教育这个"个别的侧面"来把握思想政治教育基本概念的特殊规定性，我们才能真正算得上是在辩证思维中把握到思想政治教育"具体总体的精神结果"。正是在这个意义上，"一旦它们的特殊性被确定了，它们也就被解释明白了"②。所以，从马克思恩格斯经典文本中梳理、总结和分析思想政治教育基本概念，是基于思想政治教育的学科视野、学术标准和研究范式来展开的。其主要研究目的在于：从这些基本概念的不同维度挖掘思想政治教育的存在事实，解读思想政治教育的属性特征，剖析思想政治教育的内涵实质，从而在整体上对"思想政治教育"概念作出更为清晰、

---

① 《马克思恩格斯文集》第 8 卷，人民出版社 2009 年版，第 28 页。
② 《马克思恩格斯文集》第 8 卷，人民出版社 2009 年版，第 34—35 页。

深刻、本原的理解把握。

一、在文本贯通考察中追溯"思想政治教育"概念的发展脉络

"思想政治教育"概念历史演变的过程,也是马克思主义经典作家对"思想政治教育"的认识理解不断深化的过程。马克思主义经典文本为我们集中呈现了"思想政治教育"概念从最初萌芽,到创生发展,再到最终定型的发展脉络。在"思想政治教育"概念最终定型以前,马克思主义经典文本中出现了诸多与思想政治教育相关的表述,如宣传工作、政治工作、思想教育、政治教育、思想政治工作、马克思主义教育等。这些相关表述反映了思想政治教育在不同历史阶段的内涵特征和具体要求。"思想政治教育"概念的最终定型标志着思想政治教育已经具有明确的、稳定的和通适的本质内涵。由于马克思恩格斯经典文本中没有出现过"思想政治教育"概念,我们可以通过贯通考察马克思主义经典文本,对"思想政治教育"概念的发展脉络进行追根溯源,进而在历史与逻辑相统一中明晰"思想政治教育"概念的演变过程。

"思想政治教育"概念是在马克思恩格斯经典文本中萌生的,马克思恩格斯经典文本中的诸多表述已明确指向了"思想政治教育"概念。马克思在 1843 年撰写的《〈黑格尔法哲学批判〉导言》通常被视为马克思主义思想政治教育的开篇之作。马克思在《〈黑格尔法哲学批判〉导言》中指出:"理论一经掌握群众,也会变成物质力量。"[①] 在这里,"理论一经掌握群众"可以理解为马克思对思想政治教育作出的本质揭示。马克思把革命理论的接受对象指向人民群众和无产阶级。思想政治教育需要发挥的中介功能就是用实现彻底、抓住根本的革命理论去说服

---

① 《马克思恩格斯文集》第 1 卷,人民出版社 2009 年版,第 11 页。

群众、掌握群众，使"思想的闪电"① 彻底击中"素朴的人民园地"②，进而帮助无产阶级这个"物质武器"和哲学这个"精神武器"紧密结合在一起，创生出摧毁旧世界物质力量的革命新物质力量。首次出版于1845年的《英国工人阶级状况》记录了恩格斯对英国无产阶级生产生活状况进行长期实证考察得到的大量详细材料。恩格斯在其中揭露了在对无产阶级的教育中，"一切理性的、精神的和道德的教育却被严重地忽视了"③。思想政治教育自然属于"一切理性的、精神的和道德的教育"范围之内。

1848年2月在伦敦发表的《共产党宣言》可以看作马克思、恩格斯为共产党人撰写的第一篇纲领性文献。马克思、恩格斯在《共产党宣言》中认为，资产阶级给无产阶级带来了"政治教育"："资产阶级自己就把自己的教育因素即反对自身的武器给予了无产阶级"④。这种"教育因素"是"政治教育和普通教育的因素"⑤。可见，无产阶级最初接受的政治教育是带有资产阶级利益原则的政治教育。为帮助无产阶级看清资产阶级利益的剥削本质，马克思恩格斯要求："共产党一分钟也不忽略教育工人尽可能明确地意识到资产阶级和无产阶级的敌对的对立。"⑥ 在这里，"共产党一分钟也不忽略教育工人"可以理解为共产党人应当对无产阶级进行的思想政治教育。

恩格斯在撰写的《德国维护帝国宪法的运动》中提到："在巴登其实从来就没有过社会主义的宣传鼓动，产生这种情况的原因正是在于资产阶级和无产阶级之间不存在对立，因而小资产阶级在政治上占据了优

---

① 《马克思恩格斯文集》第1卷，人民出版社2009年版，第17页。
② 《马克思恩格斯文集》第1卷，人民出版社2009年版，第17—18页。
③ 《马克思恩格斯文集》第1卷，人民出版社2009年版，第425页。
④ 《马克思恩格斯文集》第2卷，人民出版社2009年版，第41页。
⑤ 《马克思恩格斯文集》第2卷，人民出版社2009年版，第41页。
⑥ 《马克思恩格斯文集》第2卷，人民出版社2009年版，第66页。

势。"① 这种"社会主义的宣传鼓动"凸显出鲜明的思想政治教育特质。1877 年，恩格斯在《卡尔·马克思》中介绍了马克思1847 年在布鲁塞尔创立的"德意志工人协会"，这表明马克思开始了"实际的鼓动工作"②。恩格斯认为，马克思加入"共产主义者同盟"以后，"实际的鼓动工作对于他就具有更重要的意义了"③。马克思进行的"实际的鼓动工作"也可以理解为马克思开展的思想政治教育工作。

1879 年，马克思、恩格斯在写给奥·倍倍尔等人的通告信中指出："至今的统治阶级中也有人归附斗争着的无产阶级并且向它输送教育因素"④，这种"教育因素"也应包含政治教育因素。马克思、恩格斯强调："要对无产阶级运动有益处，这些人必须带来真正的教育因素"⑤，"真正的教育因素"则包括能够推动无产阶级运动进步的"真正的实际教育材料或理论教育材料"⑥。可见，在马克思恩格斯看来，"实际教育"和"理论教育"是"政治教育"的基本组成部分。"政治教育"包含"思想政治教育"概念的本质要素。

列宁在俄国领导布尔什维克党进行无产阶级革命和社会主义建设的过程中，主要用"政治鼓动"⑦"政治教育"⑧"政治揭露"⑨"社会主义教育"⑩ 等概念来表达"思想政治教育"概念。列宁在 19 世纪 80 年代末开始从事无产阶级革命运动。19 世纪 90 年代初，列宁已成为坚定的马克思主义者。1895 年，列宁建立了彼得堡工人阶级解放斗争协会，

① 《马克思恩格斯全集》第 10 卷，人民出版社 1998 年版，第 36 页。
② 《马克思恩格斯文集》第 3 卷，人民出版社 2009 年版，第 452 页。
③ 《马克思恩格斯文集》第 3 卷，人民出版社 2009 年版，第 452 页。
④ 《马克思恩格斯文集》第 3 卷，人民出版社 2009 年版，第 483 页。
⑤ 《马克思恩格斯文集》第 3 卷，人民出版社 2009 年版，第 483 页。
⑥ 《马克思恩格斯文集》第 3 卷，人民出版社 2009 年版，第 483 页。
⑦ 《列宁全集》第 4 卷，人民出版社 2013 年版，第 274 页。
⑧ 《列宁全集》第 1 卷，人民出版社 2012 年版，第 342 页。
⑨ 《列宁选集》第 1 卷，人民出版社 2012 年版，第 446 页。
⑩ 《列宁选集》第 1 卷，人民出版社 2012 年版，第 423 页。

自此以后便在俄国广泛开展马克思主义宣传鼓动，竭力与各种反动和错误的社会思潮进行坚决斗争，捍卫马克思主义科学世界观，力求把马克思主义与无产阶级革命运动紧密结合起来。1897 年，列宁在《俄国社会民主党人的任务》中专门论述了社会民主党人应当进行的政治鼓动工作。列宁指出："在无产阶级的先进阶层中间进行鼓动，是把整个俄国无产阶级唤醒起来（随着运动的扩大）的最可靠手段。"① 列宁明确提出："没有革命的理论，就不会有革命的运动。"② 列宁希望通过政治鼓动，唤醒无产阶级先进阶层的政治意识，使"社会主义与阶级斗争的思想"在受到锻炼的无产阶级革命先锋队中"扎下较深的根"③。列宁认为，社会民主党人的经济鼓动不能避开政治问题，任何避开政治问题的经济鼓动都是对社会民主主义基本原则的严重背离。社会民主党人应当把经济鼓动与政治鼓动高度统一起来，充分关注无产阶级的政治需要、政治困苦和政治目标。列宁要求社会民主党人通过经济鼓动与政治鼓动相结合的方式来"唤起工人觉悟"④，"教育他们进行一致活动并为社会民主主义理想而斗争"⑤，"使无产阶级遵守纪律"⑥。

列宁在《论〈宣言书〉》中首次提出了"政治教育"概念。列宁在《论〈宣言书〉》中指出："既然认为进行政治鼓动和政治斗争是不可能的，怎么还谈得上工人的'政治教育'呢?"⑦ 列宁认为，"政治教育"必须结合政治鼓动和政治斗争来做。可见，"政治鼓动"并不完全等同于"政治教育"，它属于进行"政治教育"的一种有力手段。列宁在《怎么办?》中详细阐释了"政治教育"的本质内涵、目标任务、主要

---

① 《列宁选集》第 1 卷，人民出版社 2012 年版，第 142 页。
② 《列宁选集》第 1 卷，人民出版社 2012 年版，第 153 页。
③ 《列宁选集》第 1 卷，人民出版社 2012 年版，第 142 页。
④ 《列宁选集》第 1 卷，人民出版社 2012 年版，第 144 页。
⑤ 《列宁选集》第 1 卷，人民出版社 2012 年版，第 144 页。
⑥ 《列宁选集》第 1 卷，人民出版社 2012 年版，第 151 页。
⑦ 《列宁全集》第 4 卷，人民出版社 2013 年版，第 274 页。

内容和方法原则。列宁在文中写道:"我们应当积极地对工人阶级进行政治教育,发展工人阶级的政治意识。"① 列宁指出,需要对无产阶级进行"政治教育"的主要原因在于无产阶级难以在经济斗争中自发地产生政治意识,社会民主党人必须把社会主义政治知识灌输到无产阶级中间去,进行"最广泛的政治鼓动"② 和"组织全面的政治揭露"③,进而努力提升无产阶级的政治自觉性,完成"发展工人的政治意识的任务"④。列宁批判了俄国经济派,认为其最明显的缺点之一就是不了解无产阶级革命的最迫切要求,即"从政治鼓动和政治揭露中获得全面的政治教育"⑤。列宁强调,无产阶级革命的总体利益就是"对工人进行原则坚定的社会主义教育和政治教育"⑥。社会民主党如果不能使无产阶级受到严格的"社会主义教育和政治教育",不能提升无产阶级的政治觉悟和革命组织性,那么就谈不上领导无产阶级进行真正的社会主义革命。

1905 年,列宁在《社会民主党在民主革命中的两种策略》中指出,社会民主党在任何情况下都不应"抛弃自己在对无产阶级进行阶级教育方面所做的顽强的耐心的坚定不移的工作"⑦。社会民主党人不仅应当对无产阶级进行阶级教育,还应当对除了剥削阶级以外的其他人民群众进行无产阶级的阶级教育,把其他人民群众引导到无产阶级政治观点上面。1906 年,列宁在《游击战争》中指出,游击战争只有"经过社会主义的教育影响和组织影响"⑧ 才能变成一种"高尚的手段"。不仅仅是游击战争,任何一种战争形式如果没有"经过社会主义的教育影响和

---

① 《列宁选集》第 1 卷,人民出版社 2012 年版,第 342 页。
② 《列宁选集》第 1 卷,人民出版社 2012 年版,第 398 页。
③ 《列宁选集》第 1 卷,人民出版社 2012 年版,第 354 页。
④ 《列宁选集》第 1 卷,人民出版社 2012 年版,第 343 页。
⑤ 《列宁选集》第 1 卷,人民出版社 2012 年版,第 373 页。
⑥ 《列宁选集》第 1 卷,人民出版社 2012 年版,第 423 页。
⑦ 《列宁选集》第 1 卷,人民出版社 2012 年版,第 564 页。
⑧ 《列宁选集》第 1 卷,人民出版社 2012 年版,第 696 页。

组织影响"，都会逐渐散漫放荡、腐化堕落和归于失败。

1908 年，列宁在《马克思主义和修正主义》中系统批判了国际修正主义思潮对马克思主义基本原理的篡改和歪曲，列宁旗帜鲜明地指出："马克思的学说直接为教育和组织现代社会的先进阶级服务。"① 可以说，马克思主义是无产阶级推翻资本主义制度强大而科学的精神武器。列宁认为，马克思主义在自身的理论发展和理论传播过程中，每前进一步都得同资产阶级意识形态进行战斗。现实证明，资产阶级意识形态对马克思主义的攻击越频繁、越剧烈，马克思主义在无产阶级中间就会越巩固、越坚强。1909 年，列宁在《论工人政党对宗教的态度》中阐明了社会民主党应当特别注意吸收信仰宗教的工人群众，社会民主党要想吸收信教者，不能采取任何侮辱他们宗教信仰的行为，而是要"用我们党纲的精神来教育他们"②。可见，用无产阶级政党党纲的精神来教育工人群众，也是"政治教育"的重要内容。同年，列宁在《取消取消主义》中要求必须对想要投入无产阶级革命却缺乏坚毅精神的人"不断进行锤炼和教育"③，直到这些人能够逐渐习惯无产阶级工作，掌握马克思主义世界观。

1915 年，列宁在《社会主义与战争》中批判考茨基主义用明显的诡辩阉割了"马克思主义的活生生的革命的灵魂"④。考茨基主义承认马克思主义的一切原理，就是不承认马克思主义的革命精神。列宁认为，必须用马克思主义的革命精神教育群众。1916 年，列宁在《社会主义革命和民族自决权》中强调：当前无产阶级革命的"当务之急是要对群众进行革命教育"⑤。社会民主党人如果不能把"直接的革命宣传和

---

① 《列宁选集》第 2 卷，人民出版社 2012 年版，第 1 页。
② 《列宁选集》第 2 卷，人民出版社 2012 年版，第 254 页。
③ 《列宁选集》第 2 卷，人民出版社 2012 年版，第 264 页。
④ 《列宁选集》第 2 卷，人民出版社 2012 年版，第 523 页。
⑤ 《列宁选集》第 2 卷，人民出版社 2012 年版，第 571 页。

群众性的革命行动"① 扩大到无产阶级群众中去，社会民主党人就仍然
是对帝国主义卑躬屈膝的奴仆。

1917 年，列宁在《无产阶级在我国革命中的任务》中指出："在巴
黎公社失败之后，历史把缓慢的组织教育工作提上了日程。"② 这意味
着，无产阶级在巴黎公社失败之后开始重视"组织教育工作"，这也说
明重视"组织教育工作"是无产阶级从巴黎公社失败中总结出来的经验
教训。"组织教育工作"离不开思想政治教育，思想政治教育自然是
"组织教育工作"的重要内容之一。

1917 年 11 月（俄历 10 月），布尔什维克党领导俄国无产阶级和劳
动人民举行武装起义，推翻了俄国资产阶级临时政府，建立了世界上第
一个无产阶级专政的国家，开辟了人类历史从资本主义向社会主义过渡
的崭新历史时代。十月革命胜利以后，列宁根据巩固苏维埃政权和社会
主义建设的现实需要，及时调整了思想政治教育的目标任务和方法策
略。1918 年，列宁在《苏维埃政权的当前任务》中指出，苏维埃组织
应当根据无产阶级的"亲身的体验对他们进行政治教育"③。列宁在
1919 年的《俄共（布）纲领草案》中要求在无产阶级专政时期，学校
不仅应当"传播一般共产主义原则"④，而且应当对所有劳动群众"传
播无产阶级在思想、组织、教育等方面的影响"⑤，以此来"培养能够
最终实现共产主义的一代人"⑥。可见，苏俄这一时期的思想政治教育
把树立无产阶级的共产主义信仰作为主要目标，致力于培养能够实现共
产主义的新一代无产阶级劳动者。列宁认为，哪怕是最革命的社会主义
者，也不应当用强制手段对待除了无产阶级之外的其他劳动人民。列宁

① 《列宁选集》第 2 卷，人民出版社 2012 年版，第 571 页。
② 《列宁选集》第 3 卷，人民出版社 2012 年版，第 66 页。
③ 《列宁选集》第 3 卷，人民出版社 2012 年版，第 504 页。
④ 《列宁选集》第 3 卷，人民出版社 2012 年版，第 725 页。
⑤ 《列宁选集》第 3 卷，人民出版社 2012 年版，第 744 页。
⑥ 《列宁选集》第 3 卷，人民出版社 2012 年版，第 726 页。

指出："在这里采用暴力，就是葬送全部事业。这里需要长期的教育工作。"① 可以说，思想政治教育也包括在"长期的教育工作"之中，其能够起到思想转化、观念引领和道德养成的重要作用。因为思想政治教育的主要功能就是从教育的角度破除剥削阶级意识形态对人民群众的精神束缚，捍卫社会主义意识形态在社会意识领域中的主导地位，把人民群众的各种落后思想观念转化为符合社会主义需要的先进思想观念。

1920 年，列宁在《青年团的任务》中强调，在否定旧学校的同时必须"从这种学校中只吸取我们实行真正共产主义教育所必需的东西"②。在这里，"共产主义教育"的实质就是思想政治教育。列宁认为，应当竭力使"培养、教育和训练现代青年的全部事业"③ 成为"培养青年的共产主义道德的事业"④。可以说，培养青年的共产主义道德是对青年进行思想政治教育的主要任务。列宁认为，共产主义道德是从无产阶级革命利益中引申出来的，其完全服从于无产阶级革命的利益原则。列宁指出，共产主义教育的本质要求就是教育青年"把自己的工作和精力全部贡献给公共事业"⑤。列宁结合苏联社会主义建设不同方面的具体现实，说明青年应当成为具有共产主义道德、马克思主义世界观、社会主义建设所需的广博学识和集体主义精神的一代新人。

1920 年，列宁签署了成立政治教育总委员会的法令，全俄拥有了统一指导政治教育与宣传鼓动工作的国家机关。列宁在全俄省、县国民教育局政治委员会工作会议上的讲话中提出了"教育"必须联系"政治"的重要命题。在社会主义建设时期，教育任务应当提到首位，而教育任务的有效完成又需要政治的正确方向指引和国家政权支撑。在粉碎剥削

---

① 《列宁选集》第 3 卷，人民出版社 2012 年版，第 784 页。
② 《列宁选集》第 4 卷，人民出版社 2012 年版，第 283 页。
③ 《列宁选集》第 4 卷，人民出版社 2012 年版，第 288 页。
④ 《列宁选集》第 4 卷，人民出版社 2012 年版，第 288 页。
⑤ 《列宁选集》第 4 卷，人民出版社 2012 年版，第 294 页。

阶级反动统治以后，无产阶级的政治内涵应当发生转变，更应当体现为从事社会主义经济建设服务。列宁认为，苏维埃政权所处的历史时期依然是同比自身强大多倍的世界资产阶级进行斗争的历史时期。在这一历史时期，不仅要用"军事的方法"，更要用"思想的方法、教育的方法同资产阶级进行斗争"①。因为在这一历史时期，无产阶级对资产阶级要进行的反抗是"最深刻、最强烈的思想上的反抗"②。教育工作者的基本任务就是"完成这一改造群众的工作"③，促进广大劳动群众产生"对共产主义教育和共产主义知识的兴趣和向往"④。为了完成这项基本任务，列宁呼吁要"培养一支新的教育大军"，它要紧密联系党的组织、贯彻党的意志、宣传党的思想、壮大党的力量，把广大劳动群众团结在党的周围，共同建设一个"没有资本家、没有剥削者、没有地主的国家"⑤。1921 年，列宁在《新经济政策和政治教育委员会的任务》中提到军事任务和文化任务的区别：文化任务与军事任务相比，更需要漫长的时间才能看到实际效果。在社会主义建设时期，政治教育属于文化任务。列宁说："政治教育的成果只能用经济状况的改善来衡量。"⑥ 政治教育要想完成这一历史时期的目标任务，必须"发扬坚忍不拔、不屈不挠、始终如一的精神"⑦。

　　"思想政治教育"概念在中国共产党领导中国人民进行革命、改革和建设的过程中也经历了复杂的历史演变，中国共产党在不同时期主要使用过"政治教育""思想教育""政治思想教育""政治工作""思想政治工作"等表述，最终提出了"思想政治教育"这一概念。中国共产

---

① 《列宁选集》第 4 卷，人民出版社 2012 年版，第 303 页。
② 《列宁选集》第 4 卷，人民出版社 2012 年版，第 307 页。
③ 《列宁选集》第 4 卷，人民出版社 2012 年版，第 307 页。
④ 《列宁选集》第 4 卷，人民出版社 2012 年版，第 307 页。
⑤ 《列宁选集》第 4 卷，人民出版社 2012 年版，第 306 页。
⑥ 《列宁选集》第 4 卷，人民出版社 2012 年版，第 591 页。
⑦ 《列宁选集》第 4 卷，人民出版社 2012 年版，第 591 页。

党从成立之初，就十分重视思想政治教育。党的一大通过的《中国共产党第一个决议》提出了"灌输阶级斗争的精神"①，"提高工人的觉悟"②，"教育工人，使他们在实践中去实现共产党的思想"③ 等关涉思想政治教育的重要问题。中国共产党在解决这些重要问题的过程中逐渐提出了各种与"思想政治教育"概念相近的表述。

1934年，毛泽东在《武装民众与建设红军》中写道："应该更进一步提高红军战士的政治教育。"④ "要从政治教育去提高红军的自觉的纪律，使他们明白这是保证战争胜利的重要武器。"⑤ 在这里，毛泽东使用了"政治教育"概念，强调"政治教育"是提高红军政治自觉性，把红军培养成"苏维埃的宣传者与组织者"的必要手段，也是确保中国革命胜利的重要武器。1937年，毛泽东在《和英国记者贝特兰的谈话》中指明开展"政治工作"是中国共产党领导军队的显著特征。毛泽东说："八路军更有一种极其重要和极其显著的东西，这就是它的政治工作。"⑥ 开展"政治工作"有三条基本原则，第二条就是"宣传、组织和武装民众"⑦，这条基本原则也体现出"政治工作"暗含"思想政治教育"。

1941年，毛泽东在《反对主观主义和宗派主义》中指出："掌握思

---

① 中共中央党史和文献研究院、中央档案馆：《中国共产党重要文献汇编（一九二一年七月——九二一年十二月）》第一卷，人民出版社2022年版，第4页。
② 中共中央党史和文献研究院、中央档案馆：《中国共产党重要文献汇编（一九二一年七月——九二一年十二月）》第一卷，人民出版社2022年版，第5页。
③ 中共中央党史和文献研究院、中央档案馆：《中国共产党重要文献汇编（一九二一年七月——九二一年十二月）》第一卷，人民出版社2022年版，第5页。
④ 《毛泽东军事文集》第1卷，军事科学出版社、中央文献出版社1993年版，第342页。
⑤ 《毛泽东军事文集》第1卷，军事科学出版社、中央文献出版社1993年版，第342页。
⑥ 《毛泽东选集》第2卷，人民出版社1991年版，第379页。
⑦ 《毛泽东选集》第2卷，人民出版社1991年版，第379页。

想教育是我们第一等的业务。"① 在这里,"思想教育"也是"思想政治教育"的表述形式。"思想教育"侧重于在思想层面用马克思主义思想来改造各种非马克思主义思想。1943 年,毛泽东致电彭德怀,在提出中央对根据地工作的指示时曾这样说明,"教育"按照内容划分:"有思想教育、政治教育、军事教育、文化教育等项,而对于干部,特别就目前时期说来,应着重思想教育,其办法就是整风学习与审查干部,这是建党的基本政策"②。毛泽东把对干部的"思想教育"作为根据地教育工作的着重点,凸显了革命时期在思想上对干部进行政治教育的重要性、必要性和迫切性。1945 年,毛泽东在《论联合政府》中指出:"掌握思想教育,是团结全党进行伟大政治斗争的中心环节。"③ 如果"思想教育"的任务完成不好,党的一切政治任务也不能完成。可见,"思想教育"是完成"政治任务"的中心环节,这再一次凸显了"思想教育"在"政治任务"中的重要地位。1945 年,毛泽东在《论军队生产自给,兼论整风和生产两大运动的重要性》中详细阐述了"思想教育"对于中国革命取得胜利的必要意义:"我们现在的党员是一百二十多万,其中大多数是农民及其他小资产阶级出身的……他们是带了他们原来的不符合或不大符合马克思主义的思想入党的。"④ 毛泽东认为,这是一个制约中国革命发展进步的"极其严重的矛盾"和"绝大的困难"。"在这种情形下,如果不进行一个普遍的马克思主义的教育运动,即整风运动,我们还能顺利地前进吗?显然是不能的。"⑤ 只有通过"思想教育",才能从根本上解决"马克思主义思想和非马克思主义思想之间的矛盾"⑥。解决这个思想矛盾,直接关乎中国共产党能否"在思想上、

---

① 《毛泽东文集》第 2 卷,人民出版社 1993 年版,第 375 页。
② 《毛泽东文集》第 3 卷,人民出版社 1996 年版,第 2 页。
③ 《毛泽东选集》第 3 卷,人民出版社 1991 年版,第 1094 页。
④ 《毛泽东选集》第 3 卷,人民出版社 1991 年版,第 1108 页。
⑤ 《毛泽东选集》第 3 卷,人民出版社 1991 年版,第 1108 页。
⑥ 《毛泽东选集》第 3 卷,人民出版社 1991 年版,第 1108 页。

政治上、组织上空前统一地（不是完全统一地）大踏步地但又是稳步地前进"①。

中华人民共和国成立以后，中国共产党继续发挥思想政治教育的优良传统，把思想政治教育运用于社会主义建设的各个方面。毛泽东经常把"思想政治教育"比作党和国家各项事业的"生命线"和"中心环节"，"思想政治教育"概念的完整表述也被明确地提了出来。1957年，毛泽东在《关于正确处理人民内部矛盾的问题》中写道："在知识分子和青年学生中间，最近一个时期，思想政治工作减弱了，出现了一些偏向。"② "现在需要加强思想政治工作。不论是知识分子，还是青年学生，都应该努力学习。除了学习专业之外，在思想上要有所进步，政治上也要有所进步，这就需要学习马克思主义，学习时事政治。"③ 在这一阶段，"思想政治工作"是"思想政治教育"概念的统一表述，"思想政治工作"的本质内涵、目标要求和使命任务已经从新民主主义革命的时代问题转换到社会主义建设的时代问题上来。毛泽东认为："没有正确的政治观点，就等于没有灵魂。"④ 可见，在社会主义建设时期，"思想政治工作"同样不可或缺，"正确的政治观点"如同人的"灵魂"，是人在社会主义建设中起关键和主导作用的能动性精神力量。毛泽东要求："思想政治工作，各个部门都要负责任。"⑤ 在这里，毛泽东使用"思想政治工作"这一表述，凸显了"思想政治工作"的实务性。针对1956年个别地方发生的工人学生罢工罢课事件，毛泽东指出："闹事的另一个原因是对于工人、学生缺乏思想政治教育。"⑥ 在这个论述中，毛泽东首次使用了"思想政治教育"概念，接受"思想政

---

① 《毛泽东选集》第3卷，人民出版社1991年版，第1108页。
② 《毛泽东文集》第7卷，人民出版社1999年版，第226页。
③ 《毛泽东文集》第7卷，人民出版社1999年版，第226页。
④ 《毛泽东文集》第7卷，人民出版社1999年版，第226页。
⑤ 《毛泽东文集》第7卷，人民出版社1999年版，第226页。
⑥ 《毛泽东文集》第7卷，人民出版社1999年版，第236页。

治教育"的受教育者主要是学生，凸显了"思想政治教育"概念的育人性。毛泽东强调："为了从根本上消灭发生闹事的原因，必须坚决地克服官僚主义，很好地加强思想政治教育，恰当地处理各种矛盾。"[①] 可见，"思想政治教育"是对青年进行教育的重要内容，得到了党的高度重视。然而，"思想政治教育"概念在这之后还未被固定下来，并不是一个明确化、规范化、专门化的概念表述。

1958 年，毛泽东在《工作方法六十条（草案）》中阐述了"红与专……政治和技术的统一"[②] 问题，毛泽东强调："思想工作和政治工作，是完成经济工作和技术工作的保证，它们是为经济基础服务的。思想和政治又是统帅，是灵魂。"[③] 在这里，毛泽东把思想工作与政治工作高度统一起来，指明它们在经济工作和技术工作中的"统帅"地位和"灵魂"意义。毛泽东认为，只要稍一放松思想工作和政治工作，经济工作和技术工作就会偏离社会主义的方向道路。自此以后直到改革开放前，在"思想工作"和"政治工作"领域，"政治思想工作"概念逐渐取代其他概念，成为最常见的概念表述。

改革开放以后，思想政治教育主要围绕社会主义经济建设来开展理论建构和实践探索。在思想政治教育的实践活动更为理性、客观和切实的基础上，"思想政治教育"概念的本质内涵也逐渐明晰、准确和稳定。1980 年，邓小平在《党和国家领导制度的改革》中提到："现在群众中需要解决的思想问题很多，党内需要解决的思想问题也很多。我们一定要把思想政治工作放在非常重要的地位，切实认真做好，不能放松。"[④] 改革开放给整个中国社会带来了翻天覆地的变化，社会意识形态领域也伴随国家经济结构的迅速转型，出现了各种各样前所未有的复杂变化。

---

① 《毛泽东文集》第 7 卷，人民出版社 1999 年版，第 237 页。
② 《毛泽东文集》第 7 卷，人民出版社 1999 年版，第 351 页。
③ 《毛泽东文集》第 7 卷，人民出版社 1999 年版，第 351 页。
④ 《邓小平文选》第 2 卷，人民出版社 1994 年版，第 342 页。

面对改革开放的新形势新任务新要求，"思想政治工作"必须紧跟发展，把握社会主要矛盾，转变工作方式方法，在强化政治性的同时，不断提升自身的理论性、学术性和科学性。1980年，第一机械工业部和全国机械工会联合召开的思想政治工作座谈会首次提出"思想政治工作应成为一门科学"的重要论断，并引起广泛讨论。把思想政治工作作为一门科学来对待，就意味着要用理论思维、学术话语和学科范式来理解、探讨和反思思想政治工作，用科学精神、专业素养和正规训练来开展思想政治工作。思想政治工作科学化的思路提出以后，思想政治教育开始从社会需要和工作实践层面向学科建设和学理建构层面快速发展。

1984年，思想政治教育学科正式设立，思想政治教育的专业名称正式确定，"思想政治教育"概念也被固定为规范术语，成为统一思想政治工作领域和思想政治教育学科领域所有相近概念的标准提法。1989年，邓小平在接见首都戒严部队军以上干部时的讲话中指出："十年最大的失误是教育，这里我主要是讲思想政治教育，不单纯是对学校、青年学生，是泛指对人民的教育。"① 可以说，这里的"思想政治教育"概念已具有确切内涵，并获得了明晰表达，它的主体性、对象性、目的性、价值性等因素更加丰富、鲜明和稳定。

二、在学科辨析中理解"思想政治教育"概念的本质内涵

随着1984年思想政治教育作为一门学科正式创立以来，"思想政治教育"概念逐渐成为统一诸多相近概念的学科标准术语。理解把握"思想政治教育"概念的本质内涵是推动思想政治教育学科化学术化学理化的逻辑起点和学理基础。为了在学科意义上明确界定和规范使用"思想政治教育"概念，学界对"思想政治教育"概念的本质内涵展开了广泛

① 《邓小平文选》第3卷，人民出版社1993年版，第306页。

探讨和系统辨析。

根据学界对"思想政治教育"概念本质内涵的研究成果，能够总结出以下主要代表性观点。

一是"施加论"。这种观点认为，思想政治教育是指一定的阶级、政党、社会群体遵循人们思想品德形成发展规律，用一定的思想观念、政治观点、道德规范，对其成员施加有目的、有计划、有组织的影响，使他们形成符合一定社会、一定阶级所需要的思想品德的社会实践活动。在这种观点中，思想政治教育的受教育者还没有形成教育者所需要的思想品德。其强调在思想政治教育中，教育者要通过"有目的、有计划、有组织地影响"，把一定的思想观念、政治观点、道德规范"施加"给受教育者。这种观点较为鲜明地坚持了马克思主义灌输原理，阐释了受教育者不会自发地形成一定社会、一定阶级所需要的思想品德，教育者只有由外向内地灌输给受教育者，才能塑造受教育者的思想品德，达到思想政治教育的预期目的。

二是"引导论"。这种观点认为，思想政治教育是一定的阶层、社会、组织、群体与其成员，通过多种方式开展思想、情感的交流互动，引导其成员吸纳、认同一定的社会观念、政治观点、道德规范，促进其成员知、情、意、行均衡发展和思想品德自主建构的社会实践活动。在这种观点中，思想政治教育的教育者要通过多种方式"引导"受教育者接受一定的社会观念、政治观点、道德规范。这种观点强调教育者在整个思想政治教育过程中起到的教育作用是"引导"，受教育者真正接受一定的社会观念、政治观点、道德规范靠的是自己"知、情、意、行"的自主建构。与"施加"相比，"引导"更加柔和，相对弱化教育者在思想政治教育过程中的主导性，更加强调受教育者的主体性、能动性和创造性。

三是"转化论"。这种观点认为，思想政治教育是指一定的阶级或政治集团，为实现一定的政治目的，有目的地对人们施加意识形态的影响，以期转变人们的思想，塑造人们的品德，进而指导人们行为的社会实践活动。这种观点在前半部分沿用了"施加"这一概念，表达了教育者要对受教育者进行"有目的"的意识形态影响，后半部分强调了受教育者在接受教育者施加的意识形态影响以后对意识形态影响进行的"转化"，从而改变了受教育者的思想品德，对受教育者的行为实践进行了指导。这种观点与"施加论"的主要区别在于其凸显了思想政治教育对受教育者思想品德发生根本性转变的关键意义。

四是"内化论"。这种观点认为：思想政治教育是教育者按照一定社会的要求，通过特定的教育活动，把特定社会的思想和道德规范内化为受教育者的思想意识和道德品质的过程。这种观点比"转化论"更进一步强调受教育者由外向内接受、吸收和融会思想政治教育内容的动态过程。受教育者能够把思想政治教育内容内化为自己的思想意识和道德品质，说明受教育者真正理解和自觉掌握了思想政治教育内容的理论精髓和精神实质，并且愿意为之付诸实际行动。可以说，受教育者把思想政治教育内容内化于心、外化于行是思想政治教育做得深入、彻底、有效的重要体现和现实要求。

五是"需要论"。这种观点认为，思想政治教育是教育者与受教育者根据社会和自身发展的需要，以正确的思想、政治、道德理论为指导，在适应与促进社会发展的过程中，不断提高思想、政治、道德素质和促进全面发展的过程。① 这种观点以"需要"为着眼点，强调思想政治教育要从社会发展需要和人的发展需要出发，进行理论灌输、政治引导和道德提升，最终落脚到促进人的全面发展和社会发展的辩证统一。这种观点强调思想政治教育应当努力满足社会发展需要和个人发展需要，并且要在引领两者相互促进、彼此推动中发挥重要作用。

六是"实践论"。这种观点认为，思想政治教育是指一定的阶级或

---

① 《思想政治教育学原理》编写组：《思想政治教育学原理》，高等教育出版社 2016 年版，第 5 页。

政治集团，为促使社会成员的发展需求与社会主流意识形态的要求相统一，用以社会核心价值观为核心的理想信念、价值理念、道德观念，引导其成员改造主客观世界的社会实践活动。① 这种观点充分观照了思想政治教育的"实践"导向，在整合学界以往关于思想政治教育概念的"阶级统治说"和"发展需要说"基础上，立足实践立场对思想政治教育概念进行重新界定，强调只有"实践"才能连接思想政治教育的意识形态属性和育人属性，摆脱以往思想政治教育概念界定中价值取向的片面性，提升了思想政治教育的理论解释力和实践指导性。

除了上述主要观点外，学界还从思想政治教育的目标、内容、过程、价值等角度深刻辨析了"思想政治教育"概念的本质内涵，不断要求对"思想政治教育"概念进行更加彰显学科自觉的廓清、厘定和释义。通过分析和比较这些研究成果可以发现，目前学界关于"思想政治教育"概念本质内涵的理解把握已形成诸多共识，这有助于我们在更坚实的学理基础上进一步探讨这一命题。然而，更为重要的是，还有一些争议没有彻底澄清。这些争议正是今后制约我们对"思想政治教育"概念的本质内涵进行准确把握的问题：

一是"思想政治教育"概念的演变史是否表明"思想政治教育"本质内涵中的"政治"因素逐渐削弱？在梳理和分析"思想政治教育"概念的演变史过程中我们能够注意到，"政治教育"在早期的无产阶级革命中出现频率最高。在中国共产党的革命语境中，"政治"经常摆放在"思想"前面，政治工作也成为思想政治教育的主要工作。在中华人民共和国成立以后，尤其是改革开放以来，"思想"逐渐摆位在"政治"前面，最终成为"思想政治教育"这个完整概念中的首个概念。根据这一现象，一些学者认为进入社会主义建设时期，党和国家的历史任务已经发生根本性转变，不再需要强调"思想政治教育"中的"政治"

① 史宏波、谭帅男：《"思想政治教育"概念重述与研究范式的转向》，《思想教育研究》2021 年第 10 期，第 42 页。

因素，如果过于强调"政治"因素，反而会削弱"思想政治教育"概念的科学性、价值性和主体性。实际上，"思想政治教育"并不是按照概念的重要性来排列"思想""政治""教育"的，而是按照它们各自的词性和词义来排列的。这三个概念共同组合为"思想政治教育"，也不是把这三个概念的一般规定性简单相加，而是在一般词义的基础上，把它们置于"思想政治教育"学科领域内，按照思想政治教育的研究视角、分析框架、解释原则来重新界定它们的特殊规定性。我们既可以从马克思恩格斯经典文本中揭示出"思想""政治""教育"的一般规定性，也可以从中把握"思想""政治""教育"在"思想政治教育"中的特殊规定性，从而在对"思想政治教育"概念的整体理解中深入反思其"政治"因素是否被削弱。

二是在"思想政治教育"概念的本质内涵中应如何把握教育者与受教育者的相互关系？诸多"思想政治教育"概念界定的争议核心都在于如何协调教育者与受教育者的相互关系，如"施加""引导""转化""内化"等都是在不同程度上或强化了或弱化了思想政治教育的主客体关系。马克思恩格斯经典文本从社会关系的角度阐述了思想政治教育中教育者与受教育者的相互关系。马克思、恩格斯认为，教育者也要受教育。思想政治教育本质上是一种群众工作，教育者和受教育者都属于群众。在思想政治教育的学科视角下，通过对马克思恩格斯经典文本中"群众"概念的内涵分析，能够更清晰地揭示出"思想政治教育"中教育者与受教育者之间的关系问题。

三是"思想政治教育"概念的本质内涵是否具有彻底的、普遍的意识形态性？如果"思想政治教育"概念的本质内涵具有彻底的、普遍的意识形态性，则意味着意识形态性渗透在思想政治教育的各个环节、各个层面和各个领域。目前，学界已达成一个基本共识，即"意识形态性"是思想政治教育的本质属性。然而，学界在对"思想政治教育"概念的本质内涵进行辨析时，经常对思想政治教育是否包含意识形态内容和非意识形态内容，是否具有意识形态功能和非意识形态功能等问题产生争议。这种争议产生的根源往往在于如何在思想政治教育的视角下理解意识形态和"道德"。思想政治教育承担着道德养成的重要任务。然而，"道德"作为人们共同生活中的一种伦理规范和行为准则，似乎含有更多非意识形态性的内容成分。这就需要我们从马克思恩格斯经典文本中考察意识形态与"道德"的本质内涵，理解意识形态的生成条件、基本属性和本质功能等问题，分析"道德"在意识形态中的结构定位。

四是"思想政治教育"概念的本质内涵是否价值无涉？诸多"思想政治教育"概念界定存在差异的地方在于：表述思想政治教育想要塑造的理想信念、价值观念和道德理念时附带了"一定的""特定的""正确的""符合社会发展和个人发展需要的"等形容成分。在这些不同的形容成分背后涉及的是关于"思想政治教育"概念的本质内涵是否应作价值判断的问题。因为，从广义上看，思想政治教育是在所有阶级社会中普遍存在的教育实践活动。不同阶级的思想政治教育有不同的价值指向。剥削阶级与进步阶级相比，它的思想政治教育自然具有剥削性、狭隘性和欺骗性。从狭义上看，思想政治教育是马克思主义者创立的专有名词，也是共产党人对广大人民群众进行的专门工作。通过考察分析马克思恩格斯经典文本中的"共产主义理想信念""实践""世界观""价值观"等概念，我们能够发现在共产党领导无产阶级革命的历史过程中，马克思主义思想政治教育有着特定的目标、任务、内容和方法，从而也能够回答"思想政治教育"概念的本质内涵是否价值无涉的问题。

三、在关系结构中明确"思想政治教育"基本概念的内在逻辑

通过梳理和分析"思想政治教育"概念的历史演变过程，以及学界

关于"思想政治教育"概念本质内涵的诸多辨析，我们可以发现，单凭"思想政治教育"概念中的某一个概念很难完整、准确、通达地理解"思想政治教育"概念的本质内涵。这就需要在历史贯通的视域和学科建构的意义上择取一些能够揭示"思想政治教育"概念本质内涵的基本概念，按照它们的定义、属性和功能把它们分为不同的概念集合，探讨不同概念集合之间的内在逻辑，从而在问题导向和体系导向的要求下，根据思想政治教育基本概念来阐明"思想政治教育是什么"这一根本问题。

马克思恩格斯经典文本是"思想政治教育"概念生成的理论之源。梳理马克思恩格斯经典文本中"思想政治教育"概念的生成史可以发现，"思想""政治""教育""共产主义理想信念""实践""意识形态""群众""道德""世界观""人生观""价值观"这十一个概念是马克思、恩格斯在探讨思想政治教育问题时较高频次使用的概念。这十一个概念也从整体上给我们提供了理解把握"思想政治教育"概念的主体框架与本质内容。通过这十一个概念理解"思想政治教育"概念的完整表达，既能够各有侧重地展开多维解读，又可以体现内在结构一体性的相互关系。

马克思在《资本论》（第一卷）中写道："一门科学提出的每一种新见解都包含这门科学的术语的革命。"① 思想政治教育基本概念的提出，正是为了推动思想政治教育进行一场"术语的革命"，给思想政治教育学科化学术化学理化提供知识积累、问题反思和理论升华的概念基石。为巩固思想政治教育概念基础，建构思想政治教育话语体系，本书尝试对"思想政治教育"概念的本质内涵作出整体性理解，分析思想政治教育基本概念的内在结构和逻辑关系，区分思想政治教育基本概念之间的位阶和层次。

---

① 《马克思恩格斯文集》第 5 卷，人民出版社 2009 年版，第 32 页。

在思想政治教育基本概念体系中,"思想""政治""教育"是核心概念。这三个概念构成了思想政治教育概念体系的灵魂。"思想政治教育"由"思想""政治""教育"三个概念组成,理解"思想政治教育"概念的本质内涵,首先需要解析这三个概念在"思想政治教育"概念本体意义上的特殊规定性。

"思想"之所以在"思想政治教育"概念中处于首位,主要在于"思想"是"思想政治教育"的直接作用对象。人是有思想的存在物。人因为有思想赋予的自我意识和社会意识而区别于其他一切存在物。恩格斯在《路德维希·费尔巴哈和德国古典哲学的终结》中指出:单个人的"一切动力,都一定要通过他的头脑,一定要转变为他的意志的动机,才能使他行动起来"①。任何一种活动想对单个人产生任何影响,使单个人按照一定的预期目的行动起来,必须首先使这个人的思想发生改变。思想既能够反映物质世界的客观实在性,又能够在此基础上发挥主观能动性,引导个人实践来达到自己的目的。可以说,思想上的改变是一个人发生改变的根本原因。诸多社会长期难以解决的现实矛盾和无法打破的利益藩篱问题,都是通过打通思想来推动解决的。如果我们把"现实的个人"视为思想政治教育的主体,那么"思想政治教育"需要直接作用的对象就是"现实的个人"的"思想"。"现实的个人"的"思想"中蕴含着"思想政治教育"的主要矛盾:"现实的个人"的错误思想与社会先进阶级代表的正确思想之间的矛盾。思想政治教育正是要用社会先进阶级的正确思想来改造人的错误思想,使人不断反思、纠正和革新自己的错误思想,不断改正自己的错误思想,使自己的思想提升到正确思想的理论觉悟、精神境界和道德情操上来。

"政治"处于"思想政治教育"概念的中间位置,反映出它是思想政治教育的实质和灵魂。从"思想政治教育"概念的发展演变史来看,

---

① 《马克思恩格斯文集》第4卷,人民出版社2009年版,第306页。

"政治"始终是"思想政治教育"的核心概念，始终是"思想政治教育"着重强调的本质内容。恩格斯在《致国际工人协会西班牙联合会委员会》中指出："如果放弃在政治领域中同我们的敌人作斗争，那就是放弃了一种最有力的行动手段，特别是组织和宣传的手段。"① 政治是阶级根本利益的集中呈现，阶级斗争也是政治斗争。"思想政治教育"产生和存在的历史前提和现实基础在于人类社会仍处于阶级社会这一历史阶段，不仅社会生产力与生产关系之间存在着普遍矛盾，而且不同阶级之间的根本利益也存在着冲突对立。"政治"决定了"思想政治教育"要根据哪个阶级的阶级利益、理论学说和奋斗目标来进行何种政治思想教育。思想政治教育用来教育人的正确思想不是抽象的、随意的、普遍的，而是一种政治理论。旗帜鲜明讲政治是思想政治教育进行理论建构和实践探索的基本要求。如果抹杀了"政治"在"思想政治教育"中的核心地位，那么"思想政治教育"也会丧失灵魂、迷失方向。

"教育"是"思想政治教育"概念的第三个概念，意在说明思想政治教育这项实践活动的基本形态和实现形式。"思想政治教育"与"思想政治工作"相比，其区别主要在于思想政治教育的育人属性。思想政治教育的目的在于改造人和培养人。马克思在《关于费尔巴哈的提纲》中阐述了"教育者本人一定是受教育的"② 这一教育原则。从根本上看，教育者与受教育者是辩证统一的。教育者只有先受教育，才能教育别人。教育者的教育过程也是自我教育的过程。受教育者在教育过程中仍然能够给教育者提供一定的教育因素。受教育者在接受教育以后，也需要用教育内容进行自我教育，才能真正有所提高，有所收获。根据教育学的普遍意义，我们可以从教育作为动词和名词两种词性来理解思想政治教育。从教育作为一个名词的方面来看，需要关注的是思想政治教育"是其所是"和"如其所是"的存在形态；从教育作为一个动词的

---

① 《马克思恩格斯文集》第 3 卷，人民出版社 2009 年版，第 92 页。
② 《马克思恩格斯文集》第 1 卷，人民出版社 2009 年版，第 500 页。

方面来看，则需要关注思想政治教育中"施教"与"受教"的动态过程。

在思想政治教育基本概念体系中，"共产主义理想信念""实践""意识形态""群众""道德"是基础概念。这五个概念构成了思想政治教育基本概念体系的根基，它们在"思想政治教育"概念的本质内涵辨析中是回答所有问题的基础性因素。

"共产主义理想信念"指明了思想政治教育的目标追求。在历史唯物主义视域中，人类社会从资本主义社会发展到共产主义社会是社会历史的必然趋势。然而这个必然趋势不会一蹴而就，也不会自动实现，它需要依靠无产阶级的不断革命与自我革命。恩格斯在《共产主义原理》中首先就回答了什么是共产主义的问题："共产主义是关于无产阶级解放的条件的学说。"① 马克思、恩格斯把共产主义从最初对人类社会未来构想的一个美好愿景，变成了指导无产阶级革命的一套科学理论，给无产阶级提供了实现自身和全人类解放的一条正确道路。思想政治教育只有把共产主义变成无产阶级的理想信念，教育引导无产阶级既要始终牢记实现"普遍的人的解放"的信仰初心，也要自觉坚定为实现"普遍的人的解放"而不断积累条件、积蓄力量的道路方向，才能使共产主义从美好愿景发展为生生不息的运动过程。可以说，"共产主义理想信念"是无产阶级革命中最强大的精神力量和最牢固的精神支柱。"思想政治教育"需要"共产主义理想信念"从政治信仰维度赋予指向未来、寄托意义的本质内涵。

"实践"明确了思想政治教育的发展方式。思想政治教育想要树立和培育的理想信念、价值观念、道德理念都是以转化为人的实践活动为现实导向的。坚持实践的观点是马克思主义与其他理论学说相区别的主要标志。马克思在《〈黑格尔法哲学批判〉导言》中追问："德国能不能

---

① 《马克思恩格斯文集》第 1 卷，人民出版社 2009 年版，第 676 页。

实现有原则高度的实践，即实现一个不但能把德国提高到现代各国的正式水准，而且提高到这些国家最近的将来要达到的人的高度的革命呢？"① 马克思认为，德国实现"有原则高度的实践"是德国扭转时代错乱的历史状况，加入现代资本主义的发展行列，并且提高到未来"人的高度的革命"的唯一解决办法。可以说，马克思进行的一切理论创造都是为指导"有原则高度的实践"服务的。"有原则高度的实践"不仅为马克思主义实践观拓展了理论空间，而且为"思想政治教育"明确了发展形态。一方面，思想政治教育应当把所有工作都贯穿在"解释世界"与"改变世界"② 的辩证统一中，试图通过思想政治教育进行的精神生产和精神交往真正影响社会现实的物质生产和物质交往；另一方面，思想政治教育应当把所有工作都落实到培养"有使用实践力量的人"③ 上面，力求通过改造人的思想观念和提升人的精神境界，激发人的革命斗志和增强人的实践力量，引导人把自己的崇高信仰、坚定信念和必胜信心都付诸在自己的"革命的实践"中。

"意识形态"凸显了思想政治教育的本质属性。说起思想政治教育，就不能回避思想政治教育的意识形态性。实际上，思想政治教育也是一种意识形态教育。意识形态不仅规定了思想政治教育的性质，思想政治教育同时也是意识形态的产物。马克思、恩格斯在《德意志意识形态》中认为："统治阶级的思想在每一时代都是占统治地位的思想。"④ 这里强调的是统治阶级必须发挥意识形态主导权，才能使自己控制一个时代占统治地位的物质力量和精神力量。资本主义社会的社会意识形态领域长期被资产阶级意识形态占据着，资产阶级意识形态支配着广大人民群众"思想什么"和"如何思想"。社会主义思想政治教育的重要任务就

① 《马克思恩格斯文集》第 1 卷，人民出版社 2009 年版，第 11 页。
② 《马克思恩格斯文集》第 1 卷，人民出版社 2009 年版，第 502 页。
③ 《马克思恩格斯文集》第 1 卷，人民出版社 2009 年版，第 320 页。
④ 《马克思恩格斯文集》第 1 卷，人民出版社 2009 年版，第 550 页。

是一分钟也不忽略教育工人意识到无产阶级和资产阶级在阶级利益上的根本对立,用无产阶级意识形态占领社会意识形态领域,帮助无产阶级夺得整个社会物质生产和精神生产的统治权。从马克思、恩格斯对意识形态的内涵揭示来看,意识形态是一个纷繁复杂且变化多样的社会历史现象,需要从社会、历史、阶级等多个维度才能加以把握。不同的意识形态对同一事物的理解、认知也不同。只有深入分析意识形态概念在思想政治教育中的本质内涵,才能准确把握思想政治教育在社会结构和政治结构中的作用意义。

"群众"从总体上揭示了思想政治教育的主体力量,思想政治教育的教育者与受教育者都来自群众,教育者不可能是凌驾于群众之上的天才人物,也不可能是站在群众对立面的剥削阶级。马克思、恩格斯在《神圣家族》中阐释了:"历史的活动和思想就是'群众'的思想和活动。"[1] 在历史唯物主义视域中,群众是历史的真正创造者和推动者。人类社会的所有物质文明和精神文明都是通过群众的生产劳动创造出来的。然而,在剥削阶级占统治地位的阶级社会中,群众创造了所有社会财富,却无法享有应得的物质利益。共产党是"为绝大多数人谋利益"[2] 的无产阶级政党。共产党领导的思想政治教育做的是群众工作,是动员群众、武装群众、组织群众的教育工作。离开群众,思想政治教育的所有理论创造和实践发展就会成为无源之水、无本之木。思想政治教育只有相信群众、依靠群众、为了群众,把群众的首创精神和革命力量广泛凝聚起来,才能达成思想政治教育的预期目标。

"道德"是思想政治教育的基础内容。道德是意识形态的重要组成部分。意识形态的本质属性渗透和融汇在道德中。解析"思想政治教育"概念,必须从意识形态的视角理解和把握"道德"的本质内涵。道德不仅是一种精神层面的伦理观念,也是一种实践层面的行为规范。道

---

[1] 《马克思恩格斯文集》第 1 卷,人民出版社 2009 年版,第 286 页。
[2] 《马克思恩格斯文集》第 2 卷,人民出版社 2009 年版,第 42 页。

德调整和约束着每一个人的思想意识、行为准则和职业操守，具有日用而不觉的社会普遍意义。恩格斯在《反杜林论》中提到："现在代表着现状的变革、代表着未来的那种道德，即无产阶级道德，肯定拥有最多的能够长久保持的因素。"① 无产阶级道德从伦理观念层面反映了人类社会发展的未来方向和变革道路，为广大人民群众确立了推动人类社会发展进步的道德标准和道德准则。思想政治教育只有在社会意识领域积极倡导无产阶级道德，帮助广大人民群众习得、养成和践行无产阶级道德，才能使人类社会朝着历史正确的方向道路不断发展进步。

在思想政治教育基本概念体系中，"世界观""人生观""价值观"是三个支撑概念。这三个概念构成思想政治教育基本概念体系的支柱。"思想政治教育"概念的本质内涵只有在这三个概念的支撑下，才能获得更为丰富和深刻的理论阐发。

"世界观"是人的思想的"总开关"。思想政治教育要想改造人的思想，不能不塑造人的世界观。世界观体现了一个人的思想中对自己与外在世界之间关系的基本观点。恩格斯在《卡尔·马克思〈政治经济学批判。第一分册〉》中揭示："我们党有个很大的优点，就是有一个新的科学的世界观作为理论的基础。"② 这个"新的科学的世界观"是马克思主义为共产党人提供的用来"解释世界"与"改变世界"③ 的基本立场、观点和方法。在对"思想政治教育"概念的内涵理解中，"新的科学的世界观"勾勒了一个从理论到实践、从此岸到彼岸、从必然到自由的无产阶级革命路径。人民群众在生产生活中形成的世界观往往是自发的、素朴的、零散的，只有接受了思想政治教育的理论武装和观念转化，才能把自己的世界观提升为自觉的、成熟的、系统的世界观。马克思主义指导下的思想政治教育正是基于这个"新的科学的世界观"

---

① 《马克思恩格斯文集》第 9 卷，人民出版社 2009 年版，第 98—99 页。
② 《马克思恩格斯文集》第 2 卷，人民出版社 2009 年版，第 599 页。
③ 《马克思恩格斯文集》第 1 卷，人民出版社 2009 年版，第 502 页。

才得以形成和发展,同时又需要用这个"新的科学的世界观"去教育和引导人民群众,形成符合无产阶级革命要求的世界观。

"人生观"直接聚焦人的生活方式和生命样态,每个人都会在自己的生命实践中产生对自己人生目标、人生态度、人生意义等问题的思考,形成自己的人生观,并且用自己的人生观来引导自己的人生道路。马克思在《关于费尔巴哈的提纲》中揭示了"人的本质不是单个人所固有的抽象物,在其现实性上,它是一切社会关系的总和"①。从社会关系的角度来分析"人的本质",是马克思主义哲学与其他哲学的根本区别。如果把"人的本质"理解为"一切社会关系的总和",那么我们就能够深入到决定人们社会关系形成的社会生产方式中把握人们的生活方式和生命样态,进而总结出不同社会阶级在社会生产方式中由于劳动分工的不同而形成的不同人生观。社会的发展进步离不开每一个个体,每一个个体的全面发展也离不开社会的发展进步。随着资本主义生产方式与社会生产力之间内在矛盾的日益尖锐和激化,资本主义人生观也凸显出狭隘性、落后性、自私性等特征。共产主义运动要对资本主义生产方式进行积极扬弃,共产主义人生观是与社会发展进步要求相符的人生观。思想政治教育需要在揭露资本主义人生观主要特征的基础上,培养人民群众形成对共产主义人生观的内在追求。

在人的思想观念中,"价值观"是关涉不同阶级根本利益的核心观念反映。一个人的"价值观"直接决定了其对是非曲直、善恶美丑的根本判断。马克思在《资本论》中把"商品"作为剖析资本主义的经济细胞。马克思通过分析"商品"的"价值"和"使用价值"的内在关系,揭示了这种关系反映在人的观念中,也会形成"观念的价值形态或想象的金的形态"②。马克思的这个理论发现,为我们提供了从资本主义经济关系中理解"价值观"的崭新视角。这个崭新视角更贴近整个由

---

① 《马克思恩格斯文集》第 1 卷,人民出版社 2009 年版,第 501 页。
② 《马克思恩格斯文集》第 5 卷,人民出版社 2009 年版,第 124 页。

资本主义主导的历史时代中价值多样多元的社会思潮的发展变化，更适合我们在资本主义占统治地位的阶级社会中，深入考察社会成员在不同的经济关系中形成的不同"价值观"。思想政治教育承担着对人民群众进行价值引导的重要任务。这种价值引导的本质也是建立在人民群众的根本利益基础上的。如果不能准确解读思想政治教育概念中的价值维度，则无法科学回答思想政治教育应当从什么样的原则立场上对人民群众进行价值引导。

从整体上看，上述思想政治教育的十一个基本概念分别属于三个概念集合，这三个概念集合之间的逻辑关系不仅能够使思想政治教育基本概念体系化，而且能使思想政治教育概念主题化。它们在体系化的概念结构中从不同维度阐释了"思想政治教育是什么"的同一主题，揭示了"思想政治教育"概念的本质内涵。分析这三个概念集合之间的逻辑关系是更完整、更贯通、更准确地理解和把握思想政治教育基本概念的内在要求。这里从主体结构和本质内容两个层面来分析这三个概念集合之间的结构逻辑和功能逻辑，以实现对思想政治教育基本概念的内涵理解在本体论和认识论上达到辩证统一。

从主体结构来看，思想政治教育基本概念体系的三个概念集合从里到外构成了三个位阶层次。

由"思想""政治""教育"组成的核心概念集合对其他概念集合起到统领作用。概念本身就凝结着事物的本质。"思想""政治""教育"三个概念共同组成了思想政治教育概念的本体，它们单独的本质内涵也能够从自身维度反映出思想政治教育概念的本质内涵。对于其他概念集合而言，其对思想政治教育概念的内涵解读也要紧紧围绕核心概念集合来进行，否则就会脱离思想政治教育的学科视角，失去思想政治教育的特殊意义，缺乏思想政治教育的深厚意蕴。

由"世界观""人生观""价值观"组成的支撑概念集合对其他概念集合起到中介作用。对思想政治教育概念的理解通常借助于反思使用

"什么样的思想",根据"什么样的政治",进行"什么样的教育"。如果离开了对支撑概念集合的理解和把握,那么对这三个问题的回答就会陷入抽象和空洞。支撑概念集合从"世界观""人生观""价值观"三个维度深刻揭示了马克思主义指导下的思想政治教育是依据什么样的思想观念来展开的。在这个意义上,支撑概念集合也是把核心概念集合与基础概念集合融通起来的学理纽带。离开了支撑概念集合的中介作用,核心概念集合难以渗透到基础概念集合,基础概念集合也难以抵达核心概念集合。

由"共产主义理想信念""实践""意识形态""群众""道德"组成的基础概念集合对其他概念集合起到奠基作用。基础概念集合是核心概念集合与支撑概念集合的学理基石。基础概念集合为思想政治教育概念体系限定了研究范围。在通常意义上,我们总是把思想政治教育理解为一种理想信念教育,外在表现为一种教育实践活动,要完成意识形态工作,做的是群众的思想道德工作,实际上这是在思想政治教育的基础层面来探讨的。思想政治教育概念体系中其他基本概念的本质内涵只有融合了信仰高度、实践内涵、阶级属性、群众主体和伦理规约,才能被称为思想政治教育基础概念。其他基本概念对"思想政治教育"概念的多维解读也是立足基础概念集合的学科基点上才能进行。

从本质内容来看,思想政治教育基本概念体系中的三个概念集合只有根据各自位阶和层次,分别发挥不同功能,思想政治教育基本概念体系才能协调不同概念之间的差异和冲突,进而形成一个相互规定、彼此融通、一体联动的有机整体。

在思想政治教育基本概念体系中,由"思想""政治""教育"组成的核心概念集合决定着思想政治教育的根本性质和发展方向。核心概念集合凝结着思想政治教育概念的理论灵魂,它在最根本的意义上决定了"思想政治教育"的内涵、属性、特征、地位、作用、功能。弄清思想政治教育概念中"思想""政治""教育"的本质内涵是辨析思想政治教育概念的基本前提。当然，"思想""政治""教育"之间也是紧密关联、相互定义的，不能割裂开来分析。这三个概念主导和统领着思想政治教育的发展方向。其他概念在思想政治教育学科视野中的发展方向，也要根据这三个概念的本质内涵来判断。

由"世界观""人生观""价值观"组成的支撑概念集合，决定着思想政治教育的主要特征和发展动力。马克思主义指导的思想政治教育之所以会显示出与其他意识形态教育的形态差异，主要在于"世界观""人生观""价值观"对思想政治教育的特征规定。这三个概念中，"世界观"把控着思想政治教育的核心枢纽；"人生观"规定着思想政治教育的现实目标；"价值观"关涉着思想政治教育的利益原则。正是有了这三个概念对思想政治教育的特征规定，马克思主义指导的思想政治教育才能真正体现历史唯物主义的哲学特质，反映共产主义运动的崇高追求，凸显为绝大多数人谋利益的价值导向，进而被无产阶级普遍认同和自觉接受。离开支撑概念集合，核心概念集合与基础概念集合将在内容形式和价值规范上空洞失真、失衡零落，难以获得积聚人心、激发斗志、激昂理想的传承性精神滋养和时代性精神力量。

由"共产主义理想信念""实践""意识形态""群众""道德"组成的基础概念集合，决定着思想政治教育的现实尺度和发展原则。"共产主义理想信念"彰显了思想政治教育的终极追求；"实践"明确了思想政治教育的发展形态；"意识形态"凸显了思想政治教育的本质属性；"群众"揭示了思想政治教育的主体力量；"道德"构成了思想政治教育的基础内容。思想政治教育"入心"和"入世"都离不开基础概念集合的限定范围。一个民族、一个国家不能没有信仰，共产主义理想信念是思想政治教育用来引领和凝聚人民群众同心同德、团结奋进的共同信仰。思想政治教育想要树立和培育的理想信念、价值观念和道德理念都是以实践为根本导向的。思想政治教育本身是一项教育实践活动。同时，人民群众只有把思想政治教育的教育内容付诸实践，思想政治教育才能实现自身的价值和意义。在社会意识领域，思想政治教育宣传和维护的是社会主义意识形态。思想政治教育只有让社会主义意识形态牢牢占领社会意识形态领域，才能使自己的思想主张变成整个社会的行动方向。在社会群体领域，思想政治教育的主体力量是群众，思想政治教育只有坚持群众观点和群众路线，才能使自己的理论和实践在群众中间生根开花结果。在伦理文化领域，思想政治教育培育和践行的是无产阶级道德，思想政治教育只有用无产阶级道德来约束和规范社会成员的思想方式和行为方式，才能推动整个社会向共产主义精神文明和物质文明的正确方向繁荣发展。

第一章 思　　想

马克思、恩格斯在《共产党宣言》中指出："思想的历史除了证明精神生产随着物质生产的改造而改造，还证明了什么呢？任何一个时代的统治思想始终都不过是统治阶级的思想。"① 思想是思想政治教育的基本概念，也是思想政治教育理论体系的起始概念。如何理解思想，直接关涉如何把握思想政治教育的本质内涵。

人有思想，人也能够思想，人的思想是纷繁复杂且发展变化的，这是人与其他动物相区别的独特精神现象。正如马克思在《1844年经济学哲学手稿》中指出的那样："人则使自己的生命活动本身变成自己意志的和自己意识的对象。"② 马克思恩格斯经典文本中提出了诸多关于思想的论述。思想既是社会物质生产的产物，又对社会物质生产具有反作用，体现出物质决定性、主观能动性和相对独立性。作为一个名词，思想代表了一种思想体系，它是人们在自己的头脑中形成的意识集合体。马克思恩格斯经典文本中使用了意识、观念、观点、思维和意识形态等概念来表述作为名词的思想。作为一个动词，思想代表了一个思想过程，它是人们在自己的实践中展开的精神运动，马克思恩格斯经典文本中使用了精神生产、精神发展、精神交往和精神生活等概念来表述作为动词的思想。从马克思恩格斯经典文本中解析思想政治教育之"思想"，是为了从思想这个维度考证马克思、恩格斯对思想政治教育本质内涵的深刻理解。

19世纪40年代初，马克思在见证了英国大工业发展引起的社会革命和法国高扬现代民主精神的政治革命以后，发现德国依然深陷纯粹思想领域的围绕基督教唯灵论进行抽象思辨的哲学革命，由此导致德国思

---

① 《马克思恩格斯文集》第2卷，人民出版社2009年版，第51页。
② 《马克思恩格斯文集》第1卷，人民出版社2009年版，第162页。

想领域与德国现实领域产生严重的"时代错乱"。马克思在《〈黑格尔法哲学批判〉导言》中深刻认识到："光是思想力求成为现实是不够的，现实本身应当力求趋向思想。"① 能够抵达根本、掌握彻底和洞察本质的先进思想需要引领社会现实发展进步，成为人民群众实现自由解放的"精神武器"，创生出摧毁旧世界物质力量的革命物质力量。马克思、恩格斯在与青年黑格尔派的自我意识理论展开激烈论战以后，在《德意志意识形态》中确立了社会存在决定社会意识，社会意识对社会存在具有能动性反作用的唯物史观基本原理。在这个基本原理的总体指导下，随着马克思对古典政治经济学理论研究的日益深入，马克思在《资本论》（第一卷）中科学揭示出在资本主义社会："在观念的价值尺度中隐藏着坚硬的货币。"② 资本主义生产方式的统治地位使得整个资本主义社会的思想领域也受资本逻辑的抽象统治，全体社会成员的思想意识中充斥着由"坚硬的货币"决定的"观念的价值尺度"，也就是现代意义上的价值观。价值观以观念形式反映了不同阶级的利益关系，形成了代表不同阶级利益的阶级意识。资产阶级实际上是"人格化的资本"，他们的灵魂就是"资本的灵魂"。无产阶级实际上是"人格化的劳动时间"，他们的灵魂被"资本的灵魂"所裹挟、奴役和支配。无产阶级的历史使命就是把这种劳者不获、获者不劳的不公正现实颠倒过来。恩格斯在《路德维希·费尔巴哈和德国古典哲学的终结》中分析了人的思想最终会生成"理想的意图"和"理想的力量"③。对于社会个体而言，"理想的意图"和"理想的力量"是社会个体进行活动的深层思想动机和强烈精神信念；对于社会总体而言，"理想的意图"和"理想的力量"是社会总体创造历史的共同意志追求和强大精神力量。无产阶级要想推翻资本主义旧世界，建立共产主义新世界，则需要广泛形成指向

---

① 《马克思恩格斯文集》第 1 卷，人民出版社 2009 年版，第 13 页。
② 《马克思恩格斯文集》第 5 卷，人民出版社 2009 年版，第 124 页。
③ 《马克思恩格斯文集》第 4 卷，人民出版社 2009 年版，第 285—286 页。

共产主义美好愿景的"理想的意图"和"理想的力量",把无产阶级的新世界观变成自己的"精神武器",更为科学地走上团结一心、勇往直前的斗争道路。

一、思想的内涵维度

马克思在《路易·波拿巴的雾月十八日》中指出:"在社会生存条件上,耸立着由各种不同的,表现独特的情感、幻想、思想方式和人生观构成的整个上层建筑。"① 在这里,马克思揭示了处于一定社会生存条件下的统治阶级会把适应本阶级物质基础的上层建筑,通过"传统和教育"的方式承袭给社会成员,构成整个上层建筑的"独特的情感、幻想、思想方式和人生观"则会凸显出社会成员用来塑造自己思想的诸多特质。这些社会成员是思想的承载主体,思想的基本内涵蕴含在一定社会用来塑造自己成员的思想的诸多特质之中。结合马克思恩格斯经典文本中其他相关论述,我们可以从人们思想的诸多特质中分析出思想的情感、价值、精神、理想等构成维度。

1. 激情和热情是人强烈追求自己的对象的本质力量

马克思在《1844年经济学哲学手稿》中提到,情感是一种人在对象性关系中对世界的感性占有:"人对世界的任何一种人的关系——视觉、听觉、嗅觉、味觉、触觉、思维、直观、情感、愿望、活动、爱……是通过自己的对象性关系,即通过自己同对象的关系而对对象的占有。"② 马克思认为,人的"五官感觉""精神感觉""实践感觉",都是由于人的感觉的对象性存在才产生出来的。其中,情感可以理解为人的一种精神感觉,思想通过情感直接产生了对对象的最本能和原初的

① 《马克思恩格斯文集》第 2 卷,人民出版社 2009 年版,第 498 页。
② 《马克思恩格斯文集》第 1 卷,人民出版社 2009 年版,第 189 页。

精神感觉。

　　情感在思想中能够起到催化作用,激发出"人的对象化的本质力量"①。马克思认为:"激情、热情是人强烈追求自己的对象的本质力量。"② 人的本质力量通过所有的感官功能作用在自然界中获得了"对象性的、现实的、活生生的存在的独特方式"③。在这种"对象化的独特方式"④ 中,人的本质力量不仅得到了确证,而且确证"人的本质力量的感觉",也随着"人的本质客观地展开的丰富性,主体的、人的感性的丰富性"⑤ 而形成和发展起来。激情和热情的爆发是人表现和确证自己的本质力量的必要情感活动。所以,人在追求欲望对象的"激情、热情"中不仅表现和确证自己的受动性,也表现和确证自己的能动性,从而激发出潜藏在人身上"作为天赋和才能、作为欲望"的"自然力、生命力"⑥。可以说,激情、热情都属于人的情感。正如马克思在《路易·波拿巴的雾月十八日》中写道:"通过传统和教育承受了这些情感和观点的个人,会以为这些情感和观点就是他的行为的真实动机和出发点。"⑦ 从这里可以看出,个人把通过传统和教育承受了的情感和观点当作自己行为的真实动机和出发点。个人行为的真实动机和出发点也是个人在思想中形成的关于某一行为的心理倾向和内部驱动。如果想要把握个人行为的真实动机和出发点,那么则应该从个人行为体现出来的情感和观点入手。

　　无产阶级作为一个阶级整体,在他们的思想中具有诸多同质性的情感因素。马克思、恩格斯在《神圣家族》中认为:"法国人和英国人的

① 《马克思恩格斯文集》第 1 卷,人民出版社 2009 年版,第 193 页。
② 《马克思恩格斯文集》第 1 卷,人民出版社 2009 年版,第 211 页。
③ 《马克思恩格斯文集》第 1 卷,人民出版社 2009 年版,第 191 页。
④ 《马克思恩格斯文集》第 1 卷,人民出版社 2009 年版,第 191 页。
⑤ 《马克思恩格斯文集》第 1 卷,人民出版社 2009 年版,第 191 页。
⑥ 《马克思恩格斯文集》第 1 卷,人民出版社 2009 年版,第 209 页。
⑦ 《马克思恩格斯文集》第 2 卷,人民出版社 2009 年版,第 498 页。

批判并不是什么在人类之外的、抽象的、彼岸的人格化的东西，这种批判是那些作为社会积极成员的个人所进行的现实的人的活动，这些个人作为人也有痛苦，有感情，有思想，有行动。"① 有喜怒哀乐和爱恨情仇是人之为人的基本特点，从个人的"痛苦、情感、思想、行动"中，我们可以洞见一个人的性格特质和人生选择。在阶级社会中，不同社会个体会根据自身所属的阶级地位，产生与之相适应的思想倾向。马克思、恩格斯想要教育和引导的思想对象主要是无产阶级，通过分析马克思恩格斯经典文本可以发现，构成无产阶级思想的主要情感是对资本主义社会的愤怒、对贫苦人民的同情和对全人类的热爱。

无产阶级的情感中有对资本主义社会的愤怒。恩格斯在《英国工人阶级状况》中描述了无产阶级面对资本主义社会的剥削压迫所反映的情感状态："这个社会使他们产生最激烈的情绪波动。"② 无产阶级只要没有"完全丧失人的情感"③，他们就必须对资本主义社会制度进行反抗。无产阶级"只有靠着对当权的资产阶级的强烈仇恨，靠着对资产阶级永不熄灭的内心愤慨才能保持合乎人性的意识和感情"④。无产阶级这种"对资产阶级永不熄灭的内心愤慨"奠定了无产阶级意识的基础性情感，使无产阶级在思想层面拥有反抗资产阶级的不竭情感动力。

无产阶级的情感中有对贫苦人民的同情。恩格斯在《英国工人阶级状况》中描述了无产阶级对贫苦人民的仁慈表现："他们自己就是命运多舛的，所以能同情那些境况不好的人。"⑤ 无产阶级自身作为资本主义社会的奴隶阶级，几乎承受了资本主义社会的所有苦难，无产阶级对贫苦人民的不幸遭遇充满了同理心和同情心。无产阶级虽然贫穷，但他们不把赚钱看作生命的唯一追求，没有像资产阶级那样对金钱充满贪婪

① 《马克思恩格斯文集》第 1 卷，人民出版社 2009 年版，第 355 页。
② 《马克思恩格斯文集》第 1 卷，人民出版社 2009 年版，第 411 页。
③ 《马克思恩格斯文集》第 1 卷，人民出版社 2009 年版，第 454 页。
④ 《马克思恩格斯文集》第 1 卷，人民出版社 2009 年版，第 428 页。
⑤ 《马克思恩格斯文集》第 1 卷，人民出版社 2009 年版，第 438 页。

欲望。无产阶级的性格大多是和气可亲、无私无畏的，他们愿意真诚地帮助每一个向他们求助的贫苦人民。

无产阶级的情感中有对全人类的热爱。恩格斯在《英国工人阶级状况》中赞扬了无产阶级"仰慕一切伟大的美好的事物"①，没有受到"民族偏见和民族优越感"②的侵蚀，认识到自身利益和全人类利益的高度统一，也认识到自己不是"单个的、孤立的民族的成员"③，而是"伟大的人类大家庭的成员"④。无产阶级对全人类的热爱，催生了无产阶级大公无私和勇于变革的科学精神。无产阶级能够心无旁骛地追求一切伟大美好的事物，致力于全人类的解放事业。

2. 观念的价值尺度中隐藏着坚硬货币

马克思在《资本论》（第一卷）中指出："在观念的价值尺度中隐藏着坚硬的货币。"⑤这个论断揭示了在商品世界中"观念的价值尺度"对思想起到的基本规约作用。马克思在《资本论》（第一卷）中分析资本主义社会的经济运动规律是从商品开始的。当资本主义生产方式占统治地位时，"庞大的商品堆积"⑥是资本主义社会财富的具体表现形式。只要商品变成了劳动产品的一般形式，人们对商品的占有关系也就变成了占统治地位的社会关系。商品作为交换领域的劳动产品，如果抽离掉不同商品中具体劳动的各种形式，那么任何商品剩下的只是"同一的幽灵般的对象性"⑦，也就是所谓的"无差别的人类劳动的单纯凝结"⑧。马克思认为："这些物，作为它们共有的这个社会实体的结晶，就是价

① 《马克思恩格斯文集》第1卷，人民出版社2009年版，第383页。
② 《马克思恩格斯文集》第1卷，人民出版社2009年版，第383页。
③ 《马克思恩格斯文集》第1卷，人民出版社2009年版，第384页。
④ 《马克思恩格斯文集》第1卷，人民出版社2009年版，第384页。
⑤ 《马克思恩格斯文集》第5卷，人民出版社2009年版，第124页。
⑥ 《马克思恩格斯文集》第5卷，人民出版社2009年版，第47页。
⑦ 《马克思恩格斯文集》第5卷，人民出版社2009年版，第51页。
⑧ 《马克思恩格斯文集》第5卷，人民出版社2009年版，第51页。

值——商品价值。"① 在商品的交换关系中表现出来的"同一的人类劳动力"②，则可以理解为商品的价值。在这里，隐藏着一个把一切劳动都视为一般人类劳动而具有等同性的"价值表现的秘密"，即一切劳动在价值呈现上都是可通约的。马克思指出，这种观念中的价值尺度"只有在人类平等概念已经成为国民的牢固的成见的时候，才能揭示出来"③。这种"国民的牢固的成见"就是人的思想的一种稳定样态，它已经构成思想中的价值维度，帮助思想作出价值判断。可以说，人与外部世界的对象性关系实质上是一种价值关系，正是在这种价值关系中，人才对外部世界进行判断，也对内在自我进行判断。判断需要思想，人是在思想的引导下进行判断的，这种思想就是一种价值观念，体现了明确的价值原则。

商品世界里的价值通约也反映在人们的思想中，成为人们思想中具有价值尺度的观念通约。正如马克思所说，商品看似简单而平凡，但它"充满形而上学的微妙和神学的怪诞"④。也就是说，商品世界所表现出来的"宗教世界的幻境"，把人与人之间的社会关系掩盖为物与物之间的交换形式。商品的价值对象性表现为商品的全面社会关系，商品的价值形式必须采取社会公认的形式才能进行交换。为了采取社会公认的形式，商品只有把包含的人类劳动进行同一单位的量的转化，才能相互比较，由此促使彼此之间也是可通约的。具有可通约性的价值形式反映在人们的思想中就产生了这种情况："商品除了有例如铁这种实在的形态以外，还可以在价值上有观念的价值形态或想象的金的形态。"⑤ 从商品的价值通约性扩展到思想的价值通约性，价值是观念中的货币，也是

① 《马克思恩格斯文集》第 5 卷，人民出版社 2009 年版，第 51 页。
② 《马克思恩格斯文集》第 5 卷，人民出版社 2009 年版，第 52 页。
③ 《马克思恩格斯文集》第 5 卷，人民出版社 2009 年版，第 75 页。
④ 《马克思恩格斯文集》第 5 卷，人民出版社 2009 年版，第 88 页。
⑤ 《马克思恩格斯文集》第 5 卷，人民出版社 2009 年版，第 124 页。

思想中的金的形态。价值由此能够成为思想中支配着主体进行社会生产和社会交往的理性原则。

价值之所以能够成为思想中的理性原则，主要是因为运用历史唯物主义来分析人们思想的发展变化时，可以发现人们是在自己的阶级关系和利益原则基础上形成思想中的观念尺度。人们在商品世界中不断完成"物的人格化"和"人格的物化"的现实转换。马克思在分析资本主义经济现象时强调："这里涉及的人，只是经济范畴的人格化，是一定的阶级关系和利益的承担者。"① 与此相呼应，恩格斯早在《英国工人阶级状况》中写道："牟利精神渗透了全部语言，一切关系都用商业术语、经济范畴来表现。需求和供应，需要和提供，supply and demand，这就是英国人用来判断整个人生的逻辑公式。"② 这种"用来判断整个人生的逻辑公式"表明价值能够为思想提供判断是非对错、区分善恶美丑、权衡利弊得失的理性原则。在资本主义社会中，资产阶级与无产阶级的阶级利益根本对立。资产阶级作为货币占有者："这种流通的客观内容——价值增殖——是他的主观目的。"③ 资产阶级只有把越来越多地占有无产阶级创造的剩余价值作为自己活动的唯一动机，他才能执行人格化的资本职能。这样就使"资产者变成了卑鄙龌龊的'拜金者'"④。马克思认为，由商品生产关系衍生出来的资产阶级经济学范畴，虽然只能在一定的历史条件下发挥社会效力，却也被资产阶级视为"客观的思维形式"⑤。"整个阶级的偏见是不可能像旧衣服一样扔掉的，保守、狭隘而自私的英国资产阶级尤其不会这样做。"⑥ 无产阶级作为劳动力出卖者，他没有资产阶级那种对金钱的敬畏感，他不像资产阶级那样充满

① 《马克思恩格斯文集》第 5 卷，人民出版社 2009 年版，第 10 页。
② 《马克思恩格斯文集》第 1 卷，人民出版社 2009 年版，第 478 页。
③ 《马克思恩格斯文集》第 5 卷，人民出版社 2009 年版，第 178 页。
④ 《马克思恩格斯文集》第 1 卷，人民出版社 2009 年版，第 198 页。
⑤ 《马克思恩格斯文集》第 5 卷，人民出版社 2009 年版，第 93 页。
⑥ 《马克思恩格斯文集》第 1 卷，人民出版社 2009 年版，第 497 页。

了对金钱的偏执和欲念。"所以工人比资产者偏见少得多，对事实看得清楚得多，不是戴着自私的眼镜来看一切。"①

3. 生活内容的精神要素驱动着不可阻挡的运动

马克思在《论犹太人问题》中谈道，在民主制国家中，政治革命把市民社会分割为两个组成部分："一方面是个体，另一方面是构成这些个体的生活内容和市民地位的物质要素和精神要素。"② 对于构成人们"生活内容和市民地位"的精神要素而言，其以往是以分散的、分解的、溶化的状态存在于封建社会的各个角落。资本主义政治革命把封建社会的政治精神从分散状态中激发和汇聚起来，并且把它们从市民社会的混合状态中独立和解放出来，从而使市民社会的政治精神构成了一种共同体般的"人民的普遍事物的领域"，以及"在观念上不依赖于市民社会的上述特殊要素"③。市民社会的商业交往一旦摆脱了封建等级的政治桎梏，市民社会的利己精神也就摆脱了尊卑有序的思想枷锁。只有在这时，市民社会才会承认和发展利己的人"生活内容的精神要素和物质要素的不可阻挡的运动"④。

无产阶级的精神特质能够展现出无产阶级的革命勇气，激发出整个社会思想领域的生机活力。马克思在《〈黑格尔法哲学批判〉导言》中描述了在这样的市民社会中，"实际生活缺乏精神活力，精神生活也无实际内容"⑤。面对整个市民社会死气沉沉、毫无生机的精神状况，无产阶级由于自身的直接地位和物质需要，必须摧毁资本主义政治国家束缚在自己身上的沉重锁链，才能产生出"普遍解放的需要和能力"⑥。

---

① 《马克思恩格斯文集》第 1 卷，人民出版社 2009 年版，第 439 页。
② 《马克思恩格斯文集》第 1 卷，人民出版社 2009 年版，第 44—45 页。
③ 《马克思恩格斯文集》第 1 卷，人民出版社 2009 年版，第 45 页。
④ 《马克思恩格斯文集》第 1 卷，人民出版社 2009 年版，第 45 页。
⑤ 《马克思恩格斯文集》第 1 卷，人民出版社 2009 年版，第 16 页。
⑥ 《马克思恩格斯文集》第 1 卷，人民出版社 2009 年版，第 16 页。

无产阶级实现自由解放的历史过程，也是一个把需要和能力源源不断转化为精神力量和物质力量的革命实践过程。马克思认为："哲学把无产阶级当做自己的物质武器，同样，无产阶级也把哲学当做自己的精神武器。"① 在马克思看来，哲学这个"精神武器"与无产阶级这个"物质武器"一经结合，无产阶级就会获得实现自由解放的精神支柱和行动向导。实际上，马克思所说的"哲学"是指切中时代本质、面向现实问题和关照群众利益的无产阶级革命理论。这种"哲学"的价值取向、价值目标和价值准则能够与无产阶级的革命理想、生活需求和未来向往相契合、相融通，所以才能够彻底击中无产阶级"这块素朴的人民园地"②，使无产阶级意识觉醒过来，帮助无产阶级进行"有原则高度的实践"③。在"有原则高度的实践"中，哲学是"解放的头脑"，无产阶级是"解放的心脏"。"解放的心脏"需要"解放的头脑"的激活、引领和指导。无产阶级需要在哲学这个精神武器的启发下，认识到他们和资产阶级之间由于利益的根本对立而存在着不可避免的对抗，把握"资产阶级必然灭亡"和"无产阶级必然胜利"的历史发展客观规律，并且明确自身作为资本主义"掘墓人"的特殊身份，展现出"标明自己是社会消极代表的那种坚毅、尖锐、胆识、无情"④，以源源不断的精神力量来激发自己"鼓舞物质力量去实行政治暴力的天赋"⑤ 和"革命的大无畏精神"⑥，唤醒蕴藏在无产阶级身上的斗争精神，汇聚成磅礴的实践力量，从而给无产阶级革命提供充分的被动因素和必要的物质基础，以"人的高度的革命"⑦ 来实现"普遍的人的解放"⑧。

---

① 《马克思恩格斯文集》第 1 卷，人民出版社 2009 年版，第 17 页。
② 《马克思恩格斯文集》第 1 卷，人民出版社 2009 年版，第 17—18 页。
③ 《马克思恩格斯文集》第 1 卷，人民出版社 2009 年版，第 11 页。
④ 《马克思恩格斯文集》第 1 卷，人民出版社 2009 年版，第 15 页。
⑤ 《马克思恩格斯文集》第 1 卷，人民出版社 2009 年版，第 15 页。
⑥ 《马克思恩格斯文集》第 1 卷，人民出版社 2009 年版，第 15 页。
⑦ 《马克思恩格斯文集》第 1 卷，人民出版社 2009 年版，第 11 页。
⑧ 《马克思恩格斯文集》第 1 卷，人民出版社 2009 年版，第 14 页。

4. 从"理想的意图"到"理想的力量"

恩格斯在《路德维希·费尔巴哈和德国古典哲学的终结》中写道："外部世界对人的影响表现在人的头脑中，反映在人的头脑中，成为感觉、思想、动机、意志，总之，成为'理想的意图'，并且以这种形态变成'理想的力量'。"① 可见，人的头脑在理解和把握外部世界发展变化的过程中，从通过感官产生的"感觉"出发，经由"思想、动机、意志"展开了一个循序渐进、螺旋上升的理想生成运动。理想在方向引领层面能够促进思想形成"关于人类总的说来是沿着进步方向运动的这种信念"②。可以说，人们在物质生产生活过程中逐渐获得了对外部世界发展变化的规律性认识和必然性把握，进而日益明晰了外部世界的运动趋势和发展方向。理想也是在人类社会依次更替的历史状态中，根据人类社会由低级到高级的无穷发展而不断获得关于现实的人及其历史发展的解放旨趣。恩格斯认为，人类社会"永远不会在人类的一种完美的理想状态中最终结束；完美的社会，完美的'国家'是只有在幻想中才能存在的东西"③。人类社会历史发展的每一个阶段在这一时代的现实条件下都有存在的客观理由。但是，对于这一时代内部逐渐发展起来的新的现实条件而言，它的存在又变成过时的理由，不得不让位于更高的发展阶段。总之，人类社会的一切历史阶段都要走向衰落和灭亡，下一个历史阶段又会继承上一个历史阶段的物质生产条件和社会生活现状进一步向前发展。"理想的意图"在思想中展开了人们关于人类社会未来发展整体构想的世界图景。如果人们想要通过"有原则高度的实践"把"理想的意图"变为现实，则会在思想中进一步生成"理想的力量"。"理想的意图"和"理想的力量"建立在人们对勾勒和实现未来世界图景的深切渴求与真挚信念上。

———————

① 《马克思恩格斯文集》第 4 卷，人民出版社 2009 年版，第 285—286 页。
② 《马克思恩格斯文集》第 4 卷，人民出版社 2009 年版，第 286 页。
③ 《马克思恩格斯文集》第 4 卷，人民出版社 2009 年版，第 270 页。

宗教信仰给人们悬设了没有任何现实性、可能性和科学性，却可以用来麻痹精神、消磨意志、抚慰心灵的理想愿景。根据马克思在《论犹太人问题》中对宗教解放问题的阐述能够分析出，理想反映了人们对实现"人的自我解放"①的终极追求。当人们不满足世俗生活，想要获得自由解放，却又无力反抗现实命运时，思想中的理想世界往往会被宗教信仰充斥着。"在政治国家真正形成的地方，人不仅在思想中，在意识中，而且在现实中，在生活中，都过着双重的生活——天国的生活和尘世的生活。"②马克思揭示了犹太精神的世俗意义在于，其代表了犹太人从生活内容和生活地位中抽象出来的"高度的经验本质"；犹太精神的宗教意义则在于，其规定了犹太人把"世俗的生活"无法满足的实际需要投射到"天国的生活"的理想愿景。事实上，任何宗教本身都是"人的精神某一发展阶段的非世俗形式"③。只要处于一定历史阶段的人类社会为宗教提供了得以存在发展的现实物质基础，宗教信仰就会成为人类社会在一定历史阶段的"理想的、非世俗的意识"④，为人类社会描绘出"人的发展阶段的理想形式"⑤。然而，马克思在《〈黑格尔法哲学批判〉导言》中揭露了宗教不过是一种由"颠倒世界"产生的"颠倒的世界意识"⑥，是表征人的本质异化的"神圣形象"⑦与"非神圣形象"⑧，只能在"关于人民处境的幻觉"⑨中提供精神鸦片、虚幻花朵和虚幻的太阳。人们为了获得现实幸福，则必须确立"此岸世界的真

---

① 《马克思恩格斯文集》第 1 卷，人民出版社 2009 年版，第 33 页。
② 《马克思恩格斯文集》第 1 卷，人民出版社 2009 年版，第 30 页。
③ 《马克思恩格斯文集》第 1 卷，人民出版社 2009 年版，第 36 页。
④ 《马克思恩格斯文集》第 1 卷，人民出版社 2009 年版，第 36 页。
⑤ 《马克思恩格斯文集》第 1 卷，人民出版社 2009 年版，第 36 页。
⑥ 《马克思恩格斯文集》第 1 卷，人民出版社 2009 年版，第 3 页。
⑦ 《马克思恩格斯文集》第 1 卷，人民出版社 2009 年版，第 4 页。
⑧ 《马克思恩格斯文集》第 1 卷，人民出版社 2009 年版，第 4 页。
⑨ 《马克思恩格斯文集》第 1 卷，人民出版社 2009 年版，第 4 页。

理"①，使自己不抱幻想和拥有理智进行思考、行动以及改变自己的现实生活。正如马克思在《法兰西内战》中所说的那样："从工人阶级运动成为现实运动的时刻起，各种幻想的乌托邦消逝了。"② 因为科学社会主义作为无产阶级革命的理论反映，凭借对无产阶级革命历史条件、内在性质、根本目的、政治立场等原则问题的科学把握，能够为无产阶级找到把"理想的意图"变为"理想的力量"，从此岸世界通达彼岸世界的方向和道路。

　　无产阶级从"理想的意图"到"理想的力量"所完成的思想转化，也是共产主义理想信念的生成过程。共产主义理想信念不仅是一种美好愿景，也是为实现这个美好愿景所付诸的现实运动、发展的历史过程和积蓄的必要条件。马克思、恩格斯在《共产党宣言》中总体描绘了无产阶级的理想愿景："在那里，每个人的自由发展是一切人的自由发展的条件"③，同时也为无产阶级搭建起通达这个未来世界图景的历史道路。恩格斯在《共产主义者和卡尔·海因岑》中界定了共产主义的理论内涵："共产主义作为理论，是无产阶级立场在这种斗争中的理论表现，是无产阶级解放的条件的理论概括。"④ 在马克思、恩格斯看来，共产主义不是无产阶级革命应当确立的明确目标，也不是人类社会应当与之适应的既定状态，而是由现有社会前提产生的对资本主义社会私有制进行否定之否定的发展趋势，是实现"每个人的自由发展是一切人的自由发展的条件"⑤ 的历史过程。马克思在《1844 年经济学哲学手稿》中提到："历史将会带来这种共产主义行动，而我们在思想中已经认识到的那正在进行自我扬弃的运动，在现实中将经历一个极其艰难而漫长的过

① 《马克思恩格斯文集》第1卷，人民出版社 2009 年版，第 4 页。
② 《马克思恩格斯文集》第3卷，人民出版社 2009 年版，第 208 页。
③ 《马克思恩格斯文集》第2卷，人民出版社 2009 年版，第 53 页。
④ 《马克思恩格斯文集》第1卷，人民出版社 2009 年版，第 672 页。
⑤ 《马克思恩格斯文集》第2卷，人民出版社 2009 年版，第 53 页。

程。"① 无产阶级的理想愿景深深根植于共产主义运动的现实发展中，共产主义运动在现实发展中不仅极其艰难、曲折而漫长，而且在每一历史阶段都具有一定的客观局限性和现实特殊性。共产主义运动既是一个条件学说，也是一个过程学说，无产阶级的理想愿景正是在共产主义运动的条件积蓄和过程发展中不断明晰、深刻和真实的。

二、思想的表现形式

马克思、恩格斯在《共产党宣言》中指出："各个世纪的社会意识，尽管形形色色、千差万别，总是在某些共同的形式中运动的，这些形式，这些意识形式，只有当阶级对立完全消失的时候才会完全消失。"② 从中可见，人的思想通过社会交往的联结、沟通和互动，形成了形形色色、千差万别的社会意识。这些社会意识能够呈现出思想在阶级社会中是以何种共同形式不断运动和发展的。根据马克思恩格斯经典文本中的相关论述，我们可以从这些社会意识的共同形式中进一步分析出思想的表现形式。

1. 个体意识

马克思、恩格斯在《德意志意识形态》中指出："人们是自己的观念、思想等等的生产者。"③ 马克思、恩格斯把"现实的个人"确立为历史唯物主义考察人类社会历史发展的立足点。马克思、恩格斯认为："后一种符合现实生活的考察方法则从现实的、有生命的个人本身出发，把意识仅仅看做是他们的意识。"④ 如果把"意识"看作人们在现实生

---

① 《马克思恩格斯文集》第 1 卷，人民出版社 2009 年版，第 232 页。
② 《马克思恩格斯文集》第 2 卷，人民出版社 2009 年版，第 51—52 页。
③ 《马克思恩格斯文集》第 1 卷，人民出版社 2009 年版，第 524 页。
④ 《马克思恩格斯文集》第 1 卷，人民出版社 2009 年版，第 525 页。

活中形成的"意识"，那么每个现实的个人都会形成一种关于自己现实生活过程的个体意识。人们在劳动中不仅创造了自己的现实生活，也创造了自己作为现实的个人的个体意识。一切人类生存的首要前提就是："人们为了能够'创造历史'，必须能够生活。"① 生产满足"吃喝住穿"等生活需要的物质资料是人们从古至今必须始终进行的历史活动，也是人类社会一切历史发展的基本条件。"思想、观念、意识的生产最初是直接与人们的物质活动，与人们的物质交往，与现实生活的语言交织在一起的。"② 可以说，"人们的想象、思维、精神交往"直接产生于人们的物质活动。"发展着自己的物质生产和物质交往的人们，在改变自己的这个现实的同时也改变着自己的思维和思维的产物。"③ 归根结底，人的物质生产决定了精神生产的内容实质、基本方式和表现形式。

一方面，个体意识是人的类意识。马克思在《1844 年经济学哲学手稿》中揭示了"自由的有意识的活动"是人的"类特性"④，并且从"一个种的整体特性"上区别了人的生命活动与动物的生命活动。马克思认为，人正是通过"自由的有意识的活动"创造了全部世界历史的物质财富和精神财富。在"自由的有意识的活动"中，人能够把生产对象视作"人的类生活的对象化"，从而把生产对象表现为"他的作品和他的现实"⑤。恩格斯在《自然辩证法》中认为："人离开动物越远，他们对自然界的影响就越带有经过事先思考的、有计划的、以事先知道的一定目标为取向的行为的特征。"⑥ 在恩格斯看来，"劳

---

① 《马克思恩格斯文集》第 1 卷，人民出版社 2009 年版，第 531 页。
② 《马克思恩格斯文集》第 1 卷，人民出版社 2009 年版，第 524 页。
③ 《马克思恩格斯文集》第 1 卷，人民出版社 2009 年版，第 525 页。
④ 《马克思恩格斯文集》第 1 卷，人民出版社 2009 年版，第 162 页。
⑤ 《马克思恩格斯文集》第 1 卷，人民出版社 2009 年版，第 163 页。
⑥ 《马克思恩格斯文集》第 9 卷，人民出版社 2009 年版，第 558 页。

动创造了人本身"①。人们在劳动中不仅创造了自己的现实生活，而且创造了自己作为现实的个人的个体意识。劳动是人以自己的本质力量和自然界进行物质交换的过程。在这一过程中，劳动不仅能够连接、调整和控制人们与自然界进行的物质交换，使自然界发生改变；同时，也能够使人"自身的自然中蕴藏着的潜力发挥出来，并且使这种力的活动受他自己控制"②，从而使人"自身的自然"发生改变。人的劳动与动物的劳动不同，动物与自己的劳动直接融为一体。人则能够把自己的劳动变成自己意识的对象，在自己的劳动中直观自身。可以说，人在劳动结束时得到的结果，在劳动开始时就已经在人的头脑中"观念地存在着"。人在劳动过程中使自然界发生的改变，实际上是按照人的目的发生的。这个目的是人的劳动得以开始的直接动力，也是决定人的劳动采取何种方式方法的主观遵循。这个"有目的的意志"③也可以理解为人在劳动中表现出来的个体意识。恩格斯指出："脑和为它服务的感官、越来越清楚的意识以及抽象能力和推理能力的发展，又反作用于劳动和语言，为这二者的进一步发展不断提供新的推动力。"④ 可见，个体意识与人的劳动和语言在相互促进、相互推动中不断发展，进一步促使物质劳动和精神劳动在人的生产实践中相对分离。从这时起，"个体意识"可以相对独立于劳动而变成和"现存实践的意识不同的某种东西"⑤，也就是可以"现实地想象某种东西"⑥。个体意识也就能够摆脱对象世界的客观存在而去"构造'纯粹的'理论、神学、哲学、道德等等"⑦。在这种情况下，人们把社会历史进程中迅速

---

① 《马克思恩格斯文集》第 9 卷，人民出版社 2009 年版，第 550 页。
② 《马克思恩格斯文集》第 5 卷，人民出版社 2009 年版，第 208 页。
③ 《马克思恩格斯文集》第 5 卷，人民出版社 2009 年版，第 208 页。
④ 《马克思恩格斯文集》第 9 卷，人民出版社 2009 年版，第 554 页。
⑤ 《马克思恩格斯文集》第 1 卷，人民出版社 2009 年版，第 534 页。
⑥ 《马克思恩格斯文集》第 1 卷，人民出版社 2009 年版，第 534 页。
⑦ 《马克思恩格斯文集》第 1 卷，人民出版社 2009 年版，第 534 页。

前进的人类文明完全归功于头脑的发展和活动。人们的劳动也被习惯于用隐含人们现实需要的思想意识来解释，而不是直接用人们的现实需要来解释。

另一方面，个体意识反映了个体所在"现实共同体"中的社会意识。马克思在《1844 年经济学哲学手稿》中指出："我的普遍意识不过是以现实共同体、社会存在物为生动形态的那个东西的理论形态。"[1] 也可以说，"现实的个人"的"普遍意识"是"现实的个人"作为一种社会存在物在个体意识中抽象出来的社会性话语表达。"因此，人是特殊的个体，并且正是人的特殊性使人成为个体，成为现实的、单个的社会存在物，同样，人也是总体，是观念的总体，是被思考和被感知的社会的自为的主体存在，正如人在现实中既作为对社会存在的直观和现实享受而存在，又作为人的生命表现的总体而存在一样。"[2] 现实的个人只有在一定的社会环境中，才能获得生存发展的机会与可能。就连表达个体意识的语言都是一种"实践的、既为别人存在因而也为我自身而存在的、现实的意识"[3]。所以现实的个人即使不直接同他人一起完成自己的生命活动，他的任何一种生命活动也一定是他的社会生活的具体表现和真实确证。尽管个体生活与类生活必然存在差异，每个现实的个人的个体生活也必然各不相同。但是，现实的个人作为一个种的类特性决定了个体生活无非是或普遍或特殊的类生活。正如马克思、恩格斯在《德意志意识形态》中所说的："个人在精神上的现实丰富性完全取决于他的现实关系的丰富性。"[4] 我们也可以把个体意识本身理解为人的社会关系的思想映象。人们在自己的生命活动中，意识到自身是社会存在物，从而使每一种个体意识都能获得与自己社会关系相适应

---

[1]　《马克思恩格斯文集》第 1 卷，人民出版社 2009 年版，第 188 页。
[2]　《马克思恩格斯文集》第 1 卷，人民出版社 2009 年版，第 188 页。
[3]　《马克思恩格斯文集》第 1 卷，人民出版社 2009 年版，第 533 页。
[4]　《马克思恩格斯文集》第 1 卷，人民出版社 2009 年版，第 541 页。

的主体存在形式。

2. 阶级意识

马克思、恩格斯在《共产党宣言》中指出："至今一切社会的历史都是阶级斗争的历史。"① 在原始公社解体以后，人类社会进入阶级社会。在阶级社会中，秉持不同利益原则的社会成员被划分为不同阶级。不同阶级能够形成不同的阶级意识，不同的阶级意识反映了不同阶级成员在政治层面的思想特征。马克思在《资本论》（第一卷）中认为："资本一出现，就标志着社会生产过程的一个新时代。"② 资本产生的历史条件本身蕴含着人类社会的一部世界史。这一历史条件生成的社会基础在于生产资料和生活资料的占有者通过自由交易找到了出卖自己劳动力的工人。资本主义时代的基本特征就是阶级对立呈现为简单化趋势。整个社会日益分裂为两个直接对立的阶级，作为"价值或货币的占有者"③的资产阶级和作为"创造价值的实体的占有者"④ 的无产阶级。所以，在资本主义社会中，阶级意识主要划分为资产阶级意识和无产阶级意识。恩格斯在《英国工人阶级状况》中提到："工人比起资产阶级来，说的是另一种方言，有不同的思想和观念，不同的习俗和道德原则，不同的宗教和政治。"⑤ 资产阶级和无产阶级既相互对立、又相互依存的现实条件，决定了资产阶级意识和无产阶级意识的相伴相生、相互印证、共同发展。马克思在《资本论》（第一卷）中通过分析资本主义生产过程深刻揭示了资产阶级意识和无产阶级意识的内在本质。

从资产阶级意识来看，马克思在《资本论》（第一卷）中的这个论

---

① 《马克思恩格斯文集》第 2 卷，人民出版社 2009 年版，第 31 页。
② 《马克思恩格斯文集》第 5 卷，人民出版社 2009 年版，第 198 页。
③ 《马克思恩格斯文集》第 5 卷，人民出版社 2009 年版，第 658 页。
④ 《马克思恩格斯文集》第 5 卷，人民出版社 2009 年版，第 658 页。
⑤ 《马克思恩格斯文集》第 1 卷，人民出版社 2009 年版，第 437—438 页。

断可以看作对资产阶级意识的集中阐释："资本主义生产所固有的并成为其特征的这种颠倒，死劳动和活劳动、价值和创造价值的力之间的关系的倒置，是如何反映在资本家头脑的意识中的。"① 在马克思看来，资本主义生产关系是一种颠倒的社会关系，它是通过货币来完成这种现实倒置的。货币在资本主义生产过程中通过商品流通转化为生产资料，这个资本主义生产过程中必不可少的物质要素进一步转化为资产阶级无偿占有无产阶级剩余劳动的合法权和强制权。可以说，货币是资本主义生产关系的具象表现，它通过一种"奇特的社会属性的自然物的形式"② 掩盖了资本主义生产关系的现实倒置，由此也产生了"货币主义的幻觉"③。这种幻觉隐藏着资产阶级想要创造更多剩余价值的利己心。这种利己心使得整个资产阶级在前定和谐的观念共识下，完成着仅仅满足资产阶级特殊利益的私人事业。马克思认为："一些公式本来在额上写着，它们是属于生产过程支配人而人还没有支配生产过程的那种社会形态的，但在政治经济学的资产阶级意识中，它们竟像生产劳动本身一样，成了不言而喻的自然必然性。"④ 资本主义生产关系的普遍扩展帮助资产阶级意识在所有阶级意识中具有"不言而喻的自然必然性"，也使得人们之间的社会关系只剩下赤裸裸的利害关系和冷酷无情的现金交易。实际上，只要人们脱离资本主义生产领域，资产阶级政治经济学用来判断资本主义生产关系的观点、概念和标准也就失去了不证自明的客观性和实在性。在资本主义社会中，资产阶级充当着"社会机制中的一个主动轮"⑤，他们只有永不停歇地迫使无产阶级创造出资本主义生产的物质条件，才能为资本主义社会秩序的正常运转提供必要的物质保证。同时，自由竞争把资本主义生产方式的内在规律转化为支配资产阶

---

① 《马克思恩格斯文集》第 5 卷，人民出版社 2009 年版，第 360 页。
② 《马克思恩格斯文集》第 5 卷，人民出版社 2009 年版，第 101 页。
③ 《马克思恩格斯文集》第 5 卷，人民出版社 2009 年版，第 101 页。
④ 《马克思恩格斯文集》第 5 卷，人民出版社 2009 年版，第 98—99 页。
⑤ 《马克思恩格斯文集》第 5 卷，人民出版社 2009 年版，第 683 页。

级的外在规律，资产阶级只有依靠累进资本的不断积累，才能维持自己的固定资本。对于资本家发挥这种"意志和意识的资本的职能"①而言，"在资本家个人的崇高的心胸中同时展开了积累欲和享受欲之间的浮士德式的冲突"②。可见，"积累欲"和"享受欲"构成了资产阶级意识生成发展的内在矛盾。这种内在矛盾使得资产阶级在"精力、贪婪和效率"等方面，远远超过以往一切剥削阶级。

从无产阶级意识来看，恩格斯在《英国工人阶级状况》中的这个论断可以看作与资产阶级意识相对应，直接反映无产阶级意识特质的精辟阐述：无产阶级"构成了同一切有产阶级相对立的、有自己的利益和原则、有自己的世界观的独立的阶级，在他们身上蕴蓄着民族的力量和推进民族发展的才能"③。在资本主义社会中，无产阶级相同的劳动方式使得他们成为一个阶级整体，在共同的"利益和原则"引导下，形成了与资产阶级相对立的独立的世界观。"工人和资本家的对立越尖锐，工人中的无产阶级意识也就越发展，越明朗。"④在以机器为基础的资本主义大工业中，单调枯燥的机器劳动剥夺了无产阶级在精神上和身体上的自由发展权利，不仅极度损害了无产阶级的神经系统，而且严重压抑了无产阶级的肌肉运动。所以，无产阶级在资本主义生产过程中遭受的折磨越残酷，无产阶级与资产阶级之间的斗争越激烈，无产阶级意识也就越发觉醒。这种阶级意识的觉醒意味着无产阶级认清他们与资产阶级利益的根本对立，认识到要采取实际行动来反抗资产阶级对他们的剥削压迫。无产阶级能够认清自己遭受的折磨不是来自机器，而是来自机器的资本主义应用，从而把自己的斗争目标指向资本主义生产方式，而不是指向资本主义生产资料，不仅需要

---

① 《马克思恩格斯文集》第 5 卷，人民出版社 2009 年版，第 683 页。
② 《马克思恩格斯文集》第 5 卷，人民出版社 2009 年版，第 685 页。
③ 《马克思恩格斯文集》第 1 卷，人民出版社 2009 年版，第 475 页。
④ 《马克思恩格斯文集》第 1 卷，人民出版社 2009 年版，第 475 页。

资本主义大工业的长期发展，也需要无产阶级斗争的丰富经验。资本主义生产过程的颠倒之处在于不是无产阶级支配劳动资料，而是劳动资料支配无产阶级。"由于劳动资料转化为自动机，它就在劳动过程本身中作为资本，作为支配和吮吸活劳动力的死劳动而同工人相对立。"① 资产阶级通过工资形式掩盖了资本主义生产过程中颠倒的现实关系。马克思在《资本论》（第一卷）中对此解释道："工人和资本家的一切法的观念，资本主义生产方式的一切神秘性，这一生产方式所产生的一切自由幻觉，庸俗经济学的一切辩护遁词，都是以这个表现形式为依据的。"② 无产阶级理解和把握无产阶级的劳动力如何转化为工资形式这一问题，对于无产阶级意识觉醒具有决定性意义。不同的工资形式给无产阶级意识觉醒提供了不同的触动方式。以计件工资为例："计件工资给个性提供的较大的活动场所，一方面促进了工人个性的发展，从而促进了自由精神、独立性和自我监督能力的发展；但另一方面也促进了他们之间的互相竞争。"③ 无产阶级在计件劳动中能够较为自由地安排自己的劳动时间和劳动形式，他们也能够在一定距离之外反观资本主义生产过程的运作模式。所以，计件工资从"自由精神、独立性和自我监督能力"三个维度促进了无产阶级意识的不断发展，也反映了无产阶级意识的重要特质。共产党作为无产阶级的先进力量和领导核心，围绕无产阶级的利益和原则，形成了"新的科学的世界观"，对无产阶级意识进行了概念加工、逻辑提炼和理性升华，促进了无产阶级意识从自发到自觉的转化和发展。

3. 群众意识

恩格斯在《国民经济学批判大纲》中考察资本主义贷款生息问题

---

① 《马克思恩格斯文集》第5卷，人民出版社2009年版，第487页。
② 《马克思恩格斯文集》第5卷，人民出版社2009年版，第619页。
③ 《马克思恩格斯文集》第5卷，人民出版社2009年版，第639页。

时指出："贷款生息，即不花劳动单凭贷款获得收入，是不道德的……并且早已被不持偏见的人民意识看穿了，而人民意识在认识这类问题上通常总是正确的。"① 人民群众是社会上占绝大多数的劳动者，由于缺少极少数剥削阶级的价值观偏见，往往能够更为公正、客观、清醒地看待资本主义私有制背后掩盖的资产阶级特殊利益。恩格斯在《共产主义者和卡尔·海因岑》中写道："无产者、小农和小资产者（因为在德国，构成'人民'的正是这些人）为什么受官吏、贵族和资产阶级的压迫……以及采取哪些手段可以消除这种压迫。"② 可见，在资本主义社会中，人民不仅包括无产阶级，也包括除了剥削阶级以外的农民和小资产阶级。然而，资本主义生产过程的内在规律决定了社会物质生产资料只会随着资本主义私有制的发展越来越集中在少数资产阶级手中，社会中只有靠出卖劳动力才能生存的人民群众越来越多，广大人民群众越来越沦为资本的奴隶。劳动者同劳动条件的分离，不仅使整个社会的物质资料转化为资本，而且使广大人民群众转化为雇佣工人。商品市场中劳动力的自由买卖，掩盖了社会上日益增多的"劳动贫民"这一历史性事实。组成无产阶级队伍的"劳动贫民"不是自然形成的穷苦人民，而是通过资本主义生产方式对封建社会生产方式产生的颠覆性变革造成的贫苦人民。生产过剩化和群众贫困化是资本主义生产过程中互为因果的内在矛盾，人民群众在生产劳动中创造的越多，他们收获的越少。恩格斯在《关于波兰的演说》中提到："跟资产阶级对抗的是众志成城的广大人民群众，他们战胜统治者资本家的时刻已经日益临近了。"③ 可以看出，人民意识必将越来越趋向无产阶级意识，在思想本质上体现出与资产阶级意识的矛盾性、冲突性和对抗性。

---

① 《马克思恩格斯文集》第 1 卷，人民出版社 2009 年版，第 71 页。
② 《马克思恩格斯文集》第 1 卷，人民出版社 2009 年版，第 661 页。
③ 《马克思恩格斯文集》第 1 卷，人民出版社 2009 年版，第 696—697 页。

　　人民群众是历史的创造者，群众意识是推动社会历史发展的主导精神力量。马克思、恩格斯在《神圣家族》中明确指出："历史的活动和思想就是'群众'的思想和活动。"① 马克思、恩格斯揭示了人民群众在人类社会历史进程中的主体地位。在迄今为止的全部社会历史中，人民群众不仅在现实生活中创造和改变着自己的现实生活，也在现实生活中建构和发展着自己的思想历史。"历史活动是群众的活动，随着历史活动的深入，必将是群众队伍的扩大。"② 人民群众的思想代表了社会绝大多数人的思想。可以说，人民意识的生成和发展从根本上决定了人类社会历史发展的思想进程。人民群众的利益构成了人民群众的思想的现实基础。从这个层面来看，"'思想'一旦离开'利益'，就一定会使自己出丑"③。人民群众开展一项实践活动的思想动机也与人民群众的利益息息相关。"历史不过是追求着自己目的的人的活动而已。"④ 人的实践活动都是为了达到一定目的才展开的，很少有毫无目的的行动。人民群众为了满足自己的物质需要和精神需要，必须追求与之相关的利益才能达到自己的目的。对利益的追求是人民群众开展实践活动的主要精神驱动。在利益的直接驱动下，人民群众会创生出推动社会历史发展变革的强大实践力量。

　　群众意识的内在动机推动形成了历史发展的合力。恩格斯在《路德维希·费尔巴哈和德国古典哲学的终结》中谈到人民意识如何形成推动社会历史发展变革的合力的重要问题："无论历史的结局如何，人们总是通过每一个人追求他自己的、自觉预期的目的来创造他们的历史，而这许多按不同方向活动的愿望及其对外部世界的各种各样作用的合力，就是历史。"⑤ 这种推动人类社会历史发展的合力是由人民群众的个体

① 《马克思恩格斯文集》第1卷，人民出版社2009年版，第286页。
② 《马克思恩格斯文集》第1卷，人民出版社2009年版，第287页。
③ 《马克思恩格斯文集》第1卷，人民出版社2009年版，第286页。
④ 《马克思恩格斯文集》第1卷，人民出版社2009年版，第295页。
⑤ 《马克思恩格斯文集》第4卷，人民出版社2009年版，第302页。

意识相互碰撞、相互融合而形成的人民群众整体意识，也是"构成历史的真正的最后动力的动力"①。对于人民群众整体而言，人民群众是社会上占绝大多数的人。对于人民群众个体而言，人民群众又属于现实的、有生命的个人。可以说，任何事情的发生都一定包含并体现着每个社会个体想要实现某种愿望的预期目的，以及为这个预期目的而付诸行动的意图。但是，每个社会个体的实际需要各不相同，利益追求也各不相同。所以，人类社会历史领域就会始终存在着由无数单个愿望和单个行动之间产生的矛盾冲突。从表象上看，这种发展境况完全类似于无意识的自然界。因此，每个个体意识产生的行动结果常常无法符合预期目的。所以，人类社会历史发展看似是由偶然性支配的。但是，从本质上看，这种偶然性实际是由隐蔽在人类社会历史发展进程中的客观规律支配的。按照历史唯物主义的基本观点，这一规律就是社会生产力与生产关系之间的矛盾运动。这一矛盾运动不断创生着推动和改变人类社会历史发展变革的前进动力。在这一前进动力的激发和引领下，人类社会围绕物质利益这一核心目的在不同阶级之间展开政治斗争。恩格斯认为，这种动机才是真正"使广大群众、使整个整个的民族，并且在每一民族中间又是使整个整个阶级行动起来的动机；而且也不是短暂的爆发和转瞬即逝的火光，而是持久的、引起重大历史变迁的行动"②。

4. 国家意志

恩格斯在《路德维希·费尔巴哈和德国古典哲学的终结》中谈道："市民社会的一切要求（不管当时是哪一个阶级统治着），也一定要通过国家的意志，才能以法律形式取得普遍效力。"③ 在形形色色、千差万别的社会意识中，必须要有一种思想形式能够集中代表所有社会成员的

---

① 《马克思恩格斯文集》第 4 卷，人民出版社 2009 年版，第 304 页。
② 《马克思恩格斯文集》第 4 卷，人民出版社 2009 年版，第 304 页。
③ 《马克思恩格斯文集》第 4 卷，人民出版社 2009 年版，第 306 页。

共同意志，从而指引所有社会成员为之付诸统一行动。这种思想形式体现为国家的意志。

国家的意志是第一个拥有独立性、统领性思想地位的意识形态力量。在恩格斯看来："国家作为第一个支配人的意识形态力量出现在我们面前。"① 国家政权是代表国家的意志的社会机关。在现代历史中，市民社会成员通过国家政权来维护自己的共同利益，以及抵御内部和外部的侵犯。国家政权一旦成为市民社会中的独立政治力量，马上就会产生与之相适应的国家意识形态。恩格斯认为："国家的意志总的说来是由市民社会的不断变化的需要，是由某个阶级的优势地位，归根到底，是由生产力和交换关系的发展决定的。"② 从根本上看，"国家的意志"以思想形式集中反映了生产关系占统治地位的社会阶级在社会物质生产中的经济需要。国家政权越是为了直接实现某个阶级的统治，这个国家政权就会越独立于市民社会。市民社会成员如果想要反抗被压迫的生活状况，那么首先针对的就是国家政权。反对统治阶级的斗争自然会变成推翻国家政权的政治斗争。然而，对市民社会成员的生活状况起决定作用的是国家政权的经济基础，只有改变国家政权的经济基础，才能改变市民社会成员被压迫的生活状况，这一事实总是会被国家的意志所掩盖。

国家的意志凭借国家政权，获得了整合和支配所有社会意识的思想统治权。统治阶级由于自身掌握国家政权的优势地位，把统治阶级的思想变成社会意识领域中占统治地位的思想，从而也使自身的阶级利益充分体现在国家的意志中。马克思、恩格斯在《德意志意识形态》中强调："统治阶级的思想在每一时代都是占统治地位的思想。"③ 统治阶级对社会物质生产资料的支配，决定了统治阶级同样可以支配社会的精神

---

① 《马克思恩格斯文集》第 4 卷，人民出版社 2009 年版，第 307 页。
② 《马克思恩格斯文集》第 4 卷，人民出版社 2009 年版，第 306 页。
③ 《马克思恩格斯文集》第 1 卷，人民出版社 2009 年版，第 550 页。

生产资料。实际上，统治阶级的思想不过是"以思想的形式表现出来的占统治地位的物质关系"①。统治阶级的物质关系通过国家的意志反映在各种意识形态形式中，就成为社会上占统治地位的思想。所有市民社会成员都要受统治阶级的思想的精神支配。在考察某一时代发展进程的历史变化时，如果不顾统治阶级的思想与统治阶级本身的紧密联系，从而使统治阶级的思想独立于统治阶级的经济基础，那么在全体社会成员看来，统治这一时代的似乎只是统治阶级的思想。统治阶级为了扩大国家政权的现实基础，则会利用国家的意志具有的意识形态建构功能，竭力把统治阶级的思想变成"越来越具有普遍性形式的思想"②。正如每一个企图推翻国家政权的革命阶级一样，统治阶级只有把自己的阶级利益说成是全体社会成员的共同利益，只有把统治阶级的思想描绘成唯一合乎理性的思想，才能在社会观念层面为国家政权找到合法性凭证与合理性根据。

国家的意志在社会意识形态领域协调着不同阶级之间的思想矛盾。马克思在《论犹太人问题》中指出："国家统一体，作为这种组织的结果，也像国家统一体的意识、意志和活动即普遍国家权力一样，必然表现为一个同人民相脱离的统治者及其仆从的特殊事务。"③自从人类社会的物质生产出现劳动分工以后，社会个体的特殊利益与社会整体的共同利益就产生了无法消除的矛盾。共同利益作为全体社会成员在现实中相互依存的"普遍的东西"④，也反映在全体社会成员的思想中。为掩盖统治阶级的特殊利益与绝大多数社会成员的共同利益之间的矛盾，统治阶级采取了政治国家这种"虚幻的共同体"的形式，使得统治阶级借以"国家这种虚幻的'普遍'利益"形式来协调全体社会成员的共同

① 《马克思恩格斯文集》第 1 卷，人民出版社 2009 年版，第 550—551 页。
② 《马克思恩格斯文集》第 1 卷，人民出版社 2009 年版，第 552 页。
③ 《马克思恩格斯文集》第 1 卷，人民出版社 2009 年版，第 44 页。
④ 《马克思恩格斯文集》第 1 卷，人民出版社 2009 年版，第 536 页。

利益，确保统治阶级的特殊利益得以有效实现。所以，只要人们还处在特殊利益和共同利益相互分裂的阶级社会之中，只要社会生产还存在非自愿性的劳动分工，那么就需要国家的意志来干涉和约束全体社会成员的思想。即使是为了消灭社会分工和阶级统治的无产阶级，也必须首先夺取国家政权，把无产阶级意识变成社会上占统治地位的思想，通过国家的意志把与社会生产力发展水平相适应的生产关系变成占统治地位的物质关系，使国家从代表统治阶级特殊利益的"虚幻的共同体"转变为代表绝大多数人共同利益的"真正的共同体"，进而为绝大多数人能够自觉驾驭社会占统治地位的物质力量和精神力量奠定必要的社会经济基础。

三、思想的建构功能

恩格斯在《英国工人阶级状况》中说过："无产阶级所接受的社会主义思想和共产主义思想越多，革命中的流血、报复和残酷性就越少。"① 马克思主义指导下的思想政治教育如何把无产阶级对资本主义生产方式产生的愤怒情绪和盲目冲动转化成理性认知和自觉行动，关键在于无产阶级从理论层面接受了多少"科学社会主义思想和共产主义思想"。思想政治教育通过理论掌握群众的过程，也是思想政治教育用"科学社会主义思想和共产主义思想"武装无产阶级头脑的过程。思想政治教育在这个过程中，能够发挥出思想建构的重要功能。思想政治教育要帮助无产阶级塑造"新的科学的世界观"，实现身心的自由发展，而且要把自己的政治思想转化成精神武器，使其投入共产主义运动的历史洪流中。

---

① 《马克思恩格斯文集》第 1 卷，人民出版社 2009 年版，第 497 页。

1. 建构无产阶级世界观

世界观是一个人思想中的核心观点。一个人有什么样的世界观决定了这个人如何认识世界和改造世界。无产阶级要想形成自觉的阶级意识，则要求无产阶级不仅必须确立起与以往剥削阶级世界观相对立的，而且体现本阶级利益原则的新世界观。

思想政治教育要想塑造无产阶级的新世界观，需要清除长期占据和支配无产阶级意识的旧世界观。人的思想不可能处于真空状态，总是要被一定的世界观占据和支配。无产阶级世界观在没有完全形成之前，无产阶级的思想总要在一定程度上被以资产阶级的统治思想为主导的旧世界观所占据和支配。无产阶级只有从它们之中彻底摆脱出来，才能为无产阶级新世界观的形成作好思想准备和预留思想空间。所以，恩格斯在《德国农民战争》中强调，无产阶级的革命领袖有责任引导无产阶级"彻底地摆脱那些属于旧世界观的传统言辞的影响"①，即使是新加入无产阶级革命队伍中的其他阶级也要"无条件地掌握无产阶级世界观"②。那些代表剥削阶级特殊利益的旧世界观主要是用抽象观念来裁决具体现实的唯心主义世界观。马克思在《〈黑格尔法哲学批判〉导言》中指出，以宗教为代表的唯心主义世界观凭借"颠倒的世界意识"为处在"颠倒的世界"中的人民群众提供了"借以求得慰藉和辩护的总根据"③。所以，马克思要求"对宗教的批判"必须"撕碎锁链上那些虚幻的花朵"，不再让人民群众戴上锁链，而是让人民群众不抱幻想、拥有理智，按照自己的利益诉求和意志愿望"来行动，来建立自己的现实"④。这就要求对宗教赖以存在的社会政治现实进一步展开"搏斗式的批判"。马克思认为，这种批判的"主要情感是愤怒，它的主要工作是揭露"⑤，

---

① 《马克思恩格斯文集》第 2 卷，人民出版社 2009 年版，第 219 页。
② 《马克思恩格斯文集》第 3 卷，人民出版社 2009 年版，第 484 页。
③ 《马克思恩格斯文集》第 1 卷，人民出版社 2009 年版，第 3 页。
④ 《马克思恩格斯文集》第 1 卷，人民出版社 2009 年版，第 4 页。
⑤ 《马克思恩格斯文集》第 1 卷，人民出版社 2009 年版，第 6 页。

它要通过揭露"以政府的形式表现出来的卑劣事物"①，让无产阶级对自己的生存处境"大吃一惊"，不再"有一时片刻去自欺欺人和俯首听命"②，进而产生追求自我解放的"不可抗拒的要求"。

思想政治教育要想塑造无产阶级的新世界观，就需要为无产阶级的新世界观奠定科学的思想理论基础。恩格斯在《卡尔·马克思〈政治经济学批判。第一分册〉》中概述了马克思为共产党人乃至广大无产阶级建构的科学理论体系："我们党有个很大的优点，就是有一个新的科学的世界观作为理论的基础。"③ 无产阶级为了形成自己独立的、完整的、革命的世界观，亟待一种代表无产阶级利益原则的科学理论来启迪主体精神、提升政治理智、凝聚思想共识，彻底改变无产阶级长期遭受旧世界观奴役、欺骗和愚弄的思想状态。这个科学理论就是以"新的科学世界观"为基础的马克思主义。共产党作为无产阶级的领导核心，"新的科学的世界观"奠定了共产党的理论基础，马克思主义也给无产阶级新世界观的形成提供了统一而明确的思维方式和认知前提。共产党人应当在学习和把握马克思主义基本原理和时代化民族化发展成果的坚实基础上，进一步通过"一分钟也不忽略教育工人"④，帮助无产阶级理解和掌握马克思主义的理论精髓和思想精华。

思想政治教育要想塑造无产阶级的新世界观，需要引导无产阶级灵活运用新世界观的基本立场、观点和方法。恩格斯在 1895 年 3 月 11 日写给韦尔纳·桑巴特的信中指出："马克思的整个世界观不是教义，而是方法。它提供的不是现成的教条，而是进一步研究的出发点和供这种研究使用的方法。"⑤ 可见，"新的科学的世界观"虽然以一种理论样态

---

① 《马克思恩格斯文集》第 1 卷，人民出版社 2009 年版，第 6 页。
② 《马克思恩格斯文集》第 1 卷，人民出版社 2009 年版，第 6 页。
③ 《马克思恩格斯文集》第 2 卷，人民出版社 2009 年版，第 599 页。
④ 《马克思恩格斯文集》第 2 卷，人民出版社 2009 年版，第 66 页。
⑤ 《马克思恩格斯文集》第 10 卷，人民出版社 2009 年版，第 691 页。

呈现在人们面前，但是它不是一成不变的抽象教条，也不是机械套用的简单公式，而是为无产阶级提供的用来分析问题和解决问题的基本立场、观点和方法，它自身也随着无产阶级革命的发展进步不断与时俱进，需要从无产阶级革命的实际经验中不断总结、提炼和升华出具有普遍必然性和一般规律性的思想理论。所以，无产阶级只有把"新的科学的世界观"贯彻落实到推翻资本主义制度的"革命的实践"中，坚持理论联系实际和具体问题具体分析，才能发挥出"新的科学的世界观"指导无产阶级摧毁资本主义旧世界和建设共产主义新世界的真理性、现实性与此岸性。

2. 自由发挥思想效力

马克思在《1844 年经济学哲学手稿》中论述了在资本主义生产方式中，"人的对象化的本质力量"呈现为"感性的、异己的、有用的对象的形式"[1]，也就是与人的类本质相异化的方式。对于无产阶级而言，他们的生产劳动是同他们"自身相异化的活动"[2]。在这种劳动形式中，无产阶级的劳动对象化表现为"对象的丧失和被对象奴役"[3]。无产阶级无法"自由地发挥自己的体力和智力"[4]，不仅使自己的肉体受到折磨，而且使自己的精神遭到摧残。马克思通过揭露资本主义私有制对无产阶级和整个人类造成的劳动异化，为我们阐明了无产阶级必须进行现实的共产主义运动，打破私有制给工业化大生产带来的严重桎梏，才能使无产阶级的身心获得自由发展。马克思认为："对私有财产的扬弃，是人的一切感觉和特性的彻底解放；但这种扬弃之所以是这种解放，正是因为这些感觉和特性无论在主体上还是在客体上都成

---

① 《马克思恩格斯文集》第 1 卷，人民出版社 2009 年版，第 193 页。
② 《马克思恩格斯文集》第 1 卷，人民出版社 2009 年版，第 193 页。
③ 《马克思恩格斯文集》第 1 卷，人民出版社 2009 年版，第 157 页。
④ 《马克思恩格斯文集》第 1 卷，人民出版社 2009 年版，第 159 页。

为人的。"① 无产阶级只有获得身心的自由发展，才能促使无产阶级按照自己的天赋、才能和爱好进行生产劳动，不仅成长为共产主义社会所需要的合格劳动者，而且使无产阶级自身能够在共产主义生产方式中体会到劳动的幸福感、成就感和满足感，实现自我价值和人生意义的大幅提升。

　　思想政治教育应根据社会发展的历史条件和现实环境来促进人的身心自由发展。共产主义运动是一个不断变革资本主义生产关系、生活方式和思想文化的长期历史过程，帮助无产阶级实现身心的自由发展也需要根据这个历史过程的现实条件来进行。马克思认为，在受私有制普遍支配的生产和消费活动中，异化了的人的生命现实既以"物质的、直接感性的私有财产"② 这种感性方式展现出来，也以"宗教、家庭、国家、法、道德、科学、艺术"③ 等观念方式表达出来。"宗教的异化本身只是发生在意识领域、人的内心领域，而经济的异化是现实生活的异化。"④ 所以，思想政治教育也要从人的内心领域和现实生活领域共同展开对异化了的人的生命现实的积极扬弃，帮助人们在自己的内心世界和现实世界中同时感受到自己可以被唤醒和激发出来的丰富的、全面的、充沛的本质力量。在马克思看来："历史的全部运动，既是这种共产主义的现实的产生活动，即它的经验存在的诞生活动，同时，对它的思维着的意识来说，又是它的被理解和被认识到的生成运动。"⑤ 思想政治教育要引导人们意识到在消灭私有制的整个共产主义运动过程中，人们不仅会找到实现人的解放的"经验基础"，也会找到实现人的解放的"理论基础"。

---

① 《马克思恩格斯文集》第1卷，人民出版社2009年版，第190页。
② 《马克思恩格斯文集》第1卷，人民出版社2009年版，第186页。
③ 《马克思恩格斯文集》第1卷，人民出版社2009年版，第186页。
④ 《马克思恩格斯文集》第1卷，人民出版社2009年版，第186页。
⑤ 《马克思恩格斯文集》第1卷，人民出版社2009年版，第186页。

　　思想政治教育应遵循自然界的发展规律和自然界与人的辩证关系来促进人的身心自由发展。自然界是人的无机身体，人的发展变化与自然界息息相关。所谓世界历史不过是人通过自身劳动而诞生和形成的过程，也是人的自然化和自然界人化相统一的过程。人们能够在关于自身诞生和形成的过程中得到"直观的、无可辩驳的证明"①。恩格斯在《国民经济学批判大纲》中认为，人的解放主要包括"人类与自然的和解"和"人类本身的和解"②两个方面。为了实现无产阶级的身心自由发展，需要把无产阶级自身解放与外部世界解放紧密联系起来。在世界历史的发展过程中，共产主义运动朝着"对私有财产即人的自我异化的积极的扬弃"③这条道路不断敞开，试图达成为了人对人的本质的真正占有和人的面向社会的人性完整复归。马克思强调，这种共产主义体现了"完成了的自然主义"和"完成了的人道主义"的高度统一。所以，它代表了人与自然界之间、人与人之间一切矛盾的真正解决，也是对本质与存在、自由与必然、个体与类等相互冲突的"历史之谜的解答"④。思想政治教育要帮助人们认识到只有在这种情况下，人的身心才能在和谐的内在统一中追寻自己的本真状态，进而得到自由发展。

3. 无产阶级把哲学当作自己的精神武器

　　哲学是无产阶级获得自由解放的精神武器，无产阶级是哲学获得理论实现的物质武器。"新的科学的世界观"为无产阶级世界观形成奠定理论基础，无产阶级能够自觉把"新的科学的世界观"变成重塑自我意识的"精神武器"，提升自己作为一种受动因素的能动性、积极性和创

---

① 《马克思恩格斯文集》第 1 卷，人民出版社 2009 年版，第 196 页。
② 《马克思恩格斯文集》第 1 卷，人民出版社 2009 年版，第 63 页。
③ 《马克思恩格斯文集》第 1 卷，人民出版社 2009 年版，第 185 页。
④ 《马克思恩格斯文集》第 1 卷，人民出版社 2009 年版，第 185 页。

造性。同时，"新的科学的世界观"还要把无产阶级变成改造社会现实的"物质武器"，消灭自己作为一种哲学样态的抽象性、思辨性和外在性。可以说，思想政治教育引导无产阶级形成新世界观的根本目的在于帮助无产阶级学会把新世界观当作自己的精神武器，创生出摧毁旧世界秩序、建立新世界秩序的物质力量。

思想政治教育既要帮助无产阶级学会用新世界观认识世界和解释世界，更要帮助无产阶级学会用新世界观改变世界和创造世界。马克思在《关于费尔巴哈的提纲》中认为："哲学家们只是用不同的方式解释世界，问题在于改变世界。"[①] 唯心主义旧哲学的任务是依靠哲学家去解释世界，而"新的科学的世界观"的任务则是依靠无产阶级，通过解释世界的方式去改变世界。正如恩格斯在《反杜林论》中说的："这已经根本不再是哲学，而只是世界观。"[②] 从表面上看，无产阶级世界观形成的教育过程是直接作用于无产阶级精神世界的思想活动。但从深层次看，无产阶级世界观形成的教育过程要最终落实到引导无产阶级对现实物质世界的改造工作中。无产阶级世界观的形成标志在于无产阶级能够发挥出自身蕴蓄着的"民族的力量和推进民族发展的才能"[③]，作为"社会的头脑和社会的心脏"[④] 登上世界历史舞台，从事实现"普遍的人的解放"的共产主义运动。

思想政治教育要帮助无产阶级凭借新世界观变成"使用实践力量的人"。马克思、恩格斯在《神圣家族》中强调："思想本身根本不能实现什么东西。思想要得到实现，就要有使用实践力量的人。"[⑤] 无产阶级承担着"解放整个社会"的历史任务，是人类解放事业的"决定性革命力量"。"新的科学的世界观"的理想图景、理论要求和纲领路线都需

---

① 《马克思恩格斯文集》第 1 卷，人民出版社 2009 年版，第 502 页。
② 《马克思恩格斯文集》第 9 卷，人民出版社 2009 年版，第 146 页。
③ 《马克思恩格斯文集》第 1 卷，人民出版社 2009 年版，第 475 页。
④ 《马克思恩格斯文集》第 1 卷，人民出版社 2009 年版，第 14 页。
⑤ 《马克思恩格斯文集》第 1 卷，人民出版社 2009 年版，第 320 页。

要通过无产阶级的实践力量才能变成真切现实。无产阶级世界观的形成，不仅需要帮助无产阶级在思想上准确掌握"新的科学的世界观"的基本立场、观点和方法，而且需要引导无产阶级在现实中把"新的科学的世界观"的思想内容付诸具体的实践行动，不断唤醒、激发和凝聚无产阶级中潜藏的巨大实践力量，引导无产阶级通过"有原则高度的实践"更加深刻地检验、确证和发展"新的科学的世界观"。

思想政治教育要帮助无产阶级把瓦解自己的旧思想与瓦解自己的旧生活条件高度统一起来。在马克思、恩格斯看来："旧思想的瓦解是同旧生活条件的瓦解步调一致的。"① 只有帮助无产阶级在瓦解资本主义旧世界的生活条件中开辟出建立社会主义新世界的革命道路，在"改造环境"与"自我改造"中锻造出更加强大的"物质武器"，才能使无产阶级在瓦解资本主义旧思想的同时形成符合社会主义新世界发展需要的世界观。现实生活给无产阶级思想的形成提供了实际教育。无产阶级在资本主义机器化大生产中，不但通过严酷的劳动训练使自己百炼成钢，而且使自己意识到身为无产阶级在历史上应当如何作为。无产阶级的历史使命已经在他们的生活状况中无可更改地预示出来，从事无产阶级宣传教育工作的革命者需要做的就是帮助无产阶级在自己的阶级意识中进一步清晰和明确自己的社会地位和历史使命。"只要有产阶级不但自己不感到有任何解放的需要，而且还全力反对工人阶级的自我解放，工人阶级就应当单独地准备和实现社会变革。"② 工人运动通过大量令人信服的实例使无产阶级注意到，只要他们提出明确的革命要求，他们就能在整个社会变革中"成为一种决定性的力量"。无产阶级只有推翻资本主义统治，建立合乎人性的新世界秩序，才能找到改变自身命运和拯救自己尊严的可能出路。也只有从这时起，无产阶级"才不再在思想、情

---

① 《马克思恩格斯文集》第 2 卷，人民出版社 2009 年版，第 51 页。
② 《马克思恩格斯文集》第 1 卷，人民出版社 2009 年版，第 370 页。

感和意志表达方面也成为资产阶级的奴隶"①，而是必须砸碎资本主义
生产关系套在他们身上的沉重锁链，组织起要求"分享社会设施的利
益"②的独立运动。

　　"思想政治教育"之所以把"思想"放在整个概念的起始位置，主
要是因为思想政治教育直接作用的是人的思想。思想政治教育的对象是
人，确切地说是人的思想。人的思想塑造人的性格，人的思想指引人的
行动，人的思想规划人的生命。思想政治教育需要完成的核心任务就是
用一种政治思想来教育人，不仅使人的思想趋近于这种政治思想，也使
这种政治思想成为人的思想。

　　思想作为思想政治教育的"细胞"，蕴含着构成思想政治教育基本
矛盾的萌芽。思想的生成、发展和变化过程，反映了思想政治教育力图
把"统治阶级的思想"变成"占统治地位的思想"的矛盾运动。大而
言之，思想是处于一定物质基础和交往关系中的社会成员，在自己的长
期生命体验中形成的关于外部世界与内在自我完整认知的"意识集合
体"。思想一经形成，就成为较为稳固、独立和多元的精神样态，指引
并推动着每个人的精神发展，也建构和丰富着整个国家的精神生活。人
的思想伴随着人的实践不断发展变化。思想政治教育的政治逻辑和教育
规律都暗含在人的思想发展变化的动态过程中，不能理解和把握人的思
想发展变化，则无法对人进行思想政治教育。

　　如果把"现实的个人"作为考察人的思想的立足点，从作为社会个
体的人的思想来看，每个人的思想中都包含了情感、价值、精神和理
想。这些构成思想的本质维度给每个人的思想奠定了感性基础，提供了
理性原则，激发了生机活力，指明了意图方向，使每个人能够真实、丰

---

① 《马克思恩格斯文集》第 1 卷，人民出版社 2009 年版，第 437 页。
② 《马克思恩格斯文集》第 1 卷，人民出版社 2009 年版，第 403 页。

富而鲜活地感受、理解与觉知他们所处的社会生活。从作为社会整体的人的思想来看，每个人的思想无不包含在个体意识、阶级意识、群众意识和国家意志之中。个体意识表现了人的类特性，阶级意识反映了人的阶级属性，群众意识体现了普遍的社会共识，国家意志代表了统治阶级利益。在阶级社会中，没有脱离政治的人的思想，也没有不顾人的思想的政治。人的思想总是深深根植于一定的政治意识形态，在发展变化的各个方面和各个环节都带有鲜明的政治导向和价值取向，这也是思想政治教育必须存在的前提条件和客观要求。

每个时代的思想政治教育都承担着对人民进行思想建构的重要任务。新时代思想政治教育的思想建构任务就是用习近平新时代中国特色社会主义思想武装人民思想头脑、培育人民理论思维、铸塑人民精神家园、坚定人民理想信念。党的十九届六中全会明确了"习近平新时代中国特色社会主义思想是当代中国马克思主义、二十一世纪马克思主义，是中华文化和中国精神的时代精华，实现了马克思主义中国化新的飞跃"[①]。习近平新时代中国特色社会主义思想实现了把马克思主义基本原理同中国具体实际相结合、同中华优秀传统文化相结合，坚持运用辩证唯物主义和历史唯物主义，科学回答了中国之问、世界之问、人民之问、时代之问，体现了对马克思主义发展规律认识的新高度，也开辟了马克思主义中国化时代化的新境界。思想政治教育要引导人民深入把握习近平新时代中国特色社会主义思想对马克思主义原则高度的坚定、人民高度的坚守、党性高度的坚贞、实践高度的坚持和世界历史高度的坚信，培养人民形成对正确思想指引的认同、拥护和践行。思想政治教育需要坚持用习近平新时代中国特色社会主义思想铸魂育人，搭建起人民思想灵魂与马克思主义理论之间的理性桥梁，搭建起人民成长发展与实现中华民族伟大复兴之间的

---

① 《中国共产党第十九届中央委员会第六次全体会议公报》，人民出版社 2021 年版，第 10 页。

实践桥梁。思想政治教育对人民的理论武装和理论教育，最终要落实到对人民世界观、人生观、价值观的长久养成上面，引导人民把当代中国马克思主义、二十一世纪马克思主义的真理力量转化为投身于新时代中国特色社会主义伟大事业的实践力量。

第二章　政　治

恩格斯在《德国的革命和反革命》中指出："无产阶级群众虽然人数众多，但是没有领袖，没有受过任何政治教育，容易惊慌失措，或者几乎是无缘无故地怒不可遏，盲目听信一切流言飞语。"① 政治是思想政治教育的灵魂，也是思想政治教育的基本概念。思想政治教育总是基于一定的政治意识形态，秉持一定的政治立场，开展一定的政治行动。思想政治教育经常被认为是政治思想的教育，在本质上是政治工作。马克思恩格斯经典文本围绕无产阶级革命对政治这个基本概念作了诸多阐述，其中蕴含着深刻丰富的马克思主义政治理论。通过分析马克思恩格斯经典文本可以发现，马克思、恩格斯在提出科学社会主义理论、组织创建无产阶级政党、启发无产阶级意识、指导无产阶级革命的过程中，针对思想政治教育的逻辑起点、目标追求、原则立场、理论基础、转化环节、方向任务和实践方式等方面，不仅揭示了思想政治教育之"政治"体现在政治意识形态、政治解放、政治立场、政治理论、政治教育、政治纲领、政治实践等维度的本质内涵，同时也揭示了思想政治教育的必要环节和内在逻辑。

1843 年 9 月，马克思在克罗伊茨纳赫写给阿尔诺德·卢格的信中提到："什么也阻碍不了我们把政治的批判，把明确的政治立场，因而把实际斗争作为我们的批判的出发点，并把批判和实际斗争看做同一件事情。"② 在这封信中，马克思提出要"把明确的政治立场"作为《德法年鉴》从事批判的出发点，不仅说明马克思已经开始把对宗教的批判视角转向对政治的批判视角，而且说明马克思要求进行的政治批判应当具有明确的立场导向。1843 年 10 月底，马克思来到当时引领资本主义政

---

① 《马克思恩格斯文集》第 2 卷，人民出版社 2009 年版，第 415 页。
② 《马克思恩格斯文集》第 10 卷，人民出版社 2009 年版，第 9 页。

治革命的法国巴黎，在考察了法国巴黎的社会状况以后，马克思强烈意识到德国社会的落后现实主要在于德国政府的封建统治严重阻碍了德国社会的经济发展。要想尽快改变这种现状，必须把斗争矛头鲜明指向德国政府，对其展开"政治的批判"，提出现代民主政治的明确主张。同一时期，深入英国无产阶级生产生活的恩格斯在《英国工人阶级状况》中剖析了无产阶级与资产阶级由利益对立产生的阶级意识对立："工人和资本家的对立越尖锐，工人中的无产阶级意识也就越发展，越明朗。"[1] 无产阶级意识的不断发展和明朗说明他们已经意识到自己在资本主义制度中遭受的剥削压迫，不能仅仅通过毫不触犯资本主义制度根基的经济斗争来维护零散权益，而是必须通过政治斗争实现全面自由解放。马克思在 1847 年撰写并发表的《哲学的贫困》中指明："这批人联合起来，形成一个自为的阶级。他们所维护的利益变成阶级的利益。而阶级同阶级的斗争就是政治斗争。"[2] 在这里，马克思对政治斗争的本质内涵作了清晰界定，阶级斗争就是政治斗争。在 1848 年发表的《共产党宣言》中，马克思、恩格斯呼吁全世界无产阶级要想广泛联合起来，从政治自发走向政治自觉，必须建立领导无产阶级革命的无产阶级政党，共产党领导广大无产阶级开展的共产主义运动是"为绝大多数人谋利益的独立的运动"[3]，共产党在理论方面和实践方面永葆先进性，因此能够给无产阶级革命提供正确革命道路、科学理论指导和强大组织保障。马克思在《1848 年至 1850 年的法兰西阶级斗争》中认为，共产党正是"在产生一个联合起来的、强大的反革命势力的过程中，即在产生一个敌对势力的过程中为自己开拓道路的"[4]。经历过长期严酷的革命锻炼、实践淬炼和政治历练，共产党才能"走向成熟，成为一个真正

---

① 《马克思恩格斯文集》第 1 卷，人民出版社 2009 年版，第 475 页。
② 《马克思恩格斯文集》第 1 卷，人民出版社 2009 年版，第 654 页。
③ 《马克思恩格斯文集》第 2 卷，人民出版社 2009 年版，第 42 页。
④ 《马克思恩格斯文集》第 2 卷，人民出版社 2009 年版，第 79 页。

革命的党"①。有了共产党的坚强统一领导，无产阶级才能独立提出和坚决捍卫自己的利益原则与革命立场。恩格斯在 1892 年 8 月 30 日写给维克多·阿德勒的信中提到："许多人为了图省事，为了不费脑筋，想永久地采用一种只适宜于某一个时期的策略。其实，我们的策略不是凭空臆造的，而是根据经常变化的条件制定的。"② 共产党要想领导无产阶级革命取得不断胜利，必须根据每一历史阶段的实际情况制定正确的战略策略。而能否制定正确的战略策略，也在检验着共产党人的"政治洞察力"和"政治理解力"。

一、政治意识形态

马克思、恩格斯在《德意志意识形态》中比较英国人和法国人的历史观时写下这样一句话："法国人和英国人尽管对这一事实同所谓的历史之间的联系了解得非常片面——特别是因为他们受政治意识形态的束缚。"③ 在这里，马克思、恩格斯指出了资产阶级政治意识形态的片面性、歪曲性。不同阶级有不同的政治意识形态。不同阶级的政治意识形态反映了不同阶级政治化、理论化和系统化的思想观念。从马克思、恩格斯对政治意识形态问题的探讨中能够发现，政治意识形态是思想政治教育的逻辑起点，政治意识形态提出并回答了思想政治教育的起始问题：思想政治教育的理论学说源于并且需要宣传和捍卫哪个阶级的思想观念。

1. 国家是第一个支配人的意识形态力量

恩格斯在《路德维希·费尔巴哈和德国古典哲学的终结》中指出：

---

① 《马克思恩格斯文集》第 2 卷，人民出版社 2009 年版，第 79 页。
② 《马克思恩格斯文集》第 10 卷，人民出版社 2009 年版，第 630 页。
③ 《马克思恩格斯文集》第 1 卷，人民出版社 2009 年版，第 531 页。

"国家作为第一个支配人的意识形态力量出现在我们面前。"① 在这里，国家指的是统治阶级为集中反映自己的物质利益而建立的国家政权。国家政权作为统治阶级的"政治统治权和精神主导权"②，帮助统治阶级的物质利益"在相应的国家形式中获得实践的观念的表现"③，在"相应的国家形式"中利用国家政治机器的强制力量展开"政治意识形态"的塑造和传播。恩格斯在 1891 年为《法兰西内战》所作的导言中强调："国家无非是一个阶级镇压另一个阶级的机器。"④ 在阶级社会中，任何一个阶级只有成为掌握国家政权的统治阶级，才能把自己的阶级利益说成是整个社会的普遍利益。马克思、恩格斯在《德意志意识形态》中认为："统治阶级的思想在每一时代都是占统治地位的思想。"⑤ 也就是说，统治阶级不仅是这个社会占统治地位的物质力量，也是这个社会占统治地位的精神力量，不仅支配着这个社会的物质生产，也支配着这个社会的精神生产。不同阶级的生产方式体现出不同阶级的经济差异。"在这些经济差异的基础上，作为上层建筑，形成了大量互不相同的社会政治观点。"⑥ 在这些社会政治观点中，统治阶级的思想起到了调节整个社会"思想的生产和分配"的重要任务，其他阶级只能在物质生产和精神生产方面都隶属于统治阶级。正如马克思在《资本论》（第三卷）中所说那样："在资本主义生产占统治地位的社会状态内，非资本主义的生产者也受资本主义观念的支配。"⑦ 资产阶级为了维护自己的统治地位，通过国家政权产生的意识形态力量来"占有他人的意志"⑧。

---

① 《马克思恩格斯文集》第 4 卷，人民出版社 2009 年版，第 307 页。
② 《马克思恩格斯文集》第 9 卷，人民出版社 2009 年版，第 202 页。
③ 《马克思恩格斯文集》第 1 卷，人民出版社 2009 年版，第 542 页。
④ 《马克思恩格斯文集》第 3 卷，人民出版社 2009 年版，第 111 页。
⑤ 《马克思恩格斯文集》第 1 卷，人民出版社 2009 年版，第 550 页。
⑥ 《马克思恩格斯文集》第 3 卷，人民出版社 2009 年版，第 202 页。
⑦ 《马克思恩格斯文集》第 7 卷，人民出版社 2009 年版，第 47 页。
⑧ 《马克思恩格斯文集》第 8 卷，人民出版社 2009 年版，第 153 页。

资产阶级把他们的特殊利益说成是全体社会成员的共同利益，不仅在物质生产层面把"财产、物升格为世界的统治者"①，而且在精神生产层面把"政治、党派、宗教，即把一切都归结为经济范畴"②，资产阶级政治意识形态的本质和目的则体现出资产阶级发财致富的唯一追求。

2. 政治意识形态的内涵

根据马克思在《〈政治经济学批判〉序言》中的论述，政治意识形态的基本内涵可以理解为阶级社会中与"生产关系的总和构成社会的经济结构"相适应的"法律的和政治的上层建筑"③。这些意识形态作为统治阶级内部成员根据自己物质生活创造出来的政治思想样态，向社会思想领域传播和渗透着统治阶级的利益和意志，帮助统治阶级维系着"整个社会生活、政治生活和精神生活"的统治地位。任何一个想要获得统治地位的阶级都需要进行本阶级政治意识形态的教育和灌输，才能把体现本阶级利益原则的思想观念变成社会上"占统治地位的思想"。剥削阶级有自己的特殊利益，他们的政治意识形态则是其用来掩盖自己特殊利益的思想统治手段。剥削阶级为了施展出统摄人民群众"思想什么"和"如何思想"的意识形态力量，总是要从自己的特殊利益出发，把统治阶级的思想"描绘成唯一合乎理性的、有普遍意义的思想"④。剥削阶级从政治意识形态上"赋予自己的思想以普遍性的形式"⑤，再让自己的意识形态打着善和博爱的幌子，把体现剥削阶级特殊利益的思想观念在社会成员的头脑意识中"千方百计地来加强、扶植和灌输"⑥，

① 《马克思恩格斯文集》第1卷，人民出版社2009年版，第105页。
② 《马克思恩格斯文集》第1卷，人民出版社2009年版，第105页。
③ 《马克思恩格斯文集》第2卷，人民出版社2009年版，第591页。
④ 《马克思恩格斯文集》第1卷，人民出版社2009年版，第552页。
⑤ 《马克思恩格斯文集》第1卷，人民出版社2009年版，第552页。
⑥ 《马克思恩格斯文集》第8卷，人民出版社2009年版，第59页。

以至于通过确立剥削阶级政治意识形态对社会成员的抽象统治，来不断强化剥削阶级物质生产关系对社会成员的实际统治。在《〈黑格尔法哲学批判〉导言》中，马克思揭露了德国政府的政治意识形态和社会物质现实处于严重的时代错乱之中，德国政府不得不"用一个异己本质的假象"① 来掩盖自己的腐朽本质，并且"求助于伪善和诡辩"② 来进一步麻痹、欺骗和压迫德国人民的精神世界。德国政府之所以会产生置德国人民于不顾的政治意识形态，主要是因为德国的社会物质现实本身置德国人民于不顾。无产阶级在形成自觉的无产阶级意识以前，他们的思想中总是被各种剥削阶级的旧世界观充斥着。为了破除剥削阶级政治意识形态对无产阶级的抽象统治，无产阶级需要创造、宣传和捍卫符合无产阶级共同利益的政治意识形态。

3. 资产阶级意识形态批判与无产阶级意识觉醒

马克思、恩格斯在批判资产阶级政治意识形态的同时，意识到促进无产阶级意识觉醒的必要性和迫切性。在《英国工人阶级状况》中，恩格斯描述了无产阶级意识觉醒的现实条件："工人和资本家的对立越尖锐，工人中的无产阶级意识也就越发展，越明朗。"③ 在获者不劳、劳者不获的资本逻辑主导下，无产阶级与资产阶级的物质利益根本对立，两个阶级的政治意识形态截然相反。在没有取得统治地位之前，无产阶级必须尽快摆脱资产阶级的精神专制，尽快以清醒冷静的目光重新审视他们与资产阶级的利益冲突，尽快认清自己和其他无产者相同的社会地位和阶级利益，进而努力产生出以"认识到阶级地位的共同性为基础的团结感"④，实现无产阶级意识的普遍觉醒。马克思在《政治经济

---

① 《马克思恩格斯文集》第 1 卷，人民出版社 2009 年版，第 7 页。
② 《马克思恩格斯文集》第 1 卷，人民出版社 2009 年版，第 7 页。
③ 《马克思恩格斯文集》第 1 卷，人民出版社 2009 年版，第 475 页。
④ 《马克思恩格斯文集》第 4 卷，人民出版社 2009 年版，第 246 页。

学批判（1857—1858 年手稿）》中谈道，无产阶级能够"认识到产品是劳动能力自己的产品，并断定劳动同自己的实现条件的分离是不公平的、强制的，这是了不起的觉悟"①。这种"了不起的觉悟"不仅是无产阶级意识形成的标志，也是摧毁资本主义生产关系的丧钟，它的形成意味着无产阶级已经能够从资本主义生产过程的颠倒关系中看清资本主义私有制的剥削本质。马克思认为，当奴隶觉悟到他不能再作为奴隶主的财产，而要成为个体的人时，奴隶制就变得苟延残喘了。同样，当无产阶级觉悟到他不能再作为资本的工具而要获得自由解放时，资本主义生产关系就会走向毁灭。所以，无产阶级一旦产生这种"了不起的觉悟"，他们就已经认识到只有通过无产阶级革命推翻资本主义私有制，才能从资本主义私有制带来的不公平现象和强制性奴役中解放出来。

无产阶级在取得统治地位以后，也要遵循政治意识形态的社会发展规律。马克思在《路易·波拿巴的雾月十八日》中阐释了社会成员的思想动机是根据统治阶级发挥的政治意识形态功能形成的。统治阶级"通过传统和教育"的基本方式把本阶级的政治意识形态传播渗透给所有社会成员，所有社会成员在接受和承袭"这些情感和观点"以后，会主动把"这些情感和观点"作为自己进行思想和开展活动的"真实动机和出发点"②。无产阶级要想按照自己的生产方式培养合格劳动者，使所有社会成员掌握无产阶级政治意识形态的思想观念、价值理念和道德原则，把所有社会成员发展成为共产主义运动的积极参与者，则需要通过传统文化、社会教育和生产劳动等方式，继续揭露和批判剥削阶级政治意识形态的颠倒性、虚伪性、剥削性，唤醒所有社会成员被欺骗、被禁锢、被愚弄的思想意识，宣传和灌输无产阶级政治意识形态的科学性、人民性、革命性，用无产阶级政治意识形态牢牢占领整个社会的意识形

① 《马克思恩格斯文集》第 8 卷，人民出版社 2009 年版，第 112 页。
② 《马克思恩格斯文集》第 2 卷，人民出版社 2009 年版，第 498 页。

态阵地。

二、政治解放

恩格斯在《共产主义原理》中回答了"什么是共产主义"的首要问题："共产主义是关于无产阶级解放的条件的学说。"① 无产阶级实现彻底解放是共产主义的实践旨趣，也是思想政治教育的内在追求。无产阶级实现彻底解放需要充分的社会条件和长期的历史过程。无产阶级只有首先实现政治解放，才能为通达共产主义社会提供必要的政治保障。思想政治教育追求无产阶级的政治解放，在于引导无产阶级推翻资产阶级统治，取得国家政权，为实现彻底解放不断激发汇聚无产阶级的精神力量和物质力量。

1. 资产阶级的政治解放已经把政治精神激发出来

马克思在《论犹太人问题》中指出，资产阶级完成的政治解放"把似乎是被分散、分解、溶化在封建社会各个死巷里的政治精神激发出来，把政治精神从这种分散状态中汇集起来，把它从与市民生活相混合的状态中解放出来"②。封建主义国家政权的主要特征是市民生活的物质要素通过专制皇权上升为国家生活的政治要素。它以宗法等级的人身依附形式规定了社会个体与国家整体的政治关系。这种政治关系也直接作为社会个体与自己市民生活的普遍关系。在封建主义国家政权的统治下，社会个体在国家整体活动中的特定地位是怎样的，他在自己市民生活中的普遍地位就是怎样的。封建统治阶级利用国家政权机关，把自身作为统治阶级的"意识、意志和活动"施加到市民社会生活的各个方面，用以维护封建统治阶级的政治统治，以这种政治形式建构的国家统

---

① 《马克思恩格斯文集》第 1 卷，人民出版社 2009 年版，第 676 页。
② 《马克思恩格斯文集》第 1 卷，人民出版社 2009 年版，第 45 页。

一体也"必然表现为一个同人民相脱离的统治者及其仆从的特殊事务"①。资产阶级政治革命推翻了封建主义国家政权，把分散在市民生活各个方面的政治精神激发和汇集起来，并且把国家的政治事务变为人民的普遍事务，社会个体在市民生活中的普遍关系也脱离了其特定的政治关系。实际上，资产阶级完成的政治解放，只是市民社会从政治内容的普遍假象中得到的抽象解放。这种政治解放虽然使市民社会的政治精神摆脱了封建主义桎梏，但却为资本主义利己本质敞开了市民社会空间。新的市民社会只包含"个体"以及"构成这些个体的生活内容和市民地位的物质要素和精神要素"② 两个组成部分。"利己的人的自由和承认这种自由，实际上就是承认构成这种人的生活内容的精神要素和物质要素的不可阻挡的运动。"③ 这种不可阻挡的运动赋予了资产阶级在市民社会中自由活动的自我意识。"有自我意识的活动集中于政治行为"④，从而也使资产阶级获得了按照自己的利己本质来追求私人利益的政治自由。无产阶级由于不占有社会生产的精神要素和物质要素，所以无法在真正意义上享有追求自身利益的政治权利。资产阶级的政治解放虽然已经把政治精神激发出来，但这种政治精神不过是维护资产阶级特殊利益的革命意识。

2. 批判资产阶级的政治解放在于揭露其塑造的抽象政治人

马克思在《论犹太人问题》中批判了"政治人只是抽象的、人为的人，寓意的人，法人"⑤。资产阶级的政治解放塑造了抽象的政治人。资产阶级完成的政治解放并不是现实的、实际的、彻底的解放，而是一

---

① 《马克思恩格斯文集》第 1 卷，人民出版社 2009 年版，第 44 页。
② 《马克思恩格斯文集》第 1 卷，人民出版社 2009 年版，第 44—45 页。
③ 《马克思恩格斯文集》第 1 卷，人民出版社 2009 年版，第 45 页。
④ 《马克思恩格斯文集》第 1 卷，人民出版社 2009 年版，第 45—46 页。
⑤ 《马克思恩格斯文集》第 1 卷，人民出版社 2009 年版，第 46 页。

种抽象的、有限的、间接的解放。这种解放形式必须通过国家的中介作用才能完成。在马克思看来，"国家是人和人的自由之间的中介者"①。在单个个体不具备直接实现自由的市民社会现实中，他需要把"自己的全部的人的自由"都寄托在国家身上。在政治国家层面，这些个体只有以"政治人"的身份出现才能被予以承认。然而，在市民社会层面，这些个体又只有以"利己的个体形式"出现才能进行生活。因为国家政权的内容和形式是以统治阶级的利益诉求为主导的。所以，资产阶级完成的政治解放终究是为了维护资产阶级的特殊利益。"现代的国家政权不过是管理整个资产阶级的共同事务的委员会罢了。"② 资本主义国家政权从资产阶级利益诉求出发，保证了私有财产在新的市民社会生活中能够发挥出它的剥削本质。资产阶级完成的政治解放虽然以国家的方式废除了单个个体在"出身、等级、文化程度、职业"等方面的政治差别，却保留了这些方面在市民社会生活中的实际差别。可以说，资产阶级建立的政治国家同样是一种"同人民相异化的国家制度"。所以，马克思认为："在政治国家真正形成的地方，人不仅在思想中，在意识中，而且在现实中，在生活中，都过着双重的生活——天国的生活和尘世的生活。"③ 资本主义国家政权与市民社会生活现实处于相互割裂和彼此脱节的关系中。市民社会成员在政治国家中过着"天国的生活"，享有虚构的政治自由和政治权利，在市民社会中过着"尘世的生活"，被资本主义私有制统摄着一切生活机能和生活条件。在《法兰西内战》中，马克思揭露了现代社会随着资本与劳动之间的冲突对立更为严重，"国家政权在性质上也越来越变成了资本借以压迫劳动的全国政权，变成了为进行社会奴役而组织起来的社会力量，变

---

① 《马克思恩格斯文集》第1卷，人民出版社2009年版，第29页。
② 《马克思恩格斯文集》第2卷，人民出版社2009年版，第33页。
③ 《马克思恩格斯文集》第1卷，人民出版社2009年版，第30页。

成了阶级专制的机器"①。无产阶级反抗资产阶级的阶级斗争每前进一步，就会使资本主义国家政权的纯粹压迫性质更加暴露出来。所以，马克思在《1848年至1850年的法兰西阶级斗争》中指出，无产阶级的政治诉求"就是宣布不断革命，就是无产阶级的阶级专政"②。只有通过无产阶级革命推翻资产阶级政权，实行无产阶级专政，才能使无产阶级乃至广大人民群众从抽象的政治人变成现实的政治人，真正享有国家的政治主体地位。

3. 实现无产阶级的政治解放是为了实现普遍的人的解放

马克思在《〈黑格尔法哲学批判〉导言》中根据德国时代错乱的现实情况，分析了德国获得实际解放的唯一可能方式就是实现以"人是人的最高本质这个理论为立足点的解放"③。在马克思看来，这个解放方式不是要求进行"局部的纯政治的革命"和"毫不触犯大厦支柱的革命"，而是要求开展"彻底的革命"和追求"普遍的人的解放"。因为资产阶级完成的政治解放虽然通过现代国家的中介作用使市民社会成员获得了政治自由。但这种政治自由具有抽象性、片面性和虚幻性，直接造成"当代政治的普遍障碍"。德国只有摧毁这种普遍障碍，才能消除自己政治领域的特殊障碍。为此，需要依靠"人的高度的革命"，把市民社会成员的政治力量转化、提升和凝聚为实现市民社会全面变革的社会力量，进而"使人的世界即各种关系回归于人自身"④，获得"现实的、实际的解放"⑤。马克思认为，长期受黑格尔法哲学思想支配的德国人民不仅实际生活缺乏精神活力，精神生活也缺少实际内容。德国只

① 《马克思恩格斯文集》第3卷，人民出版社2009年版，第152页。
② 《马克思恩格斯文集》第2卷，人民出版社2009年版，第166页。
③ 《马克思恩格斯文集》第1卷，人民出版社2009年版，第18页。
④ 《马克思恩格斯文集》第1卷，人民出版社2009年版，第46页。
⑤ 《马克思恩格斯文集》第1卷，人民出版社2009年版，第32页。

有形成一个由于自己的直接地位、物质需要和锁链强迫，从而具有"普遍解放的需要和能力"的阶级，才能带领自身和广大人民群众追求"普遍的人解放"。这个阶级就是在世界制度急剧解体过程中形成的无产阶级。"无产阶级宣告迄今为止的世界制度的解体，只不过是揭示自己本身的存在的秘密，因为它就是这个世界制度的实际解体。"① 因为，无产阶级被私有制度和异化劳动戴上了"彻底的锁链"，在市民社会中"遭受着普遍苦难"和"普遍不公正"，表明了"人的完全丧失"。所以，无产阶级只有"通过人的完全回复才能回复自己本身"②，只有解放市民社会的一切领域才能解放自己的特殊领域。在《1848 年至 1850 年的法兰西阶级斗争》中，马克思认为，科学社会主义作为无产阶级革命的理论形态，"就是宣布不断革命，就是无产阶级的阶级专政"③。无产阶级领导全体社会成员实现"普遍的人的解放"，需要经历一个人类社会从资本主义社会通达共产主义社会的历史时期，这个历史时期也是无产阶级专政的政治过渡时期。无产阶级专政的根本目的就在于消灭一切阶级剥削和阶级压迫，为共产主义社会奠定坚实的物质基础和必要的社会条件，从而促成每个人的自由发展是一切人自由发展的条件。无产阶级如何才能"夺得解放者的地位"呢？马克思强调："在市民社会，任何一个阶级要能够扮演这个角色，就必须在自身和群众中激起瞬间的狂热。"④ 也就是说，无产阶级为"夺得解放者的地位"，需要具备"和人民魂魄相同"的"开阔胸怀"⑤，发挥出自身"鼓舞物质力量去实行政治暴力的天赋"⑥ 和"革命的大无畏精神"⑦，从而真正成为解放自身

① 《马克思恩格斯文集》第 1 卷，人民出版社 2009 年版，第 17 页。
② 《马克思恩格斯文集》第 1 卷，人民出版社 2009 年版，第 17 页。
③ 《马克思恩格斯文集》第 2 卷，人民出版社 2009 年版，第 166 页。
④ 《马克思恩格斯文集》第 1 卷，人民出版社 2009 年版，第 14 页。
⑤ 《马克思恩格斯文集》第 1 卷，人民出版社 2009 年版，第 15 页。
⑥ 《马克思恩格斯文集》第 1 卷，人民出版社 2009 年版，第 15 页。
⑦ 《马克思恩格斯文集》第 1 卷，人民出版社 2009 年版，第 15 页。

和广大人民群众的"社会的头脑和社会的心脏"。

三、政治立场

1843 年 9 月，马克思在写给阿尔诺德·卢格的信中强调："什么也阻碍不了我们把政治的批判，把明确的政治立场，因而把实际斗争作为我们的批判的出发点，并把批判和实际斗争看做同一件事情。"① 从马克思恩格斯经典文本中可以发现，无产阶级形成什么样的政治立场直接决定了无产阶级价值观的本质和内容。政治立场能够集中表达阶级利益，无产阶级政治立场把无产阶级物质利益指向了原则高度。思想政治教育把政治立场作为原则立场，在于明确应当秉持什么样的价值取向和价值标准来引导无产阶级价值观形成。

1. 无产阶级的立场

马克思、恩格斯在《共产主义者同盟中央委员会告同盟书》中写道："在这种工人协会中，无产阶级的立场和利益问题应该能够进行独立讨论而不受资产阶级影响。"② 政治立场首先要明确应当坚定地站在无产阶级的阶级立场上，始终维护无产阶级的共同利益。马克思、恩格斯强调，共产主义者同盟不应充当资产阶级政党的"随声附和的合唱队"，而是要努力使自己成为"工人协会的中心和核心"，以此保证"无产阶级的立场和利益问题"能够得到独立讨论，不再受资产阶级伪善谎言的欺骗、干扰或裹挟。恩格斯在《英国工人阶级状况》中，批判一些社会主义者"站在不偏不倚的高高在上的立场向工人鼓吹一种凌驾于一切阶级对立和阶级斗争之上的社会主义"③。恩格斯认为，这些社

---

① 《马克思恩格斯文集》第 10 卷，人民出版社 2009 年版，第 9 页。
② 《马克思恩格斯文集》第 2 卷，人民出版社 2009 年版，第 193 页。
③ 《马克思恩格斯文集》第 1 卷，人民出版社 2009 年版，第 368 页。

会主义者一旦把这种"不偏不倚的高高在上的立场"带入无产阶级革命中，那么则会变成无产阶级"最凶恶的敌人"和"披着羊皮的豺狼"。过去由剥削阶级领导的革命运动都是"为少数人谋利益的运动"，只有由无产阶级领导的革命运动才是"为绝大多数人谋利益的独立的运动"①。在无产阶级为切身利益而抗争的革命运动中，"工人阶级都代表整个民族的真正的和被正确理解的利益"②。"资本的统治"使越来越多的人民群众成为靠出卖劳动力为生的无产阶级，相同的生活条件为大批无产阶级创造了共同的利害关系。无产阶级只有在反抗资产阶级的政治斗争中，认识到自身作为一个阶级的共同利益和共同地位，进而广泛联合起来为了同一目标而战斗，才能从阶级自在走向阶级自为。无产阶级一旦清晰表明自己的利益诉求，一旦想要摆脱被资产阶级剥削的悲惨现状，资产阶级马上就会公开成为无产阶级的首要敌人。所以，只有通过"揭露事实的真相"和"撕破这个伪善的假面具"③，才能帮助无产阶级认清自己的阶级利益，产生以"认识到阶级地位的共同性为基础的团结感"④。

2. 独立政党的立场

在《共产主义者同盟中央委员会告同盟书》中，马克思、恩格斯强调：共产主义者同盟为了达到无产阶级革命的最终胜利，必须"尽快采取自己独立政党的立场，一时一刻也不能因为听信民主派小资产者的花言巧语而动摇对无产阶级政党的独立组织的信念"⑤。共产党是无产阶级革命的领导核心。广大无产阶级需要有独立政党组织的凝聚、指导和引领。恩格斯在《关于工人阶级的政治行动》中认为："工人的政党不应当成为某一个资产阶级政党的尾巴，而应当成为一个独立的政党，它

---

① 《马克思恩格斯文集》第2卷，人民出版社2009年版，第42页。
② 《马克思恩格斯文集》第2卷，人民出版社2009年版，第450页。
③ 《马克思恩格斯文集》第1卷，人民出版社2009年版，第449页。
④ 《马克思恩格斯文集》第4卷，人民出版社2009年版，第246页。
⑤ 《马克思恩格斯文集》第2卷，人民出版社2009年版，第199页。

有自己的目的和自己的政治。"① 这个"目的"和"政治"指的就是为无产阶级寻求自由解放的无产阶级政治革命。可以说,"尽快采取自己独立政党的立场"② 是无产阶级革命能够站稳无产阶级立场,发挥出共产党在理论方面和实践方面的先进性,以及坚持正确的无产阶级革命路线方针政策的根本政治保证。马克思、恩格斯在《共产党宣言》中指出,共产党人"没有任何同整个无产阶级的利益不同的利益"③。共产党人不仅强调和坚持整个无产阶级的利益,而且始终代表整个无产阶级革命的利益。为领导无产阶级革命取得最终胜利,共产党人在实践方面是整个无产阶级革命过程中"最坚决的、始终起推动作用的部分"④,在理论方面能够准确了解"无产阶级运动的条件、进程和一般结果"⑤。所以,共产党人不仅把"每个人的自由发展是一切人的自由发展的条件"⑥ 作为无产阶级革命的终极旨归,而且为通达这个未来世界图景制定了"以当时的历史条件为转移"⑦ 的战略策略。1892 年 9 月 4 日,恩格斯在写给考茨基的信中阐明了他和马克思多年来指导无产阶级革命的一个确定不移的基本策略:"引导工人建立一个同一切资产阶级政党对立的、自己的、独立的政党。"⑧ 恩格斯说,英国社会主义组织在1892 年夏季英国议会举行的选举中能够把三位无产阶级代表推选为议员,这一举动代表了英国社会主义组织朝着成为一个独立的无产阶级政党迈出的决定性一步。在恩格斯看来:"这一步获得了惊人的成绩,比近 20 年来任何一个事件都更有助于提高工人的觉悟。"⑨ 组织起一个独

① 《马克思恩格斯文集》第 3 卷,人民出版社 2009 年版,第 224—225 页。
② 《马克思恩格斯文集》第 2 卷,人民出版社 2009 年版,第 199 页。
③ 《马克思恩格斯文集》第 2 卷,人民出版社 2009 年版,第 44 页。
④ 《马克思恩格斯文集》第 2 卷,人民出版社 2009 年版,第 44 页。
⑤ 《马克思恩格斯文集》第 2 卷,人民出版社 2009 年版,第 44 页。
⑥ 《马克思恩格斯文集》第 2 卷,人民出版社 2009 年版,第 53 页。
⑦ 《马克思恩格斯文集》第 2 卷,人民出版社 2009 年版,第 5 页。
⑧ 《马克思恩格斯文集》第 10 卷,人民出版社 2009 年版,第 632 页。
⑨ 《马克思恩格斯文集》第 10 卷,人民出版社 2009 年版,第 632 页。

立的无产阶级政党意味着无产阶级的阶级意识日臻成熟，无产阶级革命
有了独立的、坚强的、先进的政治领导力量。

3. 不断革命的立场

在《共产主义者同盟中央委员会告同盟书》中，马克思、恩格斯提
到："甚至在工人毫无当选希望的地方，工人也一定要提出自己的候选
人，以保持自己的独立性，计算自己的力量，并公开表明自己的革命立
场和本党的观点。"① 在这里，马克思、恩格斯要求共产主义者同盟要
"公开表明自己的革命立场和本党的观点"②。可以看出，革命立场也是
全体共产党人乃至广大无产阶级必须旗帜鲜明地加以自觉贯彻的政治立
场。在《〈黑格尔法哲学批判〉导言》中，马克思认为，"对德国迄今为
止政治意识形式"③ 作出坚决反抗的唯一出路就是进行"有原则高度的
实践"④。所以，"政治的批判"应当是一种"搏斗式的批判"，它不是
为了在哲学思想上"驳倒这个敌人"，而是为了在社会现实中"消灭这
个敌人"。通过"政治的批判"对无产阶级阶级意识的唤醒、斗争精神
的激发和团结感的凝聚，最终要转化为用来打击资产阶级物质力量的无
产阶级物质力量。马克思、恩格斯说，资产阶级"希望用或多或少经过
掩饰的施舍来笼络工人，用暂时使工人生活大体过得去的方法来摧毁工
人的革命力量"⑤。资产阶级的这种做法不过是想消解无产阶级推翻资
本主义统治的革命意志，腐蚀无产阶级不断革命的斗争精神。无产阶级
的阶级利益和历史使命则要求不断革命，直到实现无产阶级革命的最终
目标。无产阶级革命的"问题不在于改变私有制，而只在于消灭私有
制，不在于掩盖阶级对立，而在于消灭阶级，不在于改良现存社会，而

---

① 《马克思恩格斯文集》第 2 卷，人民出版社 2009 年版，第 196 页。
② 《马克思恩格斯文集》第 2 卷，人民出版社 2009 年版，第 196 页。
③ 《马克思恩格斯文集》第 1 卷，人民出版社 2009 年版，第 11 页。
④ 《马克思恩格斯文集》第 1 卷，人民出版社 2009 年版，第 11 页。
⑤ 《马克思恩格斯文集》第 2 卷，人民出版社 2009 年版，第 192 页。

在于建立新社会"①。在"有原则高度的实践"中，不仅迄今为止资本主义私有制下的社会结构和利益格局将会被重构，无产阶级的内在品性和实践能力也会得到全面发展，无产阶级将会在不断革命的历史进程中逐渐抛弃奴隶地位和贫穷状况给他们遗留的陈旧特性，与"传统的所有制关系"和"传统的观念"共同实行"最彻底的决裂"②。

四、政治理论

马克思在《〈黑格尔法哲学批判〉导言》中写道："中等阶级还不敢按自己的观点来表达解放的思想，而社会形势的发展以及政治理论的进步已经说明这种观点本身陈旧过时了，或者至少是成问题了。"③ 可见，"政治理论"首先是一种代表不同阶级解放思想的理论。当一个阶级能够成为整个社会先进力量的集中代表，整个社会形势的发展也会推动这个阶级政治理论的进步。因为这个阶级的政治理论必须能够对整个社会形势的发展，作出正确的经验总结、规律提取和方向指引，这个阶级的政治理论才会满足政治实践的实际需要。通过进一步分析马克思恩格斯经典文本可以发现，政治理论构成了思想政治教育的理论基础。思想政治教育要想帮助无产阶级按照社会形势的发展规律和正确方向开展自己的革命运动，则必须依靠无产阶级的政治理论对无产阶级的革命实践进行科学指导和思想引领。

1. 理论满足这个国家的需要

在《〈黑格尔法哲学批判〉导言》中马克思强调："理论在一个国家

① 《马克思恩格斯文集》第 2 卷，人民出版社 2009 年版，第 192 页。
② 《马克思恩格斯文集》第 2 卷，人民出版社 2009 年版，第 52 页。
③ 《马克思恩格斯文集》第 1 卷，人民出版社 2009 年版，第 16 页。

实现的程度，总是取决于理论满足这个国家的需要的程度。"① 对于无产阶级而言，无产阶级的政治理论是一种为无产阶级自由解放而创造的革命理论，无产阶级政治理论必须要满足无产阶级革命的需要，才能获得最大限度的实现。无产阶级政治理论是无产阶级用来揭露资产阶级昭彰罪恶的"批判的武器"。"武器的批判"不仅可以理解为政治实践，也可以理解为根据政治实践对政治理论进行的批判性分析和革命性扬弃。虽然政治理论无法代替政治实践，直接创生出摧毁资产阶级物质力量的无产阶级物质力量，但是政治理论一旦被无产阶级掌握，无产阶级一旦学会运用"批判的武器"，反抗资产阶级压迫的精神力量也会催生出推翻资产阶级统治的物质力量。

事实上，缺少政治理论来说服教育无产阶级，缺少政治理论对无产阶级革命的科学指导，无产阶级就无法开展任何"有原则高度的实践"，更不会创生出比资产阶级物质力量更为强大和广泛的无产阶级物质力量。马克思认为，理论掌握群众的前提条件是理论能够说服人。说服人的理论必须获得"抓住事物的根本"② 的彻底性。马克思对理论的彻底性要求不是空洞的、抽象的和孤立的。马克思认为："光是思想力求成为现实是不够的，现实本身应当力求趋向思想。"③ 对于政治理论而言，需要对政治实践作出现实趋近、经验反思和思想升华，做到观照现实、洞察现实、引领现实。政治理论不仅要坚持政治实践的基础决定性作用，更要发挥出对政治实践的超越性引领作用。在《反杜林论》中，恩格斯揭示了科学社会主义的理论任务："完成这一解放世界的事业，是现代无产阶级的历史使命。深入考察这一事业的历史条件以及这一事业的性质本身，从而使负有使命完成这一事业的今天受压迫的阶级认识到自己的行动的条件和性质，这就是无产阶级运动的理论表现即科学社

①　《马克思恩格斯文集》第 1 卷，人民出版社 2009 年版，第 12 页。
②　《马克思恩格斯文集》第 1 卷，人民出版社 2009 年版，第 11 页。
③　《马克思恩格斯文集》第 1 卷，人民出版社 2009 年版，第 13 页。

会主义的任务。"① 科学社会主义是在无产阶级解放事业中形成的"革命的科学",它不是一种凭空设想的社会理想,而是对无产阶级解放事业的历史条件和内在性质所作的科学分析和准确把握,并把使无产阶级认识到这一历史条件和内在性质当作自己的理论任务,由此也成为无产阶级的政治理论。

2. 我们的理论是发展着的理论

1887 年 1 月 27 日,恩格斯在写给弗洛伦斯·凯利—威士涅威茨基的信中指出:"我们的理论是发展着的理论,而不是必须背得烂熟并机械地加以重复的教条。越少从外面把这种理论硬灌输给美国人,而越多由他们通过自己亲身的经验(在德国人的帮助下)去检验它,它就越会深入他们的心坎。"② 政治理论本身是从政治实践中凝练升华出来的,政治理论又需要在政治实践的展开过程中根据具体环境和现实条件的不断变化给予政治实践科学指导。用政治理论武装无产阶级,不是要求无产阶级把政治理论当作抽象教条反复背诵,或者在现实斗争中机械运用,而是要求无产阶级把政治理论当作"行动的指南",结合现实斗争进行检验确证,再进一步推动政治理论的发展创新。只有这样做,政治理论才能自内而外地被无产阶级信服、掌握和践行。恩格斯在《关于共产主义者同盟的历史》中认为:"过去的理论观念毫无根据以及由此产生的实践上的错误,越来越使伦敦的盟员认识到马克思和我的新理论是正确的。"③ 正是通过无产阶级的革命实践检验,才使无产阶级认识到科学社会主义是指导无产阶级革命的唯一正确理论。恩格斯在《论住宅问题》中写道:"实际的社会主义则是对资本主义生产方式各个方面的

---

① 《马克思恩格斯文集》第 9 卷,人民出版社 2009 年版,第 300 页。
② 《马克思恩格斯文集》第 10 卷,人民出版社 2009 年版,第 562 页。
③ 《马克思恩格斯文集》第 4 卷,人民出版社 2009 年版,第 235 页。

一种正确的认识。"① 因为每一个国家的资本主义生产方式的发展样态必然不同，每一个国家的无产阶级与资产阶级的实际矛盾也必然不同。所以，科学社会主义在每一个国家的现实斗争中必然呈现出不同的内容和形式。实际上，科学社会主义的理论原理"不过是现存的阶级斗争、我们眼前的历史运动的真实关系的一般表述"②。无产阶级接受政治理论武装的主要目的在于掌握科学社会主义关于无产阶级革命的基本立场、观点和方法论原则，通过自身理论水平的提高和政治觉悟的提升来"逐步地把运动提到理论高度"③，由此更加坚决地捍卫科学社会主义在无产阶级革命中的理论指导地位。

3. 把工人接受正确的理论原理这一事实看作良好的预兆

恩格斯在《流亡者文献》中说过："现在他们会把法国工人接受正确的理论原理（尽管这些原理是从德国来的）这一事实看做良好的预兆。"④ 无产阶级能够"接受正确的理论原理"代表了无产阶级理论素养的有效提升，体现了无产阶级对政治理论的正确掌握，也预示着无产阶级革命的顺利开展。恩格斯在《德国农民战争》1870 年版序言的补充中高度评价了德国工人在斗争中体现出来的理论感，他也强调了无产阶级的理论感对于无产阶级掌握科学社会主义的必要意义："如果工人没有理论感，那么这个科学社会主义就决不可能像现在这样深入他们的血肉。"⑤ 德国无产阶级的理论感是德国无产阶级相较于欧洲其他国家无产阶级能更好掌握科学社会主义的优越之处。因为"凭着革命的无产阶级本能"，无产阶级自然不能"比较清楚地了解基本原理"⑥。只有培

---

① 《马克思恩格斯文集》第 3 卷，人民出版社 2009 年版，第 333 页。
② 《马克思恩格斯文集》第 2 卷，人民出版社 2009 年版，第 45 页。
③ 《马克思恩格斯文集》第 10 卷，人民出版社 2009 年版，第 560 页。
④ 《马克思恩格斯文集》第 3 卷，人民出版社 2009 年版，第 365 页。
⑤ 《马克思恩格斯文集》第 2 卷，人民出版社 2009 年版，第 217 页。
⑥ 《马克思恩格斯文集》第 3 卷，人民出版社 2009 年版，第 108 页。

养无产阶级的理论感，提升无产阶级的思维能力和理论素养，才能有助于无产阶级把科学社会主义深入血肉、融入灵魂。这就要求共产党人必须以严谨认真的态度来学习、研究和传播政治理论，在无产阶级中间"科学地论证我们的观点"①。

因此，帮助无产阶级正确掌握政治理论，实现无产阶级与政治理论的高度结合，也是无产阶级革命领袖的一项重要职责。恩格斯在《德国农民战争》中提到，无产阶级革命领袖"有责任越来越透彻地理解种种理论问题，越来越彻底地摆脱那些属于旧世界观的传统言辞的影响"②。恩格斯要求无产阶级革命领袖必须把社会主义学说始终作为科学来对待和研究，并且始终葆有高度热情向无产阶级传播社会主义学说，帮助无产阶级接受社会主义学说的精神感召、思想启发和理论武装。在无产阶级革命领袖的教育引导下，通过系统学习和准确掌握科学社会主义，无产阶级会在日益发展的阶级斗争中愈益深刻地体悟到科学社会主义实际上是"对自己的状况和自己的期望所作的最真切的表述"③，无产阶级也会产生对科学社会主义的强烈渴求，从而更加主动和自觉地趋向科学社会主义的思想指引。

五、政治教育

恩格斯在《德国的革命和反革命》中写道："无产阶级群众虽然人数众多，但是没有领袖，没有受过任何政治教育，容易惊慌失措，或者几乎是无缘无故地怒不可遏，盲目听信一切流言飞语。"④ 在马克思恩格斯经典文本中，政治教育是使无产阶级革命获得科学理论指导、拥

① 《马克思恩格斯文集》第 4 卷，人民出版社 2009 年版，第 233 页。
② 《马克思恩格斯文集》第 2 卷，人民出版社 2009 年版，第 219 页。
③ 《马克思恩格斯文集》第 5 卷，人民出版社 2009 年版，第 34 页。
④ 《马克思恩格斯文集》第 2 卷，人民出版社 2009 年版，第 415 页。

护共产党领导、凝聚群众智慧力量和遵循历史发展规律的必要手段。思想政治教育的功能作用需要经过政治教育的转化环节才能发挥出来。政治教育通过抵达根本、实现彻底的政治理论说服群众和掌握群众，能够使哲学这个精神武器和无产阶级这个物质武器紧密结合起来。

1. 唤醒革命意识

马克思、恩格斯在《共产党宣言》中指明，资产阶级"也给无产阶级带来了大量的教育因素"①。马克思、恩格斯对这一论断附加了注释："大量的教育因素"指的是"启蒙和进步的新因素"②。无产阶级的政治教育起初来自资产阶级。在资产阶级领导的推翻封建统治的一切斗争中，无产阶级都充当了资产阶级的革命力量。资产阶级向无产阶级呼吁，要求无产阶级给资产阶级提供必要的革命帮助，唤醒了无产阶级的革命意识，无产阶级由此也卷入资产阶级的政治运动中。资产阶级夺取政权以后，资本主义大工业的激烈竞争又把资产阶级中的部分成员淘汰到无产阶级行列中，使这部分成员的社会地位和生活条件趋向无产阶级的悲惨境地。马克思、恩格斯认为："现在资产阶级中也有一部分人，特别是已经提高到能从理论上认识整个历史运动的一部分资产阶级思想家，转到无产阶级方面来了。"③ 这部分资产阶级思想家虽然被淘汰到无产阶级行列中，但他们仍然能够从资产阶级的理论高度来看待整个社会的发展变化。

无产阶级在参加社会革命的最初阶段，主要是依靠资产阶级来完成政治启蒙的。无产阶级的政治启蒙之所以需要依靠资产阶级来完成，主要是因为资产阶级作为当时整个社会生产力发展的先进代表，资产阶级思想家能够根据整个社会的发展趋势进行纯粹的理论创造，他们也便于

---

① 《马克思恩格斯文集》第 2 卷，人民出版社 2009 年版，第 41 页。
② 《马克思恩格斯文集》第 2 卷，人民出版社 2009 年版，第 41 页。
③ 《马克思恩格斯文集》第 2 卷，人民出版社 2009 年版，第 41 页。

利用资产阶级的意识形态工具来传播资产阶级的进步思想。这些资产阶级思想家属于资产阶级的意识形态阶层，他们把从理论上认识整个社会历史发展运动的政治教育因素带给无产阶级，帮助无产阶级能够从资产阶级意识形态的思想高度来理解和把握整个社会历史发展运动的前进趋势。但是由于革命形势的历史性转变，资产阶级也沦为制约社会进一步发展的落后阶级。无产阶级现在已经不再需要通过代表资产阶级特殊利益的政治教育来唤醒无产阶级推翻封建皇权的革命意识，而是需要代表无产阶级共同利益的政治教育来唤醒无产阶级打破资产阶级剥削制度的革命意识。马克思、恩格斯在 1879 年 9 月写给奥·倍倍尔等人的通告信中回应了《共产党宣言》中资产阶级为无产阶级带来政治教育的问题："在至今的统治阶级中也有人归附斗争着的无产阶级并且向它输送教育因素，这是发展的过程所决定的不可避免的现象。"① 但是，"要对无产阶级运动有益处，这些人必须带来真正的教育因素"②。这种"真正的教育因素"包括"真正的实际教育材料"③ 和"理论教育材料"④，而不是"领会得很肤浅的社会主义思想"⑤ 或"各种理论观点调和起来的尝试"⑥。

2. 认清阶级利益

恩格斯在《英国工人阶级状况》中系统考察了资产阶级"只允许工人接受符合资产阶级本身利益的那一点点教育"⑦ 的历史问题。英国的无产阶级革命者已经认识到资产阶级把普通学校变成了"在工人中间传

---

① 《马克思恩格斯文集》第 3 卷，人民出版社 2009 年版，第 483 页。
② 《马克思恩格斯文集》第 3 卷，人民出版社 2009 年版，第 483 页。
③ 《马克思恩格斯文集》第 3 卷，人民出版社 2009 年版，第 483 页。
④ 《马克思恩格斯文集》第 3 卷，人民出版社 2009 年版，第 483 页。
⑤ 《马克思恩格斯文集》第 3 卷，人民出版社 2009 年版，第 483 页。
⑥ 《马克思恩格斯文集》第 3 卷，人民出版社 2009 年版，第 483 页。
⑦ 《马克思恩格斯文集》第 1 卷，人民出版社 2009 年版，第 423 页。

播对资产阶级有利的科学知识的机构"①。为了摆脱"资产阶级的一切影响"②，英国的宪章派和社会主义者独自创办了许多专门致力于提升无产阶级文化水平的学校和阅览室。"在这里，孩子们受到纯粹无产阶级的教育。"③ 学校和阅览室里不仅只摆放"无产阶级的书刊"，而且无产阶级相互之间可以直接讨论和自己的切身利益有关的各种问题。"实际上工人也是重视'踏踏实实的教育'的，只要这种教育不掺杂资产阶级牟取私利的伎俩。"④ "踏踏实实的教育"指的也是"纯粹无产阶级的教育"，毫无私利地为无产阶级的前途和命运考虑。资产阶级在大工业生产过程中十分清楚地发现了无产阶级身上蕴藏的潜在力量，因而资产阶级故意使教育事业凋敝，通过培养职业痴呆的愚民教育和激起宗教狂热的教条教育，把无产阶级训练成"没有意志的物件"⑤，让无产阶级继续处于愚昧无知的混沌状态。无产阶级迫切需要紧密围绕无产阶级利益原则而展开的政治教育，清除资产阶级政治意识形态对无产阶级的精神荼毒，帮助无产阶级获得用以指导自身实现自由解放的"革命的科学"。可以说，随着无产阶级越来越走向成熟壮大，资产阶级越来越走向落后腐朽，只有"纯粹无产阶级的教育"才能符合无产阶级革命的理想愿景、价值理念和行动准则，也只有"纯粹无产阶级的教育"才能帮助无产阶级认清他们作为一个阶级的共同利益，他们与资产阶级利益的根本对立，他们与人民群众普遍利益的高度一致。马克思、恩格斯在《共产党宣言》中揭示了"共产党一分钟也不忽略教育工人"⑥ 的紧迫必要性和刻不容缓性。"共产党一分钟也不忽略教育工人"体现了政治教育的本质要求与核心任务。通过"一分钟也不忽略教育工人"，共产

① 《马克思恩格斯文集》第 1 卷，人民出版社 2009 年版，第 473 页。
② 《马克思恩格斯文集》第 1 卷，人民出版社 2009 年版，第 473 页。
③ 《马克思恩格斯文集》第 1 卷，人民出版社 2009 年版，第 473 页。
④ 《马克思恩格斯文集》第 1 卷，人民出版社 2009 年版，第 474 页。
⑤ 《马克思恩格斯文集》第 1 卷，人民出版社 2009 年版，第 430 页。
⑥ 《马克思恩格斯文集》第 2 卷，人民出版社 2009 年版，第 66 页。

党旗帜鲜明地与资产阶级展开意识形态斗争，持之以恒地与资产阶级进行社会舆论阵地争夺，一针见血地揭露和批判资产阶级意识形态的伪善性、剥削性和狭隘性，使无产阶级透过纷繁错杂的政治关系看清隐藏在资产阶级偏见背后的全是资产阶级的特殊利益，进而强化无产阶级拥护共产党领导和遵从共产主义运动路线的坚定信念。

3. 传授斗争策略

马克思在《〈黑格尔法哲学批判〉导言》中指出，虽然无产阶级的历史地位和历史使命能够激发无产阶级推翻资产阶级统治的"革命精力和精神上的活力"，但是无产阶级"要夺取这种解放者的地位，从而在政治上利用一切社会领域来为自己的领域服务，光凭革命精力和精神上的自信是不够的"①。无产阶级在以往的精神生活中，不是受封建主义"神圣形象"的神学禁锢，就是受资本主义"非神圣形象"的抽象统治，迫切需要通过政治教育给他们传授理性灵活和切实有用的斗争策略。恩格斯在《德国的革命和反革命》中详细阐发了无产阶级缺乏政治教育的具体表现和严重后果：刚刚解脱旧制度精神枷锁的无产阶级，既没有完备的革命武装，也没有成熟的政党领袖，他们关于自身阶级利益和阶级地位的认识只是在本能的生活状态中获得的，他们往往在喧闹的示威中发泄自己对资产阶级的仇恨情绪，仇恨情绪散去以后又不清楚自己处于什么样的革命形势之中，需要完成什么样的革命任务，遵循什么样的革命道路。马克思、恩格斯认为，政治教育需要把无产阶级对资产阶级的阶级仇恨当作启发无产阶级政治觉悟的情感依托和心理基础，站在无产阶级革命的进步立场上不断增强无产阶级的"政治洞察力"和"政治理解力"，帮助无产阶级准确把握无产阶级革命应当采取的战略策略，积极应对随时出现的各种复杂困难。马克思、恩格斯在《共产党宣

———————————
① 《马克思恩格斯文集》第 1 卷，人民出版社 2009 年版，第 14—15 页。

言》不同版本的序言中反复强调了，对马克思主义理论原理的实际运用，必须做到"随时随地都要以当时的历史条件为转移"①。恩格斯在1892年8月30日写给阿德勒的信中说："许多人为了图省事，为了不费脑筋，想永久地采用一种只适宜于某一个时期的策略。其实我们的策略不是凭空臆造的，而是根据经常变化的条件制定的。"② 无产阶级革命策略的制定和运用，应当充分考虑当时的现实条件、政治格局和核心任务，努力实现战略坚定性与策略灵活性的辩证统一。无产阶级只有正确地从战略上认识、分析和研判不同时期面临的重大历史课题，并且通过制定正确策略来落实政治战略，才能战胜一个又一个困难挑战，取得一个又一个伟大胜利，不断增强革命队伍的创造力、凝聚力和战斗力。

六、政治纲领

恩格斯在《马克思和〈新莱茵报〉（1848—1849 年）》中介绍了《新莱茵报》的政治纲领："《新莱茵报》的政治纲领有两个要点。建立统一的、不可分割的、民主的德意志共和国和对俄国进行一场包括恢复波兰的战争。"③《新莱茵报》的政治纲领的两个要点都是马克思根据无产阶级的利益原则和目标任务得出的，表达了马克思对当时德国无产阶级革命的坚定立场和根本关切。《新莱茵报》的政治纲领是马克思对《共产党宣言》中革命原则和方向路线的再次确认和灵活运用。恩格斯在《共产党宣言》的序言中也提到："马克思起草了这个能使一切党派都满意的纲领，他对共同行动和共同讨论必然会产生的工人阶级的精神发展充满信心。"④ 政治纲领根据无产阶级革命的长远目标和具体形势，

① 《马克思恩格斯文集》第 2 卷，人民出版社 2009 年版，第 5 页。
② 《马克思恩格斯文集》第 10 卷，人民出版社 2009 年版，第 630 页。
③ 《马克思恩格斯文集》第 4 卷，人民出版社 2009 年版，第 7 页。
④ 《马克思恩格斯文集》第 2 卷，人民出版社 2009 年版，第 12 页。

为不同时期的无产阶级革命提供了正确思想指引和科学实践指南。在思想政治教育的视角上把政治纲领作为方向任务，在于明确思想政治教育在不同时期的政治方向和历史任务，引领无产阶级朝着同一面旗帜、同一套理论、同一种道路和同一条路线统一思想、凝聚共识、协调行动。

1. 理论和实践的党纲

马克思、恩格斯在《共产党宣言》1872 年德文版序言中回忆了《共产党宣言》的起草过程："1847 年 11 月在伦敦举行的代表大会上委托我们两人起草一个准备公布的详细的理论和实践的党纲。"① 马克思、恩格斯在《共产党宣言》中系统规划了他们为无产阶级革命提供的理论指导和行动指南。正因为有了这个"详细的理论和实践的党纲"②，共产党人才能教育和引领广大无产阶级按照科学社会主义规定的革命方向和革命路线开展统一的革命实践。恩格斯认为，把政治纲领作为革命准则，也就意味着"在政治上坚决执行了正确路线"③。恩格斯在 1884 年 11 月 8 日写给考茨基的信中说："马克思已经从理论上总结了英国和法国的实践和理论发展史的成果，揭示了资本主义生产的全部本质，从而也揭示了它的最终历史命运。这就给德国无产阶级提供了它的先驱者英国人和法国人从来没有过的纲领。"④ 这个"从没有过的纲领"以唯物史观的理论高度深刻揭示了资产阶级必然灭亡和无产阶级必然胜利的社会历史发展规律，从而启发了德国无产阶级的思想觉悟，增强了德国无产阶级的胜利信心，提升了德国无产阶级的斗争水平，不仅使德国发生了"更加深刻的社会变革"，而且也使德国无产阶级"更加心明眼亮"，从而推动了"德国工人运动势不可挡地发展"⑤。恩格斯在《美国工人

---

① 《马克思恩格斯文集》第 2 卷，人民出版社 2009 年版，第 5 页。
② 《马克思恩格斯文集》第 2 卷，人民出版社 2009 年版，第 5 页。
③ 《马克思恩格斯文集》第 10 卷，人民出版社 2009 年版，第 556 页。
④ 《马克思恩格斯文集》第 10 卷，人民出版社 2009 年版，第 526 页。
⑤ 《马克思恩格斯文集》第 10 卷，人民出版社 2009 年版，第 526—527 页。

运动》中认为，对于美国无产阶级革命来说，虽然美国无产阶级革命的历史进程相较于欧洲无产阶级革命来说更为缓慢，但是造成各国无产阶级和资产阶级之间矛盾的原因基本相同，消除这些矛盾的手段也基本相同。"美国无产阶级的纲领在最终目的上，归根到底一定会完全符合那个经过 60 年的分歧和争论才成为战斗的欧洲无产阶级广大群众公认的纲领。"① 也就是说，欧洲各国的共产党人"经过 60 年的分歧和争论"才形成了一个被广大无产阶级"公认的纲领"，这个纲领不仅涵盖觉悟了的欧洲无产阶级"多年来阶级斗争所取得的经验"②，而且涵盖他们"对工人阶级解放的一般条件的理解"③。根据这个纲领建立起来的美国无产阶级政党，一旦把这个纲领的思想精髓和精神实质作为自己的准则，也就学会掌握和利用欧洲无产阶级多年斗争所取得的"智慧上和精神上的成果"④，从而才有可能更加科学地领会和宣传无产阶级革命的思想指导和行动指南。

2. 原则性的和策略的纲领

恩格斯在《马克思和〈新莱茵报〉（1848—1849 年）》中指出："赖有他才拥有一个至今还完全适用的原则性的和策略的纲领——《共产主义宣言》。"⑤ 可以说，政治纲领既是一种"原则性纲领"，也是一种"策略纲领"。革命原则为革命实践确定了目标和方向。革命策略又使革命原则变成了行动和现实。政治纲领实现了革命原则和革命策略的高度统一。

从政治纲领作为一种"原则性纲领"来看，"制定一个原则性纲领，

---

① 《马克思恩格斯文集》第 4 卷，人民出版社 2009 年版，第 318—319 页。
② 《马克思恩格斯文集》第 4 卷，人民出版社 2009 年版，第 322 页。
③ 《马克思恩格斯文集》第 4 卷，人民出版社 2009 年版，第 322 页。
④ 《马克思恩格斯文集》第 4 卷，人民出版社 2009 年版，第 322 页。
⑤ 《马克思恩格斯文集》第 4 卷，人民出版社 2009 年版，第 3 页。

这就是在全世界面前树立起可供人们用来衡量党的运动水平的里程碑"①。"原则性纲领"侧重于让无产阶级认识到什么是在无产阶级革命中必须一以贯之地自觉坚持下来的马克思主义基本立场、观点和方法。政治纲领阐明了共产党在"共同行动和共同讨论"中形成的基本原则、方向和道路，进而将其广泛传播，用以教育和引领无产阶级的革命实践。同时，政治纲领也向全世界公开说明了共产党的观点、目的和意图，以此拿共产党的革命宣言来驳斥一切关于共产主义的诽谤和污蔑。"这个纲领，不管它最初具有什么形式，都必须朝着预先可以确定的方向发展。"② 所以，"原则性纲领"要求无产阶级的革命实践不能与它确定的革命方向相抵触，无产阶级要"始终清楚地瞄准和追求最后目的"③，不能因为"由历史发展进程造成的中间站和妥协"④ 而作出妥协。

从政治纲领作为一种"策略纲领"来看，"从来没有一个策略纲领像这个策略纲领那样得到了证实"⑤。"策略纲领"侧重于让无产阶级认识到马克思主义基本立场、观点和方法的实际运用必须结合革命实践的具体情况。恩格斯在《共产党宣言》1888 年英文版序言中强调："马克思起草了这个能使一切党派都满意的纲领，他对共同行动和共同讨论必然会产生的工人阶级的精神发展充满信心。"⑥ 共产党达成的思想共识需要诉诸在具体的现实行动上面。恩格斯在 1875 年 3 月写给奥·倍倍尔的信中表示："纲领草案证明，我们的人在理论方面比拉萨尔派的领袖高明一百倍，而在政治机警性方面却差一百倍。"⑦ 所以，"策略纲领"应当从革命策略层面帮助无产阶级不断提升自己的"政治

① 《马克思恩格斯文集》第 3 卷，人民出版社 2009 年版，第 426 页。
② 《马克思恩格斯文集》第 4 卷，人民出版社 2009 年版，第 318 页。
③ 《马克思恩格斯文集》第 3 卷，人民出版社 2009 年版，第 363 页。
④ 《马克思恩格斯文集》第 3 卷，人民出版社 2009 年版，第 363 页。
⑤ 《马克思恩格斯文集》第 4 卷，人民出版社 2009 年版，第 4 页。
⑥ 《马克思恩格斯文集》第 2 卷，人民出版社 2009 年版，第 12 页。
⑦ 《马克思恩格斯文集》第 3 卷，人民出版社 2009 年版，第 411 页。

机警性", 便于"使工人能够直接达成协议和采取共同行动"①, 进而为"阶级斗争和把工人组织成为阶级的需要则给以直接的滋养和推动"②。

3. 坚决而有觉悟的工人政党的准则

《共产党宣言》是马克思、恩格斯为国际共产主义运动起草的首篇纲领性文献, 也是多年来指导无产阶级革命的重要政治纲领。恩格斯对《共产党宣言》作出了这样的评价: "差不多过了40年以后, 它已经成为欧洲——从马德里到彼得堡所有坚决而有觉悟的工人政党的准则。"③从这里可以看出, 《共产党宣言》经过多年无产阶级革命的历史检验和实践确证, 已经被广大无产阶级高度认同和自觉接受, 成为"坚决而有觉悟的工人政党的准则"④。恩格斯在《美国工人运动》中从分析美国工人阶级意识觉醒开始, 探讨了未来美国工人如何把自己的阶级意识发展和确认为"一个明确的积极的纲领", 进而塑造一个"实在的党"的过程。恩格斯指出: "一个新的党必须有一个明确的积极的纲领, 这个纲领在细节上可以因环境的改变和党本身的发展而改动, 但是在每一个时期都必须为全党所赞同。"⑤一个新的党是否已经成为"全国性的党"和"实在的党", 首先要看这个党是否制定出一个"明确的积极的纲领", 这个纲领要凝结全体党员的共同愿望和统一意志, 能够得到全体党员的强烈赞同和普遍支持。恩格斯在1875年3月写给奥·倍倍尔的信中强调: "一个新的纲领毕竟总是一面公开树立起来的旗帜, 而外界就根据它来判断这个党。"⑥可以说, 政治纲领犹如"一面公开树立起

①　《马克思恩格斯文集》第10卷, 人民出版社2009年版, 第243页。
②　《马克思恩格斯文集》第10卷, 人民出版社2009年版, 第243页。
③　《马克思恩格斯文集》第4卷, 人民出版社2009年版, 第4页。
④　《马克思恩格斯文集》第4卷, 人民出版社2009年版, 第4页。
⑤　《马克思恩格斯文集》第4卷, 人民出版社2009年版, 第318页。
⑥　《马克思恩格斯文集》第3卷, 人民出版社2009年版, 第415页。

来的旗帜"①，凝聚和引领无产阶级齐心协力、步调一致地为了一个相同的革命目标而真正联合起来。无产阶级只有经历多年反抗资产阶级的斗争实践，才能完全领悟到他们是现存社会关系中的一个固定阶级。恩格斯说："这种阶级意识才引导他们把自己组织成一个特殊的政党。"② 这种阶级意识觉醒以后，无产阶级革命要进行的下一个步骤则是："寻找医治这些共同苦难的共同药物，并把它体现在新的工人政党的纲领中。"③ 恩格斯认为，这个步骤是无产阶级革命中"最重要、最困难的这一步"，也是无产阶级意识觉醒以后亟待完成的一步。

七、政治行动

恩格斯在《关于工人阶级的政治行动》中写道："革命是政治的最高行动；谁想要革命，谁就要有准备革命和教育工人进行革命的手段，即政治行动。"④ 从这里可以看出，政治行动包括"准备革命"和"教育工人进行革命"两种实践方式。之所以把政治行动作为思想政治教育的实践方式，是因为思想政治教育的所有目标、要求、内容和原则最终都要落实在政治行动中，只有引导和教育无产阶级通过实际行动来改变世界，无产阶级实现共产主义的革命理想才能从此岸变成通达彼岸的革命现实。

1. 充分运用组织和宣传手段

恩格斯在《致国际工人协会西班牙联合会委员会》中指出："如果放弃在政治领域中同我们的敌人作斗争，那就是放弃了一种最有力的行

---

① 《马克思恩格斯文集》第3卷，人民出版社2009年版，第415页。
② 《马克思恩格斯文集》第4卷，人民出版社2009年版，第318页。
③ 《马克思恩格斯文集》第4卷，人民出版社2009年版，第318页。
④ 《马克思恩格斯文集》第3卷，人民出版社2009年版，第224页。

动手段，特别是组织和宣传的手段。"① 可见，"组织和宣传的手段"是政治行动最有力的手段。在这里，"组织和宣传的手段"强调的也是"教育工人进行革命"的手段。根据恩格斯在《国际社会主义和意大利社会主义》中的相关论述，"组织"主要是指"组成为'以夺取政权和领导全国事务为宗旨的政党'"②，"宣传"主要是指"马克思主义宣传"③。"组织"和"宣传"两种政治行动手段是相辅相成、密切配合的。恩格斯强调，如果意大利社会党人把推翻资产阶级政治统治宣布为无产阶级社会生活中压倒一切的决定性因素，如果他们致力于组织起领导无产阶级夺取政权的独立政党，那么这才能意味着他们"是在进行名副其实的马克思主义宣传"④。这种做法也才能证明他们严格遵循了《共产党宣言》中明确规定的无产阶级革命政治路线。恩格斯在《关于共产主义者同盟的历史》中指出："在德国工人阶级队伍中必须有一个哪怕只以宣传为目的的组织。"⑤ 在马克思、恩格斯组织成立无产阶级政党的最初阶段，他们主要是把宣传"我们的批判的共产主义"⑥ 作为共产主义者同盟的创立目的和组织性质。马克思、恩格斯认为，政治运动同时也是社会运动。在马克思看来，"只有在没有阶级和阶级对抗的情况下，社会进化将不再是政治革命。"⑦ 所以，无产阶级政治行动的最终目的是通过无产阶级革命推翻资产阶级统治、建立无产阶级政权。为了实现这一最终目的，政治行动必须渗透到无产阶级革命的各个方面和整个阶段，这就需要无产阶级组织在无产阶级中间广泛开展"马克思主义宣传"，建立一个了解无产阶级革命理论、目标、任务、

① 《马克思恩格斯文集》第 3 卷，人民出版社 2009 年版，第 92 页。
② 《马克思恩格斯文集》第 4 卷，人民出版社 2009 年版，第 504 页。
③ 《马克思恩格斯文集》第 4 卷，人民出版社 2009 年版，第 504 页。
④ 《马克思恩格斯文集》第 4 卷，人民出版社 2009 年版，第 504—505 页。
⑤ 《马克思恩格斯文集》第 4 卷，人民出版社 2009 年版，第 236 页。
⑥ 《马克思恩格斯文集》第 4 卷，人民出版社 2009 年版，第 236 页。
⑦ 《马克思恩格斯文集》第 1 卷，人民出版社 2009 年版，第 655 页。

原则的"真正先进的党",这个"真正先进的党"作为开展"马克思主义宣传"的主体力量,通过它把无产阶级革命的理论、目标、任务、原则传播给广大无产阶级,从而把更多有解放渴求、政治觉悟、首创精神和实践力量的无产阶级充分吸收到日益壮大的无产阶级革命队伍中来。

2. 不断进行革命鼓动

1871年11月23日,马克思在写给波尔特的信中指出,即使在无产阶级的阶级力量还不足以对统治阶级的国家政权进行决定性攻击时,无产阶级也要做到:"无论如何必须不断地进行反对统治阶级政策的鼓动(并对这种政策采取敌对态度),从而使自己在这方面受到训练。"① 这也是无产阶级不再成为"统治阶级手中的玩物"的唯一途径。在《德国农民战争》中,恩格斯认为无产阶级"必须在斗争和鼓动的各个方面都加倍努力"②。随着无产阶级革命的不断推进和无产阶级意识的发展明朗,无产阶级能够作为一个独立的革命力量登上历史舞台,无产阶级革命要想不受其他反革命势力的干扰和诱惑,则需要"用社会主义的宣传鼓动对那些身负重债并日渐反叛的中农和大农产生点影响"③,使越来越多的人民群众能够像大工业城市的先进产业工人一样"感染了社会主义和共产主义的'毒素'"④,坚定对资产阶级必然灭亡和无产阶级必然胜利的革命信念。政治运动要通过斗争鼓动把"社会民主主义的种子撒到这些工人当中去"⑤,使"社会民主主义的种子"在无产阶级的广袤土地上生根发芽、开花结果,努力"鼓舞他们和团结他们去坚持自己

① 《马克思恩格斯文集》第10卷,人民出版社2009年版,第369页。
② 《马克思恩格斯文集》第2卷,人民出版社2009年版,第219页。
③ 《马克思恩格斯文集》第10卷,人民出版社2009年版,第683页。
④ 《马克思恩格斯文集》第2卷,人民出版社2009年版,第371页。
⑤ 《马克思恩格斯文集》第4卷,人民出版社2009年版,第531页。

的权利"①。斗争鼓动要帮助无产阶级做到："将来如果有出乎意料的严峻考验或者重大事变要求他们表现出更大的勇气、更大的决心和毅力的时候，他们一定会有充分的准备。"② 只有做好充分准备的无产阶级才能抓住随时到来的革命机遇，积极应对随处存在的革命挑战，凭借无产阶级的"智慧、勇敢和革命魄力"给资产阶级以精准打击。

　　坚持斗争鼓动的一个必要条件就是提出简练严整、言简意赅的行动口号。马克思在《工资、价格和利润》中呼吁广大无产阶级"要在自己的旗帜上写上革命的口号"③。政治纲领是无产阶级革命中"一面公开树立起来的旗帜"④，无产阶级要把行动口号写在自己的旗帜上，也就是把行动口号标识在政治纲领中，通过共产党人高举旗帜来广泛宣传行动口号。恩格斯在《1891年社会民主党纲领草案批判》中提到："纲领应当尽量简练严整。"⑤ 因为，"言简意赅的句子，一经理解，就能牢牢记住，变成口号"⑥。可见，政治纲领要把自己的核心意旨凝练为朗朗上口、直击人心、过目不忘的行动口号，无产阶级的革命目标和革命要求才能便于无产阶级学习、理解和掌握，从而自觉地落实在无产阶级的政治行动中。马克思、恩格斯在起草《共产党宣言》时把当时共产主义者同盟的旧口号"人人皆兄弟"改为"全世界无产者，联合起来！"⑦这个新口号，明确表达出《共产党宣言》的思想主旨和基本精神，也鲜明体现出无产阶级革命的政治方向和历史任务。马克思、恩格斯根据无产阶级革命不同时期的重点任务提出了诸多有针对性的行动口号，这些行动口号作为无产阶级共同行动的战斗号角，在不同历史时期以极强的

_____

① 《马克思恩格斯文集》第4卷，人民出版社2009年版，第531页。
② 《马克思恩格斯文集》第2卷，人民出版社2009年版，第219页。
③ 《马克思恩格斯文集》第3卷，人民出版社2009年版，第77—78页。
④ 《马克思恩格斯文集》第3卷，人民出版社2009年版，第415页。
⑤ 《马克思恩格斯文集》第4卷，人民出版社2009年版，第407页。
⑥ 《马克思恩格斯文集》第4卷，人民出版社2009年版，第407页。
⑦ 《马克思恩格斯文集》第2卷，人民出版社2009年版，第66页。

感染力、号召力、凝聚力调动起广大无产阶级的革命力量。

3. 组织起真正革命的党

马克思在《1848年至1850年的法兰西阶级斗争》中说："革命的进展不是在它获得的直接的悲喜剧式的胜利中，相反，是在产生一个联合起来的、强大的反革命势力的过程中，即在产生一个敌对势力的过程中为自己开拓道路的，只是通过和这个敌对势力的斗争，主张变革的党才走向成熟，成为一个真正革命的党。"① 共产党是无产阶级革命的领导力量，也是广大人民群众中的先进力量。共产党从创立之初就把实现共产主义写在了自己的旗帜上，制定了实现共产主义的政治纲领、政治目标和政治路线。为绝大多数人谋利益是共产党根本宗旨的集中体现，在理论方面和实践方面始终保持先进性是共产党的自我要求。无产阶级只有在共产党的坚强领导下，才有可能取得无产阶级革命的最终胜利。共产党是在无产阶级革命的曲折发展中建立和巩固的，其间经历了无数次反革命势力的破坏和侵蚀。无产阶级在反抗敌对势力的斗争中，收获了革命经验，淬炼了革命本领，壮大了革命队伍，凝聚了革命力量。在无产阶级的政治行动中建立革命的党，就是要通过无产阶级反抗敌对势力的斗争，把共产党从一个具有革命主张的党，发展和巩固成为"一个真正革命的党"。恩格斯在《德国的革命和反革命》中阐述了"一个真正革命的党"在无产阶级革命中发挥的重要作用："无产阶级的或真正革命的党只是逐渐地使工人群众摆脱了民主派的影响，而在革命初期工人是跟着民主派跑的。"② 共产党承担着发动、组织和指导无产阶级革命力量的重要任务。只有建立共产党这个真正革命的党，无产阶级才能在思想上、政治上和组织上集中统一起来，明确自己的革命理想、革命方向和革命道路，不再受资产阶级政党的欺骗、裹挟和挑拨。共产党自

---

① 《马克思恩格斯文集》第2卷，人民出版社2009年版，第79页。
② 《马克思恩格斯文集》第2卷，人民出版社2009年版，第389页。

身也要加强理论武装和思想建设，使自己做到理论上的清醒、政治上的坚定和行动上的自觉，始终坚持"在当前的运动中同时代表运动的未来"①，既不会为当前斗争而丧失革命原则，也不会为眼前利益而牺牲长远利益，更不会为最近目的而放弃最终目标，以此不断提升无产阶级革命的团结性、独立性和主动性。

通过总结和分析马克思恩格斯经典文本中关于"政治"概念的思想论述可以发现，思想政治教育之"政治"，既包含政治学意义上的一般内涵，也包含思想政治教育学科意义上的特殊内涵。思想政治教育之"政治"有着较为清晰而明确的内涵边界，这个内涵边界主要是由政治意识形态、政治解放、政治立场、政治理论、政治教育、政治纲领和政治行动这几个内涵维度界定的。这几个维度构成了思想政治教育之"政治"内涵的本质内容，它们之间也存在着相互支撑、相互贯通的辩证关系。

政治意识形态作为政治概念的逻辑起点，意味着政治意识形态既是其他内涵维度的出发点，也是其他内涵维度的落脚点。思想政治教育的活动前提在于用无产阶级的政治意识形态反对剥削阶级的政治意识形态，用无产阶级的政治意识形态牢牢占领社会意识形态阵地。政治概念的其他内涵维度如果不能在政治意识形态的范围内发挥功能，则不能算是进行了思想政治教育。在明确了政治概念的意识形态属性以后，首先需要确定政治概念的主要目标。目标决定方向。政治解放作为政治概念的主要目标，意味着政治解放是其他内涵维度的目标指向。无产阶级的思想政治教育的所有活动都是为了实现无产阶级的政治解放。政治概念的主要目标决定了它的原则立场。政治立场作为政治概念的原则立场，为政治概念的其他内涵维度确定了价值取向和价值标准，从根本上解决

① 《马克思恩格斯文集》第 2 卷，人民出版社 2009 年版，第 65 页。

了思想政治教育"为什么人"的问题。无产阶级的思想政治教育之所以是先进的、科学的、有效的，关键在于它有马克思主义政治理论的支撑和指导。政治理论作为政治概念的理论基础，本身是从政治实践中反思、抽象和升华出来的思想精髓，能够为政治概念的其他内涵维度提供系统的学理支撑和正确的理论指导。无产阶级难以自动掌握政治理论，有了政治理论以后还需要政治教育的武装和灌输。政治教育作为政治概念的转化环节，打通了政治理论与无产阶级之间的思想桥梁。政治概念的其他内涵维度也需要经由政治教育的转化环节才能说服群众、掌握群众，进而引领群众。无产阶级通过政治教育掌握了政治理论以后，需要团结一心、步调一致地凝聚在政治纲领的旗帜下面。政治纲领规定了政治概念的方向任务，政治概念的其他内涵维度把自己的本质要求体现在政治纲领中，无产阶级遵循政治纲领指明的政治方向和政治任务，形成一支势不可挡的共产主义大军。政治纲领的方向任务需要落实到政治行动中。政治行动作为政治概念的实践方式，政治概念的其他内涵维度需要经由政治行动，才能使自己的思想意图从理论变成现实，才能使无产阶级的精神力量转化为物质力量，使共产主义理想愿景从此岸通达彼岸。

政治概念的这几个内涵维度和它们之间的内在逻辑在新时代思想政治教育中体现出一脉相承、与时俱进的发展样态。新时代思想政治教育也要紧紧围绕中国特色社会主义的政治属性、政治结构、政治内容和政治目标来展开，把从学理的深度、思想的高度和育人的态度来讲解透彻政治的本质内涵放在首要位置，进一步探究思想政治教育的政治导向在国家富强、民族复兴、社会发展、人民幸福、党的建设等不同领域中发挥怎样的核心作用，遵循怎样的客观规律，运用怎样的方式方法，始终确保思想政治教育的第一属性还是政治属性，防止在研究和教学过程中出现"去政治化"的消极倾向。

第三章 教 育

恩格斯在《关于工人阶级的政治行动》中指出："革命是政治的最高行动；谁想要革命，谁就要有准备革命和教育工人进行革命的手段。"①"教育"是思想政治教育的基本形态，是思想政治教育的核心概念。思想政治教育的教育属性在于它是一种围绕国家政权及其意识形态面向社会成员开展的原则性和导向性教育活动。马克思恩格斯经典文本中有大量关于教育的思想论述。这些思想论述揭示了教育的本质及规律，特别是对思想政治教育之"教育"概念有诸多阐释。回归文本语境，根据对马克思恩格斯经典文本中关于思想政治教育之"思想"和"政治"两个概念的内涵理解，我们可以从教育作为一个名词的角度，分析出思想政治教育的政治品格和根本任务，也可以从教育作为一个动词的角度，分析出思想政治教育的方法论原则，从而有助于我们更为准确全面地理解和把握思想政治教育的整体概念。

恩格斯在《英国工人阶级状况》中通过深入实地调查英国无产阶级的受教育情况，揭露了英国无产阶级在资本主义社会中缺乏"一切理性的、精神的和道德的教育"②。在发达资本主义国家中，资产阶级对无产阶级只有一种教育手段："那就是皮鞭，就是残忍的、不能服人而只能威吓人的暴力。"③ 一些无产阶级派别已经意识到这种情况，他们开办了适合无产阶级学习阅读的阅览室，以摆脱资产阶级对无产阶级的精神荼毒，帮助无产阶级接受"纯粹无产阶级的教育"。马克思、恩格斯在《共产党宣言》中揭穿了资产阶级唯恐失去的社会教育只是"把人训

① 《马克思恩格斯文集》第 3 卷，人民出版社 2009 年版，第 224 页。
② 《马克思恩格斯文集》第 1 卷，人民出版社 2009 年版，第 425 页。
③ 《马克思恩格斯文集》第 1 卷，人民出版社 2009 年版，第 428 页。

练成机器"①，隐藏在资产阶级社会教育背后的都是资产阶级利益，共产党人必须使社会教育彻底摆脱资产阶级的消极影响，使无产阶级通过纯粹的无产阶级教育掌握推翻资产阶级统治、建立无产阶级政权的精神武器和物质武器。马克思在《临时中央委员会就若干问题给代表的指示》中阐述了未来共产主义教育会把"有报酬的生产劳动、智育、体育和综合技术教育结合起来"②，这种做法能够把无产阶级的素质能力提高到比剥削阶级更高的水平。在《资本论》（第一卷）中，马克思基于共产主义生产方式的基本特征，强调了未来教育"就是生产劳动同智育和体育相结合"③，它会实现提高社会生产与促进人的全面发展的高度统一。恩格斯在《反杜林论》中揭示了科学社会主义的一项重要教育任务，就是"使负有使命完成这一事业的今天受压迫的阶级认识到自己的行动的条件和性质"④。无产阶级负有推进共产主义运动的历史使命，无产阶级教育应当帮助无产阶级从历史唯物主义和辩证唯物主义的理论高度认识到共产主义运动的必要条件和内在性质，才有可能取得革命的最终胜利。恩格斯在《关于共产主义者同盟的历史》中进一步解释道，向广大无产阶级系统论证科学社会主义是共产党人的重要教育任务，但是更为迫切和重要的是"争取德国无产阶级拥护我们的信念"⑤。唯有如此，才能牢牢巩固共产党在共产主义运动中的核心领导地位，确保共产主义运动目标不变、方向不偏、动力不减。

一、教育的政治品格

　　马克思、恩格斯在《共产党宣言》中驳斥了资产阶级对共产党人想

---

① 《马克思恩格斯文集》第 2 卷，人民出版社 2009 年版，第 48 页。
② 《马克思恩格斯全集》第 16 卷，人民出版社 1964 年版，第 218 页。
③ 《马克思恩格斯文集》第 5 卷，人民出版社 2009 年版，第 557 页。
④ 《马克思恩格斯文集》第 9 卷，人民出版社 2009 年版，第 300 页。
⑤ 《马克思恩格斯文集》第 4 卷，人民出版社 2009 年版，第 233 页。

要"用社会教育代替家庭教育"① 的诋毁和责难，他们指出："共产党人并没有发明社会对教育的作用；他们仅仅是要改变这种作用的性质，要使教育摆脱统治阶级的影响。"② 在马克思、恩格斯看来，资产阶级教育的性质是由资本主义社会关系决定的，其内含着资产阶级的意识形态导向。共产党人要改变社会对教育作用的性质，使教育摆脱统治阶级的影响，主要是为了使教育摆脱资产阶级的意识形态影响，符合无产阶级教育的政治品格。以此为根据，结合马克思恩格斯经典文本中相关论断，我们可以从教育这一维度分析出无产阶级思想政治教育的政治品格主要体现在维护无产阶级利益、推进无产阶级革命和坚持党的领导上。

1. 坚持无产阶级本质

恩格斯在《英国工人阶级状况》中介绍了 19 世纪 40 年代的英国不同工人派别独自创办了许多学校和阅览室，用以提高无产阶级的思想文化水平。"在这里，孩子们受到纯粹无产阶级的教育，摆脱了资产阶级的一切影响，阅览室里只有或几乎只有无产阶级的书刊。"③ 这些专门面向无产阶级的学校和阅览室帮助无产阶级接受了"纯粹无产阶级的教育"④。无产阶级教育意味着"摆脱了资产阶级的一切影响"，真正维护了无产阶级的利益，坚持了无产阶级的纯粹本质。这种教育也是共产党人想要实现的思想政治教育。

具体来看，无产阶级教育应当帮助无产阶级通过认清阶级利益，实现无产阶级的阶级意识觉醒。恩格斯在《英国工人阶级状况》中提出："各种工人（也许爱尔兰人是例外）的教育程度直接取决于他们和工业

① 《马克思恩格斯文集》第 2 卷，人民出版社 2009 年版，第 49 页。
② 《马克思恩格斯文集》第 2 卷，人民出版社 2009 年版，第 49 页。
③ 《马克思恩格斯文集》第 1 卷，人民出版社 2009 年版，第 473 页。
④ 《马克思恩格斯文集》第 1 卷，人民出版社 2009 年版，第 473 页。

的联系，所以最清楚地意识到自己的利益的是工业工人。"① 在这里，恩格斯揭示了无产阶级的教育程度与他们是否能够"清楚地意识到自己的利益"密切相关。这种教育主要指的是"这个阶级的生活状况给了他们一种实际的教育"②，也就是无产阶级的实际生活帮助无产阶级认识到"什么是他们自己的利益，什么是全民族的利益"③。劳者不获、获者不劳的资本逻辑决定了资产阶级与无产阶级的阶级利益是根本对立的。对无产阶级身体和精神起破坏作用的所有原因都与资产阶级特殊利益有直接关系。"工人和资本家的对立越尖锐，工人中的无产阶级意识也就越发展、越明朗。"④ 可见，无产阶级的教育程度也反映了无产阶级阶级意识的觉醒程度和工人运动的参与程度。工业无产阶级作为工业革命的"初生子"，他们与资产阶级产生了最为深刻的利益冲突，所以他们始终是"工人运动的核心"⑤。恩格斯认为："伦敦东头的觉醒仍然是本世纪末最伟大最有成果的事件之一。"⑥ 因为无产阶级的阶级意识觉醒意味着无产阶级已经识破资产阶级的特殊利益，能够作为"一个不仅具有劳动力并且具有意志的人"⑦ 登上世界历史舞台，与资产阶级统治政权展开维护切身利益的革命斗争。

无产阶级教育应当帮助无产阶级通过摆脱剥削阶级的精神统治，激发无产阶级的自由意志。马克思在《1848 年至 1850 年的法兰西阶级斗争》中揭露了资产阶级教育的愚民本质："教育法，秩序党靠它来宣布法国的愚昧状态和强制愚化是该党在普选权制度下生存的条件。"⑧ 资

---

① 《马克思恩格斯文集》第 1 卷，人民出版社 2009 年版，第 405 页。
② 《马克思恩格斯文集》第 1 卷，人民出版社 2009 年版，第 427 页。
③ 《马克思恩格斯文集》第 1 卷，人民出版社 2009 年版，第 427 页。
④ 《马克思恩格斯文集》第 1 卷，人民出版社 2009 年版，第 475 页。
⑤ 《马克思恩格斯文集》第 1 卷，人民出版社 2009 年版，第 405 页。
⑥ 《马克思恩格斯文集》第 1 卷，人民出版社 2009 年版，第 379 页。
⑦ 《马克思恩格斯文集》第 1 卷，人民出版社 2009 年版，第 454 页。
⑧ 《马克思恩格斯文集》第 2 卷，人民出版社 2009 年版，第 162 页。

产阶级虽然推翻了封建王权，然而资产阶级用一种比封建统治阶级更加隐蔽的、伪善的、抽象的精神统治方式施加于无产阶级的精神世界。资产阶级的教育目的不过是"向你们灌输谎言"①，这种没有实际内容的愚化教育必然造成无产阶级的精神异化、思想涣散和智力荒废。共产党人要努力做到"使教育摆脱统治阶级的影响"②。一切剥削阶级的教育内容都是为维系剥削阶级生产关系服务的。在剥削阶级占统治地位的国家中，无产阶级的精神世界长期被宗教神学、封建王权和资本主义等剥削阶级意识形态麻痹、禁锢和愚化。恩格斯在《德国农民战争》中揭露了造成这种普遍状况的深层原因："政府和贵族十分清楚地知道它的潜在力量，因而故意使教育事业凋敝，好让这个阶级继续处于愚昧无知的状态。"③ 共产党人"要使教育摆脱统治阶级的影响"④，目的在于通过教育使无产阶级摆脱剥削阶级对他们的精神荼毒，唤醒他们的自由意志和革命精神，让他们能够不抱幻想、拥有理智，自由地按照自己的主观意愿、实际需要和现实生活来进行思考和展开行动。所以，共产党人应当转变剥削阶级使用教育的目的、性质和手段，使无产阶级教育真正做到以维护无产阶级共同利益为基本立场，以促进无产阶级全面发展为根本目标，以实现无产阶级自由解放为价值旨归。

无产阶级教育应当帮助无产阶级通过接受科学知识的理论武装，掌握社会历史的发展规律。恩格斯在《英国工人阶级状况》中强调："工人也是重视'踏踏实实的教育'的，只要这种教育不掺杂资产阶级牟取私利的伎俩。"⑤ 这种"踏踏实实的教育"要求帮助无产阶级学习和掌握现代社会中"真正标志着进步的一切"⑥，而不是资产阶级教育中

---

① 《马克思恩格斯文集》第 10 卷，人民出版社 2009 年版，第 366 页。
② 《马克思恩格斯文集》第 2 卷，人民出版社 2009 年版，第 49 页。
③ 《马克思恩格斯文集》第 2 卷，人民出版社 2009 年版，第 211 页。
④ 《马克思恩格斯文集》第 2 卷，人民出版社 2009 年版，第 49 页。
⑤ 《马克思恩格斯文集》第 1 卷，人民出版社 2009 年版，第 474 页。
⑥ 《马克思恩格斯文集》第 1 卷，人民出版社 2009 年版，第 474 页。

"教人俯首帖耳地顺从占统治地位的政治和宗教"①。实际上，资产阶级"只允许工人接受符合资产阶级本身利益的那一点点教育"②，这样做才能有利于资产阶级对无产阶级的剥削和压迫。然而，无产阶级作为社会生产力的先进代表，他们如果从自身利益出发，需要的是能够解释并推动社会历史前进的科学理论和文化知识。恩格斯在《路德维希·费尔巴哈和德国古典哲学的终结》中写道："科学越是毫无顾忌和大公无私，它就越符合工人的利益和愿望。"③ 恩格斯认为，只有在德国无产阶级身上还保留着"德国人的理论兴趣"④。因为，剥削阶级的理论活动充满了"对职位、牟利，对上司的恩典"⑤ 等个人私欲。只有无产阶级敢于为实现自由解放而探索人类社会历史发展的必然趋势和客观规律，却毫不顾忌触犯任何人的特殊利益和揭露任何意识形态的虚伪谎言。所以，"踏踏实实的教育"应当帮助无产阶级凭借无所顾虑、大公无私和勇往直前的科学态度找到"理解全部社会史的锁钥"⑥。

2. 掌握无产阶级革命武器

马克思、恩格斯在《共产党宣言》中指出，资产阶级在一切斗争中都需要无产阶级援助，他们把无产阶级卷进自己的政治运动，从而也就"把自己的教育因素即反对自身的武器给予了无产阶级"⑦。这种"教育因素"指的是"政治教育和普通教育的因素"⑧。无产阶级接受"政治教育和普通教育"主要是为了学会运用反对资产阶级的精神武器和物质

---

① 《马克思恩格斯文集》第1卷，人民出版社2009年版，第474页。
② 《马克思恩格斯文集》第1卷，人民出版社2009年版，第423页。
③ 《马克思恩格斯文集》第4卷，人民出版社2009年版，第313页。
④ 《马克思恩格斯文集》第4卷，人民出版社2009年版，第313页。
⑤ 《马克思恩格斯文集》第4卷，人民出版社2009年版，第313页。
⑥ 《马克思恩格斯文集》第4卷，人民出版社2009年版，第313页。
⑦ 《马克思恩格斯文集》第2卷，人民出版社2009年版，第41页。
⑧ 《马克思恩格斯文集》第2卷，人民出版社2009年版，第41页。

武器，帮助自身和广大人民群众从资本逻辑的抽象统治中解放出来，按照共产主义的理想愿景持续把无产阶级革命推向前进。

一方面，无产阶级教育应帮助无产阶级清醒认识自己的历史地位和历史使命。在《共产党宣言》中，马克思、恩格斯深刻地揭示出无产阶级推翻资产阶级统治的历史角色：资产阶级"首先生产的是它自身的掘墓人"①，资产阶级不仅锻造了置自身于死地的武器，还把无产阶级培养成运用这种武器的人。根据无产阶级自身的生产方式可以发现，无产阶级不仅是资本主义的掘墓人，也是共产主义的建设者。无产阶级教育有责任帮助无产阶级学会运用置资产阶级于死地的武器，推翻资本主义制度，使整个人类社会不仅"同传统的所有制关系实行最彻底的决裂"②，而且"同传统的观念实行最彻底的决裂"③。恩格斯在《马克思和〈新莱茵报〉（1848—1849 年）》中描述了当时的德国无产阶级"由于还不知道它自己应该扮演的历史角色，所以它的绝大多数起初不得不充当资产阶级先进的极左翼的角色"④，也就是成为"资产阶级的政治附庸"⑤。恩格斯在《关于共产主义者同盟的历史》中也强调："单靠那种认识到阶级地位的共同性为基础的团结感，就足以使一切国家和操各种语言的工人建立同样的伟大无产阶级政党并使它保持团结。"⑥ 也就是说，只有依靠无产阶级"认识到阶级地位的共同性为基础的团结感"⑦，才能不断团结和壮大无产阶级开展共产主义革命的精神力量和物质力量。

另一方面，无产阶级教育应帮助无产阶级准确理解自己的革命内容

---

① 《马克思恩格斯文集》第 2 卷，人民出版社 2009 年版，第 43 页。
② 《马克思恩格斯文集》第 2 卷，人民出版社 2009 年版，第 52 页。
③ 《马克思恩格斯文集》第 2 卷，人民出版社 2009 年版，第 52 页。
④ 《马克思恩格斯文集》第 4 卷，人民出版社 2009 年版，第 5 页。
⑤ 《马克思恩格斯文集》第 4 卷，人民出版社 2009 年版，第 5 页。
⑥ 《马克思恩格斯文集》第 4 卷，人民出版社 2009 年版，第 246 页。
⑦ 《马克思恩格斯文集》第 4 卷，人民出版社 2009 年版，第 246 页。

和革命形势。为帮助无产阶级理解自己的革命内容和革命形势，恩格斯在《反杜林论》中指出："深入考察这一事业的历史条件以及这一事业的性质本身，从而使负有使命完成这一事业的今天受压迫的阶级认识到自己的行动的条件和性质，这就是无产阶级运动的理论表现即科学社会主义的任务。"① 可以说，科学社会主义的主要任务在于教育和引导无产阶级获得对共产主义运动内在性质和历史条件的理性把握与科学认识。恩格斯认为，社会主义从空想变成科学以后就要求无产阶级以科学的态度来对待它，并且要从科学社会主义的理论高度和思想深度来考察整个共产主义运动。正如恩格斯在《关于共产主义者同盟的历史》中所说的，马克思主义唯物史观的提出标志着"共产主义现在已经不再意味着凭空设想一种尽可能完善的社会理想，而是意味着深入理解无产阶级所进行的斗争的性质、条件以及由此产生的一般目的"②。这就要求科学社会主义应当帮助无产阶级清晰认识科学社会主义对空想社会主义理论学说的历史性变革，透彻理解科学社会主义对资本主义内在矛盾的全面性揭批，深刻体会科学社会主义对无产阶级共同利益的原则性体现，系统把握科学社会主义对无产阶级解放事业的前瞻性预见。

3. 塑造革命群众核心力量

1886 年 11 月 29 日，恩格斯在写给左尔格的信中建议美国工人运动应从"劳动骑士"这一工人团体身上寻找革命出路："必须在他们中间开展工作，在这批还完全可塑的群众中培养一个核心，让这一核心了解运动和运动的目的。"③ 恩格斯认为，"劳动骑士"在当时多个资本主义国家中已经构成了"一种真正的力量"，共产党应当在"劳动骑士"中

---

① 《马克思恩格斯文集》第 9 卷，人民出版社 2009 年版，第 300 页。
② 《马克思恩格斯文集》第 4 卷，人民出版社 2009 年版，第 233 页。
③ 《马克思恩格斯文集》第 10 卷，人民出版社 2009 年版，第 557 页。

间开展广泛的教育工作，把"劳动骑士"培养成完全可塑的美国无产阶级中的革命核心，这一革命核心必须清晰了解美国工人运动的本质和目的，以此有利于共产党"把该团的领导权（至少是一部分领导权）抓到手中"①，由此也揭示了无产阶级教育必须在党的领导下塑造革命群众中的核心力量。

　　这项教育工作主要是由共产党来完成的，共产党承担着"培养和集中工人阶级力量"的历史使命。马克思在为第一国际撰写的《国际工人协会总委员会第四年度报告》中强调："即使在最有利的政治条件下，工人阶级要取得任何重大的胜利，都有赖于培养和集中工人阶级力量的那个组织的成熟程度。"② 在这里，马克思指明了共产党的历史使命在于"培养和集中工人阶级力量"③。"培养和集中工人阶级力量"反过来也能不断提升共产党的成熟程度，加强共产党的先进性、纯洁性和独立性，既使共产党成为无产阶级革命的坚强领导核心，也使无产阶级革命能够严格遵循共产党提出的路线方针政策。恩格斯在《国际社会主义和意大利社会主义》中提到，只有致力于组织一个"以夺取政权和领导全国事务为宗旨的政党"④，才能意味着是在进行"名副其实的马克思主义宣传"⑤，因为这种宣传工作也是实际的无产阶级革命工作，能够使共产党人"站在已经存在的、最先进的、实际上是无产阶级的那一端去参加运动并推动运动前进"⑥。正如恩格斯在《关于共产主义者同盟的历史》中所说的那样："同盟却是一个极好的革命活动学校。"⑦ 无产阶级在共产主义者同盟中能够受到马克思主义理论武装和无产阶级革命锻

① 《马克思恩格斯文集》第10卷，人民出版社2009年版，第557页。
② 《马克思恩格斯全集》第16卷，人民出版社1964年版，第365页。
③ 《马克思恩格斯全集》第16卷，人民出版社1964年版，第365页。
④ 《马克思恩格斯文集》第4卷，人民出版社2009年版，第504页。
⑤ 《马克思恩格斯文集》第4卷，人民出版社2009年版，第504—505页。
⑥ 《马克思恩格斯文集》第4卷，人民出版社2009年版，第5页。
⑦ 《马克思恩格斯文集》第4卷，人民出版社2009年版，第240页。

炼。在有共产主义者同盟作为"坚强中心"的革命地区，"到处都是由同盟盟员在领导极端民主运动"①。恩格斯在 1895 年 1 月 3 日写给施土姆普弗的信中提到，共产党的逐渐发展壮大使得"最有见识和最有觉悟的工人，已经同我们站在一起"②，由此也强调应当把"最有见识和最有觉悟的工人"吸收、组织和发展成为共产党人，使共产党成为"唯一真正先进的党"③ 和"唯一可以取得某些成就的强大的党"④。

共产党需要从无产阶级中间"培养出一个由精通理论的人组成的坚强核心"。恩格斯在 1886 年 1 月 29 日写给左尔格的信中认为："如果社会主义同盟能够培养出一个由精通理论的人组成的坚强核心，那会大大有利于真正的群众运动，这种运动的发生现在已是指日可待了。"⑤ 当时社会民主联盟中的领导者是一些"文丐和政治投机分子"⑥，他们不具备基本的理论素养和政治能力，致使无产阶级革命不过是徒有其表，没有任何实际进展。恩格斯认为，社会主义同盟应当"培养出一个由精通理论的人组成的坚强核心"，这对于推动无产阶级革命的快速发展而言至关重要。可见，培养出一批"精通理论的人"是共产党作为无产阶级革命坚强领导核心的必要条件。马克思、恩格斯多次强调要为共产党培养无产阶级理论家的重要问题。在《哲学的贫困》中，马克思对培养无产阶级理论家问题是这样论述的："社会主义者和共产主义者是无产者阶级的理论家。"⑦ 无产阶级理论家承担着无产阶级革命中的理论工作，需要在无产阶级革命的现实基础上总结、提炼和升华出"充分自觉地参与历史运动的科学"⑧。这就要求无产阶级理论家能够做到"关

---

① 《马克思恩格斯文集》第 4 卷，人民出版社 2009 年版，第 240 页。
② 《马克思恩格斯文集》第 10 卷，人民出版社 2009 年版，第 683 页。
③ 《马克思恩格斯文集》第 10 卷，人民出版社 2009 年版，第 683 页。
④ 《马克思恩格斯文集》第 10 卷，人民出版社 2009 年版，第 683 页。
⑤ 《马克思恩格斯全集》第 36 卷，人民出版社 1975 年版，第 422 页。
⑥ 《马克思恩格斯全集》第 36 卷，人民出版社 1975 年版，第 422 页。
⑦ 《马克思恩格斯文集》第 1 卷，人民出版社 2009 年版，第 616 页。
⑧ 《马克思恩格斯文集》第 1 卷，人民出版社 2009 年版，第 616 页。

于本阶级解放的思想更加明确得多，而且更加符合现存的事实和历史的需要"①。在马克思、恩格斯看来，最杰出的共产党人在理论上也一定要成为十分成熟的无产阶级理论家。恩格斯在《关于共产主义者同盟的历史》中指出："我们通过口头、书信和报刊，影响着最杰出的盟员的理论观点。"② 最杰出的共产党人如果不能形成正确的理论观点，则不能领导无产阶级开展符合现存事实和历史需要的革命实践。

无产阶级理论家用科学社会主义教育群众和武装群众的主要目的也在于帮助共产党掌握无产阶级革命的领导权。恩格斯在《关于共产主义者同盟的历史》中认为："我们有义务科学地论证我们的观点，但是，对我们来说同样重要的是：争取欧洲无产阶级，首先是争取德国无产阶级拥护我们的信念。"③ 在恩格斯看来，马克思、恩格斯创立科学社会主义决不是为了"写成厚厚的书，只向'学术'界吐露"④，而是为了使这种理论说服和掌握广大无产阶级，争取广大无产阶级"拥护我们的信念"⑤。可以说，争取广大无产阶级拥护共产党的信念是用科学社会主义教育无产阶级的重要任务，直接关乎共产党人能否用自己的理论原理来"塑造无产阶级的运动"⑥。正如恩格斯在《共产主义在德国的迅速进展》中写道："我们希望很快就在工人阶级中找到支柱；显然不论何时何地工人阶级都应当是社会主义政党所依靠的堡垒和力量。"⑦ 所以无产阶级理论家应当努力培养广大无产阶级的"智慧、勇敢和革命魄力"，使广大无产阶级成为共产党人能够依靠的坚实战斗堡垒和强大革

① 《马克思恩格斯文集》第2卷，人民出版社2009年版，第357页。
② 《马克思恩格斯文集》第4卷，人民出版社2009年版，第234页。
③ 《马克思恩格斯文集》第4卷，人民出版社2009年版，第233页。
④ 《马克思恩格斯文集》第4卷，人民出版社2009年版，第233页。
⑤ 《马克思恩格斯文集》第4卷，人民出版社2009年版，第233页。
⑥ 《马克思恩格斯文集》第2卷，人民出版社2009年版，第44页。
⑦ 《马克思恩格斯全集》第2卷，人民出版社1957年版，第589页。

命力量。

二、教育的主要任务

马克思在《资本论》（第一卷）中指出："为改变一般人的本性，使它获得一定劳动部门的技能和技巧，成为发达的和专门的劳动力，就要有一定的教育或训练。"[①] 这一论断是马克思基于社会化生产对培养劳动力的客观需求提出来的。它为我们揭示了在培养社会劳动力问题上教育必须承担的三个任务：一是"为改变一般人的本性"；二是"使它获得一定劳动部门的技能和技巧"；三是帮助人"成为发达的和专门的劳动力"。教育的这三个任务需要依靠所有社会教育从各个方面去完成自身任务才能完成。教育的这三个任务也包含着所有社会教育的主要任务。我们可以从思想政治教育的本质属性出发，结合马克思恩格斯经典文本中的其他内容，从教育的这三个任务中揭示出思想政治教育的主要任务。

1. 培养新生的人

马克思在《人民报》创刊纪念会上的演说中指出："要使社会的新生力量很好地发挥作用，就只能由新生的人来掌握它们，而这些新生的人就是工人。"[②] 在这里，马克思指出必须由"新生的人"来掌握"社会的新生力量"。无产阶级具备成为"新生的人"的潜在特质和现实条件，在此基础上还需要通过无产阶级教育把无产阶级培养成为新一代的生产者，让他们掌握共产主义生产方式所需要的劳动技能。马克思在《资本论》（第一卷）中从罗伯特·欧文的空想社会主义中预见了共产主义社会未来教育的萌芽："未来教育对所有已满一定年龄的儿童来说，

---

① 《马克思恩格斯文集》第5卷，人民出版社2009年版，第200页。
② 《马克思恩格斯文集》第2卷，人民出版社2009年版，第580页。

就是生产劳动同智育和体育相结合，它不仅是提高社会生产的一种方法，而且是造就全面发展的人的唯一方法。"① 可以说，"全面发展的人"也是无产阶级教育想要培养的新一代生产者，充分体现了共产主义社会中"每个人的自由发展是一切人的自由发展的条件"② 的本质要求。同时，共产主义社会未来教育把"生产劳动同智育和体育相结合"，不仅遵循了人的全面自由发展的客观规律，而且符合了新一代生产者的基本要求。

"生产力的这种发展，最终总是归结为发挥作用的劳动的社会性质，归结为社会内部的分工，归结为脑力劳动特别是自然科学的发展。"③ 这是马克思在《资本论》（第三卷）中通过分析两次工业革命在科学技术领域发生的历史性变革得出的结论。可以看出，为了促进未来社会生产力的高度发展，必须加强"脑力劳动特别是自然科学的发展"④。脑力劳动和体力劳动相结合的劳动形式不仅是人的劳动的专属方式，也是人按照自己的类本质全面发展的基本条件。马克思通过系统分析资本主义生产方式的主要特点，揭示了资本主义社会分工不仅把脑力劳动和体力劳动分裂为两种相互对立的形式，而且分配给不同的社会阶级。"工人没有头脑和意志，他们只是作为工厂躯体的肢体而存在，这是资本的合法权利；正因为如此，资本才作为头脑而存在。"⑤ 在资本主义生产方式中，脑力劳动主要是由资产阶级完成的，体力劳动主要是由无产阶级完成的。资产阶级的教育仅仅把无产阶级培养为能够从事体力劳动的产业工人。绝大部分无产阶级只能从事简单重复的体力劳动，缺少从事脑力劳动的物质条件和学习机会。"劳动生产了智慧，但是给工人生产

---

① 《马克思恩格斯文集》第 5 卷，人民出版社 2009 年版，第 556—557 页。
② 《马克思恩格斯文集》第 2 卷，人民出版社 2009 年版，第 53 页。
③ 《马克思恩格斯文集》第 7 卷，人民出版社 2009 年版，第 96 页。
④ 《马克思恩格斯文集》第 7 卷，人民出版社 2009 年版，第 96 页。
⑤ 《马克思恩格斯文集》第 8 卷，人民出版社 2009 年版，第 362 页。

了愚钝和痴呆。"① 可以说，无产阶级较少地从事脑力劳动，也很难进行有深度见地的理论创作和丰富多样的文化活动。要想造就新一代的生产者，需要把无产阶级从枯燥重复的体力劳动中拯救出来，帮助无产阶级拥有更多从事脑力劳动的自由时间、便利条件、优先机会和社会资源。

马克思、恩格斯多次提到要通过全面系统的社会教育使无产阶级摆脱资本主义旧式分工给他们带来的片面性。恩格斯在《反杜林论》中认为："摆脱了资本主义生产的局限性的社会可以更大踏步地前进。这个社会造就全面发展的一代生产者。"② 正如马克思在《临时中央委员会就若干问题给代表的指示》中所指出的："把有报酬的生产劳动、智育、体育和综合技术教育结合起来，就会把工人阶级提高到比贵族和资产阶级高得多的水平。"③ 要通过基于唯物史观的无产阶级教育，引导无产阶级从未来社会生产的本质特征、变革趋势和劳动需求中认识到，只有通过各种专业知识的系统学习和整个生产过程的实践锻炼，使自身变成"才能得到全面发展、能够通晓整个生产系统的人"④，进而"全面发挥他们的得到全面发展的才能"⑤，才能使他们满足共产主义社会化大生产的分工要求。从大学生中培养出"脑力劳动无产阶级"，这是恩格斯对大学生成长成才的殷切期望。恩格斯在《致国际社会主义者大学生代表大会》中写道："从他们的行列中应该产生出脑力劳动无产阶级，它的使命是在即将来临的革命中同自己从事体力劳动的工人兄弟在一个队伍里肩并肩地发挥重要作用。"⑥ 恩格斯认为，实现无产阶级的政治解放需要各种各样的专门人才，无产阶级在取得国家政权以后，"不仅要

① 《马克思恩格斯文集》第 1 卷，人民出版社 2009 年版，第 159 页。
② 《马克思恩格斯文集》第 9 卷，人民出版社 2009 年版，第 313 页。
③ 《马克思恩格斯全集》第 16 卷，人民出版社 1964 年版，第 218 页。
④ 《马克思恩格斯文集》第 1 卷，人民出版社 2009 年版，第 689 页。
⑤ 《马克思恩格斯文集》第 1 卷，人民出版社 2009 年版，第 689 页。
⑥ 《马克思恩格斯文集》第 4 卷，人民出版社 2009 年版，第 446 页。

掌管政治机器，而且要掌管全部社会生产"①，大学生要想"胜任重建社会的工作"，则必须要有"扎实的知识"，而不是"响亮的口号"。可见，把大学生培养成为"脑力劳动无产阶级"意在要求提高大学生的知识储备、理论水平和专业技能，引导大学生与体力劳动无产阶级紧密团结起来，在"即将来临的革命中"发挥出更富思想性、引领性和支撑性的重要作用。

如何教育正在成长的工人一代，不仅决定了无产阶级的未来，而且决定了人类的未来。马克思在写给《临时中央委员会就若干问题给代表的指示》中谈到了无产阶级年轻一代的教育工作与人类未来发展之间的内在关系："最先进的工人完全了解，他们阶级的未来，从而也是人类的未来，完全取决于正在成长的工人一代的教育。"② 可见，无产阶级必须把自己的教育重心放在"正在成长的工人一代"，努力帮助"正在成长的工人一代"获得实现全面自由发展的教育机会。马克思在这篇文献中指出："现代工业吸引男女儿童和少年来参加伟大的社会生产事业，是一种进步的、健康的和合乎规律的趋势。"③ 在这个指示中，马克思详细探讨了关于"男女儿童和少年的劳动"的重要问题，马克思把当时临时中央委员会的教育任务明确指向"关怀工人阶级的儿童和少年"④。马克思在指示中系统规划了应该如何教育无产阶级儿童和少年的方针政策。在"男女儿童和少年的劳动"部分，马克思把"教育"细分为"智育""体育""技术教育"三个方面。⑤ 这三个方面的教育内容又是与劳动教育紧密联系在一起的。所以，无产阶级教育要基于共产主义社会生产方式变革的世界历史高度来提高无产阶级的劳动能力和专业素

---

① 《马克思恩格斯文集》第 4 卷，人民出版社 2009 年版，第 446 页。
② 《马克思恩格斯全集》第 16 卷，人民出版社 1964 年版，第 217 页。
③ 《马克思恩格斯全集》第 16 卷，人民出版社 1964 年版，第 216 页。
④ 《马克思恩格斯全集》第 16 卷，人民出版社 1964 年版，第 217 页。
⑤ 《马克思恩格斯全集》第 16 卷，人民出版社 1964 年版，第 218 页。

养，使正在成长的工人一代成长为具有理论思维、科学知识、道德情操和实践本领的共产主义劳动者，更好地适应共产主义社会生产的发展需要。

2. 启发天赋和才能

从"使它获得一定劳动部门的技能和技巧"来看，无产阶级教育要引导人根据自己的天赋和才能选择自己想要获得的劳动技能和劳动技巧。马克思在《1844 年经济学哲学手稿》中分析了人既是能动的存在物："这些力量作为天赋和才能，作为欲望存在于人身上"①；人也是受动的存在物："他的欲望的对象是作为不依赖于他的对象而存在于他之外的。"② 人的劳动与动物活动的根本区别在于人的能动性。人在劳动中通过发挥自己的能动性，使"这些力量作为天赋和才能"真正成为"表现和确证他的本质力量"③。无产阶级在社会化大生产中需要接受教育，才能"获得一定劳动部门的技能和技巧"。然而，在资本主义生产方式中，无产阶级往往只能根据自己的最低生存需要来选择想要获得的劳动技能和劳动技巧，无产阶级教育需要帮助无产阶级充分发挥自己的主观能动性，认识到自己的"天赋和才能"，进而选择学习适合自己和符合自己意愿的劳动技能和劳动技巧。

一般意义上，个体的"天赋和才能"体现了个体发自内心地喜欢从事什么样的劳动和擅长从事什么样的劳动。所以个体的"天赋和才能"也是个体自主选择一项社会劳动的原初动力。马克思揭示了"工人的天赋特性是分工赖以生长的基础。"④ 马克思在《资本论》（第一卷）中说："如果说工人的天赋特性是分工赖以生长的基础，那么工场手工业

---

① 《马克思恩格斯文集》第 1 卷，人民出版社 2009 年版，第 209 页。
② 《马克思恩格斯文集》第 1 卷，人民出版社 2009 年版，第 209 页。
③ 《马克思恩格斯文集》第 1 卷，人民出版社 2009 年版，第 209 页。
④ 《马克思恩格斯文集》第 5 卷，人民出版社 2009 年版，第 404 页。

一经建立，就会使生来只适宜于从事片面的特殊职能的劳动力发展起来。"① 社会分工的不同又决定了人需要通过什么样的教育获得何种劳动技能。马克思通过对资本主义生产方式的深刻剖析，为我们阐明了在资本主义生产方式中一个人获得的劳动技能，不是根据自己的天赋和才能，而是根据资本主义机器生产的利益和需要。"一切在机器上从事的劳动，都要求训练工人从小就学会使自己的动作适应自动机的划一的连续的运动。"② 所以，在《共产党宣言》中，马克思、恩格斯揭露了"资产者唯恐失去的那种教育，对绝大多数人来说是把人训练成机器"③。在这种情况下，无产阶级教育需要向无产阶级指明，资本主义生产方式的财富积累是通过劳动从属于资本，通过压制无产阶级天赋和才能的全面发展来实现的。正因如此，无产阶级在资本主义分工方式中，感受到的是紧张、压抑和痛苦，无产阶级劳动的内容和方式越是对无产阶级没有吸引力，无产阶级越是不能把自己的劳动当作他自己体力和智力的活动来享受，就越需要那种"作为注意力表现出来的有目的的意志"④。

资本主义价值观的金钱至上和趋利导向决定了大部分劳动者都把出卖自身劳动力的价格标准作为衡量选择哪种劳动的主要因素。恩格斯在《反杜林论》中站在社会主义价值观的维度上说劳动没有任何价值："对于要把人的劳动力从它作为商品的地位解放出来的社会主义来说，极其重要的是要认识到，劳动没有任何价值，也不能有任何价值。"⑤ 恩格斯想要强调的是，不能站在用来买卖商品的价值角度去看待和衡量劳动的存在意义。这里就涉及一个培养人们如何看待劳动的价值观的问

① 《马克思恩格斯文集》第 5 卷，人民出版社 2009 年版，第 404 页。
② 《马克思恩格斯文集》第 5 卷，人民出版社 2009 年版，第 484 页。
③ 《马克思恩格斯文集》第 2 卷，人民出版社 2009 年版，第 48 页。
④ 《马克思恩格斯文集》第 5 卷，人民出版社 2009 年版，第 208 页。
⑤ 《马克思恩格斯文集》第 9 卷，人民出版社 2009 年版，第 208—209 页。

题。为了把人的劳动力从商品地位解放出来，则要求思想政治教育从价值层面帮助无产阶级塑造社会主义价值观，引导无产阶级从自己的"天赋和才能"出发来选择自己想要获得的劳动技能，帮助无产阶级认清自己真正热爱什么劳动、到底擅长什么劳动、内心期待什么劳动，从而使无产阶级通过这项劳动来自由自觉地表现和确证自己的本质力量，获得其他劳动无法提供的满足感、幸福感和价值感。在此基础上，思想政治教育也要帮助无产阶级认识到，要想使每个人不再被资本主义生产方式所束缚，只有通过共产主义生产方式才能根本改变把人的劳动力当作商品买卖的社会现实。在共产主义生产方式中，生产劳动不再是奴役人的手段，而是解放人的手段。这样，生产劳动也将从一种负担变成一种快乐。

3. 塑造社会的头脑和心脏

马克思在《〈黑格尔法哲学批判〉导言》中对如何扭转德国社会时代错乱的现实情况作出了深刻剖析，马克思认为，"德国解放的实际可能性"① 就在于把无产阶级塑造成这样一个阶级："它真正是社会的头脑和社会的心脏"②。在这里，"社会的头脑和社会的心脏"指的是无产阶级应当成为领导德国人民追求"普遍的人的解放"③ 的领袖和先驱。无产阶级只有在德国社会革命中夺得"解放者的地位"，进而成为社会的头脑和社会的心脏，才能领导德国人民开展"有原则高度的实践"和"人的高度的革命"。无产阶级教育培养社会的头脑和社会的心脏，强调的是造就的新的无产阶级必须具有政治灵魂和革命意志。无产阶级教育的主要任务在于把无产阶级培养成为有思想觉悟、斗争激情和实践本领的革命先锋。

---

① 《马克思恩格斯文集》第 1 卷，人民出版社 2009 年版，第 16 页。
② 《马克思恩格斯文集》第 1 卷，人民出版社 2009 年版，第 14 页。
③ 《马克思恩格斯文集》第 1 卷，人民出版社 2009 年版，第 14 页。

　　从无产阶级能否成为"社会的头脑"来看，"这个解放的头脑是哲学，它的心脏是无产阶级"①。在这里，马克思揭示了无产阶级需要与哲学紧密结合起来才能成为"社会的头脑"的内在要求。马克思认为："哲学不消灭无产阶级，就不能成为现实；无产阶级不把哲学变成现实，就不可能消灭自身。"② 可见，"哲学"与无产阶级是相互需要和相互促动的。无产阶级"光凭革命精力和精神上的自信是不够的"③。无产阶级在反抗剥削制度的革命斗争中，不仅要有由感性激发的"头脑的激情"④，更要有由理性指引的"激情的头脑"⑤。哲学为无产阶级提供了实现彻底、抓住根本的"批判的武器"⑥。这个"批判的武器"通过"理论一经掌握群众"⑦，就能帮助无产阶级获得推翻剥削制度的精神武器和物质武器，引导无产阶级创生出摧毁"武器的批判"的精神力量和物质力量。所以，无产阶级必须在"思想力求成为现实"⑧ 和"现实本身应当力求趋向思想"⑨ 的高度统一中，为开展"人的高度的革命"⑩找到正确思想指导和有力现实支撑，才能成为"社会的头脑"。恩格斯在 1895 年写给费舍的信中也说过："你打算让年轻一代也来领导一下党，以便让他们伤伤脑筋，这种打算也许不坏，但我认为，即使没有这种实验他们也会学得理智并获得经验的……"⑪在这里，恩格斯已经深入思考了如何通过严酷复杂的革命历练来培养年轻一代共产党领导者，帮助年轻一代"学得理智并获得经验"的重要问题。

---

① 《马克思恩格斯文集》第 1 卷，人民出版社 2009 年版，第 18 页。
② 《马克思恩格斯文集》第 1 卷，人民出版社 2009 年版，第 18 页。
③ 《马克思恩格斯文集》第 1 卷，人民出版社 2009 年版，第 15 页。
④ 《马克思恩格斯文集》第 1 卷，人民出版社 2009 年版，第 6 页。
⑤ 《马克思恩格斯文集》第 1 卷，人民出版社 2009 年版，第 6 页。
⑥ 《马克思恩格斯文集》第 1 卷，人民出版社 2009 年版，第 11 页。
⑦ 《马克思恩格斯文集》第 1 卷，人民出版社 2009 年版，第 11 页。
⑧ 《马克思恩格斯文集》第 1 卷，人民出版社 2009 年版，第 13 页。
⑨ 《马克思恩格斯文集》第 1 卷，人民出版社 2009 年版，第 13 页。
⑩ 《马克思恩格斯文集》第 1 卷，人民出版社 2009 年版，第 11 页。
⑪ 《马克思恩格斯文集》第 10 卷，人民出版社 2009 年版，第 684 页。

　　从无产阶级能否成为"社会的心脏"来看，无产阶级必须"标明自己是社会消极代表的那种坚毅、尖锐、胆识、无情"①。这些优秀品质充分彰显了无产阶级大公无私的牺牲精神、果敢坚毅的斗争精神和豁达从容的乐观精神。马克思认为，无产阶级应当具有"和人民魂魄相同的""那种开阔胸怀"，具有"鼓舞物质力量去实行政治暴力的天赋"，以及具有"革命的大无畏精神"②。当时德国社会普遍呈现出"实际生活缺乏精神活力，精神生活也无实际内容"的颓靡状态，无产阶级由于自己的"直接地位""物质需要"和"锁链本身的强迫"，是唯一具备"普遍解放的需要和能力"的社会阶级。无产阶级虽然没有任何地位、但必须成为一切的革命意志，能够破除"有节制的利己主义"对德国人民解放渴求的压抑和束缚，让人民群众不再有"一时片刻去自欺欺人和俯首听命"③。无产阶级应当"在自身和群众中激起瞬间的狂热"④，与所有受到德国制度剥削压迫的人民群众"亲如兄弟，汇合起来"⑤，把无产阶级只有解放全人类才能解放自身的要求和权利变成整个社会实现普遍解放的要求和权利，使无产阶级成为引领社会解放的总代表，通过自身的"解放者等级"，发挥出无产阶级作为革命联盟首脑的强大感召力、凝聚力和向心力，进而"在政治上利用一切社会领域来为自己的领域服务"⑥。恩格斯在《给〈萨克森工人报〉编辑部的答复》中提到："这些受过'学院式教育'的人，总的说来，应该向工人学习的地方，比工人应该向他们学习的地方要多得多。"⑦ 在恩格斯看来，年轻一代要想在党内担任领导职务，既要具备扎实的理论知识、理性的思维方式

① 《马克思恩格斯文集》第 1 卷，人民出版社 2009 年版，第 15 页。
② 《马克思恩格斯文集》第 1 卷，人民出版社 2009 年版，第 15 页。
③ 《马克思恩格斯文集》第 1 卷，人民出版社 2009 年版，第 6 页。
④ 《马克思恩格斯文集》第 1 卷，人民出版社 2009 年版，第 14 页。
⑤ 《马克思恩格斯文集》第 1 卷，人民出版社 2009 年版，第 14 页。
⑥ 《马克思恩格斯文集》第 1 卷，人民出版社 2009 年版，第 14—15 页。
⑦ 《马克思恩格斯文集》第 4 卷，人民出版社 2009 年版，第 397 页。

和高超的写作才能，也要熟悉把握斗争条件、善于洞察斗争形势、灵活运用斗争策略，还要对党耿耿忠心、革命信念坚定、性格坚强勇敢，自觉把自己列入无产阶级普通战士的行列之中。

三、教育的方法要求

恩格斯在《关于工人阶级的政治行动》中强调："革命是政治的最高行动；谁想要革命，谁就要有准备革命和教育工人进行革命的手段。"① 在这个论断中，因为"革命是政治的最高行动"，所以"教育工人进行革命"比较鲜明地凸显出思想政治教育中的教育标志。如果我们把这里的"教育"理解为思想政治教育，那么教育工人进行革命，也是对工人进行思想政治教育的过程，其中蕴含着思想政治教育的方法要求。我们可以结合马克思、恩格斯在其他文本中对这一问题的相关探讨，进一步总结出思想政治教育的方法要求。

1. 一分钟也不忽略教育工人

马克思、恩格斯在《共产党宣言》中基于共产党在无产阶级革命中的领导地位，提出了："共产党一分钟也不忽略教育工人尽可能明确地意识到资产阶级和无产阶级的敌对的对立。"② 这个经典论断揭示了"共产党一分钟也不忽略教育工人"的极端重要性和时间紧迫性。共产党没有任何同无产阶级不同的特殊利益，也不提出任何塑造无产阶级运动的特殊原则。共产党在实践方面是所有无产阶级政党中"最坚决的、始终起推动作用的部分"③，在理论方面"了解无产阶级运动的条件、

---

① 《马克思恩格斯文集》第 3 卷，人民出版社 2009 年版，第 224 页。
② 《马克思恩格斯文集》第 2 卷，人民出版社 2009 年版，第 66 页。
③ 《马克思恩格斯文集》第 2 卷，人民出版社 2009 年版，第 44 页。

进程和一般结果"①。共产党的先进性、纯洁性和革命性决定了共产党必须承担起教育无产阶级的使命任务，在"共产党一分钟也不忽略教育工人"的教育过程中使无产阶级认清资产阶级的剥削本质、坚定共产主义的革命理想、拥护共产党的领导。

"共产党一分钟也不忽略教育工人"的重要性、必要性和迫切性根源于无产阶级对思想政治教育的实际需求。恩格斯在 1892 年波兰文版《共产党宣言》的序言中指出："某一国家的大工业越发展，该国工人想要弄清他们作为工人阶级在有产阶级面前所处地位的愿望也就越强烈，工人中间的社会主义运动也就越扩大，对《宣言》的需求也就越增长。"②《共产党宣言》之所以能够对无产阶级发挥广泛而深远的教育作用，主要是因为《共产党宣言》帮助无产阶级弄清了他们的社会地位，满足了无产阶级对正确革命理论和科学革命策略的迫切需要。恩格斯认为，在某种程度上，《共产党宣言》在一个国家的传播程度已经成为测量这个国家大工业发展的重要尺度。《共产党宣言》的传播历史从侧面反映了现代无产阶级革命的曲折历史。这个"详细的理论和实践的党纲"③ 经过无产阶级革命的历史检验已经成为"全部社会主义文献中传播最广和最具有国际性的著作"④，乃至"千百万工人公认的共同纲领"⑤。恩格斯在《资本论》（第一卷）的英文版序言中也提到《资本论》被欧洲大陆视为"工人阶级的圣经"⑥，广大无产阶级把《资本论》所作的结论"看成是对自己的状况和自己的期望所作的最真切的表述"⑦。《资本论》同时在无产阶级和资产阶级中间产生了巨大影响，甚

---

① 《马克思恩格斯文集》第 2 卷，人民出版社 2009 年版，第 44 页。
② 《马克思恩格斯文集》第 2 卷，人民出版社 2009 年版，第 23 页。
③ 《马克思恩格斯文集》第 2 卷，人民出版社 2009 年版，第 5 页。
④ 《马克思恩格斯文集》第 2 卷，人民出版社 2009 年版，第 13 页。
⑤ 《马克思恩格斯文集》第 2 卷，人民出版社 2009 年版，第 13 页。
⑥ 《马克思恩格斯文集》第 5 卷，人民出版社 2009 年版，第 34 页。
⑦ 《马克思恩格斯文集》第 5 卷，人民出版社 2009 年版，第 34 页。

至在资产阶级中的传播程度更为广泛，因为《资本论》真正满足了这种"彻底研究英国的经济状况成为国民的迫切需要"①。

"共产党一分钟也不忽略教育工人"的原则立场在于"不屑于隐瞒"和"公开宣布"。"共产党人不屑于隐瞒自己的观点和意图。"② 共产党人对无产阶级的政治教育必须旗帜鲜明、理直气壮、针锋相对，向无产阶级"公开宣布：他们的目的只有用暴力推翻全部现存的社会制度才能达到"③。共产党人要通过"不屑于隐瞒"和"公开宣布"自己的观点、目的和意图，不仅帮助无产阶级充分认识到"无产者在这个革命中失去的只是锁链"，"他们获得的将是整个世界"④；而且对诋毁共产党人的反动势力"拿党自己的宣言来反驳关于共产主义幽灵的神话"⑤。恩格斯在《马克思和〈新莱茵报〉（1848—1849 年）》中介绍了德国共产党最初是作为"秘密宣传团体"⑥ 组织起来的。因为当时的德国无产阶级还没有结社和集会的权利。这种秘密宣传的组织形式直接导致共产党人的组织涣散、力量薄弱和目标模糊。只有在《新莱茵报》创建起来以后，共产党人才有了公开宣传的"现成的旗帜"⑦。恩格斯认为，共产党人"已经不适于做沙漠中的布道者"⑧，而是要"创立一个大型的行动党"。这就要求共产党人不能"在某一偏僻地方的小报上宣传共产主义"⑨，而是必须把自己的观点、目的和意图"写在自己的旗帜上"⑩，使其成为"国际工人协会的战斗号角响彻全世界"⑪。

---

① 《马克思恩格斯文集》第 5 卷，人民出版社 2009 年版，第 34 页。
② 《马克思恩格斯文集》第 2 卷，人民出版社 2009 年版，第 66 页。
③ 《马克思恩格斯文集》第 2 卷，人民出版社 2009 年版，第 66 页。
④ 《马克思恩格斯文集》第 2 卷，人民出版社 2009 年版，第 66 页。
⑤ 《马克思恩格斯文集》第 2 卷，人民出版社 2009 年版，第 30 页。
⑥ 《马克思恩格斯文集》第 4 卷，人民出版社 2009 年版，第 3 页。
⑦ 《马克思恩格斯文集》第 4 卷，人民出版社 2009 年版，第 5 页。
⑧ 《马克思恩格斯文集》第 4 卷，人民出版社 2009 年版，第 5—6 页。
⑨ 《马克思恩格斯文集》第 4 卷，人民出版社 2009 年版，第 5 页。
⑩ 《马克思恩格斯文集》第 4 卷，人民出版社 2009 年版，第 5 页。
⑪ 《马克思恩格斯文集》第 10 卷，人民出版社 2009 年版，第 237 页。

"鼓动"与"训练"相结合是"共产党一分钟也不忽略教育工人"的重要方式。马克思在 1871 年 11 月 23 日写给波尔特的信中提出了通过对无产阶级"不断地进行反对统治阶级政策的鼓动"①，进而使无产阶级"自己在这方面受到训练"② 的教育要求。"鼓动"强调的是如何在思想层面上唤醒、激发和调动无产阶级的革命首创精神，"训练"强调的则是如何在实践层面上锻造、淬炼和提升无产阶级的政治实践能力。"鼓动"与"训练"的相互配合、相互补充反映了无产阶级把共产党的观点、目的和意图内化于心、外化于行的教育过程。恩格斯在 1887 年 1 月 27 日写给弗洛伦斯·凯利–威士涅威茨基的信中重申了马克思主义是发展着的理论，而不是死记硬背的教条。所以，"越少从外面把这种理论硬灌输给美国人，而越多由他们通过自己亲身的经验（在德国人的帮助下）去检验它，它就越会深入他们的心坎"③。共产党人应当帮助无产阶级学会灵活运用马克思主义来武装头脑和指导实践，在无产阶级革命中不断检验马克思主义的真理品格，才能使马克思主义越来越"深入他们的心坎"。

2. 教育者本人受教育

马克思基于人与环境的对象性关系，提出"教育者本人一定是受教育的"④。马克思在《关于费尔巴哈的提纲》中写道："环境是由人来改变的，而教育者本人一定是受教育的。"⑤ 这个经典论断主要是针对罗伯特·欧文的教育观点提出的。罗伯特·欧文把改变了的人仅仅看作环境和教育的产物，却没有意识到环境和教育也是通过人来改变的。这种机械唯物主义教育学说必然会把社会分裂为两部分，把不需要受教育的

① 《马克思恩格斯文集》第 10 卷，人民出版社 2009 年版，第 369 页。
② 《马克思恩格斯文集》第 10 卷，人民出版社 2009 年版，第 369 页。
③ 《马克思恩格斯文集》第 10 卷，人民出版社 2009 年版，第 562 页。
④ 《马克思恩格斯文集》第 1 卷，人民出版社 2009 年版，第 500 页。
⑤ 《马克思恩格斯文集》第 1 卷，人民出版社 2009 年版，第 500 页。

天才人物凌驾于需要受教育的人民群众之上。在马克思看来，"人创造环境，同样，环境也创造人"①。所以，"教育"是教育者与受教育者之间双向建构的实践活动。教育者只有本人受教育，才能具备教育别人的基本能力和素质。

教育者自身具备相应的理论素养和实践能力是他能够感染和教化受教育者的首要前提。马克思在《1844年经济学哲学手稿》中揭示了教育者感化别人的自我要求："如果你想感化别人，那你就必须是一个实际上能鼓舞和推动别人前进的人。"② 教育者想要在哪个方面影响和改变受教育者，自身必须在这方面具有相符合的知识储备、认知水平和人格特质。这个观点来源于马克思在《1844年经济学哲学手稿》中探讨的人与世界的对象性关系问题。马克思认为，人与世界的一切关系都是一种与"你的现实的个人生活的、与你的意志的对象相符合的特定表现"③。人的"感觉的人性"只有通过人的对象性存在才能产生。人在自己与他人的对象性关系中产生、发展和确证着自己作为类本质的"丰富性，主体的、人的感性的丰富性"④。所以，个体如果不能激发出自身内在的"丰富性，主体的、人的感性的丰富性"⑤，他很难在与对象的交往中给对象提供这种"丰富性，主体的、人的感性的丰富性"⑥ 的真实体验。对于教育者而言，他如果想给受教育者传达理想信念、价值理念和道德观念，他自身必须先要通情达意、笃行不定。恩格斯在《共产主义者和卡尔·海因岑》中批判了海因岑的"毫无意义的、盲目进行的宣传"⑦ 给德国民主派造成了极其严重的消极影响。恩格斯说："试

---

① 《马克思恩格斯文集》第1卷，人民出版社2009年版，第545页。
② 《马克思恩格斯文集》第1卷，人民出版社2009年版，第247页。
③ 《马克思恩格斯文集》第1卷，人民出版社2009年版，第247页。
④ 《马克思恩格斯文集》第1卷，人民出版社2009年版，第191页。
⑤ 《马克思恩格斯文集》第1卷，人民出版社2009年版，第191页。
⑥ 《马克思恩格斯文集》第1卷，人民出版社2009年版，第191页。
⑦ 《马克思恩格斯文集》第1卷，人民出版社2009年版，第660页。

问：难道一个头脑多少还正常的人会异想天开地认为人民对这类政治说教和训诫将予以丝毫重视吗？"① 所以，教育者那种不顾及受教育者的对象性存在，不考虑受教育者个性特点和接受情况的空洞说教，不仅不会对受教育者起到任何教育作用，反而会引起受教育者的反感和排斥。"党的政论家还需要具有更多的智慧、更明确的思想、更好的风格和更丰富的知识。"② 恩格斯在《共产主义者和卡尔·海因岑》中提出的这个经典论断说明了党的政论家应该具备的几个重要思想品质和知识素养。可以说，党的政论家也是无产阶级中的教育者，承担着唤醒无产阶级阶级意识、灌输无产阶级革命思想、塑造无产阶级理论思维的重要任务。所以，党的政论家不仅需要具有"一定的信念、善良的愿望和洪亮的嗓音"③，还需要"提高到能从理论上认识整个历史运动"④。

　　能从理论高度上认识整个历史运动的教育者，必须要在理论方面和实践方面经得住现实考验。恩格斯在 1886 年写给左尔格的信中建议，美国工人运动中"更需要有几个我们方面的人，他们要在理论和久经考验的策略方面毫不动摇"⑤。这种"理论和久经考验的策略方面毫不动摇"强调的是教育者要在理论和实践方面牢牢把握马克思主义的基本立场、观点和方法，不仅应当始终坚持和捍卫马克思主义在无产阶级革命中的根本指导地位，而且应当把马克思主义视为"推动美国群众的杠杆"⑥ 和"行动的指南"⑦，灵活运用马克思主义的策略原则。恩格斯认为："如果那里有几个理论头脑清醒的人，能预先告诉他们……许多蠢事都可以避免，整个过程也将大大地缩短。"⑧ 可见，"理论头脑清醒的

① 《马克思恩格斯文集》第 1 卷，人民出版社 2009 年版，第 660 页。
② 《马克思恩格斯文集》第 1 卷，人民出版社 2009 年版，第 664 页。
③ 《马克思恩格斯文集》第 1 卷，人民出版社 2009 年版，第 664 页。
④ 《马克思恩格斯文集》第 2 卷，人民出版社 2009 年版，第 41 页。
⑤ 《马克思恩格斯文集》第 10 卷，人民出版社 2009 年版，第 558 页。
⑥ 《马克思恩格斯文集》第 10 卷，人民出版社 2009 年版，第 557 页。
⑦ 《马克思恩格斯文集》第 10 卷，人民出版社 2009 年版，第 557 页。
⑧ 《马克思恩格斯文集》第 10 卷，人民出版社 2009 年版，第 559 页。

人"也指教育者，教育者只有在革命理论方面始终保持头脑清醒，才能对无产阶级革命作出科学的理论预判，引导和帮助无产阶级沿着正确的革命路线顺利前进。

　　教育者要坚持以科学真理说服人，把专业深奥的哲理学理转化为清晰透彻的道理，推动理论武装和理论教育往深里走、往实里走、往心里走。马克思、恩格斯多次探讨了资产阶级理论家给无产阶级"输送教育因素"① 的问题。马克思、恩格斯在给奥·倍倍尔、威·李卜克内西、威·白拉克等人的通告信中认为，"要对无产阶级运动有益处，这些人必须带来真正的教育因素"②。既然一些资产阶级理论家归附无产阶级的情况是无产阶级运动发展过程中的正常现象，那么这些资产阶级理论家必须给无产阶级运动带来"真正的教育因素"③，这种"真正的教育因素"要关照无产阶级的物质利益、贴近无产阶级的现实生活、符合无产阶级的革命需要。马克思、恩格斯批判了那些没有领会科学社会主义思想的资产阶级理论家给无产阶级运动"造成了极度的混乱"④。在马克思、恩格斯看来，"这些教育者的首要原则就是拿自己没有学会的东西教给别人。党完全可以不要这种教育者"⑤。无产阶级运动中不需要"拿自己没有学会的东西教给别人"⑥ 的教育者，这个基本要求对于无产阶级理论家而言也同样适用。恩格斯在《反杜林论》中说："我们不知道有任何一种力量能够强制处在健康清醒状态的每一个人接受某种思想。"⑦ 也就是说，教育者要想引导无产阶级发自内心地接受马克思主义理论，必须做到有理讲理、言之有理、以理服人，增强科学理论的

① 《马克思恩格斯文集》第 3 卷，人民出版社 2009 年版，第 483 页。
② 《马克思恩格斯文集》第 3 卷，人民出版社 2009 年版，第 483 页。
③ 《马克思恩格斯文集》第 3 卷，人民出版社 2009 年版，第 483 页。
④ 《马克思恩格斯文集》第 3 卷，人民出版社 2009 年版，第 484 页。
⑤ 《马克思恩格斯文集》第 3 卷，人民出版社 2009 年版，第 484 页。
⑥ 《马克思恩格斯文集》第 3 卷，人民出版社 2009 年版，第 484 页。
⑦ 《马克思恩格斯文集》第 9 卷，人民出版社 2009 年版，第 91 页。

阐释力、说服力、感召力，才能以"思想的闪电"彻底击中人民群众素朴的精神园地。

3. 自我提高和自我教育

恩格斯基于无产阶级在无产阶级革命中的主体地位，提出要帮助无产阶级"兢兢业业地致力于自我提高和自我教育"①。恩格斯在《流亡者文献》中批判了俄国革命者特卡乔淡漠知识、忽视教育的错误做法。恩格斯赞成的是："《前进!》杂志编辑要求俄国革命青年学会一些东西，用认真的、切实的知识来丰富自己，养成用合乎规律的方法来批判地思考的能力，兢兢业业地致力于自我提高和自我教育。"② 在这个经典论断中，恩格斯提出了"自我提高和自我教育"的重要问题。教育无产阶级的最终目的是帮助无产阶级"兢兢业业地致力于自我提高和自我教育"③。这需要无产阶级达到两个学习标准：一是"学会一些东西，用认真的、切实的知识来丰富自己"，达到一定的文化程度和知识水平；二是"养成用合乎规律的方法来批判地思考的能力"，能够对所学知识进行批判性反思和超越性建构。结合马克思恩格斯经典文本中其他经典论述，可以发现马克思、恩格斯从多个方面探讨了无产阶级应当如何进行"自我提高和自我教育"。

首先，无产阶级进行"自我提高和自我教育"需要理解掌握革命理论的精神实质。"现代社会主义不过是这种实际冲突在思想上的反映，是它在头脑中，首先是在那个直接吃到它的苦头的阶级即工人阶级的头脑中的观念上的反映。"④ 恩格斯在《反杜林论》中指出，科学社会主义最初的现实样态不过是两个对立阶级的实际冲突在无产阶级头脑中形

---

① 《马克思恩格斯文集》第 3 卷，人民出版社 2009 年版，第 381 页。
② 《马克思恩格斯文集》第 3 卷，人民出版社 2009 年版，第 381 页。
③ 《马克思恩格斯文集》第 3 卷，人民出版社 2009 年版，第 381 页。
④ 《马克思恩格斯文集》第 9 卷，人民出版社 2009 年版，第 285 页。

成的观念反映。这种源于无产阶级革命实践的革命理论给无产阶级提供
了"自我提高和自我教育"的思想前提。恩格斯认为，一切导致社会变
迁的终极原因和消除社会弊病的有效手段，不应当到人们对永恒真理的
绝对认识中去寻找，而应当到人们亲身经历的物质生活中去寻找。也就
是说，科学社会主义的"根子深深扎在经济的事实中"①，无产阶级掌
握科学社会主义，在于获得一种用"通晓思维历史及其成就"②的理论
思维来把握资本主义经济事实、引领无产阶级革命实践和推动人类社会
普遍解放的思维方式与思想力量。恩格斯在《共产党宣言》的序言中写
道："反资本斗争中的种种事件和变迁——失败更甚于胜利——不能不
使人们认识到他们的各种心爱的万应灵丹都不灵，并为他们更透彻地了
解工人阶级解放的真正的条件开辟道路。"③可以说，这也是无产阶级
进行"自我提升和自我教育"的积极结果，这个把革命理论与革命实践
相结合的教育过程不仅加深了无产阶级对自身解放条件的理性认识与科
学思考，也加深了无产阶级对马克思主义理论的学习热情和拥护信念。

其次，无产阶级进行"自我提高和自我教育"需要灵活运用革命理
论的基本立场、观点和方法。恩格斯在 1895 年写给桑巴特的信中和桑
巴特交流了如何对马克思主义作出正确的理解体会。恩格斯认为：
"马克思的整个世界观不是教义，而是方法。它提供的不是现成的教条，
而是进一步研究的出发点和供这种研究使用的方法。"④可见，马克思
主义理论给无产阶级提供的是解释世界与改变世界的基本立场、观点和
方法论原则。无产阶级要想形成"马克思的整个世界观"，必须把它当
作自己观察问题、研究问题和分析问题的"出发点"与"方法"，对人
类社会发展进程"作出真正历史的解释"⑤。恩格斯在 1890 年写给施米

① 《马克思恩格斯文集》第 9 卷，人民出版社 2009 年版，第 19 页。
② 《马克思恩格斯文集》第 9 卷，人民出版社 2009 年版，第 460 页。
③ 《马克思恩格斯文集》第 2 卷，人民出版社 2009 年版，第 12 页。
④ 《马克思恩格斯文集》第 10 卷，人民出版社 2009 年版，第 691 页。
⑤ 《马克思恩格斯文集》第 10 卷，人民出版社 2009 年版，第 692 页。

特的信中说："唯物史观现在也有许多朋友，而这些朋友是把它当做不研究历史的借口的。"① 这些人把唯物史观当作"现成的公式"去任意"剪裁各种历史事实"②。正是在此意义上，马克思说过："我只知道我自己不是马克思主义者，我播下的是龙种，而收获的却是跳蚤。"③ 这种机械地照搬和套用马克思主义理论的做法只会歪曲和背离马克思主义理论的精神实质，所以这就"逼着读者更多地进行独立思考"④。其强调的是无产阶级在理解、把握和运用马克思主义理论的一般原理时必须做到"随时随地都要以当时的历史条件为转移"⑤。

最后，无产阶级进行"自我提高和自我教育"需要能够与他人自由交流革命理论的学习体会。恩格斯在 1890 年 8 月 9 日写给左尔格的信中提到："在党内绝对自由地交换意见是必要的。否则，简直不能同化和教育最近三年来入党的数目很大的新成分。"⑥ 恩格斯探讨这个问题的起因是在德国社会民主党第一次代表大会上，党内成员发生了"小小的争吵"。恩格斯认为这种"争论、甚至小小的争吵是必要的"⑦，这将使党内成员"绝对自由地交换意见"，不仅不会影响党内的团结统一，反而会"同化和教育"党内加入的新成员。在恩格斯看来，加入德国社会民主党的部分新成员还完全是"不成熟的粗糙的材料"⑧，对于日益发展壮大的无产阶级政党而言，"不可能象对小学生那样进行注入式的教育"⑨。只有引导党内成员充分展开对马克思主义理论的交流、争论和辨析，进而把"消极的批判"变成"积极的批判"，连贯阐述"马克思

---

① 《马克思恩格斯文集》第 10 卷，人民出版社 2009 年版，第 586 页。
② 《马克思恩格斯文集》第 10 卷，人民出版社 2009 年版，第 583 页。
③ 《马克思恩格斯文集》第 10 卷，人民出版社 2009 年版，第 590 页。
④ 《马克思恩格斯文集》第 10 卷，人民出版社 2009 年版，第 692 页。
⑤ 《马克思恩格斯文集》第 2 卷，人民出版社 2009 年版，第 5 页。
⑥ 《马克思恩格斯全集》第 37 卷，人民出版社 1971 年版，第 435 页。
⑦ 《马克思恩格斯全集》第 37 卷，人民出版社 1971 年版，第 435 页。
⑧ 《马克思恩格斯全集》第 37 卷，人民出版社 1971 年版，第 435 页。
⑨ 《马克思恩格斯全集》第 37 卷，人民出版社 1971 年版，第 435 页。

和我所主张的辩证方法和共产主义世界观"①，才能帮助无产阶级澄清自己对马克思主义理论的错误认识，统一无产阶级对学习理解马克思主义理论的思想共识和价值标准，使马克思主义理论"受到了重视和拥护"②。恩格斯在《关于共产主义者同盟的历史》中回忆了在共产主义者同盟第二次代表大会上，马克思"在长时间的辩论中——大会至少开了 10 天——捍卫了新理论"③。正是通过这次"长时间的辩论"，马克思、恩格斯才取得了《共产党宣言》的写作机会，正式把"全世界无产者，联合起来！"的战斗口号写在了无产阶级革命的旗帜上。

"教育"作为思想政治教育的核心概念，体现了思想政治教育的育人属性。思想政治教育强调理论灌输、思想转化、政治引领，并不是以一种外在的、强制的和压迫的方式来进行的，而是"以教育的方式"来进行的。"以教育的方式"则意味着思想政治教育是从帮助每一个受教育者成长成才的角度出发，尊重每一位受教育者的主体性、主动性和创造性，力求启发每一位受教育者的自我觉悟、自我发展和自我实现。

在这个意义上，思想政治教育应是春风化雨、润物无声和潜移默化的。在思想政治教育过程中，教育者与受教育者不是相互对立的关系，也不是简单服从的关系，而是平等交流、相互学习和共促成长的关系。由于教育者承担着引导和教化受教育者的主要任务，教育者应在思想政治教育过程中发挥主导作用，帮助受教育者理解和掌握一定的政治理论和政治观念，进而转化为一定的政治实践。同时，由于受教育者承担着习得一定政治内容的主要任务，受教育者应当在思想政治教育过程中发挥主体作用，把提升理论水平、政治素养和道德修养看作自己的事情，积极主动地接受教育者向自己传授的理论知识和思维方式，自觉把它们

---

① 《马克思恩格斯文集》第 9 卷，人民出版社 2009 年版，第 11 页。
② 《马克思恩格斯文集》第 9 卷，人民出版社 2009 年版，第 11 页。
③ 《马克思恩格斯文集》第 4 卷，人民出版社 2009 年版，第 237 页。

转化为自己的理想信念、价值观念和道德理念。事实上，在思想政治教育过程中，教育者与受教育者的角色划分只是相对而言的。教育者只有先做学生，才能后做老师。教育者只有比受教育者掌握更多的理论知识、更先进的思维方式和更成熟的实践能力，才能有资格成为教育者。受教育者身上也有教育者值得学习的诸多东西，教育者需要虚心向受教育者学习和请教。

思想政治教育中的教育概念最根本的还是要凸显政治属性。这种教育的本质特征就在于它是意识形态教育。在新时代中国特色社会主义伟大实践中，思想政治教育应始终坚守立德树人和铸魂育人的初心使命，立足培养什么人、怎样培养人、为谁培养人来追问和回应新时代思想政治教育的本质追求，做到扎根中国大地办教育，把思想政治教育放在中华民族伟大复兴战略全局和世界百年未有之大变局中来看待，从坚持和发展中国特色社会主义、全面建成社会主义现代化强国、实现中华民族伟大复兴的高度来对待。新时代思想政治教育要不断增进受教育者对中国特色社会主义的理解、支持与遵从，不断提升受教育者对国家、社会和人民的责任感与使命感，培养出拥护中国共产党的领导和我国社会主义制度、立志为中国特色社会主义奋斗终身的有用人才，培养出担当民族复兴大任的时代新人。

第四章　共产主义理想信念

马克思、恩格斯在《德意志意识形态》中指出："共产主义对我们来说不是应当确立的状况，不是现实应当与之相适应的理想。我们所称为共产主义的是那种消灭现存状况的现实的运动。"① 共产主义理想信念是无产阶级进行共产主义运动的深层思想根据和最高精神境界。推进无产阶级革命，实现人类解放，需要树立和坚定共产主义理想信念。在这个意义上，共产主义理想信念也是思想政治教育的基本概念。因为思想政治教育承担着向无产阶级宣传和阐释共产主义，为无产阶级培育和铸塑共产主义理想信念的功能任务，思想政治教育只有帮助无产阶级认识共产主义理想信念的本质内涵和基本特征，理解共产主义理想信念对于推动人类社会发展和实现无产阶级解放的精神价值和实践意义，才能引导无产阶级形成"共产主义思想"，发挥出共产主义理想信念引领无产阶级革命的功能作用。

马克思在《1844年经济学哲学手稿》中提到："共产主义是对私有财产即人的自我异化的积极的扬弃，因而是通过人并且为了人而对人的本质的真正占有。"② 在马克思最初的文本语境中，马克思对共产主义问题的探讨是把它和私有财产紧密联系在一起的。马克思在分析各种关于共产主义的思想学说中阐明了，正是因为私有财产的存在，才造成人的自我异化，所以需要通过共产主义进行"积极的扬弃"，来实现人的彻底解放。马克思、恩格斯在《德意志意识形态》中指出："共产主义对我们来说不是应当确立的状况，不是现实应当与之相适应的理想。我们所称为共产主义的是那种消灭现存状况的现实的运动。"③ 在这个经

① 《马克思恩格斯文集》第 1 卷，人民出版社 2009 年版，第 539 页。
② 《马克思恩格斯文集》第 1 卷，人民出版社 2009 年版，第 185 页。
③ 《马克思恩格斯文集》第 1 卷，人民出版社 2009 年版，第 539 页。

典论断中，马克思、恩格斯把共产主义与一种应当确立的状况和一种应当与现实相适应的理想区别开来，指明共产主义是一种"消灭现存状况的现实的运动"，只有根据现有的前提条件才能向前发展运动。恩格斯在《共产主义者和卡尔·海因岑》中认为："共产主义不是教义，而是运动。它不是从原则出发，而是从事实出发。"① 在恩格斯看来，如果把从现实中总结的原则作为共产主义运动的出发点，那么将会造成本末倒置的严重错误。共产主义者不应当把某种哲学作为共产主义运动的前提，而是应当把迄今为止人类社会发展的全部历史，特别是把这一历史过程在现阶段对各个文明国家产生的实际结果作为共产主义运动的发展前提。恩格斯在《关于共产主义者同盟的历史》中阐述了自从无产阶级革命发展成为现实的共产主义运动之后，"共产主义现在已经不再意味着凭空设想一种尽可能完善的社会理想，而是意味着深入理解无产阶级所进行的斗争的性质、条件以及由此产生的一般目的"②。共产主义不仅是无产阶级解放的理论表现，也是无产阶级革命性质、条件和一般目的的集中体现。共产主义只有通过无产阶级革命才能变成客观的物质现实，无产阶级革命也只有以共产主义为奋斗旨归和理论遵循才能取得最终胜利。共产主义在无产阶级革命中不断推进，从革命经验中总结提炼的内在性质和历史条件能够为日益发展的革命实践提供科学的理论指导和强大的精神武器，共产主义整体指向的"每个人的自由发展是一切人的自由发展的条件"③ 也会变得日益清晰和真切。

一、积极扬弃

马克思在《1844年经济学哲学手稿》中明确指出，共产主义的本

---

① 《马克思恩格斯文集》第1卷，人民出版社2009年版，第672页。
② 《马克思恩格斯文集》第4卷，人民出版社2009年版，第233页。
③ 《马克思恩格斯文集》第2卷，人民出版社2009年版，第53页。

质要求在于"对私有财产即人的自我异化的积极的扬弃"①。马克思认为，共产主义体现了现实中的人向合乎人性的人的完全复归，代表了"完成了的自然主义"和"完成了的人道主义"，能够真正解决人与自然界、人与人、存在与本质、对象化和自我确证、自由和必然、个体和类之间存在的矛盾冲突。共产主义的根本追求在于帮助"现实的个人"按照合乎人性的方式自由全面发展，那么，我们要想从思想政治教育的学科视角来理解和把握共产主义，则可以从私有财产着手，结合其他相关论述揭示出"共产主义是对私有财产即人的自我异化的积极的扬弃"这一经典论断的内在含义。

1. 被扬弃了的私有财产的积极表现

马克思在《1844 年经济学哲学手稿》中指出："共产主义是被扬弃了的私有财产的积极表现。"② 马克思在这里所提到的"私有财产"并不是把它作为纯实物性质的物质财富来看待的，而是把它作为支配资本主义社会运行的普遍性关系，即资本主义私有制来看待的。马克思在《论犹太人问题》中也提到了私有财产是构成政治国家现实基础的物质要素，这个政治国家指的就是资产阶级建立的国家政权。在资本主义社会中，私有财产不仅普遍存在，而且把所有物质财富都卷入了财产私有的运动中，资产阶级对社会的统治表现为"私有财产的、资本的单纯统治"③，所有者和劳动者之间的社会关系表现为剥削者和被剥削者的经济关系。在这种状况下，一切事物不仅必须通过物质利益才能联结起来，而且一切事物的实际价值也都降低到交易价值的水平。马克思在探讨私有财产在整个资本主义社会中是如何铺展出普遍性关系这一问题时，主要是围绕私有财产对资本主义社会中劳动方式发生的决定性变革

---

① 《马克思恩格斯文集》第 1 卷，人民出版社 2009 年版，第 185 页。
② 《马克思恩格斯文集》第 1 卷，人民出版社 2009 年版，第 183 页。
③ 《马克思恩格斯文集》第 1 卷，人民出版社 2009 年版，第 151 页。

来谈的。共产主义则是立足于私有财产的普遍性关系提出的，要对其作出"积极的扬弃"，也就是成为"被扬弃了的私有财产的积极表现"①。

共产主义积极扬弃私有财产，根本目的在于积极扬弃"死的物质对人的完全统治"②。马克思在《1844年经济学哲学手稿》中清晰地总结了私有财产造成的这种社会现实是一种"死的物质对人的完全统治"③。马克思从对无产阶级生产生活的事实分析中，揭示了私有财产给人的劳动造成了严重异化，也给无产阶级和整个人类带来了灾难性后果。马克思说："劳动的这种现实化表现为工人的非现实化，对象化表现为对象的丧失和被对象奴役，占有表现为异化、外化。"④ 在资本主义私有制中，无产阶级作为劳动者，他所生产的劳动产品，反过来作为一种不依赖于他自身力量的"异己的存在物"，这个"异己的存在物"不仅与无产阶级自身相对立，而且与无产阶级的劳动过程相对立。无产阶级因为不占有私有财产，所以他们只能靠出卖自己的劳动力为生。他们生产的劳动产品不仅不属于自己，而且他们无法根据自己的爱好和意愿去选择自己的劳动，只能听从资产阶级对他们的指挥和安排，才能拥有出卖劳动力的机会。对于个人而言，无产阶级生产的财富越多，他自己就越贫穷。对于阶级而言，无产阶级生产的影响和规模越大，他们的劳动力就会越变成廉价的商品。商品世界的增殖导致人的劳动力的贬值。更重要的是，无产阶级的劳动异化不仅表现在生产结果上，更表现在整个生产过程中。"他在自己的劳动中不是肯定自己，而是否定自己，不是感到幸福，而是感到不幸，不是自由地发挥自己的体力和智力，而是使自己的肉体受折磨、精神遭摧残。"⑤ 所以，无产阶级只有在劳动过程之外才能感受到舒畅和自由。无产阶级在劳动过程中无法满足自己作为

① 《马克思恩格斯文集》第1卷，人民出版社2009年版，第183页。
② 《马克思恩格斯文集》第1卷，人民出版社2009年版，第152页。
③ 《马克思恩格斯文集》第1卷，人民出版社2009年版，第152页。
④ 《马克思恩格斯文集》第1卷，人民出版社2009年版，第157页。
⑤ 《马克思恩格斯文集》第1卷，人民出版社2009年版，第159页。

人的需要，他们进行劳动只是把它当成满足劳动以外的其他需要的一种手段。无产阶级的悲惨遭遇是异化劳动在资本主义社会中最集中、最直接的表现。实际上，资产阶级虽然是异化劳动的受益者，但异化劳动也给他们带来了扭曲的生产方式和生活方式。资产阶级充当着"资本的灵魂"，他们是为资本无限增殖而服务的永动机，缺乏自己作为独立社会个体的自我意识和自由意志。可以说，异化劳动导致人与自己的类本质、劳动产品、劳动过程以及他人都处于全面异化的状态之中。为了消除资本主义私有制给人带来的劳动异化，马克思要求共产主义成为"被扬弃了的私有财产的积极表现"[1]，也是为了从消灭资本主义私有制着手，彻底消灭造成"死的物质对人的完全统治"[2] 的社会根源和物质基础。

共产主义积极扬弃私有财产，是在更高级的社会生产力发展水平上对私有财产作出"否定之否定"。马克思所说的"共产主义是被扬弃了的私有财产的积极表现"[3]，并不是简单地对私有财产进行否定，也不是回到从"想象的最低限度出发的平均主义"[4]，更不是"对整个文化和文明的世界的抽象否定"[5]，而是根据私有财产的内在本质对其进行批判式和革命式的反思超越。马克思在批判"粗鄙的共产主义"时曾提到，"粗鄙的共产主义"要求实现平均主义的欲望。"粗鄙的共产主义"虽然已经认识到自己是"人的自我异化的扬弃"，但是由于它不了解私有财产的积极本质，也不了解满足人的需要应该考虑到的人的本质，所以它只是停留在私有财产这一概念的表面含义上，受到它的表面含义的束缚和限制。"粗鄙的共产主义"不过是私有财产卑鄙性的一种表现，实际上也是对私有财产的积极肯定。可以说，"粗鄙的共产主义"不会

① 《马克思恩格斯文集》第1卷，人民出版社2009年版，第183页。
② 《马克思恩格斯文集》第1卷，人民出版社2009年版，第152页。
③ 《马克思恩格斯文集》第1卷，人民出版社2009年版，第183页。
④ 《马克思恩格斯文集》第1卷，人民出版社2009年版，第184页。
⑤ 《马克思恩格斯文集》第1卷，人民出版社2009年版，第184页。

消除异化劳动造成的任何灾难性后果，反而会把资本主义社会引向"从来没有达到私有财产的水平——的非自然的简单状态的倒退"①。所以，共产主义要想成为"被扬弃了的私有财产的积极表现"②，它既要克服以"异化的形式"存在的、导致异化劳动存在的私有财产，又要"归还真正人的生命即人的财产"③，也就是保留具有"积极本质"的、合乎"人的本性"的私有财产，从而建立起"私有财产对真正人的和社会的财产的关系"④。

2. 人的一切感觉和特性的彻底解放

马克思在《1844年经济学哲学手稿》中，把共产主义对私有财产的积极的扬弃，也视为"人的一切感觉和特性的彻底解放"⑤。因为人的一切感觉和特性都是在人的劳动中产生的。资本主义私有制使人的劳动变成异化劳动，人的一切感觉和特性在异化劳动中受到严重束缚。马克思认为，共产主义应当通过对私有财产的积极的扬弃，使人的一切感觉和特性无论在主体上还是在客体上都成为人的自由生命体验。马克思认为："一个种的整体特性、种的类特性就在于生命活动的性质，而自由的有意识的活动恰恰就是人的类特性。"⑥ 人的"自由的有意识的活动"这种类特性构成了人与动物的根本区别。动物与自己的劳动对象是直接统一的，它只能按照自己所属的那个种的尺度和需要对劳动对象进行改造。而人却能够发挥自己的类特性，按照任何一个种的尺度来进行生产，并且能够处处都把劳动对象自身所固有的尺度运用于劳动对

① 《马克思恩格斯文集》第1卷，人民出版社2009年版，第184页。
② 《马克思恩格斯文集》第1卷，人民出版社2009年版，第183页。
③ 《马克思恩格斯文集》第1卷，人民出版社2009年版，第216页。
④ 《马克思恩格斯文集》第1卷，人民出版社2009年版，第167页。
⑤ 《马克思恩格斯文集》第1卷，人民出版社2009年版，第190页。
⑥ 《马克思恩格斯文集》第1卷，人民出版社2009年版，第162页。

象。正是在这个意义上，"人也按照美的规律来构造"①。人在改造对象
世界的过程中，充分证明了自己是类存在物的本质属性。人在这一过程
中，不仅在自己的意识中使自己反观自身，而且在自己所创造的世界中
能动地、现实地使自己二重化。通过人的能动的类生活，自然界不仅表
现为人的作品，而且也表现为人的现实。资本主义私有制夺去了无产阶
级的生产对象，也就等同于夺去了无产阶级的类生活，使无产阶级无法
按照自己的类特性去进行生产生活。在这种普遍的社会现实中，人变成
了对自己来说是异己的和非人的对象，他的现实化表现为他的非现
实化。

　　马克思认为，共产主义会彻底解放人的一切感觉和特性，根本目的
在于帮助人在"对象性的、现实的、活生生的存在的独特方式"② 中拓
展人的感性的主体性和丰富性。这种占有方式不是简单地理解为人直接
拥有自己生产的产品，也不是人在自己生产的产品中获得直接的、片面
的、单一的享受，而是人能够以一种"全面的方式"，并且作为一个
"完整的人"来占有自己的"全面的本质"。马克思在《1844 年经济学
哲学手稿》中列举了"视觉、听觉、嗅觉、味觉、触觉、思维、直观、
情感、愿望、活动、爱"③ 都是人对世界建立起来的对象性关系。这些
对象性关系不仅能证明人通过自己同对象的关系建立起人对对象的占有
和对自己的现实的占有，而且能证明人的感性规定和现实活动都是多种
多样的。异化劳动使得人与世界建立起来的对象性关系是单一的和匮乏
的，而且使得人的一切感觉和特性都不能按照人的自由自觉的类本质去
全面发展。所以，共产主义应当使人从他自己多种多样的生产劳动中产
生出他的内在丰富性。马克思认为，挣脱了私有财产制约的生产劳动
"是人的能动和人的受动，因为按人的方式来理解的受动，是人的一种

① 《马克思恩格斯文集》第 1 卷，人民出版社 2009 年版，第 163 页。
② 《马克思恩格斯文集》第 1 卷，人民出版社 2009 年版，第 191 页。
③ 《马克思恩格斯文集》第 1 卷，人民出版社 2009 年版，第 189 页。

自我享受"①。在马克思看来,"任何解放都是使人的世界即各种关系回归于人自身"②。所以,共产主义要求使"人的一切感觉和特性得到彻底解放,就是为了帮助人在自己的生产劳动中创造出同人的本质,乃至对象世界的本质的全部丰富性相适应的人的一切感觉和特性,使人在主动创造的物质事实中获得对象化的完整体验和自我享受。

3. 通过人并且为了人而对人的本质的真正占有

马克思在《1844 年经济学哲学手稿》中写道:"共产主义是对私有财产即人的自我异化的积极的扬弃,因而是通过人并且为了人而对人的本质的真正占有。"③ 可见,共产主义想要实现"对人的本质的真正占有",它的原则立场在于"为了人",它的方法路径在于"通过人"。这种"对人的本质的真正占有",也是向人自身和向人在社会关系中"合乎人性的人的复归"④。同时,这种复归是"完全的复归",是在"以往发展的全部财富的范围内实现的复归"⑤。也就是说,这种复归是有条件、有范围、有限度的,所以它也是人的本质在社会财富创造和积累的历史过程中的现实生成。马克思之所以强调共产主义是"通过人并且为了人而对人的本质的真正占有"⑥,关键在于共产主义是以人为本的社会历史运动。追寻"人的本质"是西方哲学思想的永恒命题,也是人的自由解放的终极关怀。西方社会自文艺复兴以来,高扬人的价值,试图以人文主义和人道主义来对抗上帝的绝对权威和至高无上地位。虽然资本主义意识形态尤为强调人的尊严和人的权利,但在资本主义生产关系中,人并不是目的和意义,而是手段和工具。马克思在《〈黑格尔法哲

---

① 《马克思恩格斯文集》第 1 卷,人民出版社 2009 年版,第 189 页。
② 《马克思恩格斯文集》第 1 卷,人民出版社 2009 年版,第 46 页。
③ 《马克思恩格斯文集》第 1 卷,人民出版社 2009 年版,第 185 页。
④ 《马克思恩格斯文集》第 1 卷,人民出版社 2009 年版,第 185 页。
⑤ 《马克思恩格斯文集》第 1 卷,人民出版社 2009 年版,第 185 页。
⑥ 《马克思恩格斯文集》第 1 卷,人民出版社 2009 年版,第 185 页。

学批判〉导言》中指出，"因为人的本质不具有真正的现实性"①，所以无论资本主义意识形态对"人的本质"理解得多么复杂深奥、蛊惑人心，资本主义的剥削本性却只允许"人的本质在幻想中的实现"②。在共产主义的以人为本理念中，"人的本质"不是设定出来的，而是创造出来的。人在确证自己存在本质的生命活动中，不仅创造了有意义的生活和生活的意义，也敞开了人自身存在的实践观点、生命态度和可能前景。

在共产主义积极扬弃私有财产的社会历史过程中，人生成并确证着自己的存在本质，发展着"人的本质"的丰富性、普遍性和可能性。共产主义并不给人类社会设定某个狭隘的存在状态，也不给人的本质规定某种先验的本质结构，然后企图通过扬弃私有财产，使人类社会和人的本质回归到预先设定的存在状态或本质结构之中。马克思认为，共产主义能够使人类社会和人的本质作为现实性的存在以合乎客观规律的方式自由发展。在共产主义积极扬弃私有财产的过程中，人类社会和人的本质都能够根据现有历史条件积极地生成、发展并超越自己的现实样态。马克思指出，私有财产不过是以物质的、直接的感性存在，表现了"异化了的人的生命"③。私有财产是迄今为止社会全部生产活动的感性展现，宗教、国家、法、道德等意识形态内容不过是受社会生产支配的一些特殊方式。经济的异化发生在"现实领域"，意识形态的异化则发生在"意识领域"和"人的内心领域"。共产主义要想对私有财产进行积极的扬弃，要想帮助人实现对自己生命的全面占有，要想使人类社会和人的本质能够按照自身的全部丰富性得到现实生成，共产主义运动则要在"观念的生活"和"现实的生活"两个领域来共同进行。马克思认为，不同民族在这两个领域发生的人的自我异化问题是各不相同的。对

①《马克思恩格斯文集》第 1 卷，人民出版社 2009 年版，第 3 页。
②《马克思恩格斯文集》第 1 卷，人民出版社 2009 年版，第 3 页。
③《马克思恩格斯文集》第 1 卷，人民出版社 2009 年版，第 186 页。

经济的异化或意识形态的异化要从哪个领域开始，则应当根据一个民族真正的、公认的生活主要是在哪个领域进行来判断。共产主义对私有财产即人的自我异化的积极扬弃，不仅会在正在生成的社会现实中发现其所需要的全部材料，而且会在已经生成的社会创造者身上找到体现人的本质的那种全面丰富性。也就是说，共产主义在通过人积极地扬弃私有财产的同时，也在创造着"具有丰富的、全面而深刻的感觉的人"①。同时，马克思指出："理论的对立本身的解决，只有通过实践方式，只有借助于人的实践力量，才是可能的。"② 共产主义使人的本质在积极扬弃私有财产的过程中得到现实生成，这是一个在社会发展状态中使人的主观和客观、能动与受动、思想和行为等矛盾从对立走向统一的过程，这种对立的解决不只是认识的任务，更是现实生活的任务。所以需要通过实践方式，借助人的实践力量去真正地改变人的现实生活，才有可能逐步解决这种对立。

二、现实运动

马克思、恩格斯在《德意志意识形态》中指出："共产主义对我们来说不是应当确立的状况，不是现实应当与之相适应的理想。我们所称为共产主义的是那种消灭现存状况的现实的运动。"③ 这个经典论断从现实运动的角度为我们揭示了共产主义的本质特征。思想政治教育在向无产阶级宣传和阐释共产主义的过程中，应当强调共产主义的现实性、历史性和过程性，引导无产阶级认识到共产主义不是遥不可及的未来理想，而是"消灭现存状况的现实的运动"，要帮助无产阶级一切从实际出发，根据现有的社会条件和现实情况不断把共产主义运动推向前进。

---

① 《马克思恩格斯文集》第 1 卷，人民出版社 2009 年版，第 192 页。
② 《马克思恩格斯文集》第 1 卷，人民出版社 2009 年版，第 192 页。
③ 《马克思恩格斯文集》第 1 卷，人民出版社 2009 年版，第 539 页。

结合马克思恩格斯经典文本中与之相关的论述，我们能够更进一步挖掘出共产主义作为一种"消灭现存状况的现实的运动"所呈现出来的历史进程、当前形势和社会力量。

1. 不是应当确立的状况

马克思在《1844 年经济学哲学手稿》中强调，既然共产主义是对私有财产即人的自我异化作出的积极的扬弃，那么共产主义也是一种对现实情况的"否定的否定的肯定"①。马克思从世界历史高度阐述了共产主义是"人的解放和复原的一个现实的、对下一段历史发展来说是必然的环节"②，也是"最近将来的必然的形态和有效的原则"③。但是，共产主义作为下一个历史发展阶段的必然环节、趋向形态和有效原则，并不是说共产主义是已经准确规定好了的人类发展目标，也不是已经具体描绘出来的人类社会形态，而是仅仅根据人的解放的客观需要和历史条件，为人类社会预示的未来发展的必然趋势和现实方向。马克思认为，整个世界历史是人通过自己的劳动而形成和发展的过程。人在自己劳动的亲身体验中，自然会获得他关于世界历史是如何诞生和形成的最直观的、无可辩驳的证明。关于私有财产造成的劳动异化凌驾在人和自然界之上的问题，已经成为人的生产生活中可以通过感觉直观的实际问题。可以说，世界历史形成和发展的过程，正是共产主义现实产生的过程。人能够从中寻找到共产主义作为一种经验性存在的现实活动。同时，在共产主义运动中，人的思维着的意识又会展开自身的"被理解和被认识到的生成运动"④，进而形成共产主义思想。可以看出，共产主义运动和共产主义思想都是在世界历史的发展过程中不断形成和发展

① 《马克思恩格斯文集》第 1 卷，人民出版社 2009 年版，第 197 页。
② 《马克思恩格斯文集》第 1 卷，人民出版社 2009 年版，第 197 页。
③ 《马克思恩格斯文集》第 1 卷，人民出版社 2009 年版，第 197 页。
④ 《马克思恩格斯文集》第 1 卷，人民出版社 2009 年版，第 186 页。

的。如果想要在现存的事物中寻找共产主义的历史证明，或者从发展着
的现实运动中抽出个别环节，把它们作为共产主义的纯粹的、固定的和
抽象的表现形式，那么这种做法往往会在共产主义发展着的历史运动中
得到与之相矛盾的回答。马克思称这种做法是"对本质的奢求"①。实
际上，共产主义运动"必然在私有财产的运动中，即在经济的运动中，
为自己既找到经验的基础，也找到理论的基础"②。

循此逻辑，马克思、恩格斯在《德意志意识形态》中通过系统阐释
人类社会从"历史向世界历史的转变"③ 过程，揭示了共产主义运动形
成和发展的两个实际前提。一方面，私有财产造成的人的自我异化要成
为"一种不堪忍受的力量"，也就是成为必须通过革命加以彻底反对的
力量。这个革命主体源自资本主义私有制把社会上绝大多数人变成了完
全没有财产的人，他们与"有钱又有教养"的世界处于全面对立的状态
之中。另一方面，社会生产力能够实现巨大增长和高度发展，为人的世
界历史性存在提供必要的物质基础和经济前提。如果没有社会生产力的
巨大增长和高度发展，那么不仅会使人们在极端贫困的情况下为重新争
夺生活必需品，而使全部陈腐污浊的社会消极因素死灰复燃，而且会使
人们依旧局限在自己的地域性存在中，而无法建立起普遍的社会交往。
然而，人们只有建立起普遍的社会交往，才能把所有民族对现存社会关
系的变革广泛联系起来，发展成为消灭现存状况的共产主义运动。
马克思、恩格斯认为，无产阶级只有在世界历史意义上才能存在，共产
主义运动作为无产阶级的事业，也同样只有成为世界历史性的存在才有
可能胜利。

资本主义私有制的扩张性、侵蚀性和顽固性决定了共产主义运动注
定是一个波浪式前进的曲折过程。马克思在《1844年经济学哲学手稿》

---

① 《马克思恩格斯文集》第 1 卷，人民出版社 2009 年版，第 186 页
② 《马克思恩格斯文集》第 1 卷，人民出版社 2009 年版，第 186 页。
③ 《马克思恩格斯文集》第 1 卷，人民出版社 2009 年版，第 541 页。

中也提到："历史将会带来这种共产主义行动，而我们在思想中已经认识到的那正在进行自我扬弃的运动，在现实中将经历一个极其艰难而漫长的过程。"① 因为私有财产对人的生命现实造成的异化是不断发生的，人们越是感受到这种异化的存在，它越是会发展成为奴役人的更大异化。所以，现实的共产主义运动在扬弃现实的私有财产的过程中，必定会遇到越来越大的阻力和障碍，也会经历一个"极其艰难而漫长的过程"。马克思认为，如果能够清楚地意识到共产主义运动的"局限性和目的"，那么也会形成一种"超越历史运动的意识"，这种意识并不是忽视历史客观发展的思辨意识，而是在对共产主义运动的"局限性和目的"有了准确分析和理性把握的基础上，依然在现实中把共产主义运动坚定地推进下去的革命精神，这样才可以被视为一种超越现实之上的"现实的进步"②。

2. 不是教条，而是运动

恩格斯在《共产主义者和卡尔·海因岑》中批判了大张旗鼓与共产主义者进行论战的小资产阶级民主派人士卡尔·海因岑。海因岑认为，共产主义的核心就是废除私有财产，并且要求共产主义必须把废除私有财产和共同利用人间财富作为自己的原则。恩格斯揭露了海因岑这种异想天开的想法，不过是把共产主义当成一种从一定的理论原则出发并由此得出最终结论的教义。虽然废除私有财产是无产阶级获得解放的必要条件，但废除私有财产不应当成为解释共产主义的抽象教义，更不应当成为框定共产主义的既定原则。恩格斯对此指出："共产主义不是教义，而是运动。它不是从原则出发，而是从事实出发。"③ 恩格斯强调，共产主义作为一种从事实出发的现实运动，它的产生是由于大工业引发的

---

① 《马克思恩格斯文集》第 1 卷，人民出版社 2009 年版，第 232 页。
② 《马克思恩格斯文集》第 1 卷，人民出版社 2009 年版，第 232 页。
③ 《马克思恩格斯文集》第 1 卷，人民出版社 2009 年版，第 672 页。

社会变革、世界市场建立的普遍交往、商业竞争形成的贸易垄断以及贫富差距造成的阶级对立等多个方面的现实因素共同决定的。如果海因岑把废除私有财产同废除私有财产本身需要的社会条件分离开来，如果他把废除私有财产脱离于现实世界的一切社会联系，那么他所要求的废除私有财产不过是"蛰居书斋而产生的臆想"和"纯粹的空谈"，不能产生任何实际效果，也不能给共产主义运动向前发展提供任何有利的主观条件和客观因素。

恩格斯揭露了海因岑之所以会犯把共产主义当作教义和原则的这种错误，主要在于海因岑虽然认识到私有财产对人造成的本质异化，但他不了解也不想去研究私有财产在不同国家中对这个国家的人民产生的实际影响是什么，更不想由此制定出切实可行的进步措施和发展方式来改变这一现状。海因岑主张立即建立德意志共和国，但他甚至不了解德国各个阶级之间的错综复杂关系，也不清楚德国各个阶级与政府之间的错综复杂关系。恩格斯批判海因岑的这种幼稚想法不是使自己制定的政策去适应德国的发展进程，而是要求德国的发展进程来适应自己制定的政策。他甚至讽刺共产主义者从社会的"工业、农业、商业和交通工具的发展中"提出的进步措施是一种任意编造出来的改善世界的庸俗幻想。恩格斯批判海因岑丝毫不考虑自己建议的现实可能性，因为海因岑并不想根据工业领域的各种必然规律来改变现状，而只是力求通过凭空臆想的法令去改变现状。恩格斯指出："难道一个头脑多少还正常的人会异想天开地认为人民对这类政治说教和训诫将予以丝毫重视吗？"① 海因岑既不经过冷静思考，也不顾及实际情况，拿这种十分任性的无理要求去鼓动德国人民进行革命，自然不会引起任何政治上和社会上的反响与关注。恩格斯认为，只要大工业的发展水平还不足以使自己完全挣脱私有财产的羁绊，那么大工业中就不会有除了资本主义私有制以外的其他

---

① 《马克思恩格斯文集》第 1 卷，人民出版社 2009 年版，第 660 页。

所有制关系存在。正如马克思、恩格斯在《德意志意识形态》中所说的那样："'解放'是一种历史活动，不是思想活动。"① 无产阶级乃至广大人民群众的普遍解放，只能由工业状况、商业状况、农业状况、交往状况等促成的历史条件发生了物质性变革才会具有实际可能。

3. 带着它脱胎出来的那个旧社会的痕迹

人们总是在"直接碰到的、既定的、从过去继承下来的"② 物质生活条件中开展接下来的生产生活。共产主义作为不断消灭现存状况的现实运动，它既没有一个预先设定的明确目标，也没有一个具体描绘的社会样态，只有从客观事实出发，在现有的社会条件基础之上才能把这种现实运动推向前进。马克思在《哥达纲领批判》中指出，共产主义运动既然是对资本主义私有制的超越性变革，那么共产主义社会也必定是从资本主义社会中产生出来的，它必定"在各方面，在经济、道德和精神方面都还带着它脱胎出来的那个旧社会的痕迹"③。在这里，马克思明确了共产主义社会不是在自身基础上建立起来的一种崭新的社会样态，而是在资本主义社会基础上建立起来的，各个方面都带着资本主义社会痕迹的社会样态。马克思认为，共产主义社会的第一阶段是"在经过长久阵痛刚刚从资本主义社会产生出来的"④，所以它带有资本主义社会的一切痕迹和弊病都是不可避免的。共产主义运动与任何社会运动一样，都不能提出超出这个社会经济结构及其文明形态所能承受范围的权利和要求。

马克思并不是要否定共产主义运动能够实现对资本主义私有制超越性变革的彻底性和全面性，而是再一次阐明共产主义运动的现实性和历

---

① 《马克思恩格斯文集》第 1 卷，人民出版社 2009 年版，第 527 页。
② 《马克思恩格斯文集》第 2 卷，人民出版社 2009 年版，第 470—471 页。
③ 《马克思恩格斯文集》第 3 卷，人民出版社 2009 年版，第 434 页。
④ 《马克思恩格斯文集》第 3 卷，人民出版社 2009 年版，第 435 页。

史性。只有现实的共产主义运动通过积极地扬弃资本主义私有制，从而对资本主义社会作出了现实的、普遍的和具体的改变，才能使资本主义社会各个方面都向着共产主义社会的发展样态过渡和转化。共产主义运动对前人创造的所有社会成果都能自觉地加以利用，这是共产主义运动与其他社会运动在社会改造方式方面最根本的区别。马克思、恩格斯在《德意志意识形态》中提到："共产主义和所有过去的运动不同的地方在于：它推翻一切旧的生产关系和交往关系的基础，并且第一次自觉地把一切自发形成的前提看做是前人的创造，消除这些前提的自发性，使这些前提受联合起来的个人的支配。"① 也就是说，共产主义运动从来不把现存社会的生产关系和交往关系当作自身运动的障碍和桎梏，而是看作自身运动的前提和基础。这也能够说明共产主义运动比以往所有社会运动的先进之处在于它能够自觉运用前人创造的所有社会成果，并且根据现存社会生产力发展的客观需要来消除前人在创造所有社会成果时生产关系和交往关系带有的自发性和盲目性，进而使所有社会成果能够自觉地被联合起来的全体社会成员所支配。也正是通过共产主义运动，前人创造的所有社会成果才能变成全体社会成员联合起来的物质条件。

　　马克思、恩格斯在阐述共产主义运动要不断消灭资本主义私有制造成的现存状况的同时，时刻强调必须注意到资本主义私有制对共产主义运动的深入发展起到的现实推动作用。恩格斯在《卡·马克思〈资本论〉第一卷书评——为〈民主周报〉作》中写道："正像马克思尖锐地着重指出资本主义生产的各个坏的方面一样，同时他也明白地证明这一社会形式是使社会生产力发展到很高水平所必需的：在这个水平上，社会全体成员的平等的、合乎人的尊严的发展，才有可能。"② 也就是说，没有资本主义私有制对社会生产力发展的巨大推动，社会生产力就无法依靠其他生产方式达到共产主义运动能够加以自觉改造的发展水平，而

① 《马克思恩格斯文集》第 1 卷，人民出版社 2009 年版，第 574 页。
② 《马克思恩格斯文集》第 3 卷，人民出版社 2009 年版，第 87 页。

这个发展水平是使社会全体成员实现"平等的、合乎人的尊严的发展"的必要条件。马克思在《政治经济学批判（1857—1858 年手稿）》中专门论述了"资本的历史使命"。在马克思看来，"资本的伟大的历史方面就是创造这种剩余劳动"①。这种剩余劳动虽然从劳动力的交换价值方面来看是多余劳动，但是，一旦当剩余劳动突破它本身的所有制关系，从而能够满足人们普遍的生活需要时，它将会实现完整意义上的社会价值。同时，一旦资本无止境的致富欲望促使社会生产力发展达到人们只用较少劳动时间就能占有普遍财富的程度，人们也会利用更为科学的方式对待自己日益完善的再生产过程。在这样的社会生产条件下，资本主义私有制就完成了自己的历史使命，从而让位给更高级的、更适合社会生产力发展水平的共产主义生产方式。

三、解放学说

恩格斯在《共产主义原理》中回答的第一个问题是："什么是共产主义"："共产主义是关于无产阶级解放的条件的学说。"② 这篇经典文本是恩格斯为共产主义者同盟撰写的纲领性草案。从恩格斯对这个问题的回答中不仅可以看到理解共产主义的本质内涵对于建立共产主义者同盟乃至开展无产阶级革命的重要意义，而且可以看到共产主义作为一种现实运动必须从理论层面加以总结、凝练和提升，最终形成"关于无产阶级解放的条件的学说"③，才能为无产阶级革命指明前进的目标、方向和道路。无产阶级承担着开展共产主义运动的历史使命，无产阶级也只有通过开展共产主义运动才能使自己和全人类获得解放。思想政治教育在向无产阶级宣传和阐释共产主义的过程中，不仅应当引导无产阶级

① 《马克思恩格斯文集》第 8 卷，人民出版社 2009 年版，第 69 页。
② 《马克思恩格斯文集》第 1 卷，人民出版社 2009 年版，第 676 页。
③ 《马克思恩格斯文集》第 1 卷，人民出版社 2009 年版，第 676 页。

从社会生产和社会发展的普遍意义上理解共产主义，还应当从无产阶级如何使自身获得解放这个层面来理解共产主义。无产阶级只有在共产主义运动中具体、现实和客观地为自身获得解放来创造历史条件，才能真正把无产阶级运动不断推向前进。

1. 通过工人解放这种政治形式来表现

马克思在《1844年经济学哲学手稿》中通过深刻剖析异化劳动与私有财产之间的关系问题，得出了这样的结论："社会从私有财产等等解放出来、从奴役制解放出来，是通过工人解放这种政治形式来表现的。"[①] 共产主义运动是无产阶级解放的政治形式。因为在资本主义私有制造成的异化劳动中，虽然每个人都处于与自己的本质相异化的状态，但作为异化劳动的剥削者，资产阶级在异化劳动中感受到的是快乐和享受，从资产阶级的阶级立场出发，资产阶级自然不希望通过开展共产主义运动来推翻资本主义私有制。作为异化劳动的被剥削者，无产阶级是以私有财产的对立面出现的，只有无产阶级在异化劳动中从自己的类本质、劳动产品、劳动过程到与他人关系等各个方面都被全面异化。整个资本主义社会要想不再受到私有财产的任何束缚，所有阶级要想从异化劳动中彻底解放出来，只有通过无产阶级获得解放才能实现。同时，无产阶级只有使所有阶级都获得解放，才能最终使自己获得解放。马克思提到，无产阶级的解放不仅仅是专属于一个阶级的解放，而是包含了"普遍的人的解放"。可以说，整个资本主义社会中的奴役制就包含在无产阶级与资本主义私有制的关系之中，而其他阶级在异化劳动中所承受的奴役不过是以无产阶级与资本主义私有制的关系为基础而进一步变形所产生的后果而已。

共产主义运动既包括采取暴力手段推翻资产阶级政权，也包括采取

---

① 《马克思恩格斯文集》第1卷，人民出版社2009年版，第167页。

改革手段建设无产阶级专政的社会主义国家。马克思在《哥达纲领批判》中阐述了"在资本主义社会和共产主义社会之间，有一个从前者变为后者的革命转变时期。同这个时期相适应的也有一个政治上的过渡时期，这个时期的国家只能是无产阶级的革命专政。"① 也就是说，无产阶级不可能在推翻资本主义社会之后直接建立共产主义社会，在二者之间需要有一个承接过渡的历史转变时期。无产阶级要想通过共产主义运动最终实现解放，那么首先需要从资产阶级手中夺取政权，建立无产阶级专政的社会主义国家，为人类社会从资本主义社会过渡到共产主义社会奠定必要的社会基础和准备充分的物质条件。马克思在《1848年至1850年的法兰西阶级斗争》中指出，六月革命中的法国无产阶级"要在资产阶级共和国范围内稍微改善一下自己的处境只是一种空想，这种空想要企图加以实现，就会成为罪行"②。马克思评价六月革命是无产阶级向资产阶级展开的第一次伟大战斗。在六月革命中，马克思根据是否想消灭资本主义私有制这个基本原则，把无产阶级革命中的社会主义理论分为"革命的社会主义"和"空论的社会主义"。马克思认为，空论的社会主义要求在资本主义私有制的范围内改善无产阶级的生活处境，这种不切实际的抽象理论只有在共产主义运动没有发展成为"自由的历史的自主运动"时，才是无产阶级的理论表现，它把资本主义社会理想化为一幅没有阴暗面的现代社会图画，不顾资本主义社会的现实条件而力求实现自己的抽象理论。当无产阶级识破这种空论的社会主义不过是小资产阶级之间的党派之争，并不会对共产主义运动产生任何实质性的推动作用以后，无产阶级就日益团结在革命的社会主义周围，革命的社会主义提出了共产主义运动的响亮口号："推翻资产阶级！工人阶级专政！"③ 革命的社会主义宣布，无产阶级必须对资产阶级进行"不

---

① 《马克思恩格斯文集》第3卷，人民出版社2009年版，第445页。
② 《马克思恩格斯文集》第2卷，人民出版社2009年版，第103页。
③ 《马克思恩格斯文集》第2卷，人民出版社2009年版，第104页。

断革命"，必须实现"无产阶级专政"。因为只有"无产阶级专政"才能铺就从资本主义社会通往共产主义社会的现实桥梁，这个现实桥梁是达到消灭一切阶级差别所由产生的生产关系、和这些生产关系相适应的社会关系以及由这些社会关系产生出来的社会观念，从而真正消灭一切阶级差别的必经阶段。

2. 无产阶级解放的条件的理论概括

恩格斯在《共产主义者和卡尔·海因岑》中批判了海因岑把共产主义当作以废除私有财产为核心原则的抽象教条以后，阐明了共产主义是一种从事实出发的现实运动。恩格斯认为，共产主义运动是在无产阶级和资产阶级之间展开的阶级斗争，力求通过无产阶级推翻资产阶级的统治地位，进而实现对私有财产的积极的扬弃。同时，共产主义运动还需要以理论样态呈现出无产阶级在这场斗争中的基本立场、观点和方法，并且把无产阶级在共产主义运动中获得的革命经验进一步升华为"无产阶级解放的条件的理论概括"①，用以指导不断发展着的无产阶级革命实践。

共产主义作为"无产阶级解放的条件的理论概括"②，必须鲜明地反映出无产阶级的阶级立场。恩格斯在《英国工人阶级状况》中解释过，虽然共产主义的最终目的在于把连同资产阶级在内的所有社会成员从资本主义私有制的狭隘关系中彻底解放出来，但是，谁要是反对把共产主义看作一种"单纯的工人阶级的党派性学说"③，在实践中一定会给共产主义运动带来非常消极的负面影响，尽管这种看法只有在抽象的意义上才是正确的。因为，只要资产阶级自身感受不到任何想要变革资本主义私有制的需要，而且还竭力反对无产阶级推翻资本主义私有制，

① 《马克思恩格斯文集》第 1 卷，人民出版社 2009 年版，第 672 页。
② 《马克思恩格斯文集》第 1 卷，人民出版社 2009 年版，第 672 页。
③ 《马克思恩格斯文集》第 1 卷，人民出版社 2009 年版，第 370 页。

那么，无产阶级就应当不顾其他阶级的反对和阻碍，单独地准备和进行共产主义运动。在恩格斯看来，那些"站在不偏不倚的高高在上的立场向工人鼓吹一种凌驾于一切阶级对立和阶级斗争之上的社会主义"① 的人，他们如果不是不了解共产主义运动内容实质，进而还需要多多学习的新手，就是混迹在无产阶级中间"最凶恶的敌人"和"披着羊皮的豺狼"②。所以，共产主义必须坚定地站在无产阶级的阶级立场上面，不能因为共产主义运动想要实现"普遍的人的解放"的最终目标，而模糊或放弃了共产主义运动是从无产阶级利益和原则出发的革命运动。

马克思、恩格斯在《德意志意识形态》中总结了共产主义运动形成发展所需要的基本历史条件：其一，整个资本主义社会的生产力水平已经发展到这样的阶段，在这个阶段上资本主义私有制与生产力发展之间产生了不可调和的矛盾，只能造成严重灾难，这个阶段的生产力对整个资本主义社会而言是一种由机器和货币产生的破坏力量，而不是推动社会进步的生产力量。与此同时，无产阶级必须承担整个资本主义社会的一切重负，却不能享受任何福利，他们被排除在所有社会权利之外，不得不与其他阶级发生最尖锐的冲突。更为重要的是，无产阶级构成了所有社会成员中最广泛的阶级力量，从无产阶级中产生了必须对资本主义私有制实行彻底革命的意识，也就是想要开展共产主义运动的"共产主义思想"。其二，无产阶级在共产主义运动中可以利用的历史条件也是以往统治阶级维系自身统治地位的社会基础。以往统治阶级凭借自身财富优势产生的社会权力，在相应的国家政权中获得意识形态上的观念反映，使得统治阶级能够在社会的精神生产和物质生产中都占据统治地位，以此为无产阶级革命奠定了精神基础和物质基础。其三，迄今为止的一切革命斗争即使推翻了统治阶级，但是始终没有触动社会私有制的根本性质，始终不过是在社会私有制的活动范围内重新向另一个阶级集

---

① 《马克思恩格斯文集》第1卷，人民出版社2009年版，第371页。
② 《马克思恩格斯文集》第1卷，人民出版社2009年版，第371页。

中分配社会财富。共产主义运动则直接针对迄今为止社会私有制的根本性质，要求彻底消灭一切阶级统治和所有阶级存在，无产阶级正是资本主义社会一切阶级和民族走向解体的集中表现。其四，无产阶级的人类解放事业只有在共产主义运动中才能完成，共产主义运动是无产阶级的"共产主义思想"和"实践力量"能够产生的现实源泉。共产主义运动之所以必须存在，关键在于无产阶级没有其他方式能够推翻资产阶级的统治地位，而且无产阶级只有经过共产主义运动的革命锻造才能抛弃自己身上带有的陈旧属性，从而才能胜任推翻资本主义旧世界、建设共产主义新世界的历史使命。

3. 不再意味着凭空设想一种尽可能完善的社会理想

恩格斯在《关于共产主义者同盟的历史》中阐述了自从无产阶级革命发展成为现实的共产主义运动之后，"共产主义现在已经不再意味着凭空设想一种尽可能完善的社会理想，而是意味着深入理解无产阶级所进行的斗争的性质、条件以及由此产生的一般目的"①。因为在无产阶级革命没有发展成为现实的共产主义运动以前，社会上充斥着各种各样关于共产主义的乌托邦幻想，它们凭空设想一种尽可能完善的社会理想，却找不到实现这个尽可能完善的社会理想的合理依据和现实途径。只有无产阶级革命把共产主义变成现实运动以来，无产阶级才在共产主义运动中深入理解到他们想要推翻资本主义私有制这个现实运动的性质是什么，需要满足的条件是什么，能够达到的一般目的是什么，进而可以根据现实运动的发展趋势进一步预示共产主义运动的未来图景。马克思在《法兰西内战》中也提到，随着无产阶级革命变成了现实的共产主义运动，各种曾向无产阶级描述乌托邦幻想的社会主义理论都消逝了。这并不是因为无产阶级放弃了追求乌托邦幻想向他们展示的人类解

---

① 《马克思恩格斯文集》第4卷，人民出版社2009年版，第233页。

放的美好愿景，而是因为无产阶级从现实的共产主义运动中找到了能够实现人类解放美好愿景的途径、手段和方法。马克思说："取代乌托邦的，是对运动的历史条件的真正理解以及工人阶级战斗组织的力量的日益积聚。"① 可以看出，无产阶级只有深入了解共产主义运动的历史条件，并且通过有组织性、凝聚力和战斗力的无产阶级政党来领导革命力量并使其充分释放，才能把人类解放的美好愿景变成真切现实。恩格斯在《论原始基督教的历史》中对共产主义运动也作出过相似表述："这里既没有后世基督教的教义，也没有后世基督教的伦理，但是却有正在进行一场对整个尘世的斗争以及这一斗争必将胜利的感觉，有斗争的渴望和胜利的信心。"② 可以说，在所有受到剥削压迫的群众中，只有无产阶级身上还保持和充满着推翻社会一切剥削压迫的"渴望和信心"，这种"渴望和信心"不是宗教信仰带来的精神麻痹和情感慰藉，而是在现实斗争中通过艰难困苦的锤炼、革命经验的积累和发展趋势的预见不断升华而成的理性信仰，它随着共产主义运动的逐渐推进必定会变得更加强烈和坚定，为共产主义运动注入不竭的精神动力。

马克思、恩格斯在阐释共产主义作为无产阶级革命的理论表现时，通常把其表述为"科学社会主义"。"科学社会主义"更加凸显了无产阶级在开展共产主义运动时把斗争经验总结为规律方法的理论高度。马克思在《巴枯宁〈国家制度和无政府状态〉一书摘要》中写道："'科学社会主义'，也只是为了与空想社会主义相对立才使用，因为空想社会主义力图用新的幻想欺蒙人民，而不是仅仅运用自己的知识去探讨人民自己进行的社会运动。"③ 从这里也可以看出，共产主义之所以是科学的，之所以能够把无产阶级的美好愿景变成真切现实，是因为它能够把无产阶级革命的理论和实践紧密联系起来，深入到理论层面对无

---

① 《马克思恩格斯文集》第 3 卷，人民出版社 2009 年版，第 208 页。
② 《马克思恩格斯文集》第 4 卷，人民出版社 2009 年版，第 487 页。
③ 《马克思恩格斯文集》第 3 卷，人民出版社 2009 年版，第 407 页。

产阶级必然胜利和资产阶级必然灭亡的历史趋势作出规律性分析和方向性引导，从而为无产阶级革命提供实事求是的理论指导和与时俱进的思想路线。马克思、恩格斯在《共产党宣言》中指出：共产党人从无产阶级革命中提炼出来的"这些原理不过是现存的阶级斗争、我们眼前的历史运动的真实关系的一般表述"①。可以说，科学社会主义的理论任务要求共产党人必须从理论层面对资本主义生产方式的各个方面作出正确的思想认识。对于具有这种思想认识的共产党人乃至无产阶级而言，不仅能够在每个具体场合清醒理智地分析和判别应该以何种方式对资产阶级发起进攻，也能够确保自己的每个斗争行为都给予资产阶级政权有力的批判和打击。

四、自由王国

马克思、恩格斯在《共产党宣言》中通过一个经典论断揭示了共产主义社会的未来世界图景："代替那存在着阶级和阶级对立的资产阶级旧社会的，将是这样一个联合体，在那里，每个人的自由发展是一切人的自由发展的条件。"② 后来，恩格斯在写给朱泽培·卡内帕的信中提到，如果要用一句话来表述共产主义社会的未来世界图景，那么他只能选择《共产党宣言》中的这个经典论断。虽然恩格斯进一步解释道，"要用几句话来概括未来新时代的精神"，一定会"坠入空想主义"或者"流于空泛辞藻"③。所以，我们既可以从中体会出恩格斯要求必须全面系统地了解共产主义的本质内涵和发展特质，也可以从中认识到"每个人的自由发展是一切人的自由发展的条件"④ 这个经典论断代表

① 《马克思恩格斯文集》第 2 卷，人民出版社 2009 年版，第 45 页。
② 《马克思恩格斯文集》第 2 卷，人民出版社 2009 年版，第 53 页。
③ 《马克思恩格斯文集》第 10 卷，人民出版社 2009 年版，第 666 页。
④ 《马克思恩格斯文集》第 2 卷，人民出版社 2009 年版，第 53 页。

了马克思、恩格斯对共产主义社会未来图景的唯一清晰概括。

1. 建立真正的共同体

共产主义社会的未来世界图景指向了"每个人的自由发展是一切人自由发展的条件"。生产劳动是人们建构自己的生命和现实，从而使自身获得自由发展的根本方式，所以共产主义社会首先要明确人们应当在什么样的社会条件下，以何种方式进行生产劳动。马克思、恩格斯在《德意志意识形态》中通过梳理人类社会生产劳动的分工方式在不同历史阶段的演进过程，揭示了由于分工的非自愿性产生了社会中特殊利益和共同利益之间的矛盾。为解决这种矛盾，使所有社会成员能够在平稳有序的环境中生产劳动，共同利益才不得不采取国家这种与单个利益和全体利益相脱离的独立形式。国家的独立形式始终建立在每个社会集团现有的血缘联系、语言联系、分工联系以及其他利益联系的现实基础上。在剥削阶级占统治地位的社会中，国家也是维护剥削阶级特殊利益的"虚幻的共同体"。因为"虚幻的共同体"把统治阶级的特殊利益伪装成所有社会成员的共同利益，其不仅掩盖了统治阶级对其他阶级的剥削，而且掩盖了各个阶级之间由于利益冲突导致的真正的斗争。马克思、恩格斯对此解释说："这些始终真正地同共同利益和虚幻的共同利益相对抗的特殊利益所进行的实际斗争，使得通过国家这种虚幻的'普遍'利益来进行实际的干涉和约束成为必要。"① 在马克思、恩格斯看来，只要社会上占统治地位的阶级还持存着与其他阶级相对立的特殊利益，那么社会分工就不是出于自愿，而是自然形成的。在这种情况下，人本身的活动对人来说就是一种异己的、同他对立的力量。虽然资本主义生产方式使这种共同活动产生了一种社会力量，即成倍增长的社会生产力，但是人们的意志和行为在资本主义生产方式中越来越受到这

---

① 《马克思恩格斯文集》第 1 卷，人民出版社 2009 年版，第 537 页。

种社会力量的压迫，却根本无法自由地驾驭这种社会力量。

"真正的共同体"是对"虚幻的共同体"的彻底颠覆。马克思、恩格斯在《德意志意识形态》中指出："在真正的共同体的条件下，各个人在自己的联合中并通过这种联合获得自己的自由。"① 在这里，马克思、恩格斯提到的"真正的共同体"可以理解为共产主义社会在消灭了一切阶级和阶级对立以后，国家这种独立于社会之上的形式也会自行消亡，共产主义社会不再需要国家作为整个社会的代表，帮助某一特殊阶级实现"对生产资料和产品的占有，从而对政治统治、教育垄断和精神领导地位的占有"②。共产主义社会能够为所有社会成员创设出使每个人通过社会联合获得自己全面自由发展的生产劳动方式。马克思、恩格斯认为，个人的生产劳动由于社会分工而转化为社会力量这一现象，不能依靠从人们的头脑中抛开关于这一现象的一般观念这种办法来解决，只能依靠消灭自发的社会分工，进而使个人自觉驾驭由自己的生产劳动而产生的这些社会力量才能解决。马克思、恩格斯提到的消灭社会分工，不是指消灭人们在劳动生产中产生的必要社会交往，而是指消灭由于统治阶级的剥削压迫产生的非自愿性的社会分工。马克思、恩格斯强调："只有在共同体中，个人才能获得全面发展其才能的手段。"③ 人们也只有在共同体中，才能实现个人的自由发展。在共产主义社会创设的"真正的共同体"中，各个人不再隶属于任何一个阶级，而是作为"个人"参与进来的，人们形成了这样一种联合，这种联合不仅使各个人能够占有共产主义社会积累的生产力总和，而且使各个人的劳动生产乃至自由发展置于他们的控制之下。各个人占有共产主义社会积累的生产力总和，不仅是为了实现各个人的自主活动，而且也为了在更根本的意义上保证各个人才能的自由发挥。人们将不再因为互相之间

① 《马克思恩格斯文集》第 1 卷，人民出版社 2009 年版，第 571 页。
② 《马克思恩格斯文集》第 3 卷，人民出版社 2009 年版，第 563 页。
③ 《马克思恩格斯文集》第 1 卷，人民出版社 2009 年版，第 571 页。

的利益冲突而与他人形成对抗关系，人们也将无法把自己在社会生产中必须承担的部分推卸给他人。人们通过"有计划地合作而组织起来的社会去占有"① 社会生产力总和，不仅实现了自己的充分的、不再受限制的自主活动，从而也在最大程度上保证了全体社会成员都能拥有自由发展其才能的手段。

2. 扩大、丰富和提高工人的生活

马克思、恩格斯在《共产党宣言》中描述了共产主义社会中社会生产力与无产阶级乃至广大人民群众的一般关系，他们写道："在共产主义社会里，已经积累起来的劳动只是扩大、丰富和提高工人的生活的一种手段。"② 马克思、恩格斯认为，共产主义运动的基本特征不是废除一般的所有制，而是要废除资本主义私有制，也就是废除极少数人利用社会生产力总和去奴役和压迫绝大多数人的阶级特权。资本是一种社会力量，而不是个人力量，它只有通过社会上绝大多数人的共同劳动，才能运动起来并且积累形成一定规模的社会生产力总和。共产主义运动要把资本转变为全体社会成员的共同财产，并不是要把个人财产直接变成不属于他的社会财产，而是要改变个人财产的社会性质，使它失去自己的阶级性质。个人财产的阶级性质使得私有财产能够强制规定社会生产的内容和形式，由此也把"活的劳动"变成用来"增殖已经积累起来的劳动的一种手段"③。正如马克思、恩格斯在《共产党宣言》中提出的："在资产阶级社会里是过去支配现在，在共产主义社会里是现在支配过去。"④ 在资本主义社会中，具有独立性和个性的是资本，却不是活动着的人。只有在共产主义社会中，活动着的人才能具有独立性和个性，

---

① 《马克思恩格斯文集》第 9 卷，人民出版社 2009 年版，第 157 页。
② 《马克思恩格斯文集》第 2 卷，人民出版社 2009 年版，第 46 页。
③ 《马克思恩格斯文集》第 2 卷，人民出版社 2009 年版，第 46 页。
④ 《马克思恩格斯文集》第 2 卷，人民出版社 2009 年版，第 46 页。

把资本变成扩大、丰富和提高人的生活的手段。

共产主义社会生产方式的系统性、协调性和灵活性，将使得人们的自我发展必须适应不断变换的劳动需要。马克思在《哥达纲领批判》中阐释了在共产主义社会高级阶段，迫使个人奴隶般地从事某一专门劳动的情况一旦消失，脑力劳动和体力劳动的对立也会随之消失。到那时，人们的生产劳动已经不仅仅是维持自己生存的唯一手段，而是变成自己生活本身的第一需要。人们不会再用先前历史阶段的旧有尺度去衡量个人发展的机会和空间，人们也不会囿于在某一种规定性上再生产自己的本质和属性，而是会"按照任何一个种的尺度来进行生产"的同时生产出自身的全面性。随着个人获得全面自由发展，整个社会的生产力水平也会快速增长起来，集体财富一切源泉的充分涌流将会完全超出资产阶级特殊利益的狭隘范围。只有在这时，"社会才能在自己的旗帜上写上：各尽所能，按需分配！"①

在共产主义社会已经实现"各尽所能，按需分配"以后，人们将根据自己的爱好和兴趣去自由选择自己想要从事的生产劳动。马克思、恩格斯在《德意志意识形态》中畅想了共产主义社会中每个人不再被资本主义生产方式所束缚的美好画面："在共产主义社会里，任何人都没有特殊的活动范围，而是都可以在任何部门内发展，社会调节着整个生产，因而使我有可能随自己的兴趣今天干这事，明天干那事，上午打猎，下午捕鱼，傍晚从事畜牧，晚饭后从事批判，这样就不会使我老是一个猎人、渔夫、牧人或批判者。"② 从这段论述中可以发现，在共产主义社会中，每个人都不会被局限在一种特殊的生活范围之内，而且每个人都可以按照自己的自由意志去创造自己的现实生活。可以说，共产主义社会第一次打破了人们社会活动的单一化、模式化和固定化特征，人们的生产劳动创造出来的物质力量不会再成为一种统治着人们，不受

① 《马克思恩格斯文集》第 3 卷，人民出版社 2009 年版，第 436 页。
② 《马克思恩格斯文集》第 1 卷，人民出版社 2009 年版，第 537 页。

人们控制，并且使人们的愿望不能实现的物质力量。人们可以在社会资源可承受范围内有计划地利用全部生产资料。这样，生产劳动就不再是奴役人们的手段，反而变成了解放人们的手段。也只有从这时起，人们的生产劳动才真正从一种痛苦和负担变成一种快乐和享受。

3. 人类从必然王国进入自由王国的飞跃

恩格斯在《社会主义从空想到科学的发展》中论述了人类社会发展到共产主义社会将是一个"人类从必然王国进入自由王国的飞跃"①。恩格斯把"必然王国"视为人类社会还处于受自然规律支配和控制的历史阶段；把"自由王国"视为人类社会能够熟练地运用自然规律，因而使自然规律听从人们支配的历史阶段。恩格斯认为，一旦整个社会占有了所有生产资料，产品身上的商品属性就会消除，产品对生产者的奴役也会随之解除。从前阶级社会中发生在社会生产内部的无政府状态也将会被共产主义社会那种有计划的自觉的生产方式所代替。所有社会成员之间不会再有因为生存需要而引起的斗争冲突。只有在这样的意义上，人们才最终脱离了动物界，彻底摆脱了动物的生存方式，把自身还存在着的动物的生存条件转变为"真正人的生存条件"。这种生存条件的转变意味着人们周围的生活环境不再限制人们的自由发展，而是受到人们的支配和控制。人们能够在迄今为止的社会生活中第一次成为"自然界的自觉的和真正的主人"②。那些对于人们来说一直作为异己的、支配着人的自然规律，不再同人们相对立，而是变成人们改变自身生存环境和生命发展的有利条件，那些一直作为人类历史发展强加于人们现实生活的客观的、异己的力量，也会变成处于人们自己的控制之下，给予人们自由行动的推动力量。恩格斯说，只有从这时起，人们才能完全自觉地按照自己的意志、充分发挥自己的实践力量去创造自己的历史，人们

① 《马克思恩格斯文集》第3卷，人民出版社2009年版，第565页。
② 《马克思恩格斯文集》第3卷，人民出版社2009年版，第564页。

按照预先目的产生的社会行为才会越来越多地达到人们的预期结果。

人类社会从"必然王国"向"自由王国"的不断飞跃是一个漫长而曲折的历史过程。关于这一点，马克思在《法兰西内战》中曾说过：法国无产阶级在建立巴黎公社的革命斗争中已经充分认识到："这一革新的事业将不断地受到各种既得利益和阶级自私心理的抗拒，因而被延缓、被阻挠"①，而且会受到"资本和地产的自然规律的自发作用"② 的干扰和破坏。只有经过社会生产力水平进步所带来的新的历史条件变化，"自由的联合的劳动的社会经济规律"③ 才会代替"资本和地产的自然规律"，成为社会生产中占主导地位的经济规律。而这中间需要经历的漫长发展过程如同"资本和地产的自然规律"在过去历史时期逐渐取代"奴隶制经济规律"和"农奴制经济规律"一样，不是仅仅依靠人们的主观意愿就能马上实现的。但是，无产阶级同样也意识到，他们通过巴黎公社的政治组织形式可以马上把共产主义运动推向前进，在资本主义制度显现出周期性崩溃和混乱以后，无产阶级为他们自己和整个人类社会开始投身于共产主义运动的历史性时刻已经到来了。人类社会从"必然王国"向"自由王国"的不断飞跃，就是要帮助人们从社会生产那里夺走本应属于人的、受人控制的物质力量。根据马克思在《政治经济学批判（1857—1858 年手稿）》中对人们与社会生产之间物质关系的分析可以发现，人们对社会生产最初形成的物质关系是一种完全的依赖关系，这时人类社会所处的"必然王国"是受人们生产能力的限制，在狭小的范围内和孤立的地点上发展起来的。随着社会生产力的发展，人们与社会生产之间的关系变成了"以物的依赖性为基础的人的独立性"④，这一时期人类社会仍处于"必然王国"的发展阶段，人们的

---

① 《马克思恩格斯文集》第 3 卷，人民出版社 2009 年版，第 199 页。
② 《马克思恩格斯文集》第 3 卷，人民出版社 2009 年版，第 199 页。
③ 《马克思恩格斯文集》第 3 卷，人民出版社 2009 年版，第 199 页。
④ 《马克思恩格斯文集》第 8 卷，人民出版社 2009 年版，第 52 页。

生产生活受制于社会生产的盲目性作用。只有发展到共产主义社会，人们才能通过社会生产形成"普遍的社会物质交换、全面的关系、多方面的需要以及全面的能力的体系"①，进入建立在"个人全面发展和他们共同的、社会的生产能力成为从属于他们的社会财富这一基础上的自由个性"② 的"自由王国"。只有从这时起，"人终于成为自己的社会结合的主人，从而也就成为自然界的主人，成为自身的主人——自由的人"③。

"共产主义"是思想政治教育的基本概念。实现共产主义是无产阶级革命的最高追求，也是人类实现自由解放的终极旨归。然而，共产主义不是一个预设目标，不是一个预期状态，也不是一个抽象教条，而是漫长的历史过程，曲折的阶级斗争，动态的社会变革。在这个意义上，共产主义也是一种过程学说和条件学说，共产主义只能根据客观的历史趋势给人类社会发展提供普遍原则。任何离开社会发展现实对共产主义社会的具体规定都注定具有空想成分。马克思、恩格斯强调的共产主义是对资本主义私有制作出的"否定的否定的肯定"，它也是无产阶级革命在实现"普遍的人的解放"的过程中，对下一段历史阶段来说的一个现实的、必然的、客观的发展环节。

中国共产党一百多年的发展历程，是国际共产主义运动的重要组成部分。马克思主义基本原理和中国特色社会主义理论为中国人民勾勒了实现共产主义的理想蓝图，思想政治教育还需要把它升华为构筑"信仰、信念、信心"的坚实信仰体系，推进马克思主义理论从理论体系向信仰体系的承接、递进、转化，铸牢中国人民对马克思主义的信仰，对中国特色社会主义的信念，对实现中华民族伟大复兴中国梦的信心。思

① 《马克思恩格斯文集》第 8 卷，人民出版社 2009 年版，第 52 页。
② 《马克思恩格斯文集》第 8 卷，人民出版社 2009 年版，第 52 页。
③ 《马克思恩格斯文集》第 3 卷，人民出版社 2009 年版，第 566 页。

想政治教育也应把"信仰、信念、信心"作为引导中国人民树立共产主义理想信念的核心点位和重要支撑。

一是把"对马克思主义的信仰"作为引导中国人民树立共产主义理想信念的最高政治统领，帮助中国人民从马克思主义发展史的整体进程中深切领悟共产主义理想信念历久弥新的真理力量，从马克思主义中国化的三次飞跃中全面理解共产主义理想信念的思想精要和发展创新，从当代中国马克思主义、二十一世纪马克思主义的原创性贡献中准确把握共产主义理想信念的时代课题和历史任务。

二是把"对中国特色社会主义的信念"作为引导中国人民树立共产主义理想信念的强大观念支撑，帮助中国人民从党的百年奋斗历程中清醒认知中国特色社会主义道路是中国社会发展的必由之路与全体中国人民的历史选择，从改革开放40多年的伟大变革中辩证把握中国特色社会主义的历史逻辑、理论逻辑、实践逻辑，从党的十八大以来取得的辉煌成就中不断增强道路自信、理论自信、制度自信、文化自信。

三是把"对实现中华民族伟大复兴中国梦的信心"作为引导中国人民树立共产主义理想信念的深厚心理基础，帮助中国人民从中华民族5000多年的悠久文明中深刻感知实现中华民族伟大复兴的美好愿景，从近代以来中华民族从站起来、富起来到强起来的顽强拼搏中切实体会实现中华民族伟大复兴对每一个中华儿女的非凡意义，从党领导中国人民为实现中华民族伟大复兴而进行的伟大实践中深切体会中国共产党人为中国人民谋幸福，为中华民族谋复兴的初心与使命。

总体来看，这既是一个引导中国人民从理论观照现实、聚焦现实、回归现实的过程，也是一个引导中国人民从现实体悟理论、理解理论、掌握理论的过程。在这个过程中，中国人民既能在思想层面不断铸牢自己的共产主义理想信念，也能在实践层面为人类社会从资本主义通达共产主义不断积累条件、积蓄力量。

第五章 实 践

马克思在《1844 年经济学哲学手稿》中指出："理论的对立本身的解决，只有通过实践方式，只有借助于人的实践力量，才是可能的。"①实践是人的存在方式，不同的实践观反映了人们对自身存在的不同理解。马克思主义实践观是马克思主义思想政治教育学的基本概念。可以说，思想政治教育本身就是实践取向的，只有通过实践，才能实现思想政治教育的一切目标愿景、价值理念、使命任务和功能作用。马克思、恩格斯关于实践的相关论述深刻揭示了思想政治教育的哲学原则、主体力量、运动方向和发展规律。

马克思在《关于费尔巴哈的提纲》中首次对实践内涵作出了历史唯物主义的解读："从前的一切唯物主义（包括费尔巴哈的唯物主义）的主要缺点是：对对象、现实、感性，只是从客体的或者直观的形式去理解，而不是把它们当做感性的人的活动，当做实践去理解，不是从主体方面去理解。因此，和唯物主义相反，唯心主义却把能动的方面抽象地发展了，当然，唯心主义是不知道现实的、感性的活动本身的。"② 在这里，马克思指出实践是"感性的人的活动"，是人为了达到自己的目的在客观的现实条件下发挥出来的主观能动性。关于人的思维是否具有客观真理性，这不是一个理论问题，而是一个实践问题。人的思维的客观真理性、现实性和力量以及此岸性，只有在人的实践中才能得到证明。由此，马克思把西方哲学一直忽略的实践，即"感性的人的活动"放置在考察人的思维与客观世界相互关系的核心位置，不仅解构了西方哲学主客体二元对立的形而上学体系，而且发掘出了人的本质和人类社会所共同具有的历史性和社会性，从而为历史唯物主义的建构奠定了坚

---

① 《马克思恩格斯文集》第 1 卷，人民出版社 2009 年版，第 192 页。
② 《马克思恩格斯文集》第 1 卷，人民出版社 2009 年版，第 499 页。

实的社会历史基础。

正如马克思、恩格斯在《德意志意识形态》中所说那样："这种历史观和唯心主义历史观不同，它不是在每个时代中寻找某种范畴，而是始终站在现实历史的基础上，不是从观念出发来解释实践，而是从物质实践出发来解释各种观念形态。"① 历史唯物主义把物质实践作为解释人的思想观念产生、发展和变化的深层根据。为了把人从受压迫的社会现实中解放出来，则必须通过实践的力量来消灭一切导致人受压迫的社会现实以及由此产生的压迫人的思想观念。"历史的动力以及宗教、哲学和任何其他理论的动力是革命，而不是批判。"② 要想实现真正的解放，不能只停留在用哲学去"解释世界"，而是要用实践去"改变世界"。

马克思也用一生去践行了他在"解释世界"的基础上去"改变世界"的革命理念。恩格斯在评价马克思的光辉一生时曾着重强调了马克思的"革命家"身份："马克思首先是一个革命家。他毕生的真正使命，就是以这种或那种方式参加推翻资本主义社会及其所建立的国家设施的事业，参加现代无产阶级的解放事业。"③ 马克思参与的革命实践，都带有坚定的阶级立场、一致的目标追求和鲜明的政治态度，马克思毕生致力于用科学社会主义指导无产阶级革命，使无产阶级不再受资本主义制度的剥削压迫，为无产阶级和广大人民群众谋求自由解放。恩格斯的革命经历也同样如此。马克思、恩格斯把无产阶级革命看作无产阶级和广大人民群众谋求自由解放的根本出路，从思想上、理论上、政治上、组织上和策略上等各个方面为无产阶级革命能够取得胜利做了大量工作。无产阶级的思想政治教育也是在无产阶级革命中应运而生的，无产阶级革命离不开

---

① 《马克思恩格斯文集》第 1 卷，人民出版社 2009 年版，第 544 页。
② 《马克思恩格斯文集》第 1 卷，人民出版社 2009 年版，第 544 页。
③ 《马克思恩格斯文集》第 3 卷，人民出版社 2009 年版，第 602 页。

思想政治教育的启发、教育和引导。

一、原则高度的实践

实践应当表现出什么样的基本特征呢？马克思在《〈黑格尔法哲学批判〉导言》中揭示了实践所应具有的原则高度，体现了实践应当表现出来的基本特征。在这篇文献中，马克思针对德国社会"时代错乱"的现实情况提出了这样一个问题："德国能不能实现有原则高度的实践，即实现一个不但能把德国提高到现代各国的正式水准，而且提高到这些国家最近的将来要达到的人的高度的革命呢？"[①] 在对这个问题的回答中，马克思指出，只有"有原则高度的实践"才能使德国社会摆脱"时代错乱"的现状，甚至把德国提高到现代各国将来要达到的人的高度。在提出这个问题的上一句，马克思说的是只有"实践"这个唯一的解决办法，才能"对德国迄今为止政治意识形式"作出坚决反抗。可以说，对旧社会的政治意识形式作出坚决反抗是思想政治教育的重要工作。思想政治教育的一项重要工作就是批判剥削阶级意识形态，使无产阶级的思想意识从剥削阶级意识形态中解放出来。思想政治教育必须专注于实践这一课题，才能完成这项重要工作。"有原则高度的实践"揭示了这个实践课题的本质内涵，结合马克思恩格斯经典文本中其他相关论述，我们可以分析出"有原则高度的实践"应当具有以下几个方面高度。

1. 人的高度

通过分析马克思恩格斯经典文本可以发现，这种"有原则高度的实践"要具备开展"人的高度的革命"[②] 的人的高度，把"人是人的最高

---

① 《马克思恩格斯文集》第 1 卷，人民出版社 2009 年版，第 11 页。
② 《马克思恩格斯文集》第 1 卷，人民出版社 2009 年版，第 11 页。

本质"① 作为自身的实践立场。马克思在《〈黑格尔法哲学批判〉导言》中明确指出"有原则高度的实践"是代表"人的高度的革命",德国只有立足于"人是人的最高本质"这个理论基础来开展"人的高度的革命",才能实现德国的解放。如果说实现德国的解放是这个文本探讨的核心问题,那么马克思在这个文本中探讨这个核心问题是从批判宗教开始的:"谬误在天国为神所作的雄辩一经驳倒,它在人间的存在就声誉扫地了。"② 因为德国哲学对宗教的批判向德国人民证明了"人创造了宗教,而不是宗教创造人"③。其已经使德国人民意识到,人们在"天国的幻想现实性中"没有找到超人,找到的仅仅是他自身的反映,那么,人们就应该把视线转向人间去寻找"自己的真正现实性"。可以说,宗教不过是一种"颠倒的世界"产生出来的"颠倒的世界意识"④。

人们不是抽象地蛰居于世界之外,而是现实地存在于国家和社会之中。人们之所以需要向宗教去寻求精神抚慰,是因为人们无力反抗在现实世界中遭受的沉重苦难。马克思说:"反宗教的斗争间接地就是反对以宗教为精神抚慰的那个世界的斗争。"⑤ 这就意味着,"反宗教的斗争"不仅要引导人们看透虚幻幸福,而且要帮助人们追求现实幸福;不仅要引导人们打破关于自身处境的幻觉,而且要帮助人们抛弃需要幻觉的处境。所以,反宗教的斗争本身就是实践取向的,它要求人们用批判手段不仅撕碎禁锢人们思想锁链上的虚幻花朵,而且要人们同时扔掉那"没有幻想没有慰藉的锁链",去采摘新鲜花朵,也就是让人们不抱幻想、拥有理智,围绕自身去思考、行动和建立自己的现实。基于此,马克思提出:"对宗教的批判最后归结为人是人的最高本质这样一个学

---

① 《马克思恩格斯文集》第 1 卷,人民出版社 2009 年版,第 11 页。
② 《马克思恩格斯文集》第 1 卷,人民出版社 2009 年版,第 3 页。
③ 《马克思恩格斯文集》第 1 卷,人民出版社 2009 年版,第 3 页。
④ 《马克思恩格斯文集》第 1 卷,人民出版社 2009 年版,第 3 页。
⑤ 《马克思恩格斯文集》第 1 卷,人民出版社 2009 年版,第 3 页。

说，从而也归结为这样的绝对命令：必须推翻使人成为被侮辱、被奴役、被遗弃和被蔑视的东西的一切关系。"① 可以说，这个绝对命令从德国解放的宏观意义上规定了"人的高度的革命"的总体任务，并且把"人的高度的革命"的立足点确立在"人是人的最高本质"的理论基础上。

马克思认为，德国哲学在揭穿了宗教塑造的"人的自我异化的神圣形象"② 以后，下一个任务就是"揭露具有非神圣形象的自我异化"③。宗教对人的本质造成的自我异化建立在形成宗教这种精神现象的社会现实基础上，德国哲学在完成对宗教的批判以后还需要从社会现实入手，进一步揭露为社会现实辩护的"非神圣形象"。这个"非神圣形象"指的就是代表德国官方哲学的黑格尔法哲学。所以，马克思要求德国哲学把对宗教的批判变成对尘世的批判、对法的批判和对政治的批判。黑格尔法哲学把"逻辑的、思辨的精神"看作世间万物的绝对主宰，把人的本质看作"逻辑的、思辨的精神"在人身上的抽象化身。实际上，黑格尔法哲学的这种做法不过是帮助现代国家通过一个异己的本质来掩盖它在社会现实中隐蔽的缺陷。这个隐蔽的缺陷就是现代国家中的资本逻辑对人的抽象统治。"非神圣形象"相较于"神圣形象"而言，更具有伪善性和欺骗性，它用资本逻辑和思辨理性联袂演绎的抽象自由、抽象公平和抽象正义使人们自然而然地相信这就是"人的本质"在此岸世界的完整实现。正如马克思在《政治经济学批判（1857—1858 年手稿）》中所指出的那样："个人现在受抽象统治，而他们以前是互相依赖的。但是，抽象或观念，无非是那些统治个人的物质关系的理论表现。"④黑格尔法哲学形成的"非神圣形象"具体表现为资本逻辑在资本主义社

① 《马克思恩格斯文集》第 1 卷，人民出版社 2009 年版，第 11 页。
② 《马克思恩格斯文集》第 1 卷，人民出版社 2009 年版，第 4 页。
③ 《马克思恩格斯文集》第 1 卷，人民出版社 2009 年版，第 4 页。
④ 《马克思恩格斯文集》第 8 卷，人民出版社 2009 年版，第 59 页。

会成员头脑中形成的拜物教观念，如同宗教意识一样，它也是一种"颠倒的世界"产生出来的"颠倒的世界意识"①。

在马克思看来，资本逻辑使得资本获得了支配社会劳动及其产品的绝对权力。在资本主义社会中，资产阶级能够拥有这个权力用来剥削压迫无产阶级，并不是因为资产阶级个人具有什么特质，而只是因为资产阶级是货币占有者。同样，无产阶级被迫出卖自己的劳动力，必须按照资产阶级的要求和方式进行生产，也不是因为无产阶级个人的特质，而是因为无产阶级不占有货币，无产阶级为了维持自己的生活只能遵从"资本的那种不可抗拒的购买的权力"②。在资本主义生产关系中，资产阶级只是作为人格化的资本去执行使资本吸收活劳动的职能，而无产阶级只是作为人格化的劳动去执行为资本提供活劳动的职能。在这里，资产阶级和无产阶级都没有体现自我意识和独立人格。资产阶级对无产阶级的统治，无非是死劳动对活劳动的统治，生产方式对生产主体的统治，物对人的统治。然而，这个"颠倒的世界"不像宗教世界那样，把"人创造的神"与"神创造的人"颠倒过来，而是把"人统治着物"与"物统治着人"颠倒过来。马克思强调，在资本主义生产过程中表现出来的主体颠倒为客体与意识形态领域内表现出来的主体颠倒为客体完全相同。如果想要在社会现实领域开展"人的高度的革命"，真正使人的各种社会关系复归于人自身，则必须变革资本主义生产关系，把资本主义社会中物对人的统治的颠倒关系正立过来，真正使社会物质生产变成促进人的全面自由发展的手段。

2. 理论高度

通过分析马克思恩格斯经典文本可以发现，这种"有原则高度的实践"要具有"理论只要彻底"的理论高度，把理论一经掌握群众，由精神力量创生物质力量作为自身的实践要求。马克思在《〈黑格尔法哲学

---

① 《马克思恩格斯文集》第 1 卷，人民出版社 2009 年版，第 3 页。
② 《马克思恩格斯文集》第 1 卷，人民出版社 2009 年版，第 130 页。

批判〉导言》中指出："批判的武器当然不能代替武器的批判，物质力量只能用物质力量来摧毁；但是理论一经掌握群众，也会变成物质力量。理论只要说服人，就能掌握群众；而理论只要彻底，就能说服人。所谓彻底，就是抓住事物的根本。而人的根本就是人本身。"① 在这一经典论断中，马克思揭示了理论掌握群众是使群众的精神力量转化成物质力量的关键因素。理论要想掌握群众，必须是能够"抓住事物根本"的彻底理论。只有通过这种理论才能说服群众，实现"精神变物质"的现实转化，从而创生出摧毁旧的社会物质力量的新的革命物质力量。马克思认为，德国哲学"彻底性的明证"体现在它是从积极废除宗教出发的，这也是德国哲学的"实践能力的明证"。马克思提到："德国人民现实的生活胚芽一向都只是在他们的脑壳里萌生的。"② 德国历史的发展进程清晰说明了理论解放对于德国现实的特殊实践意义。无论是德国过去的宗教改革，还是德国当时的现代革命，起初都是理论性的思想革命，过去是由"僧侣的头脑"开启的，当时则是由"哲学家的头脑"开启的。所以，"有原则高度的实践"对"理论高度"的迫切要求的关键在于，这种理论能否给予德国现实进行自我革新的科学理论指导和能动精神力量，帮助德国现实不断实现自身的超越性发展。

"有原则高度的实践"的理论高度在于把"此岸世界的真理"当做"批判的武器"。马克思认为，德国哲学通过批判宗教，摧毁了"真理的彼岸世界"以后，下一个任务就是"确立此岸世界的真理"，虽然德国制度"低于历史水平，低于任何批判，但依然是批判的对象"③。因为只有用"此岸世界的真理"来揭露和批判德国制度中隐蔽着的缺陷，才能说服群众和鼓舞群众去开展"有原则高度的实践"打击旧的保守的物质力量。那么，这要求"有原则高度的实践"必须把"此岸世界的真

---

① 《马克思恩格斯文集》第 1 卷，人民出版社 2009 年版，第 11 页。
② 《马克思恩格斯文集》第 1 卷，人民出版社 2009 年版，第 10 页。
③ 《马克思恩格斯文集》第 1 卷，人民出版社 2009 年版，第 6 页。

理"作为消灭德国制度的武器,而不是用来分析德国制度的解剖刀。马克思在同一时期写给卢格的信中也说过:"把实际斗争作为我们的批判的出发点,并把批判和实际斗争看做同一件事情。"① 可见,"批判的武器"能够通过揭露和批判德国制度,进而发挥出与"武器的批判"用来摧毁德国现实的相同作用。马克思揭露和批判了"现代德国制度是时代错乱"②,它之所以"公然违反普遍承认的公理",甚至"向全世界展示旧制度毫不中用",主要是因为它用一个"异己本质的假象"来试图"掩盖自己的本质",并且"求助于伪善和诡辩"。这样,现代德国制度就能在想象中向自己和全世界证明德国现实充满自信。黑格尔法哲学不仅充当了现代德国制度的"异己本质的假象",而且使德国的国家哲学和法哲学获得了"最系统、最丰富和最终的表述"。马克思提到,"随导言之后将要作的探讨"首先不是联系现代德国制度的"原本",而是联系德国国家哲学和法哲学的"副本",也就是黑格尔思辨法哲学。只有在对黑格尔思辨法哲学的批判性分析中,才能透过繁杂的德国社会现状来真实反映出本质性的德国现实,并真正触及德国现实的基本特征,以此通过揭示德国现实的本来面目,求得在"现象"与"本质"的辩证统一中实现理论自身的彻底性和根本性。

为了实现理论自身的彻底性和根本性,光以外在于现实世界的眼光去考察和辨析现实世界的"现象"与"本质"是不够的。马克思在《〈黑格尔法哲学批判〉导言》中说:"彻底的德国革命看来面临着一个重大的困难。"③ 在这里,这个"重大的困难"就是德国现实缺乏"彻底的革命"所需要的"被动因素"和"物质基础"。"理论在一个国家实现的程度,总是取决于理论满足这个国家的需要的程度。"④ 在这里,

---

① 《马克思恩格斯文集》第 10 卷,人民出版社 2009 年版,第 9 页。
② 《马克思恩格斯文集》第 1 卷,人民出版社 2009 年版,第 7 页。
③ 《马克思恩格斯文集》第 1 卷,人民出版社 2009 年版,第 12 页。
④ 《马克思恩格斯文集》第 1 卷,人民出版社 2009 年版,第 12 页。

马克思又揭示出"有原则高度的实践"达到理论高度的现实性原则，那就是这种理论必须通过"满足国家需要"来使自身在一个国家中得以实现。可见，"国家需要程度"对于"理论实现程度"具有根本决定意义。"反宗教的批判"已经使人们深刻认识到，人不是抽象地蛰居于世界之外，而是真实地生活在国家和社会之中。马克思认为："迄今为止的哲学本身就属于这个世界，而且是这个世界的补充，虽然只是观念的补充。"① 也就是说，一种理论的自身高度也不是在纯粹思辨的精神领域中自我发展的，而是在感性具体的社会生活领域中循序提升的。这一提升过程就是理论不断满足国家需要的现实进程。"有原则高度的实践"要想具备理论高度，指导"有原则高度的实践"的"此岸世界的真理"，则必须能够不断"满足国家需要"。马克思在揭示了"理论实现程度"往往取决于满足"国家需要程度"的基本原则之后，提到德国哲学的思想要求与德国现实对这些思想要求的回答之间有着惊人的不一致。马克思根据德国思想与德国现实之间存在的"时代错乱"反问道："理论需要是否会直接成为实践需要呢？"② 事实上，"理论需要"并不会直接成为"实践需要"，进而满足"国家需要"。"光是思想力求成为现实是不够的，现实本身应当力求趋向思想。"③ 这就要求不光是思想应当力求成为现实，而且现实本身也应当力求趋向思想。在思想与现实的相互促进、相互推动中，才有可能把"理论需要"直接变成"实践需要"，进而开展"有原则高度的实践"。

3. 世界历史高度

马克思、恩格斯在《德意志意识形态》中认为，无产阶级是一种

---

① 《马克思恩格斯文集》第 1 卷，人民出版社 2009 年版，第 10 页。
② 《马克思恩格斯文集》第 1 卷，人民出版社 2009 年版，第 13 页。
③ 《马克思恩格斯文集》第 1 卷，人民出版社 2009 年版，第 13 页。

"世界历史性的存在"，共产主义运动具有"世界历史意义"①。在人类社会从"历史向世界历史的转变"② 的文明进程中，"有原则高度的实践"要具有"普遍的人的解放"③ 的世界历史高度，把共产主义作为自身的实践追求。马克思在《〈黑格尔法哲学批判〉导言》中写道："对德国来说，彻底的革命、普遍的人的解放，不是乌托邦式的梦想，相反，局部的纯政治的革命，毫不触犯大厦支柱的革命，才是乌托邦式的梦想。"④ 在这里，马克思指出德国实现解放的实际可能形式，即"普遍的人的解放"。"普遍的人的解放"不能依靠局部的政治革命来实现，而是要依靠"彻底的革命"变革所有社会关系才能实现。在德国开展"有原则高度的实践"终归是为了实现"普遍的人的解放"。这个革命理想是在马克思分析同时代其他资本主义国家的政治现状基础上得出的，体现出广阔的世界历史高度。马克思认为："一旦现代的政治社会现实本身受到批判，即批判一旦提高到真正的人的问题，批判就超出了德国现状。"⑤ 也就是说，德国制度作为现代国家旧制度的落后体现，它还没有完整形成现代国家制度存在的那种资本逻辑对人的本质异化和物化的问题。德国制度中的大量封建成分使得它与现代国家制度进行斗争时，体现出世界历史性的错误。德国在当代政治的普遍缺陷中形成了自己的特殊缺陷，如果没有"彻底的革命"去摧毁当代政治的普遍缺陷，那么德国自己的特殊缺陷也不会被摧毁。德国哲学是所有现代国家的理论良心。德国人在思想中已经经历的自己未来的历史，他们在现实中还没有经历。马克思要求德国人不仅要做当代的哲学同时代人，也要做当代的历史同时代人。这就需要把德国革命提升到现代国家社会革命的普遍水

---

① 《马克思恩格斯文集》第 1 卷，人民出版社 2009 年版，第 539 页。
② 《马克思恩格斯文集》第 1 卷，人民出版社 2009 年版，第 541 页。
③ 《马克思恩格斯文集》第 1 卷，人民出版社 2009 年版，第 14 页。
④ 《马克思恩格斯文集》第 1 卷，人民出版社 2009 年版，第 14 页。
⑤ 《马克思恩格斯文集》第 1 卷，人民出版社 2009 年版，第 8 页。

平上面，在世界历史高度上通过"有原则高度的实践"实现"人的普遍的解放"。

共产主义体现了"有原则高度的实践"在世界历史高度上的实践追求。马克思在《1844 年经济学哲学手稿》中进一步明确了"人的普遍的解放"是以开展共产主义运动为主要内容的："对社会主义的人来说，整个所谓世界历史不外是人通过人的劳动而诞生的过程，是自然界对人来说的生成过程，所以关于他通过自身而诞生、关于他的形成过程，他有直观的、无可辩驳的证明。"① 只有人类才有历史，动物没有历史。人类之所以有历史，是因为人类必须通过一定的劳动形式来生产自己的生命，这种劳动形式制约了人们的肉体组织和思想意识的形成和发展。人类选择什么样的劳动形式来生产自己的生命，又是由社会生产力发展水平决定的。人类社会从封建社会过渡到资本主义社会以后，工业生产取代农业生产成为社会的一般劳动形式。一旦工业资本已经成熟到可以代表私有财产的完成了的客观形式，私有财产就会以最普遍的形式成为统治整个人类社会的世界历史性力量。马克思指出："共产主义是对私有财产即人的自我异化的积极的扬弃，因而是通过人并且为了人而对人的本质的真正占有。"② 只有通过共产主义，才能改变私有财产对人的本质异化和物化的社会现实，才能使人的本质在人类历史发展的全部社会财富范围内实现完全复归。在马克思看来，共产主义运动就是世界历史意义的无产阶级革命。

各个民族和国家的人们由于日益完善的生产方式和交往方式而建立起日益紧密的社会联系，人类历史也就越是成为世界历史，地域性的个人也就越是成为世界历史性的个人。单个人的活动变成了具有世界历史性的活动，受到资本主义私有制的绝对支配，这种情况已经成为迄今为止人类历史中普遍存在的经验事实。马克思、恩格斯在《德意志意识形

---

① 《马克思恩格斯文集》第 1 卷，人民出版社 2009 年版，第 196 页。
② 《马克思恩格斯文集》第 1 卷，人民出版社 2009 年版，第 185 页。

态》中认为："每一个单个人的解放的程度是与历史完全转变为世界历史的程度一致的。至于个人在精神上的现实丰富性完全取决于他的现实关系的丰富性。"① 所以，"普遍的人的解放"程度与历史转变为世界历史的程度也是一致的。共产主义也是一种世界历史性的存在。共产主义在人类社会现有历史条件的基础上，把资本主义私有制中物对人的奴役，转化为人对物的自觉驾驭和有效控制。因此，"有原则高度的实践"只有在世界历史高度上通过共产主义"那种消灭现存状况的现实的运动"②，才能实现"普遍的人的解放"。

二、主体力量的实践

马克思、恩格斯在《神圣家族》中指出："思想本身根本不能实现什么东西。思想要得到实现，就要有使用实践力量的人。"③ 结合马克思、恩格斯在《神圣家族》中对 1789 年法国大革命的分析可以发现，马克思、恩格斯在这里所说的"思想"是指推翻旧世界秩序的革命思想，"有使用实践力量的人"则是指有革命勇气和革命魄力推翻旧世界秩序的实践主体。思想政治教育的主要任务就是从资本主义社会中发掘和培育"有使用实践力量的人"，通过他们的实践力量把科学社会主义的革命理论变为革命现实，从而推翻资本主义旧世界秩序，建立共产主义新世界秩序。

1. 无产阶级实践力量的历史确证

在资本主义社会中，无产阶级是所有阶级中唯一"有使用实践力量的人"，这是由无产阶级的阶级地位、历史使命和阶级力量决定的。从

---

① 《马克思恩格斯文集》第 1 卷，人民出版社 2009 年版，第 541 页。
② 《马克思恩格斯文集》第 1 卷，人民出版社 2009 年版，第 539 页。
③ 《马克思恩格斯文集》第 1 卷，人民出版社 2009 年版，第 320 页。

无产阶级的阶级地位来看，无产阶级是资本主义社会的掘墓人。马克思、恩格斯在《共产党宣言》中指出："在当前同资产阶级对立的一切阶级中，只有无产阶级是真正革命的阶级。"① 因为资产阶级和无产阶级是构成资本主义生产关系的两个核心支点，只有资产阶级在商品市场上找到了靠出卖自己劳动力为生的无产阶级，资产阶级才能利用自己手中货币带来的绝对支配权拉开资本主义社会的历史序幕。其他阶级在大工业的发展中逐渐走向没落和灭亡，只有无产阶级的队伍随着大工业的发展不断壮大。大工业对资产阶级和无产阶级的共同需要，不仅使两个阶级之间形成了相伴相生的阶级关系，而且使两个阶级之间产生了相互对立的利益冲突。处于无产阶级和资产阶级之间的中间等级如果能够拥有资本，便能跻身于资产阶级的行列，如果失去资本，便被淘汰到无产阶级的行列。

资产阶级作为大工业时代的剥削者，他们获而不劳，所以他们在大工业中感受到的是满足和享受。无产阶级作为大工业时代的被剥削者，他们劳而不获，所以他们在大工业中感受到的是痛苦和消耗。无产阶级如果不能奋起反抗企图使他们永远处于非人境地的资产阶级，则不能"挽救自己的人的尊严"。随着大工业时代资本主义生产关系和生产力之间内在矛盾的逐渐加深，资产阶级站在自身的阶级立场上，必须竭力掩盖和歪曲资本主义生产关系已经暴露出来的社会弊病。与之相反，无产阶级站在自身的阶级立场上，则必须起来批判和推翻资本主义生产关系。所以就无产阶级在资本主义社会中的阶级地位而言，他们是最先进、最彻底和最坚决的革命阶级。其他阶级如果展现出任何革命性，那么则意味着他们即将转入无产阶级的阵营，即将站在无产阶级的立场上维护无产阶级的利益。

一方面，从无产阶级的历史地位和历史使命来看，无产阶级承担着

---

① 《马克思恩格斯文集》第 2 卷，人民出版社 2009 年版，第 41 页。

"只有完全消灭一切阶级统治、一切奴役和一切剥削，才能解放自己"①
的历史使命。马克思在《〈黑格尔法哲学批判〉导言》中分析了德国解
放的实际可能性就在于"形成一个被戴上彻底的锁链的阶级"②，即无
产阶级。当时的德国社会已经开始了资本主义工业运动，封建社会制度
的急剧解体形成了大量的无产阶级。资本主义社会的一切缺陷都集中地
反映在无产阶级身上，无产阶级成了"普遍不满的等级"和"普遍障碍
的体现"。在资本主义社会中，由于无产阶级遭受的普遍苦难，遭受
"普遍的不公正"，导致"人的完全丧失"。无产阶级只有求助"人的权
利"才能得救，只有通过"人的完全回复才能回复自己本身"③。
马克思认为："市民社会任何一个阶级，如果不是由于自己的直接地位、
由于物质需要、由于自己的锁链本身的强迫，是不会有普遍解放的需要
和能力的。"④ 正因如此，无产阶级才能夺得资本主义社会中"解放者
的地位"，才会把通过解放资本主义社会中所有受到剥削压迫的人民群
众作为解放自己的必经环节。社会生产发展的领导权已经从资产阶级手
中转移到无产阶级手中，无产阶级也应承担起作为"解放者等级"的责
任担当。

　　另一方面，从无产阶级发展的历史趋势和历史潜质来看，无产阶级
"身上蕴蓄着民族的力量和推进民族发展的才能"⑤。恩格斯在《英国工
人阶级状况》中描述了几百万英国无产阶级的生活状况，他们的生活状
况已经能够代表绝大多数英国人民的生活状况："这几百万无产者，他
们昨天挣得的今天就吃光，他们用自己的发明和自己的劳动创造了英国
的伟业，他们日益意识到自己的力量，日益迫切地要求分享社会设施的

---

① 《马克思恩格斯文集》第 3 卷，人民出版社 2009 年版，第 460 页。
② 《马克思恩格斯文集》第 1 卷，人民出版社 2009 年版，第 16 页。
③ 《马克思恩格斯文集》第 1 卷，人民出版社 2009 年版，第 17 页。
④ 《马克思恩格斯文集》第 1 卷，人民出版社 2009 年版，第 16 页。
⑤ 《马克思恩格斯文集》第 1 卷，人民出版社 2009 年版，第 475 页。

利益。"① 可以说，无产阶级的阶级利益已经成为现代国家"真正的民族利益"。无产阶级的命运何去何从，不仅是一个阶级的问题，更是一个国家和一个民族的问题。虽然无产阶级在资本主义社会中遭受着非人性的待遇和无法回避的贫穷，但是无产阶级的阶级利益代表了社会绝大多数人的共同利益，无产阶级的革命要求符合社会发展的历史趋势，所以无产阶级"同情每一个真诚地致力于人类进步的人"②，并且"仰慕一切伟大的美好的事物"③。无产阶级不会白白经历资本主义生产过程带给他们的残酷历练，这种残酷历练也使他们熟练掌握了先进生产方式。他们的实际生活也给他们提供一种实际的教育。贫穷不仅清除了资产阶级用各种宗教观念对无产阶级进行的思想荼毒，而且教会无产阶级按照尘世的生活经验去思考和行动。无产阶级虽然对教士们费尽心机给他们讲解的天国问题毫无兴趣，但是他们却因此更想了解尘世的政治和社会问题。恩格斯说："他们都到无产阶级的阅览室去阅读，讨论直接和自己的切身利益相关的各种关系。"④ 无产阶级十分重视和愿意接受那种"不掺杂资产阶级牟取私利的伎俩"的"踏踏实实的教育"⑤，他们在自己有限的教育条件内兴致勃勃、富有成效地研究能够真正标志着社会进步的一切科学。正因如此，资本主义社会的发展和进步需要依靠无产阶级的实践力量才能推动。

2. 无产阶级实践力量的现实束缚

恩格斯在《英国工人阶级状况》中揭示了资本主义生产关系的两条规律把无产阶级牢牢束缚在资本主义生产关系之上："一条规律把劳动

---

① 《马克思恩格斯文集》第1卷，人民出版社2009年版，第403页。
② 《马克思恩格斯文集》第1卷，人民出版社2009年版，第383页。
③ 《马克思恩格斯文集》第1卷，人民出版社2009年版，第383页。
④ 《马克思恩格斯文集》第1卷，人民出版社2009年版，第474页。
⑤ 《马克思恩格斯文集》第1卷，人民出版社2009年版，第474页。

力的价值限制在必要的生活资料的价格上，另一条规律把劳动力的平均价格照例降低到这种生活资料的最低限度上。这两条规律像自动机器一样以不可抗拒的力量对工人起着作用，用它们的轮子碾压着工人。"①无产阶级虽然是资本主义社会中最具革命性、先进性、彻底性的阶级，承担着消灭一切剥削压迫，进而解放自己的历史任务，但是由于他们长期处在资产阶级的劳动压迫和精神奴役之下，资产阶级竭力压制无产阶级独立精神和主体意识的觉醒，竭力扼杀无产阶级想要推翻资本主义制度，实现自由解放的政治主张和革命活动。无产阶级难以在自己的实际生活中自发地认识到自己是"有使用实践力量的人"，更难以利用各种现实条件充分发挥出自身的实践力量。

首先，无产阶级的生产生活被牢牢束缚在资本主义生产关系之上，他们没有时间和精力去思考自己身上是否具有实践力量。恩格斯在《英国工人阶级状况》中深入考察了英国伦敦东头的无产阶级的生活现状，发现那里如同一个日益扩大的泥塘，充满了无穷的贫困、绝望和饥饿。在这种情况下，无产阶级的劳动收入仅够满足他们最低限度的生活需要，他们的积蓄也仅够维持短时间内的物质生活。所以，谁要是成为无产阶级，那他只能一辈子都当无产阶级，而没有任何别的出路。无产阶级只有依靠自己的劳动才能获得生存的基本保障，但是资产阶级又不允许他们把自己的劳动完全变成具有独立性、能动性和自主性的实践力量。无产阶级只是资本主义社会中各种错杂环境下的"没有意志的物件"，他们为改善自己的生活状况所做的一切，不过是淹没在无产阶级丝毫不能控制却又支配着自己生活的洪流中的一滴水。如果无产阶级对自己的非人境地感到愤怒，那么还能证明他们想把自己从资产阶级的奴役下解放出来。但是一些无产阶级已经无力挣扎、听天由命，温驯地屈服于自己的命运。这样的无产阶级不仅在外部失去了自己生活的稳定依

① 《马克思恩格斯文集》第1卷，人民出版社2009年版，第375页。

托，更是在内心深处又失去了自己革命的最后动力。恩格斯强调，使无产阶级颓废堕落的另一个根源就是他们的生产劳动本身的强制性。无产阶级在资本主义生产过程中从事的生产劳动只是局限在琐碎的纯机械性的操作。如果说自愿的生产劳动能够带给人最高的享受，那么无产阶级的这种强制性劳动不会让无产阶级有任何精神活动的余地，他们只有投入很大的注意力才能完成极其单调的工作。马克思在《资本论》（第一卷）中也揭露了资本主义生产过程使无产阶级的体力和脑力都处于极度透支的状态下。正因如此，"被生产的轰隆声震晕了的工人阶级一旦稍稍清醒过来，就开始进行反抗"①。

其次，无产阶级缺少"一切理性的、精神的和道德的教育"②，他们难以自发形成认识到自身实践力量的独立精神和主体意识。恩格斯在《英国工人阶级状况》中描述了无产阶级在资本主义社会中的受教育情况。资产阶级只允许无产阶级接受符合资产阶级利益的一点点教育。这样的教育还是以宗教教育为主。"孩子们脑子里塞满了各种无法理解的教条和神学上的奥义，从很小的时候起就激起教派的仇恨和狂热的迷信，而一切理性的、精神的和道德的教育却被严重地忽视了。"③ 宗教教育不过是资产阶级对无产阶级实行精神奴役的主要手段，无产阶级在宗教教育中只能学会心安理得地顺从资产阶级的剥削压迫，不能产生任何关于自身物质利益和实际需要的真实思考。资产阶级为了节约教育无产阶级的成本，他们甚至不愿意向无产阶级灌输任何有社会意义的道德教育内容。无产阶级在身体、智力和道德方面都遭到资产阶级的抛弃和忽视。恩格斯向无产阶级揭露道："资产阶级对工人只有一种教育手段，那就是皮鞭，就是残忍的、不能服人而只能威吓人的暴力。"④ 如果无

———————————

① 《马克思恩格斯文集》第 5 卷，人民出版社 2009 年版，第 321 页。
② 《马克思恩格斯文集》第 1 卷，人民出版社 2009 年版，第 425 页。
③ 《马克思恩格斯文集》第 1 卷，人民出版社 2009 年版，第 424—425 页。
④ 《马克思恩格斯文集》第 1 卷，人民出版社 2009 年版，第 428 页。

产阶级想要通过任何实际行动展示出他们对自己非人境遇的不满和愤怒，那么资产阶级为无产阶级准备的唯一东西就是法律，资产阶级把法律视为钳制无产阶级的牢固防线，他们自然不需要再对无产阶级进行任何有理性原则、精神内涵和道德规约的教育。而接受这样的教育是无产阶级自觉认识到自身实践力量的必要前提。无产阶级在自己生活中接受的实际教育只能帮助无产阶级自发地、被动地和感性地认识到自己的阶级利益与社会地位。不同行业无产阶级的教育程度直接取决于他们和大工业之间的联系，工业无产阶级与大工业接触得最为密切，所以他们能够最清楚地意识到自己的阶级利益，并且成为领导和参与无产阶级革命的核心，走在推翻资本主义制度的革命最前列。同大工业接触较为疏远的农业无产阶级则几乎没有意识到自己的阶级利益，也不清楚自身肩负着的历史使命。他们也就自然不会主动发挥出推翻资本主义制度、追求人的自由解放的实践力量。

最后，没有被联合起来的无产阶级实践力量是盲目的、分散的和自在的。恩格斯在《英国工人阶级状况》中阐述了英国工业化和城市化的迅速发展促进了英国无产阶级的人口集中。无产阶级大范围地集中在城市工厂中，对无产阶级阶级意识的形成起到了重要的鼓舞作用。"工人们开始感到自己是一个整体，是一个阶级；他们已经意识到，虽然他们分散时是软弱的，但联合在一起就是一种力量。"[1] 无产阶级为了把他们反抗资产阶级剥削压迫的斗争力量联合起来，在各行各业中建立起维护自身利益的工联。起初，无产阶级在工联的组织下，针对自己的经济诉求向资产阶级展开了和平谈判、集体罢工、示威游行等日常的工人运动。但是，由于工联不是具有政治属性的无产阶级组织，它在尊重资本主义制度的合理性与合法性基础上组织工人运动。在这种工人运动中，无产阶级的经济诉求只能得到暂时满足，斗争的范围也只限于日常问题

---

[1] 《马克思恩格斯文集》第 1 卷，人民出版社 2009 年版，第 435 页。

的解决。而且，不同行业的工联也无法把所有无产阶级的斗争力量广泛联系起来。后来，工联甚至变成了资产阶级驯化无产阶级、操纵工人运动和化解阶级矛盾的有效手段。恩格斯指出，资产阶级"学会了避免不必要的纷争，默认工联的存在和力量，最后甚至发现罢工——发生的适时的罢工——也是实现他们自己的目的的有效手段"①。正因为有了工联，资产阶级才能够无视他们压榨无产阶级劳动力的客观事实，冠冕堂皇地呼吁两个阶级之间的和谐相处。恩格斯指出，虽然在工人运动已经发展了十几年的历史过程中，工联形成了迄今为止任何商业竞争都无法削弱它们的有组织的力量，但是这种有组织的力量依然不能对资本主义制度构成任何威胁，也依然不能改变无产阶级每天遭受的任何剥削。甚至可以说，庞大的工联为整个无产阶级培养了非常听话的"模范工人"，他们已经忘记造成他们非人处境的社会根源来自资本主义制度，也自然不会联合起强大的、集中的和自为的无产阶级实践力量。

3. 无产阶级实践力量的自觉发挥

恩格斯在《德国农民战争》中说：1869—1874 年的德国工人运动是工人运动有史以来第一次在"理论方面、政治方面和实践经济方面（反抗资本家）互相配合，互相联系，有计划地推进"②。正因如此，德国工人运动才变得强大有力和不可战胜。由于无产阶级在资本主义社会中受到各种主客观条件的制约，无产阶级的实践力量难以自发地发挥出来。无产阶级亟待在教育层面、政治层面、理论层面上得到有力帮助，进而使自身的实践力量能够自觉地发挥出来。这里也指出了共产党人在无产阶级革命中应当发挥的重要领导作用：使无产阶级在理论方面、政治方面和实践方面互相配合、互相联系，根据科学周密、协调有序的革命计划对资本主义剥削压迫进行集中有力的攻击。

---

① 《马克思恩格斯文集》第 1 卷，人民出版社 2009 年版，第 367 页。
② 《马克思恩格斯文集》第 2 卷，人民出版社 2009 年版，第 218 页。

　　首先，无产阶级的实践力量亟待在教育层面上得到觉悟唤醒。恩格斯在《德国农民战争》中描述了德国农业无产阶级无法充分发挥出自身实践力量的现实原因。德国农业无产阶级由于生活地域的零星分散而软弱无力。他们是为德国政府提供新兵最多的阶级，德国政府因而十分清楚地知道它们的潜在力量。为了让农业无产阶级继续处于愚昧无知的状况，好让他们忠心地为德国政府效力，德国政府故意使教育事业凋敝，不让他们认识到自己的潜在力量。恩格斯强调："唤起这个阶级并吸引它参加运动，是德国工人运动首要的最迫切的任务。一旦农业短工群众学会理解自己的切身利益，在德国就不可能再有任何封建的、官僚的或资产阶级的反动政府存在了。"① 在这里，农业无产阶级学会理解自己的切身利益意味着他们已经看清自己的切身利益和德国政府的特殊利益根本对立，他们能够通过自己对切身利益的了解而认识到自己的独立社会地位和重要历史任务，进而激发出推翻"封建的、官僚的或资产阶级的反动政府"② 的革命勇气。马克思在《〈黑格尔法哲学批判〉导言》中曾对如何唤起无产阶级的实践力量作过深刻论述："为了激起人民的勇气，必须使他们对自己大吃一惊。这样才能实现德国人民的不可抗拒的要求，而各国人民的要求本身则是能使这些要求得到满足的决定性原因。"③ 也就是说，只有对德国政府奴役无产阶级的客观事实展开"搏斗式的批判"，公开无产阶级受到的压迫和侮辱，把资本主义社会中各种僵化了的关系描述成活生生的现实，从而使压迫更加沉重，使侮辱更加侮辱。唯有如此，才能帮助无产阶级敢于直视自己的悲惨生活，对奴役他们的统治阶级不再有"一时片刻去自欺欺人和俯首听命"④。

　　其次，无产阶级的实践力量亟待在政治层面上得到组织领导。

---

① 《马克思恩格斯文集》第 2 卷，人民出版社 2009 年版，第 211—212 页。
② 《马克思恩格斯文集》第 2 卷，人民出版社 2009 年版，第 212 页。
③ 《马克思恩格斯文集》第 1 卷，人民出版社 2009 年版，第 7 页。
④ 《马克思恩格斯文集》第 1 卷，人民出版社 2009 年版，第 6 页。

马克思在《给工人议会的信》中写道："要胜利地完成这个事业，工人阶级并不缺少力量，而是需要把它的所有力量组织起来。"① 可以说，把无产阶级个体的、分散的、自在的实践力量组织成为强大的、集中的和自为的实践力量，是确保无产阶级能够完成人类解放事业的关键因素。无产阶级之所以无法通过庞大的工联彻底消灭资产阶级对他们的残酷剥削和无情压榨，主要在于工联没有在政治层面上把无产阶级有效组织起来，没有帮助无产阶级成为一个因为自身的阶级利益而紧密团结在一起的统一整体。马克思、恩格斯在《神圣家族》中提到，无产阶级在他们组织起来的联合会中，非常全面而充分地认识到从他们的"合作中所产生的那种巨大的、不可估量的力量"②。为了使无产阶级的联合具有鲜明的阶级性、革命性和严密性，无产阶级政党应运而生。自此以后，无产阶级才能拥有能够领导他们"采取独立的政治行动"③ 的坚强领导核心，无产阶级才能作为一支"正规的有组织的政治力量"登上世界历史舞台。恩格斯在《普鲁士军事问题和德国工作政党》中指出："无产阶级从组织起独立的工人政党时起，就成为一种力量，而对于力量是不能不考虑的。"④ 无产阶级政党的建立，一方面引起了资产阶级的高度重视，资产阶级再也不能利用自己的旧政党来操控无产阶级的政治主张和革命要求，无产阶级政党"有自己的目的和自己的政治"，无产阶级政党与资产阶级政党直接对抗，他们"将一有机会就提醒资产阶级，工人的阶级利益同资本家的阶级利益是直接对立的"⑤；另一方面引起了广大工人群众的重视，无产阶级政党能够坚定不移地代表广大工人群众的根本利益，成为"使工人们联合起来的共同利益的生动的体现

---

① 《马克思恩格斯全集》第 13 卷，人民出版社 1998 年版，第 134 页。
② 《马克思恩格斯文集》第 1 卷，人民出版社 2009 年版，第 273 页。
③ 《马克思恩格斯文集》第 3 卷，人民出版社 2009 年版，第 528 页。
④ 《马克思恩格斯全集》第 21 卷，人民出版社 2003 年版，第 105 页。
⑤ 《马克思恩格斯全集》第 21 卷，人民出版社 2003 年版，第 114 页。

者"①。无产阶级政党"所唤起的对于各国无产阶级利益一致和相互团结的觉悟"②，能够把广大工人群众吸引到无产阶级革命队伍中来，从而"运用自己有组织的力量作为杠杆来最终解放工人阶级"③。

最后，无产阶级的实践力量亟待在理论层面上得到科学指导。马克思在《〈黑格尔法哲学批判〉导言》中指出："无产阶级也把哲学当做自己的精神武器。"④ 在这里，马克思揭示了无产阶级要想夺得社会的解放者地位，离不开哲学这个精神武器给无产阶级提供的实践引导。这里的哲学指的是站在无产阶级立场、为无产阶级谋利益的革命理论。马克思认为，在开展"普遍的人的解放"的过程中，无产阶级是解放的心脏，哲学是解放的头脑。可见，哲学能够给无产阶级指明实现自由解放的目标、方向和道路。无产阶级的革命理论和革命实践必须紧密结合起来。无产阶级只有把哲学变成现实，才能获得自由解放。哲学只有帮助无产阶级获得自由解放，才能使自己成为现实。马克思强调："思想的闪电一旦彻底击中这块素朴的人民园地，德国人就会解放成为人。"⑤可以说，"思想的闪电"彻底击中无产阶级人民园地的真正意义在于无产阶级追求自由解放的革命力量有了科学的理论指导和实践指南，他们才有实现自由解放的可能性和现实性。恩格斯在《社会主义从空想到科学的发展》中指出："完成这一解放世界的事业，是现代无产阶级的历史使命。深入考察这一事业的历史条件以及这一事业的性质本身，从而使负有使命完成这一事业的今天受压迫的阶级认识到自己的行动的条件和性质，这就是无产阶级运动的理论表现即科学社会主义的任务。"⑥在科学社会主义的指导下，无产阶级认识到自己行动的历史条件和内在

① 《马克思恩格斯全集》第 18 卷，人民出版社 1964 年版，第 369 页。
② 《马克思恩格斯文集》第 3 卷，人民出版社 2009 年版，第 457 页。
③ 《马克思恩格斯文集》第 3 卷，人民出版社 2009 年版，第 78 页。
④ 《马克思恩格斯文集》第 1 卷，人民出版社 2009 年版，第 17 页。
⑤ 《马克思恩格斯文集》第 1 卷，人民出版社 2009 年版，第 17—18 页。
⑥ 《马克思恩格斯文集》第 3 卷，人民出版社 2009 年版，第 566—567 页。

性质，从而有了统一的革命目标、明确的革命方向、清晰的革命道路。无产阶级政党作为无产阶级运动的坚强领导核心，也要把其了解的无产阶级"运动的条件、进程和一般结果"① 写在"详细的理论和实践的党纲"② 上面，深刻阐明无产阶级运动的指导思想、核心任务和战略主张，具体规定无产阶级运动的路线选择、方法策略、方针政策。进而使这个党纲成为"一面公开树立起来的旗帜"③，无产阶级才会据此来凝聚、协调和统一自己的实践力量。

三、不断革命的实践

马克思、恩格斯在《德意志意识形态》中写道："环境的改变和人的活动或自我改变的一致，只能被看做是并合理地理解为革命的实践。"④ 如果说，思想政治教育发掘和培养无产阶级实践力量的最终目的在于推翻资本主义旧世界秩序，建立共产主义新世界秩序，那么实现这个最终目的不是一蹴而就的，而是需要一个使"环境的改变和人的活动或自我改变的一致"的历史发展过程。其价值追求是人的全面自由发展和全人类的自由解放的高度统一，而这只有在"革命的实践"中才能不断向前推进。

1. 改变环境

马克思在《1844 年经济学哲学手稿》中说："自然界，就它自身不是人的身体而言，是人的无机的身体。"⑤ 这里的自然界指的是与人的活动相互作用的外部环境。人必须依靠外部环境才能生活。人的物质生

---

① 《马克思恩格斯文集》第 2 卷，人民出版社 2009 年版，第 44 页。
② 《马克思恩格斯文集》第 2 卷，人民出版社 2009 年版，第 5 页。
③ 《马克思恩格斯文集》第 3 卷，人民出版社 2009 年版，第 415 页。
④ 《马克思恩格斯文集》第 1 卷，人民出版社 2009 年版，第 500 页。
⑤ 《马克思恩格斯文集》第 1 卷，人民出版社 2009 年版，第 161 页。

活和精神生活所需要的一切客观材料都来源于他自身所处的外部环境。在这个意义上，外部环境不仅是"人的无机的身体"，人本身也是自然界的一部分。所以，环境的改变也会使人的活动和人本身发生改变。在唯物史观视域内，构成环境的三个主要因素是生产方式、历史条件和社会关系。马克思、恩格斯从这三个角度阐述了在"环境的改变"中"人的活动或自我改变"是如何进行的。

从生产方式的角度来看，其不仅从根本上决定了个人以什么方式来表现自己的生命，而且从根本上决定了人类社会以什么方式来推动自己的发展变迁。马克思、恩格斯在《德意志意识形态》中指出："个人怎样表现自己的生命，他们自己就是怎样。因此，他们是什么样的，这同他们的生产是一致的——既和他们生产什么一致，又和他们怎样生产一致。"① 马克思、恩格斯探讨的人不是抽象的人，而是通过自己的物质生产来建立自己现实生活的"现实的个人"②。人们是自己的物质生活和精神生活的生产者，人们在发展自己物质生产和物质交往的同时，也在改变着自己的思想和思想产物。在一定历史时期的人类社会中，总有一个占统治地位的社会生产方式，决定着人类社会的总体物质生产水平。当这一历史时期占统治地位的社会生产方式再也不能容纳社会生产力的发展，人类社会就到了要发生历史性变革的关键时期。在这个关键时期，统治阶级与被压迫阶级之间的矛盾达到顶点。被压迫阶级为了寻求解放不得不推翻旧社会，建立新社会。马克思、恩格斯认为："在一切生产工具中，最强大的一种生产力是革命阶级本身。"③ 无产阶级作为资本主义社会中的被压迫阶级，这个社会中的所有革命因素组成了无产阶级，所有无产阶级也代表了这个社会中"最强大的一种生产力"。所以，无产阶级要想获得自由解放，要想推翻资本主义旧社会，建立共

① 《马克思恩格斯文集》第 1 卷，人民出版社 2009 年版，第 520 页。
② 《马克思恩格斯文集》第 1 卷，人民出版社 2009 年版，第 519 页。
③ 《马克思恩格斯文集》第 1 卷，人民出版社 2009 年版，第 655 页。

产主义新社会，必须把变革资本主义生产方式，使现存社会生产力继续向前发展作为根本手段。

从历史条件的角度来看，人们生活的外在环境建立在由各个时代依次交替的历史条件奠定的客观物质基础之上，在"环境的改变"中进行"人的活动或自我改变"，必须根据和满足人们所处时代的历史条件。马克思、恩格斯在《德意志意识形态》中说："'解放'是一种历史活动，不是思想活动。"① 可见，解放是由人类社会中各种现实的、客观的、承续的历史条件促成的。人们生活的外部环境包含了上一代人遗留下来的物质结果、生产力总和以及人与自然形成的历史性关系。人们对外部环境的改变不仅必须建立在这些历史条件的客观基础上，而且人们的实践活动也预先规定了新的一代人生活环境的历史条件。同时，人们内在自我的所有改变也会打上关于这一时代历史条件的深刻烙印。恩格斯在《共产主义者和卡尔·海因岑》中批判了海因岑不理解共产主义的历史含义，把共产主义当作抽象教条的错误观点。恩格斯指出："共产主义不是教义，而是运动。它不是从原则出发，而是从事实出发。"② 恩格斯强调，共产主义是一种运动，必须从事实出发，也就是说，共产主义必须把迄今为止无产阶级为实现全人类的自由解放所遇到的历史条件作为前提，根据既定的历史条件作出具体的革命选择。共产主义正是在不断前进和变革着的运动过程中为全人类的自由解放积累了必要的历史条件，这种必要的历史条件又推动了共产主义的进一步发展。在这一过程中，无产阶级也改变了自身的历史存在方式，获得了更多实现自由全面发展的现实可能。

从社会关系的角度来看，人的本质是一切社会关系的总和，人应当在自己的社会关系中得到全面自由发展。马克思在《关于费尔巴哈的提纲》中写道："人的本质不是单个人所固有的抽象物，在其现实性上，

① 《马克思恩格斯文集》第 1 卷，人民出版社 2009 年版，第 527 页。
② 《马克思恩格斯文集》第 1 卷，人民出版社 2009 年版，第 672 页。

它是一切社会关系的总和。"① 在这里，马克思揭示了"现实的个人"所体现的内在本质，人在自己的物质生产和精神生产中凝结而成人的一切社会关系。人的任何精神生产和物质生产都必须在一定的社会关系中才能进行。马克思、恩格斯认为："语言是一种实践的、既为别人存在因而也为我自身而存在的、现实的意识。"② 可见，语言也和意识一样，是通过人的实践得来的"社会的产物"，只是由于人与他人交往的迫切需要才会产生出语言这种具有实践属性的思想意识。人的本质所应具有的全面性不是想象中的全面性，而是个人的感性生活中与他人现实联系和观念联系所体现出来的全面性。个人应当在自己的社会关系中理解和发展"人的本质"，通过社会关系的不断改变促进自己的全面自由发展。在资本主义社会中，整个社会呈现为一种"经济的社会形态"，个人在社会中主要表现为"一定的阶级关系和利益的承担者"③，人与人之间处于利益相互对立的社会关系之中。无产阶级"若不从其他一切社会领域解放出来从而解放其他一切社会领域就不能解放自己"④。也就是说，无产阶级只有全面变革资本主义社会关系，使对立的利益走向融合，才能使自己获得解放。

2. 改变自我

马克思、恩格斯在《德意志意识形态》中写道："以一定的方式进行生产活动的一定的个人，发生一定的社会关系和政治关系。"⑤ 如果说，人们的生产生活必须发生在一定的社会关系和政治关系之中，那么，这种社会关系和政治关系又必须是由人们的生产生活构建起来的。

① 《马克思恩格斯文集》第 1 卷，人民出版社 2009 年版，第 501 页。
② 《马克思恩格斯文集》第 1 卷，人民出版社 2009 年版，第 533 页。
③ 《马克思恩格斯文集》第 5 卷，人民出版社 2009 年版，第 10 页。
④ 《马克思恩格斯文集》第 1 卷，人民出版社 2009 年版，第 17 页。
⑤ 《马克思恩格斯文集》第 1 卷，人民出版社 2009 年版，第 523—524 页。

历史唯物主义考察人类社会的根本要求就在于在任何情况下都应当把人们的生产生活作为揭示社会结构和政治结构的经验根据，没有现实个人的生产生活，任何一个国家、任何一段历史中的社会结构和政治结构都无从谈起，在这里切忌添加任何思辨想象和神秘色彩。所以，外部环境的改变也要在"人的活动或自我改变"中进行。马克思、恩格斯在《神圣家族》中着重指出社会中绝大多数人的生产生活对推动社会历史发展的决定性作用："历史的活动和思想就是'群众'的思想和活动。"① 在这里，"历史的活动和思想"包括广大人民群众在自己的生产生活中创造出来的人与自然、人与他人、人与自己等各种各样的社会关系，也构成人类社会历史发展中政治经济文化等各个方面的世俗基础。马克思、恩格斯反对把人类社会历史发展看作某些少数人物的杰作，更反对把广大人民群众看作在人类社会历史发展中"消极的、精神空虚的、非历史的、物质的因素"②。在此意义上，马克思、恩格斯指出："历史活动是群众的活动，随着历史活动的深入，必将是群众队伍的扩大。"③ 随着广大人民群众生产生活的深入推动，人类社会的历史发展会展现出具有不同时代特质的文明形态。

　　马克思在《政治经济学批判（1857—1858年手稿）》中，从"人与物"的社会关系的角度揭示了人类社会的历史发展随着"人的活动和自我改变"的变化而必须经历的三个不同阶段：第一个阶段是人的生产能力在狭小范围内孤立发展的历史阶段，在这个阶段"人对人的依赖关系"取代了"每个个人以物的形式占有社会权力"④。第二个阶段是人能够把自己对物的依赖性作为基础来获得自己在社会生活中的独立性，在这个阶段人已经能够形成"普遍的社会物质变换、全面的关系、多方

---

① 《马克思恩格斯文集》第1卷，人民出版社2009年版，第286页。
② 《马克思恩格斯文集》第1卷，人民出版社2009年版，第293页。
③ 《马克思恩格斯文集》第1卷，人民出版社2009年版，第287页。
④ 《马克思恩格斯文集》第8卷，人民出版社2009年版，第52页。

面的需要以及全面的能力的体系"①。第三个阶段是人能够不需要依赖物而完全实现"以物的形式占有社会权力"②，在这个阶段人也能够把"人的活动和自我改变"建立在"个人全面发展和他们共同的、社会的生产能力成为从属于他们的社会财富这一基础上的自由个性"③。恩格斯在《英国状况。十八世纪》中提出的"文明是实践的事情，是社会的素质"④ 这一经典论断，也从实践的角度探讨了人类"走向自我认识和自我解放"的道路对于人类社会历史变迁和发展的推动作用。可以说，只有处于马克思在《政治经济学批判（1857—1858 年手稿）》中提出的第三个阶段，才能通过"人的活动和自我改变"使"人的本质"在现实性上为其全面自由发展敞开了社会历史空间。同时，人类社会也会在第三个阶段中通过"人的活动和自我改变"向着合乎人性的未来文明形态进行自我更新和自我演化，创造出真正的人类文明。

关于人类社会终将通过"人的活动和自我改变"走向合乎人性的未来文明形态这一观点，马克思在《关于费尔巴哈的提纲》中也提及了与之密切相关的历史唯物主义理解："旧唯物主义的立脚点是市民社会，新唯物主义的立脚点则是人类社会或社会的人类。"⑤ 马克思立足"人类社会或社会的人类"提出的历史唯物主义概念不仅把人类社会的历史发展着眼于人类社会在物质层面上创造的全部成就和结果，而且旨在帮助人们破除两极对立思维方式，在一种开阔的、包容的、融通的思想视域内调整他们的社会关系，使人类社会向着打破孤立状态而走向自由联合的趋势发展。这一历史趋势也就是人类社会从资本主义社会走向共产主义社会的历史趋势。马克思、恩格斯在《德意志意识形态》中说明了

---

① 《马克思恩格斯文集》第 8 卷，人民出版社 2009 年版，第 52 页。
② 《马克思恩格斯文集》第 8 卷，人民出版社 2009 年版，第 52 页。
③ 《马克思恩格斯文集》第 8 卷，人民出版社 2009 年版，第 52 页。
④ 《马克思恩格斯文集》第 1 卷，人民出版社 2009 年版，第 97 页。
⑤ 《马克思恩格斯文集》第 1 卷，人民出版社 2009 年版，第 502 页。

"人的活动和自我改变"在这一历史趋势中应当发挥出来的必要作用：
"无论为了使这种共产主义意识普遍地产生还是为了实现事业本身，使
人们普遍地发生变化是必需的，这种变化只有在实际运动中，在革命中
才有可能实现。"① 要想"使人们普遍地发生变化"，则必须在实际运动
中使用现实的手段才能实现。革命之所以必须发生，不仅因为没有任何
其他方式能够推翻旧的市民社会，而且因为推翻旧的市民社会的实践主
体，只有在革命中才能抛掉自己身上从旧的市民社会中留存下来的"一
切陈旧的肮脏东西"，才能"胜任重建社会的工作"②。推翻旧的市民社
会的实践主体指的是无产阶级，也就是说，无产阶级是从资产阶级占统
治地位的旧的市民社会中产生的，无产阶级身上自然保留着旧的市民社
会所固有的思维方式和行为模式，无产阶级在开展"革命的实践"过程
中，不仅会变革旧的市民社会的生产方式和生活方式，而且会变革自己
的旧的思维方式和行为模式，开辟出超越资本主义文明形态的共产主义
文明新形态，从根本上解决人与自然、人与社会、人与自我的内在矛
盾，实现自然、社会和人自身的自由解放。

3. 革命的实践

马克思在《关于费尔巴哈的提纲》中提出的"环境的改变和人的活
动或自我改变的一致"这一论断还有第三层含义，就是这两者要被看作
和理解为"革命的实践"③。"革命的实践"这一概念指明，要使两者发
生改变的实践活动不是一般意义上的实践，而是特指具有革命性的实践
活动。可以说，革命性是这种实践活动的本质属性。马克思、恩格斯在
《德意志意识形态》中指出："对实践的唯物主义者即共产主义者来说，

---

① 《马克思恩格斯文集》第 1 卷，人民出版社 2009 年版，第 543 页。
② 《马克思恩格斯文集》第 1 卷，人民出版社 2009 年版，第 543 页。
③ 《马克思恩格斯文集》第 1 卷，人民出版社 2009 年版，第 500 页。

全部问题都在于使现存世界革命化，实际地反对并改变现存的事物。"①
实践的唯物主义者要想做到"使现存世界革命化"，"实际地反对并改变
现存事物"，应当遵循一定的方法论原则才能实现个人的全面自由发展
和人类社会的自由解放，否则这种实践行为就是盲目的、杂乱的，甚至
有害的。那么，实践的唯物主义者要以什么样的方法论原则来展开自己
的"革命的实践"呢？

唯物辩证法坚持对一切现存事物进行不断审视、不断批判和不断突
破，唯物辩证法的精神内核决定了它是"革命的实践"的总的方法论原
则。马克思在《资本论》（第一卷）的序言中清晰地为我们描述了唯物
辩证法总的方法论原则："辩证法不崇拜任何东西，按其本质来说，它
是批判的和革命的。"② 在马克思看来，唯物辩证法的本质就是"批判
的和革命的"。它的精神内核在于"对现存事物的肯定的理解中同时包
含对现存事物的否定的理解"③，也就是从现存事物的必然灭亡中看到
它为未来事物的产生积蓄的能量和条件，唯物辩证法对每一个现存事物
的理解都是基于它的运动过程和着眼于它的暂时性方面。唯物辩证法不
但打破了传统形而上学在观念中对绝对真理的神圣特权，而且在实践中
为人们开辟了不断认识相对真理、不断运用相对真理和不断发展相对真
理的现实道路。所以，唯物辩证法能够充分体现出实践的唯物主义者在
"使现存世界革命化"的过程中必须自觉加以运用的实践智慧。实际上，
唯物辩证法不过是客观世界的辩证运动在人们主观世界中的真实观念呈
现。恩格斯在《反杜林论》中提到："在自然界里，正是那些在历史上
支配着似乎是偶然事变的辩证运动规律，也在无数错综复杂的变化中发
生作用；这些规律也同样地贯串于人类思维的发展史中，它们逐渐被思

---

① 《马克思恩格斯文集》第 1 卷，人民出版社 2009 年版，第 527 页。
② 《马克思恩格斯文集》第 5 卷，人民出版社 2009 年版，第 22 页。
③ 《马克思恩格斯文集》第 5 卷，人民出版社 2009 年版，第 22 页。

维着的人所意识到。"① 也就是说，随着人类思维的不断自觉和发展，人类历史不再被视为杂乱无章的事实堆砌，而是被视为一个动态发展的过程。努力从这一过程中透过一切表面现象的各种偶然性考察到社会发展的历史规律性也变成人类思维的重要任务。

唯物辩证法要求通过对社会历史规律的自觉把握，在"革命的实践"中实现合规律性与和目的性的辩证统一。恩格斯在《反杜林论》中说："自由不在于幻想中摆脱自然规律而独立，而在于认识这些规律，从而能够有计划地使自然规律为一定的目的服务。"② 在恩格斯看来，所谓自由，就是人们对事物必然性的认识与运用。在这一过程中，人们对事物必然性的认识越深刻，自由程度就越提升，进而既能不断实现主客体的辩证统一，也能不断实现合规律性与合目的性的辩证统一。所以自由总是历史的、具体的。马克思、恩格斯在《共产党宣言》中揭示了人类社会客观发展的必然规律："资产阶级的灭亡和无产阶级的胜利是同样不可避免的。"③ 以往的社会主义学说固然对资本主义生产方式及其有害后果作出了道义上的谴责和批判，但是它们不能"针对事物的进程本身"对资本主义生产方式提供科学的解释说明，所以也就不能从根本上通过"革命的实践"摒弃资本主义生产方式。问题的关键在于，"一方面应当说明资本主义生产方式的历史联系和它在一定历史时期存在的必然性，从而说明它灭亡的必然性；另一方面应当揭露这种生产方式的一直还隐蔽着的内在性质"④。恩格斯称历史唯物主义视域内的唯物辩证法为"某种建立在通晓思维历史及其成就的基础上的理论思维"⑤。对于实践的唯物主义者而言，他们需要准确理解现代社会主义

---

① 《马克思恩格斯文集》第9卷，人民出版社2009年版，第13页。
② 《马克思恩格斯文集》第9卷，人民出版社2009年版，第120页。
③ 《马克思恩格斯文集》第2卷，人民出版社2009年版，第43页。
④ 《马克思恩格斯文集》第9卷，人民出版社2009年版，第30页。
⑤ 《马克思恩格斯文集》第9卷，人民出版社2009年版，第460页。

的本质内涵，深刻把握社会主义制度代替资本主义制度的历史规律，清晰认知人类从资本主义社会走向社会主义社会的必然趋势。

资本主义发展所呈现出来的社会历史规律在根本上回答了人类是如何从资本主义社会发展到共产主义社会的深层原因。但是如果不以自觉的理论思维对它加以考察和挖掘，它就会始终作为盲目的物质力量支配着社会个体的物质生活和精神生活。"文化上的每一个进步，都是迈向自由的一步。"① 在此意义上，要想"使现存世界革命化"，就需要从资本主义社会发展的社会历史规律中"了解这种历史的联系，了解由于这种联系而成为必然的社会改造的条件，了解同样由这种联系所决定的这种改造的基本特征"②。恩格斯提到，在资本主义社会中，社会生产力的发展动力仅仅顺从"盲目起作用的自然规律强制性地和破坏性地为自己开辟道路"③，当这种"盲目起作用的自然规律"能够被无产阶级自觉认识和运用，其造成资本主义经济崩溃的致命因素就会转化为促进社会主义经济发展的有力杠杆，导致资本主义社会生产紊乱的无政府状态也会让位于引导社会主义社会生产秩序的有计划调节。在这里，无产阶级能把"一直作为异己的、支配着人们的自然规律"④ 转化为追求自身幸福和利益的现实条件，用真切的实践力量实现从必然王国到自由王国的飞跃。

"实践"是思想政治教育的基本概念，实践观点是马克思主义哲学的基本观点。思想政治教育直接的作用对象虽然是人的思想，但是它最终致力于通过提升人的政治觉悟来培养人的实践本领、激发人的实践力量、锻造人的实践能力、汇聚人的实践力量。革命理论不会直接变成革

---

① 《马克思恩格斯文集》第 9 卷，人民出版社 2009 年版，第 120 页。
② 《马克思恩格斯文集》第 9 卷，人民出版社 2009 年版，第 283 页。
③ 《马克思恩格斯文集》第 9 卷，人民出版社 2009 年版，第 296 页。
④ 《马克思恩格斯文集》第 9 卷，人民出版社 2009 年版，第 300 页。

命现实，革命现实也不会主动趋向革命理论。无产阶级政党致力于在坚持马克思主义理论学说基本立场、观点和方法的基础上，根据当时的革命形势和实践需要不断创新发展马克思主义理论学说，形成凝聚共识、指导革命、推动实践的科学理论体系。思想政治教育的思想引领与政治引导，不在于向人们指出革命理论与革命现实之间的差距和对立问题，而在于帮助人们通过实践方式解决这种差距和对立问题，从而实现革命理论与革命现实的辩证统一。

马克思、恩格斯始终强调用实践观点对待马克思主义理论，不能把马克思主义理论变成随意剪裁现实的抽象教条，而是要把它当作随时随地以当时历史条件为转移的行动指南。党的百年奋斗历程充分证明了"马克思主义行"是"中国共产党为什么能"和"中国特色社会主义为什么好"的根本原因。马克思主义之所以行，就在于中国共产党不断推进马克思主义中国化时代化并用以指导实践。根据中国人民的伟大实践推进马克思主义中国化时代化，不仅是马克思主义理论在当代中国落地生根、蓬勃发展的必要前提，也是马克思主义在当代中国深入人心、触及灵魂的内在要求。思想政治教育对中国人民的思想引领与政治引导，最终要落实到对中国人民实践本领和实践能力的养成上面，帮助中国人民把当代中国马克思主义、二十一世纪马克思主义的真理力量转化为投身于新时代中国特色社会主义伟大事业的实践力量。

思想政治教育要帮助中国人民深刻理解推进马克思主义中国化时代化的本质内涵、价值原则和现实要求，需要准确把握我国目前的时代际遇、社会主要矛盾、中心任务，中国共产党作出应对的战略策略，以及中国共产党得以战胜困难挑战、不断发展壮大的自我革命精神。中华民族伟大复兴战略全局和世界百年未有之大变局是我国目前的时代际遇。推进马克思主义中国化时代化的基本立足点在于能否从统筹两个大局的宏观视野来把握社会主要矛盾和确定中心任务。只有准确判断社会主要矛盾和中心任务，党和国家事业才能沿着正确方向顺利发展。解决社会主要矛盾和完成中心任务，需要有科学的战略策略来积极应对。中国共产党在百年奋斗历程中总是能够从战略上认识、分析和研判不同时期面临的重大历史课题，并且通过制定正确策略来落实政治战略，实现了战略坚定性与策略灵活性的辩证统一。中国共产党之所以能够在百年奋斗历程中战胜一个又一个困难挑战，取得一个又一个伟大胜利，主要在于中国共产党敢于直面自身问题，勇于进行自我革命，积极推动实践创新。思想政治教育需要引导人民群众这一推动中华民族伟大复兴的实践主体始终保持创造力、凝聚力和战斗力。

第六章　意 识 形 态

马克思在《〈政治经济学批判〉序言》中指出："在考察这些变革时，必须时刻把下面两者区别开来：一种是生产的经济条件方面所发生的物质的、可以用自然科学的精确性指明的变革，一种是人们借以意识到这个冲突并力求把它克服的那些法律的、政治的、宗教的、艺术的或哲学的，简言之，意识形态的形式。"① 意识形态是思想政治教育的基本概念，全部思想政治教育都是围绕着一定的意识形态在进行着理论构建和工作实践。马克思、恩格斯赋予了意识形态不同于以往的概念内涵，并对意识形态的生成条件、本质功能、发展规律和教育任务有着深刻的论述，形成了较为独立的马克思主义意识形态理论。这些理论为我们立足意识形态基本概念，对马克思恩格斯思想政治教育学说进行本源探究提供了坚实的思想基础和文本依托。

总体来看，马克思恩格斯经典文本中的意识形态概念内涵经历了一个十分复杂的嬗变过程。马克思、恩格斯在《德意志意识形态》中系统论述了马克思主义意识形态理论，提出了具有决定性意义的意识形态概念。这部经典文本是马克思、恩格斯集中阐释意识形态基本内涵的重要著作。在这部著作中，马克思、恩格斯对意识形态概念秉持了否定性的批判态度。因为他们在这部著作中有着明确的写作意图：要彻底揭穿德意志意识形态家们"同现实的影子所作的哲学斗争"② 这种懦弱行为对德国无产阶级革命带来的严重干扰。德意志意识形态家们颠倒"精神"与"物质"的关系，把"精神"看作世界一切事物的"本原"，强调"精神"对人类社会历史发展的决定性意义，沉迷于黑格尔哲学的"词句运动"无法自拔。黑格尔哲学正是当时德国的官方哲学。马克思、

---

① 《马克思恩格斯文集》第 2 卷，人民出版社 2009 年版，第 592 页。
② 《马克思恩格斯文集》第 1 卷，人民出版社 2009 年版，第 510 页。

恩格斯从德意志意识形态家们"所谓'震撼世界的'词句"① 中看到了意识形态的抽象性、虚幻性和颠倒性。

如果说意识形态在人们的头脑中把社会现实颠倒过来，并且有意识地表现为虚幻的观念形式，那么，这又是根据社会现实的物质活动方式以及由此产生的社会关系造成的。一个社会的统治阶级为了掩盖现存社会生产力同现存社会关系之间发生的矛盾，则需要通过意识形态把统治阶级的特殊利益说成全体社会成员的共同利益。既然德意志意识形态家们仅仅反对德国创造的意识形态，那么他们就绝对不是反对腐朽落后的德国现实。随着马克思、恩格斯参与无产阶级革命范围的日益扩大，他们已经把意识形态的批判视域拓展到近代欧洲的整个资本主义社会。

马克思、恩格斯在《共产党宣言》中基于人类社会进入阶级社会以来的历史整体变迁强调："任何一个时代的统治思想始终都不过是统治阶级的思想。"② 在这篇共产党人首个纲领性文献中，马克思、恩格斯深刻揭示了意识形态的本质属性在于阶级性。对任何意识形态的分析和理解都不能脱离产生这个意识形态的阶级来进行。在以往的阶级社会中，不管阶级对立采取何种形式，总要有一个占有社会物质生产资料和精神生产资料的统治阶级对绝大多数人施加剥削和压迫。只有共产党人把为"绝大多数人谋利益"③ 作为自己的阶级革命宗旨。同时，马克思、恩格斯认为，尽管每个时代的社会意识形形色色、千差万别，但是它们总是在意识形态的共同形式中存在、发展和变化，这些社会意识只有随着阶级对立的消失才会完全消失。

马克思在《〈政治经济学批判〉序言》中回顾了他考察资产阶级经济制度的研究经历，并总结出唯物史观的基本原理：人们在自己的社会生产生活中创造出一定的与社会物质生产力发展阶段相适应的生产关

---

① 《马克思恩格斯文集》第 1 卷，人民出版社 2009 年版，第 516 页。
② 《马克思恩格斯文集》第 2 卷，人民出版社 2009 年版，第 51 页。
③ 《马克思恩格斯文集》第 2 卷，人民出版社 2009 年版，第 42 页。

系。这些生产关系的总和构成了由上层建筑和物质基础两部分组成的社会经济结构。这是任何一种社会形式都必然形成的不以人的意志为转移的社会经济结构。意识形态则是以"法律的、政治的、宗教的、艺术的或哲学的"① 社会意识形式存在于上层建筑之中。"物质生活的生产方式制约着整个社会生活、政治生活和精神生活的过程。"② 不是意识形态决定社会存在，而是社会存在决定意识形态。在这里，马克思把意识形态描述为社会经济结构必要组成部分的中性的概念。事实上，这也说明马克思、恩格斯以往对意识形态作出的否定性批判主要针对的是剥削阶级意识形态。

恩格斯在《路德维希·费尔巴哈和德国古典哲学的终结》中从国家政权的诞生历史说起，阐释了意识形态在巩固国家政权和维系阶级统治中发挥的重要价值。统治阶级以法律制度的形式赋予自己的经济关系权威性、合法性和合理性，并通过稳定的法律体系确保自己的经济关系得以不断生产和再生产。离统治阶级经济关系较远的意识形态则采取了哲学、宗教、艺术等形式，从观念上把统治阶级经济关系转化为阶级社会成员共同承袭的文化传统和生活习惯。

马克思在《政治经济学批判（1857—1858 年手稿）》中，聚焦资本主义生产关系的本质特征和内在结构，分析了资本主义生产关系占统治地位的意识形态时代表征："个人现在受抽象统治，而他们以前是互相依赖的。但是，抽象或观念，无非是那些统治个人的物质关系的理论表现。"③ 资本主义生产关系把创造剩余价值作为唯一目的，在这种生产关系支配下的社会个体也把发财致富抽象为自己生存和发展的价值追求。资产阶级拥有"资本"，实际上就是拥有了占有无产阶级劳动时间和劳动产品的社会权力。"资本"和"劳动"的颠倒关系反映在资本主

① 《马克思恩格斯文集》第 2 卷，人民出版社 2009 年版，第 592 页。
② 《马克思恩格斯文集》第 2 卷，人民出版社 2009 年版，第 591 页。
③ 《马克思恩格斯文集》第 8 卷，人民出版社 2009 年版，第 59 页。

义生产当事人和流通当事人的思想意识中，必然形成"劳者不获、获者不劳"的颠倒观念。这也是个人生活在"物的人格化和生产关系的物化"① 中营造的拜物教世界的内在根源。既然任何阶级都需要意识形态把本阶级的生产关系反映成观念中的理论形态，那么为了破除资产阶级意识形态对无产阶级的思想统治，无产阶级则需要塑造符合本阶级利益和原则的意识形态。

恩格斯在《反杜林论》中，通过批判小资产阶级意识形态家杜林的荒谬理论，比较连贯地阐述了无产阶级运动的理论表现，即科学社会主义。恩格斯强调："为了使社会主义变为科学，就必须首先把它置于现实的基础之上。"② 科学社会主义作为马克思主义意识形态的理论表征，虽然也是在一定时代条件中形成的历史产物，但是其拥有"新的科学的世界观"的精神高度支撑和辩证法的理论思维支持，坚持理论与实践相结合，所以能够启发无产阶级在认识真理的同时实践真理，从而在解释世界的过程中改变世界。由于无产阶级革命经常受到形形色色的唯心主义社会思潮干扰，所以马克思、恩格斯在对唯物史观的阐释中着重强调了经济现实对推动人类历史发展变革的决定性作用。这也导致没有对唯物史观作出整体性理解的革命青年容易把唯物史观误判为"经济决定论"。恩格斯深刻反思了这一误判的形成原因和严重后果。他在晚年写给革命党人的五封书信中，反复澄清了"经济事实"与意识形态之间的作用与反作用。他认为，经济状况固然是人类历史发展的客观基础。但是，"政治等等的前提和条件，甚至那些萦回于人们头脑中的传统，也起着一定的作用，虽然不是决定性的作用"③。唯物史观分析人类历史发展过程时考虑的是社会一切因素的相互作用，是以经济状况作为必然事件推动其他社会因素产生的无穷无尽偶然事件。如果说，意识形态领

---

① 《马克思恩格斯文集》第 7 卷，人民出版社 2009 年版，第 940 页。
② 《马克思恩格斯文集》第 9 卷，人民出版社 2009 年版，第 22 页。
③ 《马克思恩格斯文集》第 10 卷，人民出版社 2009 年版，第 592 页。

域还存在着诸多与社会现实不相符的虚假观念，那么随着"科学的历史"不断发展，这些虚假观念掩盖的事物运动规律也会被逐一理解和把握。

一、意识形态的生成条件

根据唯物史观的基本观点，意识形态是一个伴随阶级社会产生、发展和消亡的历史性概念，也是人类文明发展过程中特有的精神现象。在人类社会进入阶级社会以前，人们的社会生活秩序主要依靠自然性伦理道德来规范和调节。当人类社会在以家庭为物质联系的劳动生产中能够创造出除了满足自身生活需要的剩余产品后，人类社会逐渐摆脱了野蛮阶段的生存状态而开始朝向真正的人类历史发展。从这时起，人类社会生产劳动的物质联系不断突破家族集团和部落集团的狭隘范围，人们把越来越多除了满足自身生活需要的剩余产品积累起来，并且把社会生产力从生活资料的生产方面越来越多地投入在生产资料的生产方面，进而为人类社会一代又一代的发展进步积蓄了"生产基金"和"后备基金"。无论是过去还是现在，这种基金"都是一切社会的、政治的和智力的发展的基础"①。同时，这种基金也都掌握在统治阶级的手中。统治阶级正是凭借其财富优势获得了统治整个社会的国家政权，调整社会生活秩序的自然性伦理道德也转化为具有政治教化意义的意识形态。由此可见，意识形态的生成需要具备一定的前提条件，主要包括物质条件、精神条件和时代条件。

1. 物质条件

人的物质生活是意识形态生成的客观基础。"人们的想象、思维、

① 《马克思恩格斯文集》第9卷，人民出版社2009年版，第202页。

精神交往在这里还是人们物质行动的直接产物。表现在某一民族的政治、法律、道德、宗教、形而上学等的语言中的精神生产也是这样。"①马克思、恩格斯在《德意志意识形态》中通过批判德国哲学颠倒"意识"与"现实"的相互关系，阐明了他们考察人类社会的唯物主义哲学立场："如果在全部意识形态中，人们和他们的关系就像在照相机中一样是倒立成像的，那么这种现象也是从人们生活的历史过程中产生的。"② 马克思、恩格斯把"从事实际活动的人"③ 确立为他们理解和把握人类历史发展变迁的出发点，意识形态是在人的物质生活过程中生成的，是人的"意识"对人的物质生活过程作出的一种"反射和反响的发展"④。以往的德国哲学把"物质"看作"意识"的主观投影，把人也看作"意识"的抽象化身，它们不能真正理解"现实的个人"是如何生存和发展的，更不能科学认识由"现实的个人"的物质生产构成的人类社会是如何演进和变革的。人们在生产自己物质生活的同时，也会在意识中形成对这一过程的感受认知和思想意图，人们在变革自己物质环境的同时，也会在意识中改变自己的思维方式和价值观念。以这种唯物主义哲学立场来考察人类社会则会发现，意识形态既没有自身独立于人的物质生活而存在的客观条件，也没有自身独立于人的物质生活而发展的现实基础，只有立足人们的物质生活过程才能理解和把握意识形态的生成根源。如果说人们的"生活"决定人们的"意识"，意识形态则是人们的"意识"在人们的现实生活过程中通过人们之间的物质联系而形成和发展起来的。马克思、恩格斯在考察完一切人类生存的基本前提之后，把考察视角转向人的"意识"。在他们看来，人的"意识"从形成之初就"受到物质的'纠缠'"⑤。"意识"即使表现为"人们头脑中

---

① 《马克思恩格斯文集》第 1 卷，人民出版社 2009 年版，第 524 页。
② 《马克思恩格斯文集》第 1 卷，人民出版社 2009 年版，第 525 页。
③ 《马克思恩格斯文集》第 1 卷，人民出版社 2009 年版，第 525 页。
④ 《马克思恩格斯文集》第 1 卷，人民出版社 2009 年版，第 525 页。
⑤ 《马克思恩格斯文集》第 1 卷，人民出版社 2009 年版，第 533 页。

的模糊幻象"，也是"他们的可以通过经验来确认的、与物质前提相联系的物质生活过程的必然升华物"①。

意识形态也是由于人们之间物质联系的迫切需要而产生的。"人们按照自己的物质生产率建立相应的社会关系，正是这些人又按照自己的社会关系创造了相应的原理、观念和范畴。"② 如果这些理论存在以"颠倒"的形式反映了人的物质生产关系，那么这仅仅是因为人的物质生产关系与物质生产力发生了矛盾。人的物质生产方式制约着意识形态以何种形式在何种范围内运动和发展。如果把人的物质生产作为起点来阐释意识形态的生成过程，把同人的现实生活过程相联系的生产方式以及由此形成的政治结构理解为意识形态的生成基础，那么就能够在这个生成基础上科学分析和说明"意识的所有各种不同的理论产物和形式，如宗教、哲学、道德等等，而且追溯它们产生的过程"③。人们虽然在自己的物质生产和物质交往中通过"意识形态上的反射和反响的发展"④，推动了自己的精神生产和精神交往，但是人们并不是按照共同意志和共同计划来进行的，人类历史的发展模式也没有形成一个可供人们遵循的明确标准，人们开展自己现实生活的意向是互相交错的，人们的现实生活也发生着矛盾冲突。正因如此，"以偶然性为其补充和表现形式的必然性"⑤在人类社会历史发展过程中占有主导地位。这种必然性"归根到底仍然是经济的必然性"⑥。

2. 精神条件

意识形态的形成离不开人的"自由自觉的类特性"。能够进行"自

① 《马克思恩格斯文集》第1卷，人民出版社2009年版，第525页。
② 《马克思恩格斯文集》第1卷，人民出版社2009年版，第603页。
③ 《马克思恩格斯文集》第1卷，人民出版社2009年版，第544页。
④ 《马克思恩格斯文集》第1卷，人民出版社2009年版，第525页。
⑤ 《马克思恩格斯文集》第10卷，人民出版社2009年版，第669页。
⑥ 《马克思恩格斯文集》第10卷，人民出版社2009年版，第669页。

由的有意识的活动"① 是人作为"类存在物"的本质属性。马克思在
《1844 年经济学哲学手稿》中指出："一个种的整体特性、种的类特性
就在于生命活动的性质，而自由的有意识的活动恰恰就是人的类特
性。"② 在这里，马克思强调了"劳动"是人的"生命活动"，"生产生
活"则是人产生和维系自己生命的"类生活"。人的"劳动"不同于动
物的"劳动"，人的"劳动"是一种"自由的有意识的活动"③。通过
"劳动"，人把自身和自然界都视为自己能够自由加以改造的对象，从而
证明了人是"有意识的类存在物"④。虽然个体生活的存在方式千差万
别，但是人作为"类存在物"，人的个体生活必然是较为特殊或较为普
遍的类生活。个体生活的特殊性使人成为"现实的、单个的社会存在
物"⑤，使人产生了一切关系都是为我而存在的"自我意识"。同时，个
体生活的普遍性又使人在意识中形成"观念的总体"，使人变成"被思
考和被感知的社会的自为的主体存在"⑥。人的"意识"主要以"普遍
意识"来反映和适应自己所处的现实共同体和社会环境。马克思说：
"我的普遍意识不过是以现实共同体、社会存在物为生动形态的那个东
西的理论形态。"⑦ 在他看来，人的"普遍意识的活动"也是人"作为
社会存在物的理论存在"⑧。动物的"意识"是对外在世界作出的直观
感受和自发选择。人的"意识"则能够对外在世界作出有自己目的计划
的理性认知和分析综合。"普遍意识"之所以能够成为一种"理论形
态"，主要是因为人的头脑中关于"物质生活过程的必然升华物"⑨ 一

---

① 《马克思恩格斯文集》第 1 卷，人民出版社 2009 年版，第 162 页。
② 《马克思恩格斯文集》第 1 卷，人民出版社 2009 年版，第 162 页。
③ 《马克思恩格斯文集》第 1 卷，人民出版社 2009 年版，第 162 页。
④ 《马克思恩格斯文集》第 1 卷，人民出版社 2009 年版，第 162 页。
⑤ 《马克思恩格斯文集》第 1 卷，人民出版社 2009 年版，第 188 页。
⑥ 《马克思恩格斯文集》第 1 卷，人民出版社 2009 年版，第 188 页。
⑦ 《马克思恩格斯文集》第 1 卷，人民出版社 2009 年版，第 188 页。
⑧ 《马克思恩格斯文集》第 1 卷，人民出版社 2009 年版，第 188 页。
⑨ 《马克思恩格斯文集》第 1 卷，人民出版社 2009 年版，第 525 页。

经形成，则会脱离人的物质生活过程，保持一种相对独立的存在方式。

意识形态的形成离不开"精神劳动"与"物质劳动"的分工。"分工只是从物质劳动和精神劳动分离的时候起才真正成为分工。"①"分工"的发展程度决定了社会的生产力发展水平。"物质劳动"和"精神劳动"分离的这种分工形式不仅出现在人自身的生产劳动中，也出现在人们之间的物质交往中。无论出于哪种情况，只有从这时起，人的"意识"才能够不用完全依赖于自己的生产劳动而进行"现实地想象"。也就是说，人的"意识"不需要光是想象某种完全为了生产劳动而需要的"现实的东西"，就可以在现实中"摆脱世界而去构造'纯粹的'理论、神学、哲学、道德等等"②。由此则生成了以这些"纯粹的"精神产品为表现形式的意识形态，体现出人"作为社会存在物的理论存在"③。

意识形态的形成离不开人的头脑对客观事物的主观反映机制。通过恩格斯在《自然辩证法》中对人类历史起源的梳理可以知道，"在所有这些起初表现为头脑的产物并且似乎支配着人类社会的创造物面前，劳动的手的较为简陋的产品退到了次要地位"④。随着一代又一代人的发展变革，生产劳动采取了更完善和更丰富的形式，商业和手工业的形成催生了艺术和科学，民族和国家的诞生又推动了法和政治的发展。与这些社会事物相伴而生的是"宗教"投射在人的头脑中的虚幻反映。根据人的物质生活过程是由自己"头脑的产物"所支配的这种颠倒认识，人们产生了唯心主义世界观。恩格斯认为，唯心主义世界观是一种强大的意识形态力量，人们"在那种意识形态的影响下，认识不到劳动在这中间所起的作用"⑤。如果坚持唯心主义世界观，那么往往会在认识整个

① 《马克思恩格斯文集》第1卷，人民出版社2009年版，第534页。
② 《马克思恩格斯文集》第1卷，人民出版社2009年版，第534页。
③ 《马克思恩格斯文集》第1卷，人民出版社2009年版，第188页。
④ 《马克思恩格斯文集》第9卷，人民出版社2009年版，第557页。
⑤ 《马克思恩格斯文集》第9卷，人民出版社2009年版，第558页。

人类历史的过程中进行不合理的幻想，"陷入意识形态"①。恩格斯称其为"这不过是过去有人爱用的意识形态的或者也称为先验主义的方法"②。它的基本认知逻辑是从对象概念中推导出对象的内容属性，而不是从对象本身中推导出对象的内容属性，所以它要求"现实"必须主动适应"观念"。这也导致意识形态会把人类历史描绘成"一幅因脱离现实基础而扭曲的、像在凹面镜上反映出来的头足倒置的画像"③。

3. 时代条件

在《哲学的贫困》中，马克思说："这些观念、范畴也同它们所表现的关系一样，不是永恒的。它们是历史的、暂时的产物。"④ 也就是说，意识形态是在特定的时代条件下生成的暂时性产物。人们根据自己的物质生产活动，生成了表现自己物质生产关系的意识形态。人们的物质生产活动本身就是一个不断运动的历史过程。意识形态随着人类社会物质生活条件的改变而改变，它在不同历史阶段会呈现不同的物质生活内容。在考察意识形态的内容和形式时，唯物史观与唯心史观的最大区别就在于唯物史观始终把目光投向从现实历史的发展过程中理解意识形态，而不是在每个时代中都带着某个先验概念范畴去解释意识形态。

人们在前后相继的社会生存条件下发展着自己的社会历史，也在由此形成的意识形态中发展着自己的普遍观念。马克思、恩格斯在《共产党宣言》中写道："思想的历史除了证明精神生产随着物质生产的改造而改造，还证明了什么呢?"⑤ 物质生产的不断改造为人类社会创造和积累了新的生产力，新生产力的获得也改造了人类社会的生产方式。封

---

① 《马克思恩格斯文集》第 9 卷，人民出版社 2009 年版，第 346 页。
② 《马克思恩格斯文集》第 9 卷，人民出版社 2009 年版，第 101 页。
③ 《马克思恩格斯文集》第 9 卷，人民出版社 2009 年版，第 102 页。
④ 《马克思恩格斯文集》第 1 卷，人民出版社 2009 年版，第 603 页。
⑤ 《马克思恩格斯文集》第 2 卷，人民出版社 2009 年版，第 51 页。

建社会是由手推磨创造的，资本主义社会是由蒸汽磨创造的。社会生产力的增长，社会关系的变革，乃至意识形态的生成都是动态的。马克思认为，如果想用一种理论的概念范畴构筑起意识形态体系的大厦，那么则相当于把人类社会的各个环节割裂开来。实际上，在人类社会的不断运动中，包括意识形态在内的各个环节都是同时存在而又相互依存的，没有哪个抽象的逻辑公式能够抛开历史发展过程而对人类社会的一切关系作出准确说明。人类社会的所有历史发展过程都是在不同阶级的冲突对立中进行的，不同阶级的冲突对立在每个时代都具有不同的内容和形式。

统治阶级的生产方式被革命阶级的生产方式取代以后，统治阶级意识形态的思想统治地位也会让渡给革命阶级意识形态。当 18 世纪启蒙思想击败基督教神学的时候，资产阶级作为革命阶级也战胜了封建统治阶级。资产阶级意识形态在社会精神领域确立的信仰自由和宗教自由，不过是表明资产阶级生产关系带来的自由竞争已经成为这一时代社会物质领域的全新主题。但是，无论不同阶级的冲突对立具有怎样的内容和形式，统治阶级对其他阶级的剥削压迫总是人类社会每个时代的共有事实。意识形态只有随着阶级社会的结束，随着不同阶级冲突对立的消失，才能使自己归于完全消失。

不管意识形态是以封建统治阶级的内容和形式生成，还是以资产阶级的内容和形式生成，它的生成必须具有当时所需要的时代条件，这种时代条件是人类社会长期以来的历史发展结果。所以，任何一个阶级的意识形态都不会具有"公理式的真理性"①，它的生成只是符合了当时所处的社会历史环境。然而，当资本主义生产关系和生产力之间的内在矛盾已经深化到成为一种阻碍资本主义社会发展的破坏性力量时，无产阶级就会作为推翻资产阶级统治地位的革命阶级登上人类历史舞台。与

---

① 《马克思恩格斯文集》第 9 卷，人民出版社 2009 年版，第 113 页。

此相伴而生的是从"世界观"上反映无产阶级"利益和原则"的马克思主义意识形态。对于从资产阶级社会中产生的新的革命力量，无产阶级能够站在比资产阶级更高的历史发展水平上变革资产阶级社会的物质生产关系。"现在代表着现状的变革、代表着未来的那种道德，即无产阶级道德，肯定拥有最多的能够长久保持的因素。"① 这也是对马克思主义意识形态具有时代先进性，能够代表未来社会文明发展走向的明确指认。

无产阶级在资本主义社会生产劳动异化的过程中创造了社会财富，却不能享受社会财富带来的任何福利，他们实际上是市民社会的非市民社会成员而被排斥在市民社会之外。所以，他们不得不推翻资产阶级的国家政权，为自己争取合乎人性的生存条件和发展机会。马克思主义意识形态在对资本主义社会生活条件和现存制度进行深刻揭露和批判的过程中，"资产阶级和无产阶级之间的对立产生了共产主义观点和社会主义观点"②。马克思主义意识形态的基本要求就是通过消灭一切由社会生产关系和生产力之间的内在矛盾产生的阶级差别，消灭一切由这些阶级差别产生的阶级意识，进而消灭一切阶级意识乃至意识形态本身。

二、意识形态的基本内涵

在马克思恩格斯经典文本中，意识形态概念的基本内涵可以理解为阶级社会中与"法律的和政治的上层建筑"相适应的"社会意识形式"③。"社会意识形式"主要包括法律、政治、宗教、艺术、哲学等内容，它们作为阶级社会成员根据自己物质生活过程创造出来的理论样态，向社会思想领域传播和渗透着统治阶级的利益和意志，从而帮助统

---

① 《马克思恩格斯文集》第 9 卷，人民出版社 2009 年版，第 98—99 页。
② 《马克思恩格斯全集》第 3 卷，人民出版社 1960 年版，第 490 页。
③ 《马克思恩格斯文集》第 2 卷，人民出版社 2009 年版，第 591 页。

治阶级维系"整个社会生活、政治生活和精神生活"的思想统治。任何一个想要获得统治地位的阶级都需要进行本阶级意识形态的教育和灌输，才能把表达本阶级"利益和原则"的思想观点变成社会上"占统治地位的思想"。无产阶级为了推翻资产阶级的剥削压迫，在社会主义社会向共产主义社会过渡的历史阶段掌握国家政权，从而实现无产阶级专政，也需要通过思想政治教育批判资产阶级意识形态，确立马克思主义意识形态，以"新的科学的世界观"引导和统合社会思想领域的各种社会意识。

1. 反映了统治阶级的物质利益

马克思、恩格斯在《德意志意识形态》中写道："占统治地位的思想不过是占统治地位的物质关系在观念上的表现，不过是以思想的形式表现出来的占统治地位的物质关系。"① 可以看出，"意识形态"作为一种思想形式，它实际上是对统治阶级物质关系的观念反映，也是统治阶级利用自己在社会意识领域的统治地位，维护自身物质利益的基本方式。

"意识形态"是阶级社会的产物。"阶级"实际上是不同社会成员根据自己的劳动生产方式形成的利益共同体。在人类社会的物质生产过程中，随着分工程度的不断加深，也产生了单个人的特殊利益与其他人的普遍利益相互冲突的现象。"国家"正是为了解决特殊利益和共同利益之间的这种矛盾才应运而生的。从表面上看，"国家"为了代表全体社会成员的共同利益而采用虚幻的共同体形式。实际上，"国家"代表的只是统治阶级的共同利益，在虚幻的共同体形式掩盖下进行的是不同阶级之间持续不断的真正斗争。国家政权是统治阶级为了保护自己的共同利益而创立的独立机关。恩格斯在《路德维希·费尔巴哈和德国古典

---

① 《马克思恩格斯文集》第 1 卷，人民出版社 2009 年版，第 550—551 页。

哲学的终结》中认为："国家一旦成了对社会来说是独立的力量，马上就产生了另外的意识形态。"①"另外的意识形态"指的是以国家政权为核心建构起来的不同思想领域的社会意识形式。因为这些社会意识形式采取了"独立历史"的发展外观，所以掩盖了国家政权实行阶级统治的物质基础和社会形式。那些使一定的社会生产力能够得到有效利用的现实条件，也是国家政权实行阶级统治的现实条件。某一阶级由于其财产状况产生的社会权力获得了统治其他阶级的国家政权。与此同时，统治阶级会在"相应的国家形式中获得实践的观念的表现"②，也就是通过意识形态的观念形式集中表现国家政权借以实现的统治阶级的物质利益。

马克思、恩格斯在《德意志意识形态》中揭示："每一个企图取代旧统治阶级的新阶级，为了达到自己的目的不得不把自己的利益说成是社会全体成员的共同利益。"③ 资产阶级把"重商主义"看作资本主义国家的民族性质，他们宣扬资本主义生产方式仅仅致力于实现国民财富增长和促进国家资源积累，实际上资本主义生产方式不过是为了帮助资产阶级发财致富创造一切条件。资产阶级宣告自己建立的神圣国家能够取代旧的神圣国家，只不过是他们同时意识到资本主义生产关系的发展已经奠定了这一历史阶段国民实力和国民优势的物质基础。在马克思、恩格斯看来："资产者的假仁假义的虚伪的意识形态用歪曲的形式把自己的特殊利益冒充为普遍的利益。"④ 因为资本主义生产关系的历史结构存在着无法调和的内在矛盾，所以资产阶级内部必然需要有一部分的意识形态阶层为其进行理论辩护，赋予资产阶级意识形态以普遍的形式，把它描绘成唯一合乎理性和具有普遍意义的社会意识。可以说，

---

① 《马克思恩格斯文集》第 4 卷，人民出版社 2009 年版，第 308 页。
② 《马克思恩格斯文集》第 1 卷，人民出版社 2009 年版，第 542 页。
③ 《马克思恩格斯文集》第 1 卷，人民出版社 2009 年版，第 552 页。
④ 《马克思恩格斯全集》第 3 卷，人民出版社 1960 年版，第 195 页。

"这些先生们根本就不是真正的理论家,而只是反动派的辩护士"①。在资产阶级作为革命阶级登上历史舞台的时代发展阶段,为了寻找推翻旧的封建统治的理论依据,资产阶级的意识形态阶层还能够基于科学的理论初衷来深入剖析阻碍整个社会发展进步的真正弊病。在资产阶级已经成为统治阶级的时代发展阶段,资产阶级的一切理论诉求都是为了巩固自己的统治地位,尽管资本主义生产方式的历史结构已经凸显出日益尖锐的内在矛盾,资产阶级的意识形态阶层仍然会不顾整个社会发展进步的必然趋势,把按照资本主义生产关系的历史结构建构起来的思维方式和价值观念应用到已经完成的现代世界。自此以后的资产阶级意识形态也就与科学背道而驰,成为越来越脱离社会现实的"颠倒的观念"。

无产阶级作为推翻资产阶级的革命阶级,"这个阶级构成了全体社会成员中的大多数,从这个阶级中产生出必须实行彻底革命的意识,即共产主义的意识"②。同时,"无产阶级构成了全体社会成员的大多数"这一客观事实决定了马克思主义意识形态不再需要通过虚幻思想和理论辩护来掩盖本阶级的特殊利益,也不再需要通过暴力和欺骗把马克思主义意识形态强加于广大人民群众的普遍观念中。因为,无产阶级的阶级利益与广大人民群众的共同利益高度统一,都是为了实现"普遍的人的解放"。所以,"共产党人不屑于隐瞒自己的观点和意图。他们公开宣布:他们的目的只有用暴力推翻全部现存的社会制度才能达到"③。

2. 调节着整个社会的精神生产

为了"占有他人的意志",统治阶级在精神生产领域要致力于"调节着自己时代的思想的生产和分配"④,进而完成"决定着某一历史时

---

① 《马克思恩格斯文集》第 7 卷,人民出版社 2009 年版,第 4 页。
② 《马克思恩格斯文集》第 1 卷,人民出版社 2009 年版,第 542 页。
③ 《马克思恩格斯文集》第 2 卷,人民出版社 2009 年版,第 66 页。
④ 《马克思恩格斯文集》第 1 卷,人民出版社 2009 年版,第 551 页。

代的整个面貌"① 的思想统治活动。恩格斯在《反杜林论》中认为：
"这种基金都是一个特权阶级的财产，而政治统治权和精神主导权也和
这种财产一起落到这个特权阶级的手里。"② 在这里，统治阶级掌握的
"政治统治权"和"精神主导权"，就是统治阶级用以"占有他人的意
志"的社会权力，也是国家政权发挥"意识形态力量"的权力保障。统
治阶级支配整个社会精神生产的任务主要是由统治阶级内部的意识形态
家们来完成的。"分工也以精神劳动和物质劳动的分工的形式在统治阶
级中间表现出来。"③ 统治阶级内部形成了一个较为完整的社会生产关
系，在阶级成员的物质联系中出现了"精神分工"和"物质分工"，一
部分人承担着统治阶级的精神生产，成为"这一阶级的积极的、有概括
能力的意识形态家"④。意识形态家所做的实际工作是把统治阶级在物
质生产过程中产生的实践观念转化成概念化、理论化和体系化的话语体
系，并且基于统治阶级的基本立场论证这些实践观念的科学性、普遍性
和权威性。统治阶级利用自己掌控的国家政权掌控着社会舆论阵地，意
识形态家们可以利用这些社会舆论阵地以思想的形式自由地维护统治阶
级的国家政权。马克思在1870年4月9日写给齐格弗里德·迈耶尔和奥
古斯特·福格特的信中谈道："报刊、教堂讲坛、滑稽小报，总之，统
治阶级所掌握的一切工具都人为地保持和加深这种对立。这种对立就是
英国工人阶级虽有自己的组织但没有力量的秘密所在。这就是资本家阶
级能够保持它的权力的秘密所在。"⑤ 形形色色的社会思潮都不自觉地
含有资产阶级意识形态的成分，它们戴着各种各样的虚伪面具传播渗透
着资产阶级的价值导向。为了推翻资本主义私有制，无产阶级也需要利

① 《马克思恩格斯文集》第1卷，人民出版社2009年版，第551页。
② 《马克思恩格斯文集》第9卷，人民出版社2009年版，第202页。
③ 《马克思恩格斯文集》第1卷，人民出版社2009年版，第551页。
④ 《马克思恩格斯文集》第1卷，人民出版社2009年版，第551页。
⑤ 《马克思恩格斯文集》第10卷，人民出版社2009年版，第328页。

用各种载体和现实途径使自己的革命思想变成社会占统治地位的思想。无产阶级的革命思想只有变成社会占统治地位的思想，发挥出支配整个社会精神生产的本质功能，才能帮助广大人民群众彻底摆脱种种传统偏见和错误思潮的侵蚀与干扰，带领广大人民群众在共产主义的理想愿景中凝心聚力地创生出摧毁资本主义私有制的精神力量和物质力量，才能为人类社会朝着共产主义方向发展奠定共同的思想基础和提供强大的物质保证。

3. 致力于不同阶级的思想改造

马克思在《政治经济学批判（1861—1863年手稿）》中提到：在资产阶级还属于革命阶级时，他们还能清晰分辨出"各个旧的意识形态阶层"不过处于"有闲财富豢养的大批仆从和丑角同样的地位"[1]，他们只是依靠别人劳动产品生活的社会仆人。这时的资产阶级呼吁，必须把"各个旧的意识形态阶层"的人数和费用都缩减到最低限度，因为他们是非生产阶层，他们的存在仅仅在管理和维系统治阶级的特殊利益时才是正当的。然而，当资产阶级变为统治阶级后，资产阶级不仅掌握了国家政权，而且选择与"各个旧的意识形态阶层"进行妥协，"把意识形态阶层看做自己的亲骨肉，到处按照自己的本性把他们改造成为自己的伙计"，[2] 同时保持了它们纯粹寄生的社会地位。因为在资本主义生产关系中，资产阶级也成了依靠无产阶级劳动产品生活的非生产阶级，资产阶级需要联合起"各个旧的意识形态阶层"来共同压榨无产阶级的劳动产品，并且共同面对无产阶级的反抗斗争。从这里可以看出，资产阶级也开始像以往任何统治阶级一样，变成了自己作为革命阶级时着力批判的乐于"从事有教养的消费"的剥削阶级，资产阶级的意识形态阶

---

① 《马克思恩格斯文集》第8卷，人民出版社2009年版，第240页。
② 《马克思恩格斯文集》第8卷，人民出版社2009年版，第241页。

层则会"力求在'经济学上'证明它从前批判过的东西是合理的"①。

资产阶级意识形态按照资本主义社会的颠倒现实不断生产着"颠倒的观念"。在马克思看来，资本主义社会是一个已经在经济三位一体关系中成熟发展的"着了魔的、颠倒的、倒立着的世界"②。在由价值、货币和资本相互交织的经济三位一体关系中，资本主义社会的历史规定性直接融合了资本主义生产关系的神秘性和资本主义社会关系的物化。社会财富变成了支配活劳动的社会权力，活劳动变成了可以自由买卖的商品。从资本主义最简单的生产关系出发，就已经形成了相应的颠倒观念。随着资本流通过程的循环往复，资产阶级意识形态必然会根据资本的不断转化而赋予自身新的"颠倒的观念"。一切关于资本主义生产和再生产总过程的"颠倒的观念"，都来自资本流通过程中资本的各种变形在当事人头脑中引起的主观反映。在受资本逻辑统治的商品世界中，资产阶级意识形态"已经成为国民的牢固的成见"③。如果说，资产阶级意识形态揭穿了封建主义意识形态通过宗教神学塑造的"神圣形象"，那么，马克思主义意识形态的迫切任务则是揭露资产阶级意识形态通过商品拜物教塑造的"非神圣形象"。因为"非神圣形象"建构在资本主义私有制形成的社会物质基础上。资本主义私有制形成的社会物质基础不被炸毁，"非神圣形象"就不会被解构。

资产阶级意识形态像以往任何剥削阶级意识形态一样，即使在某一时刻可以被改变和扭转，也有可能被"巨大的保守力量"重建和恢复。恩格斯在《英国工人阶级状况》中揭露道："这再一次证明'好社会'的可怕暴君——资产阶级舆论——的不可救药的反复无常。"④所以，对于马克思主义意识形态而言，它的任务不是仅仅通过思想改造帮助无

① 《马克思恩格斯文集》第 8 卷，人民出版社 2009 年版，第 241 页。
② 《马克思恩格斯文集》第 7 卷，人民出版社 2009 年版，第 940 页。
③ 《马克思恩格斯文集》第 9 卷，人民出版社 2009 年版，第 113 页。
④ 《马克思恩格斯文集》第 1 卷，人民出版社 2009 年版，第 378 页。

产阶级"在思想中站起来",而是要在思想改造的过程中帮助无产阶级通过实践方式真正摆脱套在无产阶级头上的"那种现实的、感性的枷锁"①。马克思主义意识形态为此需要引导无产阶级把在社会各个领域所取得的革命成果应用到随之产生的革命实践,推动现今时代与社会物质生产发展不相适的思想体系和社会制度实现全面变革。人类社会一旦进入共产主义社会高级阶段,强迫阶级社会个体服从的旧式分工和异化劳动就会消失,脑力劳动和体力劳动的相互对立也会消失。只有从这时起,人的头脑中所有思想意识才会完全超越意识形态的狭隘界限,有可能完全根据现实生活的真实情况而成为"通晓思维历史及其成就的基础上的理论思维形式"②。

三、剥削阶级意识形态的主要功能

剥削阶级意识形态生成以后,之所以体现出越来越独立于社会物质基础的外在特征和难以把握的复杂样态,主要是因为它在社会精神生产领域的发展规律遵循了自身特殊的社会历史逻辑。在剥削阶级意识形态自身特殊的社会历史逻辑中暗含着剥削阶级意识形态特有的主要功能。

1. 同现有的观念材料相结合

恩格斯在《路德维希·费尔巴哈和德国古典哲学的终结》中阐释了剥削阶级意识形态是如何围绕"国家政权"的统治需要而产生的,却采取了越来越远离"国家政权"的独立形式,继而揭示了这种独立形式是如何发展的:"任何意识形态一经产生,就同现有的观念材料相结合而发展起来,并对这些材料作进一步的加工。"③ 在这里,剥削阶级意识

---

① 《马克思恩格斯文集》第 1 卷,人民出版社 2009 年版,第 288 页。
② 《马克思恩格斯文集》第 9 卷,人民出版社 2009 年版,第 460 页。
③ 《马克思恩格斯文集》第 4 卷,人民出版社 2009 年版,第 309 页。

形态同"现有的观念材料""相结合"并对其"再加工"的思想过程，是剥削阶级意识形态产生以后实现进一步发展的首要形式。正是这一思想过程从根本上决定了剥削阶级意识形态独立于社会物质生活而存在和发展的虚幻假象。剥削阶级的意识形态阶层是剥削阶级意识形态的创造主体，这一思想过程起初发生在他们的头脑中，然而他们并没有意识到决定意识形态存在和发展的内在根源在于一定社会的物质生活条件。否则，他们就不会再把意识形态同"现有的观念材料""相结合"并对其"再加工"，创造出越来越远离经济事实的虚假意识。

　　剥削阶级意识形态家们"只和思想材料打交道"①。1893 年 7 月 14 日，恩格斯在至弗兰茨·梅林的信中说："意识形态是由所谓的思想家通过意识、但是通过虚假的意识完成的过程。推动他的真正动力始终是他所不知道的，否则这就不是意识形态的过程了。"② 恩格斯认为，剥削阶级意识形态家们创造意识形态的过程是完全局限于意识领域的思想过程，所以他们"只和思想材料打交道"③，无论是剥削阶级意识形态的内容，还是剥削阶级意识形态的形式，都是他们从"纯粹的思维"中推论出来的。他们毫不迟疑地把"纯粹的思维"理解为产生这些思想材料的现实基础和内在动力，剥削阶级意识形态无非是对所有思想材料的抽象演绎，他们自然不会想要进一步探究产生这些思想材料的现实根源和生活依据。可以说，在剥削阶级意识形态的各个领域都积累了大量前人总结和概括的思想材料，这些思想材料在世代相继的前人头脑中经过了内容形式各异的独立发展。虽然，每个时代的物质生活条件对这种发展起到了决定性作用，但它们作为历史过程中的客观事实，本身就需要通过主观思维的整理和加工，从而转化成"思维过程的果实"④。在

① 《马克思恩格斯文集》第 10 卷，人民出版社 2009 年版，第 658 页。
② 《马克思恩格斯文集》第 10 卷，人民出版社 2009 年版，第 657 页。
③ 《马克思恩格斯文集》第 10 卷，人民出版社 2009 年版，第 658 页。
④ 《马克思恩格斯文集》第 10 卷，人民出版社 2009 年版，第 658 页。

恩格斯看来，这种意识形态的发展方式"仿佛顺利地消化了甚至最顽强的事实"①。剥削阶级意识形态家们完全局限在纯粹思维的范围之内，他们把历史事件的突破归结为意识形态的胜利，甚至把英雄人物的思想看作推动人类历史发展的动因。

恩格斯基于意识形态的本质属性，深入回答了造成这种情况的重要原因。他认为，国家领域的经济事实总是通过政治形式的包装才能对意识形态施加影响和作用。因为经济事实发生以后就会作为既定的客观存在，不会在创造意识形态的思想过程中添加任何新的内容形式。它对意识形态存在和发展的决定性作用大部分是以间接方式发生的。"因为对哲学发生最大的直接影响的，是政治的、法律的和道德的反映。"② 也就是说，意识形态的直接对象是"现有的观念材料"。"每一个时代的哲学作为分工的一个特定的领域，都具有由它的先驱传给它而它便由此出发的特定的思想材料作为前提。"③ 由此我们则可以理解为什么"经济上落后的国家在哲学上仍然能够演奏第一小提琴"④。然而如果我们把研究视角越聚焦到纯粹的意识形态领域，我们就越会发现这种无法用科学解释的偶然现象。

马克思、恩格斯经常批判剥削阶级意识形态家们使一切本末倒置的研究方式："从头脑中构造出这些结果，把它们作为基础并从它们出发，进而在头脑中用它们来重新构造出世界——这就是意识形态。"⑤ 这种研究方式把剥削阶级意识形态变成具有先验性、抽象性和普世性的思维公理，它们不是研究人类世界得出的结果和结论，而是评判一切的原则和出发点，所以剥削阶级意识形态家们不是从"事实"出发，而是从

① 《马克思恩格斯文集》第 10 卷，人民出版社 2009 年版，第 658 页。
② 《马克思恩格斯文集》第 10 卷，人民出版社 2009 年版，第 600 页。
③ 《马克思恩格斯文集》第 10 卷，人民出版社 2009 年版，第 599 页。
④ 《马克思恩格斯文集》第 10 卷，人民出版社 2009 年版，第 599 页。
⑤ 《马克思恩格斯文集》第 9 卷，人民出版社 2009 年版，第 345 页。

"原则"出发。这种研究方法不能从"原则"中推导出任何"事实"，而是只能增进"解释"。因此，当剥削阶级意识形态家们无法理解现实的联系时，他们则更愿意通过幻想的联系来代替现实的联系。

2. 意识到社会冲突并力求把它克服

马克思在《〈政治经济学批判〉序言》中要求在考察社会变革时必须把物质生产领域发生的变革和精神生产领域发生的变革区别开来。物质生产领域发生的变革是一种"可以用自然科学的精确性指明的变革"①。与此相对应，精神生产领域发生的变革则是一种"人们借以意识到这个冲突并力求把它克服的那些法律的、政治的、宗教的、艺术的或哲学的，简言之，意识形态的形式"②。在这里，马克思揭示了剥削阶级意识形态在社会物质生产领域发生现实冲突时能够发挥的功能和作用。社会物质生产领域发生的现实冲突主要是由社会生产力和生产关系之间的内在矛盾引起的。两者之间的内在矛盾为剥削阶级意识形态得以发展提供了现实根据。同时，剥削阶级意识形态不仅是人们意识到两者之间的内在矛盾后作出的主观显现和理论表征，而且是人们"力求把它克服"而选择的实现方式和发展形态。这也能够进一步说明为什么人们往往把意识形态看作创造和改变他们物质生活条件的决定性原因。

剥削阶级意识形态产生于社会生产力与生产关系之间的内在矛盾。在人们的物质生活中，人们会预先认识到由于现实关系的改变而必须改变社会制度的迫切需要。为了维护自身的物质生活条件，人们会主动积极地改变社会制度以适应现实关系的改变，而不是被动消极地面对这种损害自身物质生活条件的情况发生。这种能动性的主观意向也会促进精神生产领域中意识形态的发展和革新。剥削阶级意识形态家们通过理论形式把意识形态的发展和革新反映在社会整体的物质生活条件中，不仅

---

① 《马克思恩格斯文集》第 2 卷，人民出版社 2009 年版，第 592 页。
② 《马克思恩格斯文集》第 2 卷，人民出版社 2009 年版，第 592 页。

可以把统治阶级的私人目的粉饰为社会整体的理想使命，而且可以把统治阶级的统治要求确定为社会整体的生活准则。剥削阶级意识形态家们认为自己的理论学说是一切现实关系的创造目的，其实他们的理论学说只是这些现实关系的表现征兆。但是，如果因为否认剥削阶级意识形态有自身独立的发展形式，而否认剥削阶级意识形态对物质生活条件产生的影响作用，那么则会陷入非此即彼的形而上学思维方式。

剥削阶级意识形态又会通过消极或积极的方式克服社会生产力与生产关系之间的内在矛盾。恩格斯在 1890 年 10 月 27 日写给康拉德·施米特的信中认为，资产阶级经济关系以一种头足倒置的方式反映在资产阶级意识形态中："而这种颠倒——在它没有被认识的时候构成我们称之为意识形态观点的那种东西——又对经济基础发生作用，并且能在某种限度内改变经济基础，我认为这是不言而喻的。"① 可见，资产阶级经济关系并不会在社会历史领域直接发生作用。如果以辩证法的理论思维来理解人类历史发展进程，我们可以认为，经济关系在归根结底的意义上"构成一条贯穿始终的、唯一有助于理解的红线"②。但是，人们是在既定的、制约着他们的环境中创造着自己的历史，这些现有的社会关系是由人们的物质生产和精神生产共同构建的。恩格斯对否认意识形态反作用于经济关系的看法反问道："如果政治权力在经济上是无能为力的，那么我们何必要为无产阶级的政治专政而斗争呢？"③ 面对资本主义社会生产力和生产关系的内在矛盾日益尖锐的社会现实，资产阶级的克服方式是把社会意识和社会现实颠倒过来，因为资产阶级的目的在于掩盖生产力和生产关系的内在矛盾，维护资本主义生产关系的统治地位；无产阶级的克服方式则是从生产力和生产关系的内在矛盾中探寻解决问题的科学方法，因为无产阶级的目的在于消除资本主义社会的现存

① 《马克思恩格斯文集》第 10 卷，人民出版社 2009 年版，第 598 页。
② 《马克思恩格斯文集》第 10 卷，人民出版社 2009 年版，第 668 页。
③ 《马克思恩格斯文集》第 10 卷，人民出版社 2009 年版，第 600 页。

弊病，使更先进的生产方式占统治地位。无产阶级在资本主义生产过程中经历了使自己的劳动与生活全面异化的痛苦遭遇，意识到资本主义生产方式的不合理性和不公平，这本身就是无产阶级对资本主义社会生产力和生产关系内在矛盾产生的"日益觉醒的认识"。这种"日益觉醒的认识"是社会生产力已经发生超越性变革，而资本主义生产关系无法再同社会生产力相适应的一种征兆。同时，能够消除资本主义社会现存弊病的科学方法已经蕴含在资本主义生产过程的现成物质事实中，无产阶级在形成"日益觉醒的认识"基础之上，需要达成的下一个目标则是通过自己的头脑把这些科学方法提取出来和运用起来。

3. 承认现存生产方式的要求是理所当然的自然规律

马克思在《资本论》（第一卷）中写道："在资本主义生产的进展中，工人阶级日益发展，他们由于教育、传统、习惯而承认这种生产方式的要求是理所当然的自然规律。"① 在这里，无产阶级把资本主义生产方式的要求视为"理所方然的自然规律"，是资产阶级意识形态把资本主义生产方式真理化、永恒化、抽象化的本质要求。可见，资产阶级通过"教育、传统、习惯"，使无产阶级接受和认同了资产阶级意识形态，也使资产阶级意识形态从一种理论学说发展成为无产阶级的"普遍意识"。如果说，剥削阶级意识形态以理论形态反映了阶级社会中"占统治地位的物质关系"，那么剥削阶级意识形态为了发展成为阶级社会中个体的"普遍意识"，则需要通过"教育、传统、习惯"的基本方式渗透融入阶级社会中个体的日常生活和行为实践中。

剥削阶级意识形态作为一种观念反映和精神力量，其实也"早已成为人民的血肉"。恩格斯在《恩斯特·莫里茨·阿伦特》中说："他

---

① 《马克思恩格斯文集》第 5 卷，人民出版社 2009 年版，第 846 页。

们并不想知道，他们称为理论、意识形态或者天晓得是什么的那些东西，早已成为人民的血肉，而且有一部分已经进入生活了。"①　在马克思、恩格斯看来，任何一个统治阶级都需要通过一定的明确方式来"巩固自己地位的这种必要性的有意识的表达"②。这些明确方式也是帮助统治阶级持续发挥意识形态力量的重要途径。恩格斯说："宗教一旦形成，总要包含某些传统的材料，因为在一切意识形态领域内传统都是一种巨大的保守力量。"③　僧侣是中世纪封建主义的意识形态阶层，他们长期对社会实行"读书写字的垄断"④ 和"较高层次的文化教育的垄断"⑤。这种垄断是封建王权占有社会精神生产资料的集中体现。直到资本主义生产方式带来了书刊印刷业的兴起和世界市场的发展，僧侣对当时社会精神生产领域的全面垄断才被打破。随着资本主义生产关系发展成占统治地位的生产关系，资产阶级启蒙思想家们也接替了僧侣的精神统治地位。

恩格斯对此强调过，18 世纪的启蒙思想之所以能够推翻中世纪的宗教神学，成为社会上占统治地位的意识形态，并不是因为 18 世纪的启蒙思想多么具有"公理式的真理性"，而主要是因为这种思想得到了"普遍传播和仍然合乎时宜"⑥。然而，启蒙思想家们的意识形态力量并没有摧毁中世纪宗教神学禁锢在人民群众思想意识中的冰冷枷锁，他们提出的自由、平等、正义、人权等抽象概念以更隐晦和更文明的方式实现了对人民群众的精神统治。只要资本主义生产关系成为社会上占统治地位的生产关系，并且资本主义生产关系本身在社会上不断再生产，那么就会确立相应的公共规则和社会秩序，使资本主义生产关系本身取得

① 《马克思恩格斯全集》第 41 卷，人民出版社 1982 年版，第 154 页。
② 《马克思恩格斯全集》第 3 卷，人民出版社 1960 年版，第 491 页。
③ 《马克思恩格斯文集》第 4 卷，人民出版社 2009 年版，第 312 页。
④ 《马克思恩格斯文集》第 2 卷，人民出版社 2009 年版，第 225 页。
⑤ 《马克思恩格斯文集》第 2 卷，人民出版社 2009 年版，第 225 页。
⑥ 《马克思恩格斯文集》第 9 卷，人民出版社 2009 年版，第 113 页。

固定性和独立性的社会存在形式自行运行发展。这种公共规则和社会秩序是确保资本主义生产关系本身的再生产不以单纯偶然性和任意性为转移的必要条件。"如果这种再生产持续一个时期,那么,它就会作为习惯和传统固定下来,最后被作为明文的法律加以神圣化。"① 资本主义生产方式在社会中形成的"物的依赖关系"随着生活交往的开展而不断印刻在人民群众的思想意识中,从资本主义意识形态的发展视角看来,"新时代的特征就是新时代受观念统治"②。所以,必须打破资本主义意识形态对人民群众的观念统治,人民群众才会获得发展自由个性的思想条件。

反过来,"物的依赖关系"又会在资本主义生产方式的反复再生产中通过意识形态观念转化发展成为"永恒性的信念"。"而关于这种观念的永恒性即上述物的依赖关系的永恒性的信念,统治阶级自然会千方百计地来加强、扶植和灌输。"③ 资产阶级和无产阶级作为资本主义生产过程的实际当事人,每天生活在这种"物的依赖关系"之中。资产阶级意识形态家们把体现在实际当事人思想意识中的"物的依赖关系"进行"教义式的翻译",把这种"物的依赖关系"推崇为自然必然性和永恒真理性的抽象教条。资产阶级意识形态家们再通过"教育、传统、习惯"的基本方式把这种抽象教条塑造的"情感和观点"扩张和渗透在实际当事人的生活秩序与思维定式中。"通过传统和教育承受了这些情感和观点的个人,会以为这些情感和观点就是他的行为的真实动机和出发点。"④ 这样,伴随剥削阶级意识形态在"教育、传统、习惯"这些基本方式中的不断发展,剥削阶级的生产关系也就自然而然转化成为根植于阶级社会中个体思想意识中的"独特的情感、幻想、思想方式和

① 《马克思恩格斯文集》第 7 卷,人民出版社 2009 年版,第 897 页。
② 《马克思恩格斯文集》第 8 卷,人民出版社 2009 年版,第 59 页。
③ 《马克思恩格斯文集》第 8 卷,人民出版社 2009 年版,第 59 页。
④ 《马克思恩格斯文集》第 2 卷,人民出版社 2009 年版,第 498 页。

人生观"①。

四、无产阶级意识形态的教育任务

无产阶级革命为了推翻资产阶级占统治地位的旧世界秩序，建构无产阶级占统治地位的新世界秩序，需要充分发挥出无产阶级意识形态的宣传教育功能，通过揭穿资产阶级的思想偏见、加强无产阶级的理论武装、占领社会舆论阵地等方式，破除剥削阶级意识形态对无产阶级的思想统治，帮助无产阶级形成符合无产阶级革命需要的思想观念、价值理念和道德规范。

1. 促进剥削阶级旧思想的逐步瓦解

马克思、恩格斯在《共产党宣言》中指出，如果说某种思想学说能够使整个社会革命化，那么不过是证明了"在旧社会内部已经形成了新社会的因素，旧思想的瓦解是同旧生活条件的瓦解步调一致的"②。无产阶级革命的主要任务在于打破以往剥削阶级延续下来的所有制关系。在完成这一主要任务的历史过程中，无产阶级革命必须坚决瓦解剥削阶级所有制关系始终附带的各种思想观念，以此使"旧思想的瓦解"与"旧生活条件的瓦解"保持同步。

随着资本主义生产关系不断由成熟走向衰落，越来越多人民群众逐渐被甩入无产阶级的阵营。无产阶级革命推动"旧思想的瓦解"的关键环节在于破除资产阶级意识形态对无产阶级的精神统治。为了让无产阶级彻底认清资产阶级意识形态的虚幻性、颠倒性和抽象性，需要深刻揭示出资产阶级生产实践形成的物质生活条件，使无产阶级能够形成这样

① 《马克思恩格斯文集》第 2 卷，人民出版社 2009 年版，第 498 页。
② 《马克思恩格斯文集》第 2 卷，人民出版社 2009 年版，第 51 页。

一种观念共识："法律、道德、宗教在他们看来全都是资产阶级偏见，隐藏在这些偏见后面的全都是资产阶级利益。"① 因为资产阶级意识形态本身是资本主义生产关系的产物，资产阶级意识形态的内容和形式又是由资本主义社会的物质生活条件决定的。马克思、恩格斯在《德意志意识形态》中提到："个人的这种发展是在历史地前后相继的等级和阶级的共同生存条件下进行的，也是在由此而强加于他们的普遍观念中进行的。"② 在由剥削阶级占统治地位的阶级社会中，剥削阶级的意识形态是为剥削阶级的特殊利益服务的，剥削阶级的特殊利益与广大人民群众的共同利益相冲突，所以需要剥削阶级的意识形态家们把他们宣扬的价值观念和思维方式强加于广大人民群众。恩格斯在分析英国工人阶级状况时强调："尤其是和所谓的贵族不同的有产阶级，这个阶级在法国和英国是直接地、而在德国是作为'社会舆论'间接地掌握着国家政权。"③ 资产阶级的意识形态家们用"伪善地打着和平甚至博爱的幌子"④，掩盖着资本主义生产方式对无产阶级施加的旧式分工和异化劳动。"这里的一切都是教人俯首帖耳地顺从占统治地位的政治和宗教，所以工人在这里听到的只是劝他们唯唯诺诺、任人摆布和听天由命的说教。"⑤

　　只有揭露资本主义生产过程的事实真相，撕碎资产阶级意识形态家们精心打造的"伪善的假面具"，才能帮助无产阶级清醒认识到他们对资产阶级采取的所有敌对行动，不过是对无产阶级自身悲惨处境和奴役地位作出的正当反抗。可以说，无产阶级从资产阶级意识形态说教中能够得出的唯一结论就是："对他们来说，最明智之举莫过于默默地驯服

---

① 《马克思恩格斯文集》第 2 卷，人民出版社 2009 年版，第 42 页。
② 《马克思恩格斯文集》第 1 卷，人民出版社 2009 年版，第 570 页。
③ 《马克思恩格斯文集》第 1 卷，人民出版社 2009 年版，第 387 页。
④ 《马克思恩格斯文集》第 1 卷，人民出版社 2009 年版，第 449 页。
⑤ 《马克思恩格斯文集》第 1 卷，人民出版社 2009 年版，第 473—474 页。

地饿死。"① 所以，恩格斯在叙述英国工人运动的发展进程时欣慰地谈道，"伦敦东头的重新觉醒"② 是相较于社会主义学说在英国获得一般性进步更为重要的历史性事件。马克思在《法兰西内战》中也称赞巴黎公社为了破除资产阶级意识形态对无产阶级和广大人民群众的思想统治而完成的一系列举措："公社在铲除了常备军和警察这两支旧政府手中的物质力量以后，便急切地着手摧毁作为压迫工具的精神力量。"③ 公社要求教育机构不再作为灌输资产阶级意识形态的专门机构，科学也必须摆脱资产阶级意识形态的偏见和桎梏。这些做法能够使广大人民群众认识到，只有无产阶级才能把他们从资产阶级意识形态的思想统治下解放出来。在无产阶级建立的"真正的共同体"中，科学不再是"统治的工具"，而是"人民的力量"；"科学家"不再是"阶级偏见的兜售者、追逐名利的国家寄生虫、资本的同盟者"④，而是"自由的思想家"，从而科学也才能够对人类历史的文明发展发挥出真正的推动作用。

2. 帮助人民群众接受正确的理论原理

恩格斯在《流亡者文献》中写道："德国的社会主义工人在 1870 年证明他们完全摆脱了一切民族沙文主义，现在他们会把法国工人接受正确的理论原理（尽管这些原理是从德国来的）这一事实看做良好的预兆。"⑤ 可见，只有加强对无产阶级的理论武装，帮助无产阶级"接受正确的理论原理"，才能从根本上肃清各种剥削阶级意识形态在无产阶级思想意识中的观念残存。解放全人类是共产主义运动赋予无产阶级的历史使命。为了完成这项事业，无产阶级需要通过新世界观"深入考察

---

① 《马克思恩格斯文集》第 1 卷，人民出版社 2009 年版，第 473 页。
② 《马克思恩格斯文集》第 1 卷，人民出版社 2009 年版，第 378 页。
③ 《马克思恩格斯文集》第 3 卷，人民出版社 2009 年版，第 155 页。
④ 《马克思恩格斯文集》第 3 卷，人民出版社 2009 年版，第 204 页。
⑤ 《马克思恩格斯文集》第 3 卷，人民出版社 2009 年版，第 365 页。

这一事业的历史条件以及这一事业的性质本身，从而使负有使命完成这一事业的今天受压迫的阶级认识到自己的行动的条件和性质"①。可见，无产阶级能够准确理解和把握共产主义运动的历史条件和内在性质，既是他们的理论任务，也是他们的制胜法宝。恩格斯在《反杜林论》中批判杜林的形而上学哲学观点时说："论战转变成对马克思和我所主张的辩证方法和共产主义世界观的比较连贯的阐述。"② 在这里，"共产主义世界观"既有"现代社会主义必获胜利的信心"③ 注入源源不断的精神动力，也有"此岸世界的真理"④ 提供分析判断的辩证方法。无产阶级意识形态的精神高度和理论思维达成了辩证统一。正如马克思、恩格斯在《德意志意识形态》中批判意识形态虚幻性时所揭示的："在思辨终止的地方，在现实生活面前，正是描述人们实践活动和实际发展过程的真正的实证科学开始的地方。"⑤ 他们认为，"真正的实证科学"终将取代"意识的空话"。"独立的哲学"不过是对人类历史发展作出的抽象考察和一般概括，既不能离开现实的历史条件和生活环境，也不能提供适用于一切历史时期的万能药方或绝对公式。从每个时代的个人现实生活过程中研究得出的"真正的实证科学"，是"关于现实的人及其历史发展的科学"⑥。其必须始终立足人类社会的历史基础上，从"现实的个人"历史发展的偶然性中把握人类社会运行的内部联系和普遍规律。这里涉及的是人类社会历史发展的整体过程和对这个整体过程加以总结和反思的一般结论。所以，它也在描述和分析人类社会运行的过程中升华和凝结为一种理论与实际相结合的基本立场、观点和方法，从而为无产阶级提供了分析和解决具体问题的有效思维工具和科学精神武器。

---

① 《马克思恩格斯文集》第 9 卷，人民出版社 2009 年版，第 300 页。
② 《马克思恩格斯文集》第 9 卷，人民出版社 2009 年版，第 11 页。
③ 《马克思恩格斯文集》第 9 卷，人民出版社 2009 年版，第 165 页。
④ 《马克思恩格斯文集》第 1 卷，人民出版社 2009 年版，第 4 页。
⑤ 《马克思恩格斯文集》第 1 卷，人民出版社 2009 年版，第 526 页。
⑥ 《马克思恩格斯文集》第 4 卷，人民出版社 2009 年版，第 295 页。

如果说，人类社会经过几千年的生产劳动才在自然科学领域取得了一定进展和成就，那么人类社会能够在社会科学领域掌握一些规律和方法则更为困难。在社会科学领域，人类社会经历了由利益冲突和阶级斗争带来的诸多痛苦经验。通过对历史材料进行对比和分析，人们能够不断清晰地认识到社会物质基础对社会上层建筑的决定性作用以及社会上层建筑对社会物质基础的能动性反作用，从而有意识地控制和调节它们相互之间的作用影响。进行这种控制和调节不光是一种思想任务，更是一种实践任务。无产阶级意识形态的理论武装任务也不应再拘泥于同资产阶级意识形态展开"词句批判"或"思辨斗争"，而是应把科学理论的精神力量转化为革命实践的物质力量，利用"现实的手段"实际地推翻资产阶级意识形态所掩盖的现实物质基础，由此才能把资产阶级意识形态的颠倒幻象彻底纠正过来。

3. 推动革命宣传媒介占领社会舆论阵地

在马克思、恩格斯所处时代的历史背景中，报刊是宣传鼓动无产阶级革命思想的主要载体。1845 年 1 月，恩格斯在写给马克思的信中说："使我感到特别高兴的是：共产主义文献传入德国，在目前已经是既成事实。一年前，这些文献是在德国以外，在巴黎开始流行的，实际上，那时它们刚刚问世，而今它们正在纠缠德国佬。报纸、周刊、月刊、季刊以及正在向前推进的重型火炮预备队，统统都已安排得井井有条。"①可以看出，当时德国的共产主义文献主要是通过"报纸、周刊、月刊、季刊"等革命宣传媒介广泛传播的。由于资产阶级政府利用国家政权的暴力机器严格把控着社会舆论阵地，所以无产阶级没有广泛传播共产主义文献的合法途径。马克思、恩格斯把报刊比喻为宣传鼓动无产阶级革命思想的"重型火炮预备队"，力求通过报刊让更多国民了解共产主义

---

① 《马克思恩格斯文集》第 10 卷，人民出版社 2009 年版，第 28 页。

文献的主要内容，进而有力推动无产阶级革命思想占领社会舆论阵地。

马克思、恩格斯在参加无产阶级革命的最初阶段，就把工作重点放在创办具有无产阶级立场的报刊上。《德法年鉴》是马克思创办的第一本德国社会主义报刊。马克思认为，《德法年鉴》的创办初衷是"对当代的斗争和愿望作出当代的自我阐明"①，也就是揭露和批判使人的本质异化的"神圣形象"和"非神圣形象"。它们都是剥削阶级意识形态束缚人民群众思想意识的精神枷锁。马克思要求这份报刊必须立足普鲁士政府的专制统治来批判德国的宗教教义，只有这样才能"更符合报纸的本质和读者的教育水平"②。在《德法年鉴》以及后来创办的其他无产阶级报刊上，马克思、恩格斯积极发表自己的理论学说和革命主张，与形形色色的资产阶级社会思潮展开激烈论战。共产党成立以后，无产阶级报刊有了更明确的任务："党的报刊的任务是什么呢？首先是组织讨论，论证、阐发和捍卫党的要求，批驳和推翻敌对党提出的各种要求和论断。"③ 旗帜鲜明地捍卫共产党的政治要求是无产阶级报刊进行宣传鼓动的根本任务，党的报刊在这一根本任务上不能有任何妥协和丝毫让步。

党的报刊作为传播革命思想、联络无产阶级、追踪革命动态的基本途径，能够帮助共产党人与资产阶级意识形态家们争夺社会舆论阵地，做到"一分钟也不忽略教育工人"④ 明确意识到资产阶级利益与无产阶级利益的根本对立。马克思、恩格斯在写给共产党人的信中强调："如果党的新机关报将采取符合这些先生们的观点的立场，即采取资产阶级的而不是无产阶级的立场，那么很遗憾，我们就没有别的路可走，而只好公开对此表示反对，并收回迄今为止我们在同国外的关系方面代表德国党的时候所表现出来的团结精神。"⑤ 可见，党的报刊必须始终坚持

---

① 《马克思恩格斯文集》第 10 卷，人民出版社 2009 年版，第 10 页。
② 《马克思恩格斯文集》第 10 卷，人民出版社 2009 年版，第 4 页。
③ 《马克思恩格斯文集》第 1 卷，人民出版社 2009 年版，第 660 页。
④ 《马克思恩格斯文集》第 2 卷，人民出版社 2009 年版，第 66 页。
⑤ 《马克思恩格斯文集》第 3 卷，人民出版社 2009 年版，第 484—485 页。

无产阶级立场，即使有其他阶级想要加入无产阶级革命，首要前提就是不能把他们的阶级偏见带进革命中来，而是必须无条件地学会掌握和运用无产阶级新世界观。在现实的革命斗争中，无产阶级报刊经常遭受资产阶级国家政权的严重干涉和迫害。"当报刊匿名发表文章的时候，它是广泛的无名的社会舆论的工具；它是国家中的第三种权力。"① 资产阶级通过新闻出版法规定了报刊发行的不同税金等级和刊载标准，借助他们手中支配的社会权力机关来操纵社会舆论。宣传资产阶级意识形态内容的报刊会受到特殊保护，这些报刊常常沦为资产阶级意识形态家们的作品集，即使报刊文章降低到广告水平也会被广泛传播。与此相反，无产阶级的革命报刊只要超出资产阶级利益允许的限度就会被查封，被无情地扼杀在社会舆论阵地中。

马克思、恩格斯认为，为了应对这种局面，革命报刊的正确做法是呼吁广大无产阶级保持冷静和耐心，信任并支持无产阶级革命的组织领导者，努力使广大无产阶级清醒认识到："革命首先必定会消灭所谓的革命报刊，因而现在的问题是报刊如何保全自己。"② 如果革命报刊在危急时刻中不顾条件地表露了无产阶级革命的全部意图，那么它就无异于"签署了自己的死刑判决书"③。在 1848 年和 1849 年的无产阶级革命中，共产党人在自己的报刊方面就经受住了严格考验。马克思、恩格斯在《共产主义者同盟中央委员会告同盟书》中高度赞扬了共产主义者同盟的"成员在各地积极参加了运动，不论在报刊上、街垒中还是在战场上，都站在唯一坚决革命的阶级即无产阶级的最前列"④。所以，革命报刊必须抓住和珍惜一切机会向无产阶级宣传"真正的实际教育材料或理论教育材料"⑤，尽量避免把"肤浅的社会主义思想"和"各种理论

---

① 《马克思恩格斯文集》第 2 卷，人民出版社 2009 年版，第 179 页。
② 《马克思恩格斯文集》第 2 卷，人民出版社 2009 年版，第 177 页。
③ 《马克思恩格斯文集》第 2 卷，人民出版社 2009 年版，第 177 页。
④ 《马克思恩格斯文集》第 2 卷，人民出版社 2009 年版，第 188 页。
⑤ 《马克思恩格斯文集》第 3 卷，人民出版社 2009 年版，第 483 页。

观点调和起来的尝试"① 带给无产阶级。可以说，无产阶级意识形态占领社会舆论阵地既不是一蹴而就的事情，也不是一劳永逸的事情，而是一个持续性、复杂性和艰巨性的长期过程。因此，以革命报刊为代表的无产阶级意识形态宣传载体，要注重从不断变化的社会物质生活条件中，及时准确地辨析资产阶级意识形态随时随地转换的新的内容形式，顽强地和不间断地与资产阶级意识形态展开坚决斗争。

"意识形态"是思想政治教育的基本概念，意识形态性凸显了思想政治教育的本质属性。人类社会正是因为分为不同阶级，不同阶级有不同的意识形态，才需要思想政治教育来捍卫本阶级的意识形态，并且反对对立阶级的意识形态。意识形态在马克思恩格斯经典文本中主要是以否定性概念出现的，马克思、恩格斯通过批判剥削阶级的意识形态，戳穿了掩盖在剥削阶级意识形态背后的剥削阶级特殊利益。后来，意识形态在列宁经典文本中呈现出中性含义，列宁更强调要通过灌输无产阶级意识形态，来达到凝聚无产阶级共识、团结无产阶级力量和推动无产阶级革命的目的。中国共产党人把马克思主义经典作家对意识形态的思想论述与中国革命具体实际相结合，提出了意识形态工作对于中国革命、建设和改革具有极端重要性，要求必须通过思想政治教育既做好揭露和批判剥削阶级意识形态的工作，也做好传播和灌输无产阶级意识形态的工作，力求用无产阶级意识形态来占领和巩固社会舆论阵地。

从坚持和发展中国特色社会主义的战略高度来看，意识形态工作是为国家立心、为民族立魂的工作。思想政治教育应当从维护国家意识形态安全，培养社会主义建设者和接班人的高度来抓好意识形态工作。尤其当前国际形势存在诸多不稳定性、不确定性因素，全球经济增长相对乏力，贫富分化问题严重凸显，新型公共安全威胁层出不穷，整个社会矛

---

① 《马克思恩格斯文集》第 3 卷，人民出版社 2009 年版，第 483 页。

盾叠加、利益分化、文化多元。意识形态领域中斗争有多复杂，思想政治教育的意识形态工作就有多复杂。思想政治教育需要认真做好资本主义与社会主义两种社会制度长期共存与斗争的充分准备，分清不同阶级意识形态的界限，清除各种错误思潮对人们思想意识的干扰和侵蚀，确立马克思主义在社会意识领域的主导地位，牢牢掌握意识形态工作的领导权、管理权、话语权，任何时候都不能旁落。

思想政治教育的意识形态本质属性决定了思想政治教育需要承担起用马克思主义科学理论武装人民群众思想头脑，培养人民群众对马克思主义科学信仰的重要任务。习近平总书记指出："背离或放弃马克思主义，我们党就会失去灵魂、迷失方向。"① 马克思主义作为中国特色社会主义各项事业的根本指导思想，已经成为整个民族和国家前进的灵魂与方向。马克思主义意识形态贯穿着对人类社会必将朝共产主义社会不断发展的科学信仰。坚持和发展中国特色社会主义需要依靠人民群众的接续奋斗和不懈努力，这也是人民群众人生发展的正确道路和方向选择。理论上清醒，政治上才能坚定。人民群众能否理解和掌握马克思主义的理论精髓和精神实质，关涉到人民群众能否坚定符合共产主义未来世界图景的科学信仰，能否把个人的人生发展引向实现共产主义远大理想和中国特色社会主义共同理想的道路方向上来。思想政治教育需要通过马克思主义的理论武装和理论教育，引导人民群众把对马克思主义的科学信仰建立在对马克思主义基本理论的深刻理解之上，建立在对人类社会历史发展规律的自觉把握之上，建立在对马克思主义中国化时代化最新理论成果的系统学习之上。思想政治教育要不断提高人民群众的思想觉悟、政治素养和理论水平，帮助人民群众始终保持对马克思主义科学理论的清醒认知和对中国特色社会主义奋斗目标的执着追求。

———————————

① 习近平：《在庆祝中国共产党成立 95 周年大会上的讲话》，人民出版社 2016 年版，第 9 页。

第七章 群　众

马克思在《〈黑格尔法哲学批判〉导言》中写道："批判的武器当然不能代替武器的批判，物质力量只能用物质力量来摧毁；但是理论一经掌握群众，也会变成物质力量。"① 思想政治教育本质上是群众工作，其关键在于"理论掌握群众"。思想政治教育不仅是由群众创造的，也是面向群众展开的，更是由群众推动的。没有群众，思想政治教育也就失去了主体力量和现实根基。"群众"是"思想政治教育"的基本概念之一。

在马克思恩格斯经典文本中，群众是一个在不同时代具有不同内容属性和限定范围的历史性、社会性概念。马克思、恩格斯在《神圣家族》中批判青年黑格尔派"臆造出了绝对的'一开始'和抽象的不变的'群众'"②。马克思、恩格斯认为，在青年黑格尔派心目中，16世纪的群众和19世纪的群众不存在任何差别，青年黑格尔派既没有形成辩证的历史思维，也不理解群众的本质内涵。事实上，不同时代的社会生活总是随着历史发展而不断变化的，所处不同时代的群众也具有不同的内容属性和限定范围。马克思、恩格斯所指的群众包括"人民群众""工人群众""革命群众""这些群众的共产主义的工人""无产者群众""广大生产者群众"等。这些群众的称谓主要体现在以下两个层面。

一方面，群众不属于剥削阶级范畴。马克思、恩格斯认为，群众与剥削阶级相对立，剥削阶级是社会上的极少数人，群众是社会上的绝大多数人。马克思在《资本论》（第一卷）中揭示资本形成的前史时指出："个人的分散的生产资料转化为社会的积聚的生产资料，从而多数

---

① 《马克思恩格斯文集》第1卷，人民出版社2009年版，第11页。
② 《马克思恩格斯文集》第1卷，人民出版社2009年版，第285页。

人的小财产转化为少数人的大财产，广大人民群众被剥夺土地、生活资料、劳动工具——人民群众遭受的这种可怕的残酷的剥夺，形成资本的前史。"① 资本形成的前提条件就是群众的生产资料被资本家剥夺，资本家占有了群众的生产资料。在马克思看来，封建统治阶级和资产阶级都属于剥削阶级，他们作为社会上的极少数人，占有了绝大多数人的生产资料。同时，他们依靠占有绝大多数人的生产资料，享有了奴役绝大多数人的特权。恩格斯在《英国状况。十八世纪》中认为："由于私有制的作用，这些理应属于全人类的力量便成为少数富有的资本家的垄断物，成为他们奴役群众的工具。"② 资本主义私有制使社会的生产资料集中在资产阶级手中，资产阶级的财产权帮助资产阶级在国家的政治领域、社会领域和精神领域都能够获得奴役其他阶级的不平等权力。在资本主义社会中，群众是除资产阶级之外的被统治阶级，主要包括无产阶级和小资产阶级。恩格斯在《共产主义者和卡尔·海因岑》中写道："无产者、小农和小资产者（因为在德国，构成'人民'的正是这些人）为什么受官吏、贵族和资产阶级的压迫，以及采取哪些手段可以消除这种压迫。"③ 从这里可以看出，在资产阶级和无产阶级之间的各种小资产阶级虽然也属于群众的范围，但是他们不是行将转入资产阶级阵营中，就是被甩入无产阶级阵营中。不过，他们有更大可能性成为"未来的无产者"，甚至"为革命运动提供大批战士和领袖"④。

另一方面，"英雄"来自群众。这种英雄指的是少数能够影响人类社会历史发展进程的英雄。马克思、恩格斯主张，历史是由广大人民群众创造的，而不是仅仅由某个英雄创造的。马克思、恩格斯在《神圣家族》中揭露了青年黑格尔派为了把自己标榜为决定历史发展的英雄，

---

① 《马克思恩格斯文集》第5卷，人民出版社2009年版，第873页。
② 《马克思恩格斯文集》第1卷，人民出版社2009年版，第105页。
③ 《马克思恩格斯文集》第1卷，人民出版社2009年版，第661页。
④ 《马克思恩格斯文集》第4卷，人民出版社2009年版，第469页。

"一直是靠批判地贬低、否定和改变一定的群众性的对象和人物来取得自己的相对荣誉。现在它却靠批判地贬低、否定和改变普通的群众来取得自己的绝对荣誉"①。青年黑格尔派宣称自己是创造"自我意识"的英雄。为了彰显他们的与众不同，他们把群众贬低为"自我意识"的对立物，象征着愚昧、无知、虚无。青年黑格尔派强调："'群众'是精神的真正敌人。"② 在这里，英雄和群众是根本对立的。青年黑格尔派把所有历史中的现实关系都归结为"绝对的批判的英明同绝对的群众性的愚蠢的关系"③。这种观念不过是对黑格尔历史观的漫画式改造。黑格尔认为，绝对精神是推动历史发展的唯一前提，少数"掌握真理"的哲学家们是绝对精神的人格化身，群众不过是"这种精神的无意识或有意识的承担者"④。马克思、恩格斯对此驳斥道："历史的活动和思想就是'群众'的思想和活动。"⑤ 马克思、恩格斯认为，在人类社会的历史发展进程中起决定作用的是广大人民群众，而不是某个英雄或少数杰出个人。无论是历史的活动，还是历史的思想都是由群众创造的。带着群众史观的基本理解，我们可以进一步从马克思恩格斯经典文本中分析"群众"的思想政治教育意蕴。

一、群众创造历史

马克思、恩格斯之所以把"理论掌握群众"视为创生精神力量和物质力量的重要方式，主要在于群众是历史的创造者，群众决定了不同历史时期的社会样态和发展走向。思想政治教育开展群众工作，首先需要注意到群众创造历史的主体地位、首创精神和实践力量。

---

① 《马克思恩格斯文集》第 1 卷，人民出版社 2009 年版，第 282 页。
② 《马克思恩格斯文集》第 1 卷，人民出版社 2009 年版，第 289 页。
③ 《马克思恩格斯文集》第 1 卷，人民出版社 2009 年版，第 283 页。
④ 《马克思恩格斯文集》第 1 卷，人民出版社 2009 年版，第 291 页。
⑤ 《马克思恩格斯文集》第 1 卷，人民出版社 2009 年版，第 286 页。

1. 历史的活动是群众的活动

马克思、恩格斯在《神圣家族》中说："历史的活动是群众的活动，随着历史活动的深入，必将是群众队伍的扩大。"[①] 历史的活动既可以理解为群众引起历史变革的革命活动，也可以理解为群众创造历史的生产活动。从根本上看，群众因为从事生产活动，所以具有创造历史的实践力量。马克思、恩格斯在经典文本中总是把群众称为"广大劳动群众"[②]，群众是任何一个历史时期都要从事生产活动的劳动者，社会上的主要物质财富也是依靠群众的生产劳动创造和积累起来的。恩格斯在《卡尔·马克思》中再次强调了历史唯物主义的基本原理："人们首先必须吃、喝、住、穿，就是说首先必须劳动，然后才能争取统治，从事政治、宗教和哲学等等。"[③] 历史唯物主义第一次把历史置于现实的物质生产基础上去说明每一历史时代的观念和思想是如何产生的，它也证明了人类社会的全部历史都是在生产力和生产关系之间内在矛盾引发不同阶级之间的对立和斗争中发展的。

从人类社会进入阶级社会以后，每一个历史时代，都存在统治阶级和被统治阶级。在封建统治阶级和资产阶级作为统治阶级的历史时代，群众作为绝大多数被统治阶级，注定要终身从事劳动。群众不掌握生产资料，他们只能通过自己的劳动为自己生产维系自身生存的必要生活资料，同时也为剥削阶级生产日益丰富的生活资料。群众的日常生活和剥削阶级的日常生活形成了鲜明对比。群众的日常生活总是艰苦的、贫穷的，剥削阶级的日常生活却总是享受的、富足的。人类社会的历史发展就是在这种对立中进行的。历史的进步虽然看似是由极少数特权者推动的，但是实际上是由群众推动的。马克思、恩格斯之所以说历史的活动就是群众的活动，在归根结底的意义上，是因为这种活动主要是指群众

[①]　《马克思恩格斯文集》第 1 卷，人民出版社 2009 年版，第 287 页。
[②]　《马克思恩格斯文集》第 3 卷，人民出版社 2009 年版，第 513 页。
[③]　《马克思恩格斯文集》第 3 卷，人民出版社 2009 年版，第 459 页。

进行的物质生产活动，是因为每一历史时期的社会关系和政治关系都是建立在群众的物质生产活动基础上的，它们的本质属性、内容形式和表现特征需要根据群众的物质生产活动才能得到说明。

群众的生产生活直接决定了社会的主要生产方式。马克思在《资本论》（第一卷）中把创造社会物质财富的劳动看作"社会的群众性劳动"①，说明一个社会的主要生产方式也是群众参与其中的劳动方式。资本主义社会的主要生产方式是机器化大生产。"科学、巨大的自然力、社会的群众性劳动都体现在机器体系中，并同机器体系一道构成'主人'的权力。"② 这种"'主人'的权力"也是资本主义生产过程支配和塑造无产阶级劳动方式的权力。实际上，资产阶级作为社会上的极少数人，仅凭他们的政治权力并不足以决定无产阶级按照什么样的劳动方式来进行生产。把无产阶级牢牢束缚在机器化大生产流水线上的决定性力量，来自人类社会几千年来由无数群众的生产劳动所创造和积累的生产力发展水平。日积月累的"社会的群众性劳动"③ 推动了人类社会发展到资本主义阶段。资本主义生产过程使精神劳动和体力劳动彻底分离开来，也剥夺了无产阶级在精神和身体上的一切自由劳动。马克思指出："在资本主义社会里，一个阶级享有自由时间，是由于群众的全部生活时间都转化为劳动时间了。"④ 群众在资本主义生产过程中的劳动方式就是与机器相互配合、相依为命，从事着"极低级的熟练劳动"。资产阶级则利用群众为他们创造的自由时间从事社会的公共事务。这种情况在任何一个阶级社会中都是普遍存在的现象，只是资本主义社会使它更为明显地体现出来。

剥削阶级强迫群众把大部分时间投入到生产劳动中的内在根源在于

---

① 《马克思恩格斯文集》第 5 卷，人民出版社 2009 年版，第 487 页。
② 《马克思恩格斯文集》第 5 卷，人民出版社 2009 年版，第 487 页。
③ 《马克思恩格斯文集》第 5 卷，人民出版社 2009 年版，第 487 页。
④ 《马克思恩格斯文集》第 5 卷，人民出版社 2009 年版，第 605—606 页。

"人的劳动的这种相对不发展的生产率"①。只要整个社会的生产率较低，不能为所有社会成员提供除了必要生活资料以外更为充裕的物质财富，那么群众必须占用自己的大部分时间从事体力劳动。群众没有多余时间从事"劳动管理、国家事务、司法、科学、艺术"② 等相关社会公共事务，这些事务就直接交给脱离体力劳动的统治阶级来从事，统治阶级也就有机会和条件按照自己的利益和意志来掌控这些社会公共事务。恩格斯在《反杜林论》中强调，统治阶级"为了它自己的利益，从来不会错过机会来把越来越沉重的劳动负担加到劳动群众的肩上"③。没有群众的生产劳动创造的坚实物质基础，统治阶级从事的社会公共事务只能是虚无缥缈的空中楼阁。可以说，群众的生产劳动能够创造多少社会物质财富，能够达到什么样的社会生产率，直接关系到统治阶级从事社会公共事务的主要内容和基本方式。那么，人类社会如何才能改变群众必须占用自己的大部分时间从事体力劳动，统治阶级却享有自由时间从事社会公共事务的不平等现象呢？马克思认为，"在资本对雇佣劳动的关系中……它已经自在地、但还只是以歪曲的头脚倒置的形式，包含着一切狭隘的生产前提的解体，而且它还创造和建立无条件的生产前提，从而为个人生产力的全面的、普遍的发展创造和建立充分的物质条件"④。要想实现社会生产力发展水平的极大提高和每个人的全面自由发展，无产阶级必须通过不断革命，打破劳动与资本的"歪曲的头脚倒置的形式"，没收资产阶级通过资本获得的"对劳动及其产品的支配权力"⑤，消解资本主义生产方式对无产阶级的异化和物化，消灭资本与劳动的极端对立，引导劳动和资本"作为积极的条件而互相促进和互相

① 《马克思恩格斯文集》第 9 卷，人民出版社 2009 年版，第 189 页。
② 《马克思恩格斯文集》第 9 卷，人民出版社 2009 年版，第 298 页。
③ 《马克思恩格斯文集》第 9 卷，人民出版社 2009 年版，第 189 页。
④ 《马克思恩格斯全集》第 30 卷，人民出版社 1995 年版，第 511—512 页。
⑤ 《马克思恩格斯文集》第 1 卷，人民出版社 2009 年版，第 130 页。

推动"①，进而努力创造"每个人的自由发展是一切人的自由发展的条件"②。只有在这时，社会生产才能把劳动无差别地分配给所有社会成员，不仅每个人的体力劳动时间会大大缩短，而且每个人都有足够的自由时间参与"理论的和实际的公共事务"③。

2. 历史的思想是群众的思想

群众不仅是社会历史的物质生产者，也是精神生产者。马克思、恩格斯在《德意志意识形态》中揭示了精神生产的诞生过程："思想、观念、意识的生产最初是直接与人们的物质活动，与人们的物质交往，与现实生活的语言交织在一起的。"④ 人们的精神生产是与物质生产相伴而生的，人们在自己的物质生产中也进行着自己的精神生产，形成了关于内在自我和外部环境的思想认识。人们是自己思想的生产者，人们的精神生产受到物质生产发展水平的制约。马克思、恩格斯认为："表现在某一民族的政治、法律、道德、宗教、形而上学等的语言中的精神生产也是这样。"⑤ 也就是说，政治、法律、道德、宗教、形而上学等也是伴随着人们的物质生产创造出来的，它们都是人们在从事物质劳动过程中创造出来的精神产物。人们在发展和改变自己物质生产的同时，也在发展和改变着自己的精神生产。

然而，随着社会分工把物质劳动和精神劳动逐渐分离以后，广大人民群众往往从事的只是纯粹的物质劳动，能够从事精神劳动则属于统治阶级的特权。这是否意味着广大人民群众彻底脱离了社会精神生产，所有"'纯粹的'理论、神学、哲学、道德等等"⑥ 都是由统治阶级创造

① 《马克思恩格斯文集》第1卷，人民出版社2009年版，第177页。
② 《马克思恩格斯文集》第2卷，人民出版社2009年版，第53页。
③ 《马克思恩格斯文集》第9卷，人民出版社2009年版，第190页。
④ 《马克思恩格斯文集》第1卷，人民出版社2009年版，第524页。
⑤ 《马克思恩格斯文集》第1卷，人民出版社2009年版，第524页。
⑥ 《马克思恩格斯文集》第1卷，人民出版社2009年版，第534页。

的呢？马克思、恩格斯在《德意志意识形态》中对这一问题是这样阐发的：物质劳动和精神劳动的逐渐分离，使得意识能够不依赖某种现实的东西就能现实地想象某种东西。也就是说，意识自身也发生了分离，它不仅包括与人们的物质实践紧密结合在一起的意识，也包括相对摆脱人们的物质实践而在人们的头脑中独立发展的意识。但是，人们的意识无论属于哪一种样态，都是在人们的物质实践基础上形成的。意识生成的内容、形式和动力都是从人们的物质实践中获得的。没有完全脱离人们的物质实践而凭空产生的意识。所以，即使统治阶级能够掌控社会精神生产，即使统治阶级能够利用自由时间进行纯粹的精神劳动，他们的精神劳动基础也是广大人民群众创造出来的精神产物。

更重要的是，马克思、恩格斯揭示了统治阶级进行精神生产的主要目的在于把自己的特殊利益说成是广大人民群众的共同利益。统治阶级虽然占有社会精神生产资料，掌控社会精神生产，但是他们并不是随心所欲、毫无目的的，他们时刻关注的是"赋予自己的思想以普遍性的形式，把它们描绘成唯一合乎理性的、有普遍意义的思想"①。因为只有这样做，统治阶级才能掩盖自己的特殊利益，才能让广大人民群众心甘情愿地为了统治阶级的特殊利益去从事纯粹的体力劳动和忍受不平等的生活待遇。马克思、恩格斯提到，在考察人类社会历史进程时，如果不顾某一时代统治阶级的思想是如何产生的，不考虑这些思想的生产主体和历史环境，那么就会把统治阶级的思想独立化，认为在某一时代占统治地位的思想不过是一些抽象概念。实际上，这些抽象概念背后都深深隐藏着社会物质生产对社会精神生产提出的现实性要求。这些抽象概念是要为社会物质生产的正常运转服务的。当社会生产力和生产关系之间发生了尖锐冲突，统治阶级再也不能依靠这些抽象概念掩盖自己的特殊利益时，革命阶级马上就会作为"全社会的代表"，并且"以社会全体

---

① 《马克思恩格斯文集》第 1 卷，人民出版社 2009 年版，第 552 页。

群众的姿态反对唯一的统治阶级"①。革命阶级的利益原则要比统治阶级的利益原则更加符合广大人民群众的共同利益，所以他们在推翻统治阶级以后拥有比统治阶级更为宽广的社会基础，但是如果他们在成为统治阶级以后发展出了自己的特殊利益，他们与广大人民群众之间的利益矛盾会更为尖锐和深刻。

马克思、恩格斯准确把握到了试图取得统治地位的革命阶级必须使自己的革命思想能够最广泛地代表广大人民群众的共同利益，才不至于使自己出丑，赢得广大人民群众的信任和支持。他们在《神圣家族》中指出："'思想'一旦离开'利益'，就一定会使自己出丑。"② 从这里也可以看出，一种思想要想不使自己出丑，不仅离不开群众的共同利益，而且也离不开群众的共同意愿。它不过是在群众的思想基础上凝练抽象出来的共识性意见和普遍性原则。马克思、恩格斯建议把"精神"和"群众"对立起来的青年黑格尔派在考察一切历史活动时，严格分清群众对历史活动的真实目的究竟关注到什么程度，群众对这些真实目的究竟怀有多大热情。因为，群众的共同意愿是与引发革命的政治思想紧密相连的。马克思、恩格斯阐释了在 1789 年法国大革命中，群众的利益诉求在政治思想中占据的统领性地位。"这场革命只有对于那样一些群众来说才是'不合时宜的'，那些群众认为在政治'思想'中并没有体现关于他们的现实'利益'的思想。"③ 这些群众的利益原则与这场革命的利益原则是不一致的，他们获得解放的现实条件也与这场革命的理论主张不同，所以这些群众只是把这场革命的政治思想视为空洞号召，仅仅包含着一个"激起暂时热情和掀起表面风潮的对象"④。所以，一种思想要想在历史上有所影响，必须关切群众的物质利益，体现群众的

① 《马克思恩格斯文集》第 1 卷，人民出版社 2009 年版，第 552 页。
② 《马克思恩格斯文集》第 1 卷，人民出版社 2009 年版，第 286 页。
③ 《马克思恩格斯文集》第 1 卷，人民出版社 2009 年版，第 287 页。
④ 《马克思恩格斯文集》第 1 卷，人民出版社 2009 年版，第 287 页。

共同心声，顺应群众的殷切期盼。唯有如此，这种思想才能激发群众的革命热情和实践力量，引导群众努力把这种思想的理论主张变成社会现实。

3. 群众的动机推动历史的变革

历史的活动和思想都是由群众创造和发展的，群众的意志也推动了历史的变革。恩格斯在《路德维希·费尔巴哈和德国古典哲学的终结》中论证了群众的意志如何凝聚为历史的合力，从而推动了人类社会的历史变革。恩格斯指出："在社会历史领域内进行活动的，是具有意识的、经过思虑或凭激情行动的、追求某种目的的人。"① 社会历史领域与自然领域不同，如果说自然领域中起推动或变革作用的是"没有意识的、盲目的动力"②，那么社会历史领域的任何一项事物发生变化，都需要依靠人的实践活动。人是社会历史领域中进行实践活动的唯一主体，人的实践活动体现了人的主观意识对客观事物的改造和利用，人只有经过思虑、或凭激情行动、或为了追求某种目的，才能开展一项实践活动。恩格斯认为："任何事情的发生都不是没有自觉的意图，没有预期的目的的。"③ 各个时代的历史变革贯穿着人们的自觉意图和预期目的，从人们的自觉意图和预期目的中也可以发现支配人类社会历史进程的内在规律。

人类社会历史进程看似是由特殊的偶然性在支配着，实际上其中隐蔽着普遍的必然性。尽管在社会历史领域，社会个体都有自己的自觉意图和预期目的，它们之间往往是彼此冲突的。这个情况造成了无数的单个愿望和个别行动也互相干扰，社会个体的主观期待很少如愿以偿，实践活动的实际结果与预期目的往往背道而驰，社会历史领域如同自然领

① 《马克思恩格斯文集》第4卷，人民出版社2009年版，第302页。
② 《马克思恩格斯文集》第4卷，人民出版社2009年版，第301页。
③ 《马克思恩格斯文集》第4卷，人民出版社2009年版，第302页。

域那样也通常呈现出一种由偶然性支配着的盲目性、无意识的存在样态。然而，这些特殊的偶然性中隐蔽着普遍的必然性，历史研究的主要问题在于发现这些普遍的必然性。恩格斯说："无论历史的结局如何，人们总是通过每一个人追求他自己的、自觉预期的目的来创造他们的历史，而这许多按不同方向活动的愿望及其对外部世界的各种各样作用的合力，就是历史。"① 可以看出，社会个体追求某个事物的自觉预期和现实行动构成了推动历史发展的合力，历史正是在这些作用力的相互吸引、融合或彼此碰撞、抵消中不断向前发展的。那些社会个体的主观期待之所以在历史发展中没有得到如愿以偿的实际结果，主要是因为他们的主观期待并不符合历史发展的总体趋势，它们的动机对于全部历史发展的实际结果来说只有从属的意义。

恩格斯提出了与之相关的另一个问题：在社会历史发展过程中，真正起决定性作用的动机是什么呢？什么是"构成历史的真正的最后动力的动力"② 呢？他接着回答道："与其说是个别人物，即使是非常杰出的人物的动机，不如说是使广大群众、使整个整个的民族，并且在每一民族中间又是使整个整个阶级行动起来的动机。"③ 可以说，任何社会个体的主观期待无论多么急迫、强烈，都有可能成为"短暂的爆发和转瞬即逝的火光"④。只有广大群众想要实现某个目的的动机才能使整个民族、整个阶级行动起来，才能发展成为"持久的、引起重大历史变迁的行动"⑤。把握广大群众反映在实际行动中的动机是引导我们摸索到理解某一时代历史变革真正原因的唯一途径。

在以往的各个时代中探究引起历史变革的真正原因是很困难的一件事情，它们通常混淆和遮蔽在自己的结果里面。但是在资本主义时代，

---

① 《马克思恩格斯文集》第 4 卷，人民出版社 2009 年版，第 302 页。
② 《马克思恩格斯文集》第 4 卷，人民出版社 2009 年版，第 304 页。
③ 《马克思恩格斯文集》第 4 卷，人民出版社 2009 年版，第 304 页。
④ 《马克思恩格斯文集》第 4 卷，人民出版社 2009 年版，第 304 页。
⑤ 《马克思恩格斯文集》第 4 卷，人民出版社 2009 年版，第 304 页。

无产阶级革命的蓬勃发展已经使引起这个时代历史变革的群众动机显得十分简明清晰了。马克思、恩格斯在《德意志意识形态》中分析了实现资本主义社会全面变革的关键因素有两个，一个是资本主义社会的生产力发展水平已经奠定了社会全面变革的物质基础，另一个是资本主义社会已经形成了"反抗旧的'生活生产'本身、反抗旧社会所依据的'总和活动'的革命群众"①。革命群众指的就是广大无产阶级，他们是作为资产阶级的对立面存在的。实现资本主义社会全面变革的领导权已经转到无产阶级手中，无产阶级由于自己的社会地位和生活境遇，必须彻底消灭一切奴役和压迫才能解放自己。恩格斯在《关于波兰的演说》中也强调："跟资产阶级对抗的是众志成城的广大人民群众，他们战胜统治者资本家的时刻已经日益临近了。"② 资本主义制度的腐朽性、落后性和剥削性已经充分暴露出来，需要被它奴役和压迫最深重的无产阶级来亲自推翻。无产阶级获得自由解放是无产阶级自己的事情。在社会历史从资本主义向共产主义发展的过程中，无产阶级一定会把自己想要推翻资本主义制度，实现"普遍的人的解放"③ 的动机转化为"有原则高度的实践"④，推动资本主义社会的历史变革。

二、理论掌握群众

马克思、恩格斯揭示了历史的活动和思想都是群众创造的，群众也是推动历史变革的决定性力量。马克思主义是帮助群众把自身蕴藏的首创精神和实践力量充分发挥出来的精神武器。群众需要接受马克思主义的理论指导，才能实现自己的革命意愿和解放诉求。思想政治教育的本

---

① 《马克思恩格斯文集》第 1 卷，人民出版社 2009 年版，第 545 页。
② 《马克思恩格斯文集》第 1 卷，人民出版社 2009 年版，第 696—697 页。
③ 《马克思恩格斯文集》第 1 卷，人民出版社 2009 年版，第 14 页。
④ 《马克思恩格斯文集》第 1 卷，人民出版社 2009 年版，第 11 页。

质功能就在于"理论掌握群众",引导群众正确理解马克思主义理论和灵活运用马克思主义理论,把自己质朴的、感性的、自发的思想意识提升为有理性、有觉悟、有灵魂的精神信念。

1. 在群众中"激起瞬间的狂热"

马克思在《〈黑格尔法哲学批判〉导言》中指出,在市民社会中,任何一个阶级要想在群众中扮演解放者的角色,就必须"在自身和群众中激起瞬间的狂热"①。在群众中激起瞬间的狂热更侧重于从感性层面激发群众对剥削阶级的愤怒情感,引导群众产生反抗剥削阶级的斗争勇气。在这瞬间,这个阶级要做到与群众"亲如兄弟,汇合起来",这个阶级要被群众承认为"社会的总代表",这个阶级要把自己的要求和权利变成群众的要求和权利,这个阶级要能够成为"社会的头脑和社会的心脏"。这个阶级就是与群众有着最广泛的共同利益和最紧密的社会联系的无产阶级。无产阶级自己的要求和权利也是解放广大人民群众的要求和权利。马克思在这里强调的无产阶级应当在群众中激起瞬间的狂热,实际上也是把无产阶级视为市民社会中掌握革命理论的先进阶级,再通过"理论掌握群众"唤醒广大人民群众的革命意识。在这里,瞬间的狂热强调的不是革命理论只能在群众中引起转瞬即逝的狂热,而是要让革命理论在说服群众那一瞬间像"思想的闪电"② 那样,彻底、有力、迅速地击中群众素朴的精神园地,产生出掷地有声、鞭辟入里、震人心魄的巨大效果,引起群众对必须开展无产阶级革命的情感共鸣和心理共情。

揭露和批判剥削阶级的昭彰罪恶是"在群众中激起瞬间的狂热"的主要工作。马克思说:"批判已经不再是目的本身,而只是一种手段。

———————————

① 《马克思恩格斯文集》第 1 卷,人民出版社 2009 年版,第 14 页。
② 《马克思恩格斯文集》第 1 卷,人民出版社 2009 年版,第 17 页。

它的主要情感是愤怒，它的主要工作是揭露。"① 揭露和批判工作要通过揭穿市民社会领域相互施加的无形压力，揭穿封建贵族和资产阶级普遍无所事事的沉闷情绪，揭穿德国普鲁士政府既表现为自大又表现为自卑的狭隘性，让群众清楚看到德国普鲁士政府实行的剥削制度既靠一切卑劣事物为生，其本身也是卑劣事物。那些没有意识到自身奴隶地位的市民社会成员，始终把自己被支配、被统治、被占有的社会地位看作"上天的恩准"，把自己也"视为特予恩准的存在物"②。马克思强调："在同这种制度进行的斗争中，批判不是头脑的激情，它是激情的头脑。它不是解剖刀，它是武器。"③ 通过"理论掌握群众"来激起群众瞬间的狂热就是要帮助群众形成"激情的头脑"，清醒、客观、独立地看待自己的现实处境。革命理论作为"批判的武器"，它要完成的是一种"搏斗式的批判"，不再让群众"有一时片刻去自欺欺人和俯首听命"，不再让群众继续甘于忍受任何压迫和耻辱，让那些僵化了的社会关系"唱一唱它们自己的曲调"，甚至"跳起舞来"，进而展现出它们在伪善和诡辩的面具掩盖下的真实面目。马克思认为："为了激起人民的勇气，必须使他们对自己大吃一惊。"④ 人民只有对自己的悲惨处境大吃一惊，才能提出全面变革社会关系的现实要求，这些现实要求也是无产阶级革命的主观条件得到满足的决定性原因。

2. 培养群众的理论思维

形成理论思维是群众理解无产阶级革命理论性质的思想前提。理论思维体现了一种能够运用科学理论来分析问题和解决问题的理性思维方式。恩格斯在 1874 年 9 月写给左尔格的信中提到："在 1864 年，运动本

---

① 《马克思恩格斯文集》第 1 卷，人民出版社 2009 年版，第 6 页。
② 《马克思恩格斯文集》第 1 卷，人民出版社 2009 年版，第 6 页。
③ 《马克思恩格斯文集》第 1 卷，人民出版社 2009 年版，第 6 页。
④ 《马克思恩格斯文集》第 1 卷，人民出版社 2009 年版，第 7 页。

身的理论性质在整个欧洲，即在群众中间，实际上还是很模糊的，德国共产主义还没有作为工人政党而存在。"① "理论掌握群众"在感性层面"激起瞬间的狂热"以后，下一个重要任务就是在契合无产阶级理论程度的基础上，帮助群众理解无产阶级革命的理论性质，培养群众的理论思维。培养群众的理论思维更侧重于从理性层面深化群众对无产阶级革命规律的把握，引导群众形成对科学社会主义的自觉认同。恩格斯在《自然辩证法》中指出："一个民族要想站在科学的最高峰，就一刻也不能没有理论思维。"② 群众要想推翻一切社会剥削制度，实现普遍的人的解放，也一刻不能没有理论思维。恩格斯把理论思维定义为一种"通晓思维历史及其成就的基础上"③ 的思维形式。理论思维能够基于历史唯物主义和辩证唯物主义，洞察自然界、人类社会和人自身在历史发展进程中的内在规律和普遍联系。恩格斯认为，"理论思维能力"不是与生俱来的，必须通过系统学习哲学理论来发展和培养。恩格斯在《论原始基督教的历史》中提到："群众运动在起初的时候必然是混乱的；其所以混乱，是由于群众的任何思想开始都是矛盾的，不明确的，无联系的。"④ 可以说，群众要想推翻一切剥削和奴役人的社会制度，要想在政治上利用各个社会领域为自己的解放诉求服务，仅仅具有革命热情和精神自信是不够的。群众还需要在这个感性基础上接受理论教育，形成理论思维，达到理性自觉，才能学会运用革命理论使其成为自己的精神武器，创生出比剥削阶级更为强大、先进、持久的精神力量和物质力量。

理论思维不是一成不变的，它在不同历史时代具有不同的内容和形式。恩格斯在《自然辩证法》中认为："每一个时代的理论思维，包括

---

① 《马克思恩格斯文集》第 10 卷，人民出版社 2009 年版，第 398 页。
② 《马克思恩格斯文集》第 9 卷，人民出版社 2009 年版，第 437 页。
③ 《马克思恩格斯文集》第 9 卷，人民出版社 2009 年版，第 460 页。
④ 《马克思恩格斯文集》第 4 卷，人民出版社 2009 年版，第 488 页。

我们这个时代的理论思维，都是一种历史的产物，它在不同的时代具有完全不同的形式，同时具有完全不同的内容。"① 在这里，恩格斯揭示了理论思维的历史性特质。理论思维之所以具有历史性的形式和内容，主要是因为理论思维总是把事物看作发展变化的历史性存在，并且从事物的不断运动中辩证地看待事物的各种形态。所以，"辩证法恰好是最重要的思维形式"②。在"理论掌握群众"的过程中培养群众的理论思维，实际上也是培养群众学会运用辩证法来认识事物、分析矛盾、解决问题。马克思在《资本论》中阐述了辩证法是他用来分析资本主义生产关系最主要的研究方法。资产阶级对辩证法的合理形态充满了恼怒和恐惧，他们极力逃避用辩证法去分析资本主义生产关系与生产力之间永远无法克服的内在矛盾。"因为辩证法在对现存事物的肯定的理解中同时包含对现存事物的否定的理解，即对现存事物的必然灭亡的理解。"③辩证法的本质特征是批判的和革命的，如果用辩证法来分析资本主义生产关系，就会发现它充满了矛盾，它只是人类社会中一种暂时性存在的生产关系。随着人类社会生产力水平的不断提高，资本主义生产方式必然会被更符合历史发展趋势的共产主义生产方式所取代。

无产阶级的实际生活赋予了他们自觉掌握辩证法的"理论感"。无产阶级与资产阶级对辩证法的态度截然相反，无产阶级从自己的利益原则和革命立场出发，必须依靠辩证法才能看透资本主义生产关系的内在矛盾和资本主义社会的普遍危机。所以，无产阶级也是唯一能够掌握辩证法和形成理论思维的社会阶级。恩格斯在《路德维希·费尔巴哈和德国古典哲学的终结》中指出："德国人的理论兴趣，只是在工人阶级中还没有衰退，继续存在着。"④ 因为无产阶级没有对职位、牟利和上司

① 《马克思恩格斯文集》第9卷，人民出版社2009年版，第436页。
② 《马克思恩格斯文集》第9卷，人民出版社2009年版，第436页。
③ 《马克思恩格斯文集》第5卷，人民出版社2009年版，第22页。
④ 《马克思恩格斯文集》第4卷，人民出版社2009年版，第313页。

恩典的任何考虑。他们只想推动社会历史向前发展，使绝大多数人获得自由解放。恩格斯强调，科学越是大公无私，就越符合无产阶级的利益和愿望。德国的无产阶级革命已经成为继承和发展辩证法的现实行动。无论是无产阶级日常的生产劳动，还是无产阶级愤怒的革命情绪，都天然地赋予了无产阶级掌握辩证法的理论感，这种理论感也是帮助科学社会主义深入无产阶级血肉和灵魂的思想前提。通过"理论掌握群众"，培养无产阶级的理论思维以后，无产阶级不仅学会运用"批判的武器"和"武器的批判"不断进行革命，也会进行自我革命，积极地扬弃掉自己身上的旧思想观念和旧生活条件。恩格斯在 1886 年 11 月 29 日写给左尔格的信中说，德国无产阶级革命的领导者既不懂得革命理论的精神实质，也不懂得把革命理论变成推动美国群众的杠杆。他们用学理主义和教条主义的态度来对革命理论，企图通过背得烂熟的方式来满足革命的一切需要。他们的这种错误做法只会湮灭了革命理论的辩证智慧、扼杀了革命理论的生机活力、阻断了革命理论的创新发展。以这种方式进行理论掌握群众，自然无法培养群众的理论思维。所以，培养群众理论思维尤为重要的一点是，必须帮助群众把革命理论当作研究方法和行动指南，而不是当作现成公式和抽象教条，必须引导群众学会把革命理论的基本原理与自己的思想现实和物质现实充分结合起来，这些基本原理的实际运用随时随地都要以当时的历史条件为转移。

3. 树立群众"现代社会主义必获胜利的信心"

恩格斯在《反杜林论》中写道："现代社会主义必获胜利的信心，正是基于这个以或多或少清晰的形象和不可抗拒的必然性印入被剥削的无产者的头脑中的、可以感触到的物质事实，而不是基于某一个蛰居书斋的学者的关于正义和非正义的观念。"[1] 可见，群众产生"现代社会

---

[1] 《马克思恩格斯文集》第 9 卷，人民出版社 2009 年版，第 165 页。

主义必获胜利的信心"，意味着群众能够从"可以感触到的物质事实"中深刻把握未来社会主义社会的"清晰的形象"，科学预见人类社会终将朝着共产主义方向发展的"不可抗拒的必然性"。

"现代社会主义必获胜利的信心"能够代表一种根据无产阶级革命的性质、条件、目标和原则等核心元素凝练升华而成的政治信仰，是群众对革命理论的正确理解、深刻体悟和执着践行。这种政治信仰既不是书斋里的学者凭空设想的完善社会理想，也不是宗教神学按照人民处境的幻觉虚构的彼岸世界。它体现在群众身上，是一种"正在进行一场对整个尘世的斗争以及这一斗争必将胜利的感觉，有斗争的渴望和胜利的信心"[1]。这种"斗争的渴望和胜利的信心"随着无产阶级革命的日益推进，会在群众心目中更加现实、具体，也会更加崇高，从而群众对它更加信服、坚定、执着。"理论掌握群众"在培养群众理论思维的基础上，更高的一个要求就是坚定群众的必胜信心，帮助群众在感性与理性相互交织、理论和实践相互融通、思想与现实相互印证中达到一种精神上的自为自觉状态。

树立"现代社会主义必获胜利的信心"，需要一个循序渐进的思想过程。马克思在 1879 年 7 月 29 日写给卡菲埃罗的信中说："不应当过分加重所要教育的人们的精神负担。"[2] 马克思指出了卡菲埃罗写的两本关于《资本论》的著作有一个共同缺点，就是"过于学究式地拘泥于叙述上的科学形式"[3]，而没有"对《资本论》作一个简明通俗的概述"[4]。马克思认为，这类出版物的教育对象是广大人民群众。广大人民群众长期被束缚在物质生产中，很难获得系统长期的理论学习机会。要想让群众易于从《资本论》中理解资本主义生产方式的内在矛盾，把

---

① 《马克思恩格斯文集》第 4 卷，人民出版社 2009 年版，第 487 页。
② 《马克思恩格斯文集》第 10 卷，人民出版社 2009 年版，第 439 页。
③ 《马克思恩格斯文集》第 10 卷，人民出版社 2009 年版，第 438 页。
④ 《马克思恩格斯文集》第 10 卷，人民出版社 2009 年版，第 438 页。

握资本主义必然灭亡和社会主义必然胜利的历史趋势，介绍《资本论》的辅助读物必须适合广大人民群众的实际理论水平和精神发展程度。它们只有以深入浅出、简明通俗的形式把马克思主义理论呈现出来，消除人民群众与学术专著之间的距离隔阂，才能使人民群众乐于接受和易于领会《资本论》的理论精髓，才能把马克思主义作为坚定自己必胜信心的理论依据和精神旗帜。恩格斯在1881年10月25日写给爱德华·伯恩施坦的信中也提到了类似内容："违反别人的意志去影响别人的任何企图，都只会对我们有害，只会毁灭在国际时期取得的原有的信任。"①坚定群众的必胜信心，主要在于引导群众由内而外地接受革命理论，自觉自愿地践行革命理论，发自内心地把马克思主义当作自己的崇高信仰、理论旗帜和实践遵循。马克思、恩格斯极力反对"违反别人的意志去影响别人"和"把自己的意志强加于人"的错误做法。也就是说，进行"理论掌握群众"，需要能够给群众解疑释惑和正向引导。马克思、恩格斯强调要充分顾及群众的主观意愿、准确捕捉群众的心理变化、有效满足群众的实际诉求，才能获得群众的支持和信任，争取群众"拥护我们的信念"②。

树立"现代社会主义必获胜利的信心"，也需要经历一个从认识到实践、从实践到认识、再从认识到实践的螺旋式发展过程。恩格斯在1886年11月29日写给左尔格的信中探讨了如何引导群众把革命理论变成现实运动的问题。恩格斯认为，"群众需要有时间和机会来成长"③。在恩格斯看来，帮助无产阶级掌握革命理论和坚定必胜信念不能急于求成和急躁冒进，而是要给广大无产阶级留有必要的学习时间和锻炼机会，引导群众在革命实践中亲身体会革命理论的思想内容，亲自验证革命理论的科学程度，亲眼目睹革命理论的人民情怀。正如恩格斯在1886

① 《马克思恩格斯文集》第10卷，人民出版社2009年版，第468页。
② 《马克思恩格斯文集》第4卷，人民出版社2009年版，第233页。
③ 《马克思恩格斯文集》第10卷，人民出版社2009年版，第558页。

年 12 月 28 日写给威士涅威茨基的信中所说那样："首先要让运动有巩固自己的时间，不要硬把别人在开始时还不能正确了解，但很快就能学会的一些东西灌输给别人，从而使初期不可避免的混乱现象变本加厉。"① 在这里，恩格斯再一次强调了无产阶级运动有其特殊性，所以"理论掌握群众"不能采取生硬灌输的方式，而是需要采取由浅入深、由易到难、由知到行的渐进方式，充分尊重无产阶级思想意识的变化规律、理论知识的接受规律和革命运动的发展规律。恩格斯在 1886 年 12 月 28 日写给威士涅威茨基的信中提到："使运动扩大，使它协调地发展，扎下根子并尽可能地包括整个美国无产阶级，要比使它从一开始就按照理论上完全正确的路线出发和前进重要得多。"② 在这里，恩格斯并不是从否定革命理论的意义上阐释如何使无产阶级革命不断扩大和协调发展，而是意在指明群众"要获取明确的理论认识，最好的道路就是从本身的错误中学习"③。这也说明，群众在学习、理解、接受和践行革命理论的过程中，需要与自己的革命实践紧密结合起来，需要通过自己的革命实践来不断考察、反思和校准革命理论的正确性、科学性和先进性。无产阶级革命正是在这个过程中向前发展的。群众在这个过程中，并不会因为革命实践的某次失败或自己犯下的某个错误而放弃自己的革命理想，他们反而会在革命实践中更加明晰自己的历史使命、奋斗目标和方向道路，他们也会被锻造得更加坚强勇敢，更加坚定自己必获胜利的信心。

三、汇聚群众合力

　　恩格斯在 1870 年第二版《德国农民战争》的序言的补充中指出，

---

① 《马克思恩格斯文集》第 10 卷，人民出版社 2009 年版，第 560—561 页。
② 《马克思恩格斯文集》第 10 卷，人民出版社 2009 年版，第 559—560 页。
③ 《马克思恩格斯文集》第 10 卷，人民出版社 2009 年版，第 560 页。

无产阶级革命领袖"必须以高度的热情把由此获得的日益明确的意识传播到工人群众中去，必须不断增强党组织和工会组织的团结"①。恩格斯认为，无产阶级革命领袖不仅自己有责任认真学习、深入研究和透彻理解科学社会主义的种种理论问题，摆脱旧世界观对自己的消极影响；而且有义务把自己获得的明确意识传播给广大人民群众，帮助群众理解和把握科学社会主义的历史条件、精神要义和实践原则。这样做的重要目的在于通过理论上的彻底、思想上的共识和行动上的统一来汇聚群众合力。群众只有形成越来越大的联合，才能把分散的个人行动变成集中的政治斗争。通过对马克思恩格斯经典文本的分析可以发现，"理论掌握群众"要想汇聚群众合力，需要做到一切为了群众、一切相信群众、一切依靠群众。

1. 一切为了群众

马克思在《〈黑格尔法哲学批判〉导言》中强调能够掌握群众的理论一定是彻底的理论，只有彻底的理论才能说服群众。那么，在马克思看来，什么样的理论才属于彻底的理论呢？"所谓彻底，就是抓住事物的根本。而人的根本就是人本身。"② 彻底的理论需要抓住事物的根本，把握人的本质。虽然人的本质不具有现实性，但是人的本质是对现实的人的洞察和体认。人也不是一种抽象的概念，而是广大人民群众，是站在人民立场上看待每一个"现实的个人"。马克思接着说道，德国理论的彻底性明证就在于它把积极废除宗教作为自身的出发点。最终，对宗教的批判不仅被归结为一个学说："人是人的最高本质"③，而且也被归结为一个绝对命令："必须推翻使人成为被侮辱、被奴役、被遗弃和被

---

① 《马克思恩格斯文集》第 2 卷，人民出版社 2009 年版，第 219 页。
② 《马克思恩格斯文集》第 1 卷，人民出版社 2009 年版，第 11 页。
③ 《马克思恩格斯文集》第 1 卷，人民出版社 2009 年版，第 11 页。

蔑视的东西的一切关系"①。在这里，马克思从人的本质的现实维度揭示了理论掌握群众的终极追求，那就是一切为了群众。

一切为了群众，为的是帮助群众实现共同利益。恩格斯在为马克思《1848 年至 1850 年的法兰西阶级斗争》一书所作的导言中分析了以往的欧洲革命即使通过欺骗手段激发了广大群众的革命热情，但是它们没有真正代表广大群众的共同利益，所以广大群众的革命热情也无法持久延续下来。恩格斯写道："当幻想消失而失望袭来的时候，人民群众的这种革命情绪几乎总是，而且往往很快就变为心灰意冷，甚至转到相反的方面去。"② 没有掌握革命理论的广大群众虽然容易被剥削阶级的"纯粹的花言巧语所欺蒙"，但是他们在长期的社会革命中总会识破剥削阶级的特殊利益，总会看穿剥削阶级对他们的欺蒙和利用。当推翻封建统治阶级的社会革命发展到 1848 年的革命高潮时，广大人民群众已经能够依靠自己的力量组织起"本能的、自发的和不可遏止的运动"③，但是由于他们没有掌握先进的革命理论，在这一历史时期的社会革命中依然充当了资产阶级的协助者、陪衬者和牺牲者，没有实现自己的真正利益。他们尤为迫切地需要"那些最确切地反映他们经济状况的思想"④。在这时，思想政治教育所应关注的核心问题是要让广大群众认识到他们本身的真正利益。如果在教育过程中能够揭示和说明广大人民群众的真正利益，引导广大人民群众在斗争过程中亲身体悟"消灭现存的所有制关系只符合工人阶级的利益"⑤，使"劳动群众具有一种内容适合于他们的阶级地位的意志"⑥，他们自然就会使自己的意识来一个转变，广大人民群众不仅会认识到他们本身的真正利益，也会由此清楚自己的社

---

① 《马克思恩格斯文集》第 1 卷，人民出版社 2009 年版，第 11 页。
② 《马克思恩格斯文集》第 4 卷，人民出版社 2009 年版，第 540 页。
③ 《马克思恩格斯文集》第 4 卷，人民出版社 2009 年版，第 539 页。
④ 《马克思恩格斯文集》第 4 卷，人民出版社 2009 年版，第 539 页。
⑤ 《马克思恩格斯文集》第 1 卷，人民出版社 2009 年版，第 694 页。
⑥ 《马克思恩格斯文集》第 9 卷，人民出版社 2009 年版，第 178 页。

会地位和政治责任，从而为他们本身的真正利益和自由解放而斗争。

一切为了群众，为的是帮助群众拥有幸福生活。马克思、恩格斯在经典文本中考察的所有社会问题和政治问题都是牢牢站在群众立场上的。恩格斯在《英国工人阶级状况》中指出："工人阶级的状况是当代一切社会运动的真正基础和出发点，因为它是我们目前存在的社会灾难最尖锐、最露骨的表现。"① 恩格斯通过亲身观察和亲自交往直接深入英国无产阶级的实际生活中，去感受英国无产阶级最向往的愿望、最深切的痛苦和最真实的快乐。他发现多年来，英国无产阶级始终被资本主义生产规律和分配规律的轮子牢牢碾压着，他们毫无保障的贫困生活自始至终都那么严重。"伦敦的东头是一个日益扩大的泥塘，在失业时期那里充满了无穷的贫困、绝望和饥饿，在有工作做的时候又到处是肉体和精神的堕落。"② 为了让群众不再忍受痛苦，获得现实幸福，马克思主义理论必须引导群众从资本主义制度中彻底觉悟，帮助群众通过自己的实践力量把自己从贫苦不堪的生活环境中拯救出来。

一切为了群众，为的是帮助群众获得发展进步。马克思在《路易·波拿巴的雾月十八日》中讽刺了资产阶级教育群众的虚伪本质："当群众墨守成规的时候，资产阶级害怕群众的愚昧，而在群众刚有点革命性的时候，它又害怕起群众的觉悟了。"③ 资产阶级教育群众并不是为了群众自身的发展进步考虑，只是为了让群众替自己冲锋陷阵，只是把群众当作自己的尾巴和附庸，所以他们并不想让群众真正掌握革命理论，获得政治思想启蒙。马克思、恩格斯在《神圣家族》中提到，所有的共产主义和社会主义著作家都基于这样一种出发点来观察整个人类社会：一方面，某些英雄人物看似顺利的、辉煌的行动都没有取得实际的辉煌结果，甚至还蜕化为平庸的行动；另一方面，社会精神领域的一切进步

---

① 《马克思恩格斯文集》第1卷，人民出版社2009年版，第385页。
② 《马克思恩格斯文集》第1卷，人民出版社2009年版，第375页。
③ 《马克思恩格斯文集》第2卷，人民出版社2009年版，第568页。

都损害了广大人民群众的发展进步，广大人民群众的教育水平和文化程度不但没有提高，精神世界反而陷入了日益荒芜贫瘠的境地。所以，这些共产主义和社会主义著作家断言人类社会所谓的"进步"不过是无法令人满意的抽象理论和空洞词句，"他们已推测出（见欧文及其他人的著作）文明世界的基本缺陷；因此，他们对现代社会的现实基础进行了深刻的批判"①。马克思、恩格斯指出："在实践中，一开始就和这种共产主义批判相适应的，是广大群众的运动，而过去的历史发展是与这个运动相对立的。"② 可以看出，共产主义运动是真正意义上推动人类社会文明进步的运动，它与以往剥削阶级由于特殊利益束缚而不得不丧失了自己革命品格的历史运动存在根本差别，共产主义运动始终站在群众立场上，为了推动广大人民群众的发展进步，促进广大人民群众的思想蜕变和精神升华而不断前进。

2. 一切相信群众

恩格斯在 1882 年 1 月写给爱德华·伯恩施坦的信中说："工人的斗争是唯一伟大的、唯一站在时代高度的、唯一不使战士软弱无力而是不断加强他们的力量的斗争。"③ 无产阶级作为资本主义社会中最广泛的人民群众，他们是大工业本身的产物，他们在大工业中不仅受到了机器生产的残酷磨炼，而且经历了贫困生活的极度压榨，所以他们掌握着资本主义社会中最先进的生产力，也积蓄着推翻资本主义制度的强大革命力量。马克思、恩格斯指出："随着工业的发展，无产阶级不仅人数增加了，而且结合成更大的集体，它的力量日益增长，而且它越来越感觉到自己的力量。"④ 马克思、恩格斯在对共产主义生产方式和生活条件

---

① 《马克思恩格斯文集》第 1 卷，人民出版社 2009 年版，第 290 页。
② 《马克思恩格斯文集》第 1 卷，人民出版社 2009 年版，第 290 页。
③ 《马克思恩格斯文集》第 10 卷，人民出版社 2009 年版，第 470 页。
④ 《马克思恩格斯文集》第 2 卷，人民出版社 2009 年版，第 40 页。

的系统考察中，已经意识到无产阶级作为资本主义社会掘墓人和共产主义社会建设者的历史角色。

群众身上蕴藏着推动时代发展进步的先进本质、崇高情怀、经验智慧和革命潜力。随着资本主义社会的发展，无产阶级阵营不仅会越来越壮大，而且其中汇聚的群众经验、智慧、勇气和力量也会越来越强大。马克思、恩格斯在《神圣家族》中从群众平凡的日常生活中发现了群众身上难以掩盖的"钻研精神、求知欲望、道德毅力和对自己发展的孜孜不倦的追求"[①]。这也从根本上决定了无产阶级革命能够达到以往任何一个历史运动都无法企及的"合乎人道的崇高境界"。马克思、恩格斯在《德意志意识形态》中指明，在任何一个国家中大工业的发展水平都"不能阻碍无产阶级的阶级运动，因为大工业产生的无产者领导着这个运动并且引导着所有的群众"[②]。无产阶级由于自己的社会地位、历史使命和先进本质，必将成为广大人民群众的领导者和组织者，他们将在无产阶级革命中承担更为重要和关键的阶级任务。恩格斯在 1888 年 4 月初写给哈克奈斯的信中说："工人阶级对压迫他们的周围环境所进行的叛逆的反抗，他们为恢复自己做人的地位所作的令人震撼的努力，不管是半自觉的或是自觉的，都属于历史，因而也应当在现实主义领域内占有一席之地。"[③] 无产阶级已经通过自己的实际行动彰显出全面变革资本主义社会的高尚品格、斗争精神和实践力量，无产阶级革命符合人类社会历史发展的客观规律、必然趋势和道义要求。恩格斯在 1880 年 4 月 1 日给贝克尔的信中写道："由于我们的工人们具有已卓越地表现出来的那种品质，情况也不可能不是这样。德国的运动的特点是，领导的一切错误总是由群众来纠正。"[④] 可见，无产阶级能够给无产阶级革命

---

① 《马克思恩格斯文集》第 1 卷，人民出版社 2009 年版，第 290 页。
② 《马克思恩格斯文集》第 1 卷，人民出版社 2009 年版，第 567 页。
③ 《马克思恩格斯文集》第 10 卷，人民出版社 2009 年版，第 570 页。
④ 《马克思恩格斯文集》第 10 卷，人民出版社 2009 年版，第 448 页。

的发展形势提供一种客观、合理、公正的评判标准，甚至在无产阶级革命领袖发生错误时，也必须由无产阶级来纠正。

在充分认识群众政治天赋的基础上，进一步教育、引导和组织群众是一切相信群众的内在要求。恩格斯在 1872 年 1 月 24 日写给库诺的信中肯定了无产阶级"天生就是有政治头脑的"①。马克思、恩格斯在高度评价和赞扬群众的革命性的同时，也尤为强调群众的政治天赋必须接受共产党人的教育、引导和组织，才能真正发挥出来。恩格斯在《德国的革命和反革命》中阐述了无产阶级在刚刚摆脱旧制度精神枷锁以后，不受其他群众信任、没有革命武装，也没有坚强的革命组织。他们只能自发地认识到自己的社会地位和选择自己的政治行动路线，几乎无法顺利完成任何革命任务。在这种情况下，无产阶级必须有一个坚强的革命组织领导，也必须接受专门的政治教育，才能引导他们不再盲目听信一切流言蜚语，并且帮助他们把"准备战斗到底"的勇气和毅力充分释放出来。这就需要在理论方面和实践方面保持先进本色的共产党人来完成这项工作。共产党人是从无产阶级群众中产生的先进分子，他们是无产阶级革命中"最坚决的、始终起推动作用的部分"，也能够"了解无产阶级运动的条件、进程和一般结果"②。恩格斯在《德国的革命和反革命》中认为，"无产阶级的或真正革命的党只是逐渐地使工人群众摆脱了民主派的影响，而在革命初期工人是跟着民主派跑的"③。所以，无产阶级为了彻底摆脱资产阶级对他们的干扰和束缚，增强自己的独立性、主动性，需要接受共产党人在理论方面和实践方面的科学指导，不断提高自己的思想觉悟、理论水平、斗争本领和政治远见。正如恩格斯在《英国工人阶级状况》中所说的那样："只要人民在心目中有了明确

---

① 《马克思恩格斯文集》第 10 卷，人民出版社 2009 年版，第 377 页。
② 《马克思恩格斯文集》第 2 卷，人民出版社 2009 年版，第 44 页。
③ 《马克思恩格斯文集》第 2 卷，人民出版社 2009 年版，第 389 页。

的目标，他们就会显示出足够的勇气。"①

3. 一切依靠群众

恩格斯在《德国农民战争》中描述德国农民起义军将领希普勒的一次作战计划时指出："这个计划非常出色；只有通过团结群众并依靠人多势众才有希望打败当时已经拥有 13000 人的诸侯军队。"② 可见，把群众团结起来，广泛凝聚群众的强大革命力量，是推翻统治阶级和取得革命胜利的必要条件。恩格斯在 1882 年 1 月 25—31 日写给爱德华·伯恩施坦的信中谈道："工人群众本身是最好的支点。"③ 恩格斯把工人群众视为无产阶级革命的最好支点，也说明所有革命实践必须以群众为坚强基础与可靠支撑，必须一切依靠群众。只有一切依靠群众，才能把一切为了群众和一切相信群众的革命理念在革命实践中贯彻和体现出来。对于思想政治教育而言，这项教育实践活动不仅需要依靠群众才能获得源源不断的发展动力，使自身深入地、持久地和全面地开展下去；而且它指向的共产主义终极目标需要依靠群众才能使其从思想层面的理论学说变成真切的物质现实，为无产阶级革命夯实群众根基。

实现共产主义是群众自己的事情。马克思在《总委员会关于继承权的报告》中说："一方面，现今社会的经济基础尚未得到改造，另一方面，工人群众已经积蓄了足够的力量来推行旨在最终实现社会的彻底改造的过渡性措施。"④ 把自己从资本主义制度中解放出来是群众自己的事业，同时群众已经积蓄了足够的力量来全面变革资本主义制度，这两点原因是思想政治教育必须一切依靠群众的前提条件。实际上，资本主义社会的所有制度构建本身就是由群众付诸实践的。马克思在《法兰西

---

① 《马克思恩格斯文集》第 1 卷，人民出版社 2009 年版，第 462 页。
② 《马克思恩格斯文集》第 2 卷，人民出版社 2009 年版，第 295 页。
③ 《马克思恩格斯文集》第 10 卷，人民出版社 2009 年版，第 470 页。
④ 《马克思恩格斯文集》第 3 卷，人民出版社 2009 年版，第 89 页。

内战》中分析了巴黎公社并不是群众把国家政权从统治阶级手中夺走，而是群众把国家政权重新收回。在马克思看来，"这是人民群众获得社会解放的政治形式，这种政治形式代替了被人民群众的敌人用来压迫他们的假托的社会力量"①。巴黎公社向我们证明，群众把国家政权重新收回以后，国家政权也会从压迫社会的力量变成使社会生机勃勃的力量。同样，在思想政治教育引导群众开展共产主义事业的过程中，只有一切依靠群众，才能最大程度地激发群众的积极性、主动性、创造性，促使群众把学习马克思主义、宣传马克思主义和践行马克思主义当作自己的事情。

　　共产党领导群众开展共产主义事业，必须做到一切依靠群众。所有共产党人都来自群众，是群众中的一员。一方面，群众实现共产主义理想信念，离不开共产党的领导。另一方面，共产党要想成为领导群众实现共产主义事业的坚强核心，又必须做到一切依靠群众。正如恩格斯在《共产主义在德国的迅速进展》中所写的："我们希望很快就在工人阶级中找到支柱；显然不论何时何地工人阶级都应当是社会主义政党所依靠的堡垒和力量。"② 无产阶级既是共产党人领导革命运动的支柱，也是共产党人可以依靠的战斗堡垒和革命力量。恩格斯在给《1848年至1850年的法兰西阶级斗争》所作的导言中论述了共产党如何利用资产阶级竞选宣传接触群众，在群众面前回击资产阶级对无产阶级政党的污蔑与诽谤，阐明了共产党的观点、意图和行动。恩格斯认为，共产党应当抓住一切机会接触群众、深入群众、赢得民心。恩格斯把资产阶级的政治舞台也视为共产党宣传自己革命理论的讲坛："我们的代表在这个讲坛上可以比在报刊上和集会上更有权威和更自由得多地向自己在议会中的对手和议会外的群众讲话。"③ 可以说，在资产阶级提供的讲坛上，

---

① 《马克思恩格斯文集》第3卷，人民出版社2009年版，第195页。
② 《马克思恩格斯全集》第2卷，人民出版社1957年版，第589页。
③ 《马克思恩格斯文集》第4卷，人民出版社2009年版，第545页。

资产阶级的政治诉求和无产阶级的政治诉求更能够形成鲜明对比。共产党不仅更易于向群众直接揭穿资产阶级理论的剥削性、伪善性和抽象性，也更易于向群众系统阐释无产阶级革命的目标远景、精神原则和方向路线。恩格斯强调："凡是要把社会组织完全加以改造的地方，群众自己就一定要参加进去，自己就一定要弄明白这为的是什么，他们为争取什么而去流血牺牲。"① 在无产阶级革命蓬勃发展的时代，无产阶级革命已经不像以前零散的突袭战争那样，可以由少数自觉的领袖带领盲从的群众实现革命胜利。共产党要想做到一切依靠群众，需要通过思想政治教育来发动群众，使群众把自己的革命现实与思想政治教育宣传的革命理论相对照、相结合，清醒地认识到自己的革命实践是为了什么，应该争取什么、应当拥护什么、应当遵循什么和应当避免什么，以此才能确保群众按照共产党制定的正确路线方针政策开展自己的革命实践。

"群众"是思想政治教育的基本概念，思想政治教育始终做的是群众工作。思想政治教育力求通过群众共同的物质利益、群众向往的理想愿景、群众创生的科学理论，把群众发动起来、团结起来和组织起来，教育和引导群众为实现自由解放而不懈奋斗。思想政治教育应当始终站稳人民立场，坚持群众路线，研究社会主义的思想理论、价值观念、道德规范在群众中的传播规律和接受规律，更好地塑造社会共识，达成政治认同，凝聚革命力量。

马克思、恩格斯揭示了群众是一个历史性概念，它虽然在不同历史时期集中指向的是推动这一历史时期社会变革的革命阶级，然而它也包括了所有被剥削阶级奴役的其他阶级。思想政治教育不仅有帮助共产党从思想上统领革命方向的长远目标，而且有落实革命任务的近期目标。

① 《马克思恩格斯文集》第 4 卷，人民出版社 2009 年版，第 549 页。

因为，所有长远目标都是由一个个近期目标组成的，思想政治教育在做群众工作时必须符合不同历史时期的现实条件，在不同阶级中坚持原则的区别和战略的统一。所以，思想政治教育在做群众工作的过程中，不能不顾当时的现实条件和主要任务，不能绝对地强调群众的阶级属性，不能把有革命力量的社会成员排除在外，而是要努力做到团结社会上绝大多数人，在牢牢把握领导权的基础上，统筹协调不同阶层主体之间的利益关系，巩固革命统一战线。做到用社会主义价值观来夯实不同阶层主体的共同思想政治基础，引导群众冲破思想观念束缚，突破利益固化藩篱。

思想政治教育的群众工作是深入具体的工作、扎扎实实的工作、持之以恒的工作，需要把解决群众实际困难和消除群众思想困惑紧密结合起来，把满足群众利益需求和提升群众政治觉悟高度统一起来。思想政治教育要想在群众中生根发芽、开花结果，必须把群众工作做细做深做实，想群众之所想、急群众之所急、盼群众之所盼，与群众生活相融、情感相连、心绪相通，做到同向同行、同频共振。群众是一个又一个有血有肉、有爱有恨、有苦有乐的人，他们的生活、思想、情感和观点会随着自己的实际生活而不断发展变化，教育者如果不能敏锐地感知、深入地调查、系统地研究和灵活地应对，就不能走进群众、说服群众和赢得群众。

思想政治教育工作者既要做群众生活中的知心朋友，也要做群众成长中的引路人。共产党是无产阶级的先锋队，也是群众的领导者。思想政治教育工作者有义务唤起千百万群众，给群众指明共产党为无产阶级革命规划的路线方针政策，给群众提供共产党为无产阶级革命确立的科学思想指导与统一行动指南，引领群众共同推进"有原则高度的实践"和"人的高度的革命"。同时，教育者也要受教育。思想政治教育工作者先要有一个接受教育、武装思想和提升自身的过程。思想政治教育工作者既不是真理的化身，也不是绝对的权威，更不是少数的精英。思想政治教育工作者要想做群众的老师，必须先做群众的学生，向群众学习，向群众请教。思想政治教育工作者只有经过规范化、系统化和标准化的职业训练，掌握科学的思想理论、运用先进的教育手段、锻造坚定的革命信念，才能为受教育者的成长成才服务，完成自己应尽的铸魂育人使命。

第八章 道　德

恩格斯在《反杜林论》中指出:"现代社会的三个阶级即封建贵族、资产阶级和无产阶级都各有自己的特殊的道德。"① 恩格斯认为,在这三个阶级的道德中,"如果就绝对的终极性来说,哪一种也不是;但是,现在代表着现状的变革、代表着未来的那种道德,即无产阶级道德,肯定拥有最多的能够长久保持的因素。"② 严格来说,思想政治教育源于道德教育,在相当长的历史时期里,思想政治教育就是以道德教育的内容形式出现的。思想政治教育的基础性内容是道德教育,每个阶级都围绕着本阶级的道德理念、道德原则和道德规约开展一定的道德教育活动。无产阶级的思想政治教育需要在意识形态层面深入剖析道德的阶级本质和政治立场,发挥出无产阶级道德的社会功能。

马克思在《黑格尔法哲学批判》中提到:"道德若不是国家的这些主体的道德,那它们又是什么呢? 或者说得更正确些,私法的人和道德的主体是国家的人和主体。"③ 马克思在这里揭示了道德的意识形态性,任何一种在阶级社会中能够成为规约所有社会成员的道德原则,实际上都是代表"国家的意志",维护统治阶级利益的道德原则。恩格斯在《英国工人阶级状况》中指出:"工人比起资产阶级来,说的是另一种方言,有不同的思想和观念,不同的习俗和道德原则,不同的宗教和政治。"④ 无产阶级和资产阶级作为资本主义社会中阶级利益根本对立的两大阶级,他们之间的思想观念不仅完全不同,道德原则也完全不同。与思想观念相比,道德原则更侧重于体现在人们按照什么样的标准来确

---

① 《马克思恩格斯文集》第 9 卷,人民出版社 2009 年版,第 99 页。
② 《马克思恩格斯文集》第 9 卷,人民出版社 2009 年版,第 98—99 页。
③ 《马克思恩格斯全集》第 3 卷,人民出版社 2002 年版,第 134 页。
④ 《马克思恩格斯文集》第 1 卷,人民出版社 2009 年版,第 437—438 页。

定自己的行为准则和日常规范。马克思、恩格斯在诸多文本中通过系统考察和细致描述无产阶级与资产阶级的实际生活状态，为我们呈现了无产阶级和资产阶级各自的道德原则。马克思、恩格斯在《共产党宣言》中强调："资产阶级在它已经取得了统治的地方把一切封建的、宗法的和田园诗般的关系都破坏了。"① 资产阶级按照资本逻辑的抽象形式摧毁了封建阶级建立起来的"田园诗般的关系"，资产阶级把封建阶级笼罩在一切社会关系上温情脉脉的面纱无情地掀开，并且用金钱的外衣把它们重新包裹起来，使主导社会秩序的资产阶级道德原则充满自私自利、伪善狡诈和蛮横无理。恩格斯在《反杜林论》中认为，真正代表未来社会秩序的无产阶级道德原则反对"把任何道德教条当做永恒的、终极的、从此不变的伦理规律强加给我们的一切无理要求"②，不承认有任何凌驾于历史发展、民族差别和个体差异之上的不变道德原则。恩格斯在《现代兴起的今日尚存的共产主义移民区记述》中指明了无产阶级道德原则的鲜明特质在于："己所不欲，勿施于人，也就是只限于实行完全平等和兄弟友爱。"③

一、道德在意识形态中的结构分析

马克思、恩格斯在《德意志意识形态》中写道："道德、宗教、形而上学和其他意识形态，以及与它们相适应的意识形式便不再保留独立性的外观了。"④ 道德属于意识形态范畴，道德构成了意识形态的一部分。从意识形态入手分析道德是思想政治教育考察道德的主要视角。思想政治教育应当明确道德在意识形态中的基本意涵是什么，道德与其他

---

① 《马克思恩格斯文集》第2卷，人民出版社2009年版，第33—34页。
② 《马克思恩格斯文集》第9卷，人民出版社2009年版，第99页。
③ 《马克思恩格斯全集》第42卷，人民出版社1979年版，第235页。
④ 《马克思恩格斯文集》第1卷，人民出版社2009年版，第525页。

意识形态的制约关系是什么，以及道德的主要功能是什么。

1. 基本意涵

马克思、恩格斯在《德意志意识形态》中写道："表现在某一民族的政治、法律、道德、宗教、形而上学等的语言中的精神生产也是这样。"[①] 在这里，马克思、恩格斯揭示了道德是由人的精神生产创造出来的思想产物，与政治、法律、宗教、形而上学等内容共同构成了意识形态。其中，道德与其他意识形态一样，归根到底是社会经济关系的直接产物，由社会经济关系所决定。同时，道德能够从它的精神维度对社会经济关系发挥出能动的反作用。

道德具有鲜明的意识形态性。马克思、恩格斯在《共产党宣言》中指出："宗教的、道德的、哲学的、政治的、法的观念等等在历史发展的进程中固然是不断改变的，而宗教、道德、哲学、政治和法在这种变化中却始终保存着。"[②] 在马克思、恩格斯看来，这种观点只在阶级社会中具有合理性，因为这些意识形态是不同阶级的社会意识，它们并不会永久存在于人类社会中，人类社会中也不存在适用于一切时代的抽象道德。道德总是历史的、阶级的和具体的。恩格斯在《英国工人阶级状况》中指出："工人比起资产阶级来，说的是另一种方言，有不同的思想和观念，不同的习俗和道德原则，不同的宗教和政治。"[③] 可以看出，人们的道德原则是由人们的阶级地位决定的。人们占有什么样的阶级地位决定了人们拥有什么样的道德原则。道德在国家层面、社会层面和个体层面展现出不同的意识形态特质。

在国家层面，马克思在《黑格尔法哲学批判》中认为，"道德若不是国家的这些主体的道德，那它们又是什么呢？或者说得更正确些，私

[①] 《马克思恩格斯文集》第 1 卷，人民出版社 2009 年版，第 524 页。
[②] 《马克思恩格斯文集》第 2 卷，人民出版社 2009 年版，第 51 页。
[③] 《马克思恩格斯文集》第 1 卷，人民出版社 2009 年版，第 437—438 页。

法的人和道德的主体是国家的人和主体"①。在这里，马克思指出了道德的政治地位，道德首先是国家的道德，道德的主体是国家。在阶级社会中，道德与国家密不可分。道德作为意识形态的主要内容，它向整个社会传递着"国家的意志"。同时，"国家的意志"代表了"统治阶级的思想"。实际上，国家层面的道德是统治阶级的道德原则。统治阶级的道德原则也是社会上占统治地位的道德原则，它支配着其他阶级道德原则的形成发展。马克思在《1844年经济学哲学手稿》中提到："国民经济学的道德是谋生、劳动和节约、节制。"② "国民经济学不过是以自己的方式表现道德规律。"③ 国民经济学是资产阶级意识形态家们论证的资本主义经济关系。在资本主义社会中，资产阶级作为统治阶级，资产阶级意识形态家们竭力把资产阶级道德原则融入政治经济学的学理论证中，好让所有社会成员理解和接受资产阶级道德原则，并且把资产阶级道德原则作为自己生活交往的价值准则和伦理规范。

在社会层面，马克思、恩格斯在《共产党宣言》中指出："资产阶级在它已经取得了统治的地方把一切封建的、宗法的和田园诗般的关系都破坏了。"④ 马克思、恩格斯强调的是资产阶级成为统治阶级以后，彻底摧毁了封建社会维系人与人之间生活交往的道德原则。资产阶级道德原则斩断了天然尊长的封建羁绊，确立起人与人之间的"赤裸裸的利害关系"和"冷酷无情的'现金交易'"⑤。它用利己主义的冰水淹没了宗教虔诚、骑士热忱和小市民伤感，把人的尊严变成交换价值，把特许自由变成贸易自由，把亲情关系变成金钱关系。人们开始用资产阶级道德原则来建立自己的社会关系，进行自己的社会交往和开展自己的社

---

① 《马克思恩格斯全集》第3卷，人民出版社2002年版，第134页。
② 《马克思恩格斯文集》第1卷，人民出版社2009年版，第228页。
③ 《马克思恩格斯文集》第1卷，人民出版社2009年版，第229页。
④ 《马克思恩格斯文集》第2卷，人民出版社2009年版，第33—34页。
⑤ 《马克思恩格斯文集》第2卷，人民出版社2009年版，第34页。

会生活。资产阶级道德原则渗透在资本主义社会的各个方面。马克思、恩格斯在《德意志意识形态》中把统治阶级渗透到社会生活中的道德原则称为"标准社会的语言"①，因为它是"与这种交往形式相适应的意识"②。一旦统治阶级要利用它来掩盖社会交往形式和社会生产力之间的矛盾，它就会"愈加虚伪，愈加道德化，愈加神圣化"③。

在个体层面，马克思在《对哥特沙克及其同志们的审判》中说："良心是由人的知识和全部生活方式来决定的。"④ 这种"良心"指的也是社会个体用以评判和规约自己与他人道德操守的内心准则。不同个体根据自己的思想方式和生活方式形成了不同的道德观念。国家倡导的道德原则总是要深入到个体层面，切中社会个体的思想现实和生活现实，对社会个体的道德形成产生实际作用，才能影响和改变整个社会的道德面貌。马克思在《〈科隆日报〉第 179 号的社论》中写道："国家本身教育自己成员的办法是：使他们成为国家的成员；把个人的目的变成普遍的目的，把粗野的本能变成合乎道德的意向，把天然的独立性变成精神的自由；使个人以整体的生活为乐事，整体则以个人的信念为乐事。"⑤在这里，马克思表达了他赞同的"公共教育"应当是什么样子的。马克思认为，这才是"国家的真正的'公共教育'"。它的一个重要任务是把个体粗野的本能变成合乎道德的意向。"公共教育"本身是国家培养合格社会成员的意识形态手段，它能够使社会个体理解和接受国家倡导的道德原则，使社会个体按照国家倡导的道德原则去思想、行动和生活。

2. 制约关系

恩格斯在《路德维希·费尔巴哈和德国古典哲学的终结》中揭示

---

① 《马克思恩格斯全集》第 3 卷，人民出版社 1960 年版，第 331 页。
② 《马克思恩格斯全集》第 3 卷，人民出版社 1960 年版，第 331 页。
③ 《马克思恩格斯全集》第 3 卷，人民出版社 1960 年版，第 331 页。
④ 《马克思恩格斯全集》第 6 卷，人民出版社 1961 年版，第 152 页。
⑤ 《马克思恩格斯全集》第 1 卷，人民出版社 1995 年版，第 217 页。

了："每一个阶级，甚至每一个行业，都各有各的道德。"① 所有意识形态内容都贯穿和渗透着一定的道德原则。恩格斯同时进一步论述了国家是人类社会中的第一个意识形态。随着国家产生，其他意识形态也产生出来。恩格斯认为，政治和法律是距离社会物质经济基础较近的意识形态，哲学相距较远，宗教相距最远。它们用自己的特有方式隐藏起社会物质经济基础与意识形态的内在联系。马克思、恩格斯在《德意志意识形态》《共产党宣言》《〈政治经济学批判〉序言》《路易·波拿巴的雾月十八日》等文献中详细阐述过，意识形态主要包括政治、法、宗教、道德、哲学、科学、艺术等。道德与其他意识形态在意识形态整体结构中具有不同的功能和地位，它们之间相互作用、相互制约，在上层建筑层面共同塑造、调节和影响着整个社会生活、政治生活和精神生活。从道德与其他意识形态的关系中，我们可以把握道德的本质内涵。

　　第一，道德与政治的关系。马克思、恩格斯在《德意志意识形态》中指出："统治阶级的思想家或多或少有意识地从理论上把它们变成某种独立自在的东西，在统治阶级的个人的意识中把它们设想为使命等等；统治阶级为了反对被压迫阶级的个人，把它们提出来作为生活准则，一则是作为对自己统治的粉饰或意识，一则是作为这种统治的道德手段。"② 在这里，马克思、恩格斯揭示了道德是根据统治阶级政治诉求提出来的。同时，道德也是维护统治阶级政治诉求的必要手段。道德看似是一种伦理观念上的独立存在，实际上它处处都要为统治阶级的物质利益服务。在阶级社会中，统治阶级的利益需要是什么样的，维系这个社会的道德原则就是什么样的。道德既能够粉饰和掩盖统治阶级的特殊利益，也能够给被统治阶级提供日常系统的生活准则。

　　第二，道德与法的关系。马克思在《人口、犯罪率和赤贫现象》中

---

① 《马克思恩格斯文集》第 4 卷，人民出版社 2009 年版，第 294 页。
② 《马克思恩格斯全集》第 3 卷，人民出版社 1960 年版，第 492 页。

写道："判定……这种名词上的区别远不是无关紧要的，因为它决定着成千上万人的命运，也决定着社会的道德面貌。"① 对一个案件进行判定属于法的基本功能，法的判定从国家制度层面决定着社会的道德风貌。也就是说，人们根据法如何判定一个案件，来对这个案件作出自己的道德评判，进而根据这种道德要求来调整自己的社会意识和行为方式。法的原则、标准和依据给道德的形成提供了重要的价值导向和行为规范。恩格斯在《论住宅问题》中说："衡量什么算自然法和什么不算自然法的尺度，则是法本身的最抽象的表现，即公平。"② 法是根据道德建立起来的，道德是法的价值内核。自然法是成文法的最初形式，它来源于人类社会最初的生活习惯，人们把符合生活习惯的共同规则看作是合乎道德的，并且把这种共同规则确立为明确的法律体系，用国家公权力加以保障施行。法的发展也被视为阶级社会不断接近公平正义的价值理想。

第三，道德与科学的关系。马克思在《1844 年经济学哲学手稿》中指出："自然科学却通过工业日益在实践上进入人的生活，改造人的生活，并为人的解放作准备，尽管它不得不直接地使非人化充分发展。"③ 在马克思看来，科学是推动人类社会历史发展的先进力量。在科学通过实践方式直接进入人的现实生活的同时，科学衍生的道德观念不仅深刻变革了人的生产方式和生活方式，也重塑和改变了人们对传统道德的看法和定义，进而设定出新的道德原则和道德规范。然而，人们拥有什么样的道德原则和道德规范，反过来也决定了人们如何开展科学研究，决定了人们以什么样的科学研究方式来发掘和利用自然界、人类社会、人类自身的客观发展规律。科学虽然能够更理性客观地展现出"人的自然的本质"，然而资产阶级道德原则指导下的科学使非人化充分

① 《马克思恩格斯全集》第 13 卷，人民出版社 1962 年版，第 552 页。
② 《马克思恩格斯文集》第 3 卷，人民出版社 2009 年版，第 322 页。
③ 《马克思恩格斯文集》第 1 卷，人民出版社 2009 年版，第 193 页。

发展，反而使精神和物质、人类和自然、灵魂和肉体之间产生了尖锐矛盾。科学研究只有改变自己的资产阶级立场，才能为人类打破自然枷锁，实现自由解放准备必要条件。

第四，道德与宗教的关系。马克思在《评普鲁士最近的书报检查令》中提到："道地的基督教立法者不可能承认道德是一种本身神圣的独立领域，因为他们把道德的内在的普遍本质说成是宗教的附属物。"① 在这里，马克思揭露了宗教与道德之间存在的根本矛盾是宗教割裂了道德与社会的内在关系。一方面，宗教只有依靠道德才能存在。道德能够为宗教提供教规约束和庄严补充。宗教要求道德必须从属于自己的神圣领域，要求道德必须把宗教的普遍原则看作道德自身的普遍原则，也要求道德必须只承认自己特殊的、现实的道德。另一方面，道德本身是独立于宗教的。道德作为一种更广泛、更普遍的社会历史现象，它不需要宗教的承认也能被社会个体接受，也能在人类社会的交往活动中产生持久效应。道德是社会个体由内而外的纪律规范，宗教则是社会个体由外而内的纪律规范。随着宗教改革的深入推进，道德的普遍原则与宗教的特殊领域呈现出越来越严重的抵触性。

第五，道德与艺术的关系。恩格斯在《德国民间故事书》中说："民间故事书还有一个使命，这就是同圣经一样使他们有明确的道德感，使他们意识到自己的力量、自己的权利和自己的自由，激发他们的勇气并唤起他们对祖国的热爱。"② 在恩格斯看来，一本书之所以能变成民间故事书，是因为它的受众对象是广大人民群众。成为民间故事书也是对这本书的高度赞扬。书籍是艺术的载体，文字是表现艺术的重要形式，艺术也彰显着鲜明的道德立场。既然艺术要面向广大人民群众，那么它就必须"满足一切合理的要求并且在各个方面都称得上是尽善尽美

---

① 《马克思恩格斯全集》第 1 卷，人民出版社 1995 年版，第 119 页。
② 《马克思恩格斯全集》第 2 卷，人民出版社 2005 年版，第 84 页。

的"①。恩格斯对艺术提出了明确的道德要求，希望艺术能够承担重要的道德使命。艺术不仅应当帮助广大人民群众缓解生活劳累，得到精神欢娱和放松，而且还应当帮助广大人民群众意识到自己的实践力量、社会权利和发展需求，并且激发他们的革命意志、斗争勇气和爱国精神。恩格斯强调，尤其在广大人民群众遭受普遍压迫的时代，艺术应该向"没有受过多少教育的人"说明反抗剥削压迫的实情和合理性，决不能纵容阿谀奉承和鼓励群众对贵族卑躬屈膝。

3. 主要功能

马克思在《国际工人协会成立宣言》中指出：无产阶级要想战胜资产阶级，需要"努力做到使私人关系间应该遵循的那种简单的道德和正义的准则，成为各民族之间的关系中的至高无上的准则"②。可见，道德作为意识形态的必要组成部分，发挥着重要功能。通过梳理和分析马克思恩格斯经典文本可以发现，道德在意识形态的整体结构中主要发挥着规约功能、教化功能、调节功能和审美功能。

从道德发挥的规约功能来看，马克思在《〈黑格尔法哲学批判〉导言》中揭露了宗教如何凭借"它的道德约束，它的庄严补充"③来对现实世界进行精神统治的问题。实际上，宗教教条制定的"包罗万象的纲要"，论证的"通俗形式的逻辑"，以及提出的"唯灵论的荣誉问题"，也是宗教为了规约人们在现实世界中的思想意识和实践活动所创设的道德原则。马克思在《评普鲁士最近的书报检查令》中写道："道德的基础是人类精神的自律，而宗教的基础则是人类精神的他律。"④ 马克思在这里所说的道德是不受宗教形式束缚的纯粹道德。无论是这种纯粹道

---

① 《马克思恩格斯全集》第 2 卷，人民出版社 2005 年版，第 84 页。
② 《马克思恩格斯文集》第 3 卷，人民出版社 2009 年版，第 14 页。
③ 《马克思恩格斯文集》第 1 卷，人民出版社 2009 年版，第 3 页。
④ 《马克思恩格斯全集》第 1 卷，人民出版社 1995 年版，第 119 页。

德，还是需要披着宗教外衣出现在人们面前的道德，都能够在"自律"和"他律"两个维度上发挥意识形态的规约功能。"自律"和"他律"两个维度强调的都是道德作为一种精神性、普遍性、长期性的社会规则，是在人们自身和他人之间形成的价值尺度。道德原则通过告诉人们什么是善与恶、美与丑、真与假、是与非，引导人们在头脑中形成一种先定的价值尺度。人们再按照它去规范和约束自己，也拿它去衡量和评判别人。这种先定的价值尺度又是建立在人们的物质生产关系基础之上的。马克思在《政治经济学批判。第一分册》中对此论述过，资本主义社会的价值尺度是由货币规定的，它反映的只是在个人参加物质生产过程中人与人之间形成的"物的社会关系"①。正如马克思在《1844 年经济学哲学手稿》中说道："每一个领域都用不同的和相反的尺度来衡量我：道德用一种尺度，而国民经济学又用另一种尺度。"② 资产阶级道德与国民经济学之所以表现出"相反的尺度"，是因为个人在资本主义生产过程中形成的"物的社会关系"本身是一种"同另一种异化保持着异化的关系"③。

从道德发挥的教化功能来看，马克思在《〈科隆日报〉第 179 号的社论》中探讨了"国家的真正的'公共教育'"应当如何开展的问题，其中涉及马克思对道德教育的看法。在国家公共教育中，道德主要是以显性方式来发挥教化功能的。马克思指出："国家的真正的'公共教育'就在于国家的合乎理性的公共的存在。"④ 通过公共教育，国家证明自己是"合乎理性的公共的存在"，把自己的道德原则灌输和传播给所有社会成员，使所有社会成员"成为国家的成员；把个人的目的变成普遍的目的，把粗野的本能变成合乎道德的意向，把天然的独立性变成精神

① 《马克思恩格斯全集》第 31 卷，人民出版社 1998 年版，第 332 页。
② 《马克思恩格斯文集》第 1 卷，人民出版社 2009 年版，第 228 页。
③ 《马克思恩格斯文集》第 1 卷，人民出版社 2009 年版，第 228 页。
④ 《马克思恩格斯全集》第 1 卷，人民出版社 1995 年版，第 217 页。

的自由；使个人以整体的生活为乐事，整体则以个人的信念为乐事"①。可见，道德教育是公共教育的主要内容。所有社会成员在公共教育中能够接受国家倡导的道德原则，提升自己的道德修养和自律精神，使所有社会成员摆脱粗野的本能习气，追求高度的精神自由，获得整体的社会解放。除了公共教育这种显性方式以外，道德发挥的教化功能还以隐性形式渗透在社会生活的各个方面。马克思在《不列颠在印度的统治》中叙述了印度那些充满田园风味的农村公社，表面上不管看起来是如何祥和无害，它们实际上都构成了东方专制制度的牢固基础，在这个牢固基础上形成的东方专制主义道德"使人的头脑局限在极小的范围内，成为迷信的驯服工具，成为传统规则的奴隶，表现不出任何伟大的作为和历史首创精神"②。从这里可以看出，印度人民在自己的生产生活中被东方专制主义道德所限制、驯服和奴役。道德发挥的教化功能即使不通过专门的道德教育，也能够通过人们日常的生产生活融入人们的头脑中，在人们的思想意识中产生根深蒂固的影响。

从道德发挥的调节功能来看，马克思在《亨利·萨姆纳·梅恩〈古代法制史讲演录〉一书摘要》中指出："就这些影响（首先是经济的）以'道德的'形式存在而论，它们始终是派生的，第二性的，决不是第一性的。始终在影响、限制或者阻止统治者对社会力量的实际操纵。"③在马克思看来，虽然经济关系对社会力量的影响是绝对性、根本性的，但是它需要凭借"道德的"形式存在于人们的实际交往中，统治者需要依靠道德才能形成对社会力量的实际操纵，统治者对社会力量的实际操纵受道德的影响、限制或阻止。在这个意义上，道德能够发挥调节功能。从本质上看，这种调节功能产生的根源在于统治阶级与其他阶级之间的利益矛盾。马克思、恩格斯在《德意志意识形态》中阐释了，随着

---

① 《马克思恩格斯全集》第 1 卷，人民出版社 1995 年版，第 217 页。
② 《马克思恩格斯文集》第 2 卷，人民出版社 2009 年版，第 682—683 页。
③ 《马克思恩格斯全集》第 45 卷，人民出版社 1985 年版，第 646 页。

社会分工的发展，个体利益与共同利益之间的矛盾也会产生，为了统一协调共同利益，使人们的生产秩序和生活秩序可以正常运行，需要由统治阶级建立起一个社会共同体，道德则是在这个社会共同体中维系个人之间相互依存关系的伦理纽带，帮助统治阶级调节社会共同体的利益矛盾。恩格斯在《论原始基督教的历史》中也提到，基督教就是通过把人们在此岸世界的善行和恶行紧密指向彼岸世界的报偿和惩罚，从而向人们预设出两条通向天国和地狱的道路。只有这样，宗教道德才能成为"吸引被压迫人民群众的一种新的世界宗教的基本道德原则"①。人们向往天国，而惧怕地狱，不得不遵循宗教道德的思想要求和行为要求，放弃自己的个人利益而维护统治阶级的特殊利益。

从道德发挥的审美功能来看，1859 年 5 月 18 日，恩格斯在写给斐迪南·拉萨尔的信中高度评价了斐迪南·拉萨尔的文学作品《济金根》："我是从美学观点和史学观点，以非常高的亦即最高的标准来衡量您的作品的。"② 在这封信中，恩格斯实际上也从《济金根》所传达的道德理念来评价这部作品，这部作品的美学高度体现在它的主要出场人物是具有一定阶级思想倾向的代表，他们的动机"不是来自琐碎的个人欲望，而正是来自他们所处的历史潮流"③。这种历史潮流反映了一个时代符合人民群众共同利益的道德理念。同样，这种道德理念也是通过文学、绘画、舞蹈、音乐等文艺创作表现出来的。因为符合人民群众共同利益的道德观念彰显着真理的光辉、善良的意志、美好的追求、自由的精神，所以这种道德观念体现了人们自愿自觉地尊崇道德、信奉道德、捍卫道德的心理倾向和价值取向。马克思在《评普鲁士最近的书报检查令》中抨击了普鲁士政府要求文艺创作必须"严肃和谦逊"的荒谬要求，马克思认为："真理像光一样，它很难谦逊；而且要它对谁谦逊呢？

① 《马克思恩格斯文集》第 4 卷，人民出版社 2009 年版，第 493 页。
② 《马克思恩格斯文集》第 10 卷，人民出版社 2009 年版，第 177 页。
③ 《马克思恩格斯文集》第 10 卷，人民出版社 2009 年版，第 174 页。

对它本身吗？真理是检验它自身和谬误的试金石。那么是对谬误吗？"①
这种"严肃和谦逊"的荒谬要求实际上就是只允许文艺创作符合封建统
治阶级的道德标准，封建统治阶级的道德标准落后于资本主义时代的思
想潮流，自然会限制作者的创造力、想象力和表现力，也会压抑读者在
作品中获得的审美体验。在马克思看来，真理是属于人民的，个人只能
追求真理，却不能占有真理。"我只有构成我的精神个性的形式。"② 个
人的精神个性也是个人在自己的道德修养中生成的审美境界。在这个意
义上，马克思说："风格如其人。"③ 人的审美境界属于人的精神领域中
更内在、更高阶、更真挚的灵魂层面。人们拥有什么样的道德修养，决
定人们会达到什么样的审美境界，进而形成专属于自己的个人风格。

二、资产阶级道德的意识形态本质剖析

恩格斯在《国民经济学批判大纲》中指出："在相同利益的敌对状
态中，正是由于利益的相同，人类目前状态的不道德已经达到极点，而
这个极点就是竞争。"④ 这是恩格斯对资产阶级道德作出的整体性批判。
在资产阶级成为现代社会的统治阶级以后，资产阶级创设了符合资本主
义生产关系现实需要和发展趋势的资产阶级道德。资产阶级道德也成为
现代社会中统治人民群众的意识形态内容。马克思、恩格斯认为，资产
阶级道德是人类历史上最具剥削性质的阶级道德。从资产阶级道德的意
识形态本质来看，它的本质属性主要体现在抽象性、伪善性、狭隘性和
扩张性。

① 《马克思恩格斯全集》第1卷，人民出版社1995年版，第110页。
② 《马克思恩格斯全集》第1卷，人民出版社1995年版，第110页。
③ 《马克思恩格斯全集》第1卷，人民出版社1995年版，第110—111页。
④ 《马克思恩格斯文集》第1卷，人民出版社2009年版，第72—73页。

1. 受抽象统治

马克思在《政治经济学批判（1857—1858 年手稿）》中写道："个人现在受抽象统治，而他们以前是互相依赖的。但是，抽象或观念，无非是那些统治个人的物质关系的理论表现。"① 在这里，马克思揭示了资本主义社会中的个人受抽象统治，这种抽象统治来源于资产阶级道德在意识形态层面为人们创设的基本生活准则，抽象性是资产阶级道德的本质属性之一。

资产阶级道德的抽象性根植于资本主义生产关系的抽象性。恩格斯在《英国状况。十八世纪》中详细论述了资产阶级道德伴随资本主义生产关系而产生的抽象性："为了完成这种外在化，金钱，这个财产的外在化了的空洞抽象物，就成了世界的统治者。"② 恩格斯认为，资产阶级在封建主义废墟上建立了秉持新教伦理的基督教国家，进而使得基督教世界的统治秩序达到了现代社会的政治顶点。它的最显著特征就是"利益被升格为普遍原则"③。然而，这种利益在本质上是"主体的、利己的、单个的利益"④，它代表了"日耳曼基督教的主体性原则和单一化原则的最高点"⑤。金钱是这种利益从资本主义社会所有物质关系中高度抽象出来的外在表现。金钱不仅被升格为整个资本主义社会的普遍原则，也被升格为凝聚社会成员之间交往的唯一纽带。"封建奴役制的废除使'现金支付成为人们之间唯一的纽带'。"⑥ 基督教世界秩序的圣父、圣子、圣灵的三位一体原型，在资本主义社会中被衍化为商品、货币、资本。在这个三位一体结构中，社会个体纯粹利己的利益要求必然造成社会成员之间普遍的分散状态，人们只管自己、彼此隔绝，整个社

---

① 《马克思恩格斯文集》第 8 卷，人民出版社 2009 年版，第 59 页。
② 《马克思恩格斯文集》第 1 卷，人民出版社 2009 年版，第 94 页。
③ 《马克思恩格斯文集》第 1 卷，人民出版社 2009 年版，第 94 页。
④ 《马克思恩格斯文集》第 1 卷，人民出版社 2009 年版，第 94 页。
⑤ 《马克思恩格斯文集》第 1 卷，人民出版社 2009 年版，第 94 页。
⑥ 《马克思恩格斯文集》第 1 卷，人民出版社 2009 年版，第 94 页。

会呈现为互相排斥的原子状态。如果说，封建奴隶制带来的是宗法等级下的人身依附关系，那么资本主义私有制带来的则是财产等级下的金钱权力关系。资产阶级为了掩护和推行这种比封建农奴制更不合乎人性、更无所不包的"现代生意经世界的奴役"，必须创设出更具抽象性的资产阶级道德。

　　资产阶级道德只有越来越抽象，越来越脱离现实社会关系，越来越远离人类历史发展，才能以"唯一合乎理性的、有普遍意义的思想"①来把资产阶级的特殊利益说成是所有社会成员的共同利益。恩格斯在《反杜林论》中说，资产阶级意识形态家们对封建社会的宗教、社会、国家制度等问题都进行了最无情的批判。"一切都必须在理性的法庭面前为自己的存在作辩护或者放弃存在的权利。思维着的知性成了衡量一切的唯一尺度。"② 思维着的知性蕴含着资产阶级道德的基本原则。资产阶级道德要求"迷信、非正义、特权和压迫，必将为永恒的真理、永恒的正义、基于自然的平等和不可剥夺的人权所取代"③。实际上，资产阶级道德建构的理性王国不过是资本主义的理想化王国，它的永恒真理、永恒正义、自然平等和绝对人权也是它把金钱奉为唯一统治者的抽象性体现。

2. 提供伪善保证

　　马克思、恩格斯在《德意志意识形态》中揭露了资产阶级道德的伪善性本质："我们这位德国小资产者所知道的仅仅是资产者关于竞争的道德界线的伪善保证，也就是那些天天在践踏无产者的'神圣化的财富'，践踏他们的'荣誉'、'羞耻心'、'个性自由'，甚至剥夺他们的

---

① 《马克思恩格斯文集》第 1 卷，人民出版社 2009 年版，第 552 页。
② 《马克思恩格斯文集》第 9 卷，人民出版社 2009 年版，第 19—20 页。
③ 《马克思恩格斯文集》第 9 卷，人民出版社 2009 年版，第 20 页。

宗教教育的那些资产者的保证。"① 资产阶级道德利用伪善谎言帮助资产阶级粉饰资本主义生产方式和交换方式的非正义性、非公平性。可以说，资产阶级道德的伪善性体现在资本主义生产过程和交换过程的方方面面。

一方面，在资本主义生产过程中，资产阶级道德的伪善性主要表现在资产阶级必须竭力掩盖他们无偿榨取无产阶级劳动创造的剩余价值。马克思在《资本论》（第一卷）中描述了无产阶级在劳动力市场上出卖自己的实际场景："原来的货币占有者作为资本家，昂首前行；劳动力占有者作为他的工人，尾随于后。一个笑容满面，雄心勃勃；一个战战兢兢，畏缩不前，像在市场上出卖了自己的皮一样，只有一个前途——让人家来鞣。"② 在劳动力市场上，作为货币占有者的资本家通过付给劳动报酬的方式买走了作为劳动力占有者的工人的自由劳动。这场交易看似公平，实际上资本家付给工人的劳动报酬只够满足工人最低限度的生活需要，并不等价于工人为资本家创造的劳动财富。资本家之所以笑容满面，雄心勃勃，是因为他们深知在这场交易中他们能够获得的剩余价值要远远大于他们付给工人的劳动报酬。而工人之所以战战兢兢，畏缩不前，是因为他们除了出卖自己的劳动力获取劳动报酬，别无维系自己生活的其他选择。在这种情况下，工人还要十分感激和珍惜资本家给他们提供了劳动机会，这是他们在与其他工人的激烈竞争中才能获得的。资产阶级道德把资本家可以无偿占有工人劳动创造的剩余价值掩饰为合理合法的社会规则，也把资本家对工人的剥削压迫辩护为对工人生存发展的帮助和支持。

另一方面，在资本主义交换过程中，资产阶级道德的伪善性主要表现在资产阶级必须尽量设法贱买贵卖。恩格斯在《国民经济学批判大

① 《马克思恩格斯全集》第 3 卷，人民出版社 1960 年版，第 432 页。
② 《马克思恩格斯文集》第 5 卷，人民出版社 2009 年版，第 205 页。

纲》中说："滥用道德以实现不道德的意图的伪善方式就是自由贸易体系引以为豪的东西。"① 在自由贸易的任何一次买卖中，买卖双方的利益总是绝对对立的，每一方都试图从对方那里获得更多利益，让自己损失更少利益。所以，商业带来的第一个后果就是买卖双方互相隐瞒和欺骗，彼此之间利用对方的无知和轻信来取得最大利益，达到自己不道德的目的。恩格斯指出："商业是合法的欺诈。"② 可以说，资产阶级参加自由贸易的深层心理动机只是"一些不道德的、利己的动机"③。资产阶级意识形态家们却把自由贸易辩解为资本主义时代充满人道精神，并以此来追求永恒权利，向往绝对自由。"新教的伪善代替了天主教的坦率。"④ 任何阶级道德都有对人性表示尊重的一面，但是资产阶级道德对人性的尊重仅限于把资本主义交换关系的贪婪性和掠夺性掩盖起来，伪装成为友好、平等和自由的交易形式。商人只有与他的供应者和顾客保持良好的个人关系，才能与其建立起便利的贸易关系。所以，商业的人道精神就在于它绝对不会引起买卖双方的敌对情绪，而是要在"合法的欺诈"中培养出一种"盗贼的兄弟情谊"。

3. 充斥龌龊的良心的不自觉叫喊

马克思在《评普鲁士最近的书报检查令》中是这样批判资本主义法律的："追究思想的法律是以无思想和不道德而追求实利的国家观为基础的。这些法律就是龌龊的良心的不自觉叫喊。"⑤ 资本主义法律建立在"无思想和不道德而追求实利的国家观"基础之上，是资产阶级道德狭隘性的本质体现。马克思曾讽刺在资本主义社会中，"不道德生产道

---

① 《马克思恩格斯文集》第 1 卷，人民出版社 2009 年版，第 62 页。
② 《马克思恩格斯文集》第 1 卷，人民出版社 2009 年版，第 61 页。
③ 《马克思恩格斯文集》第 1 卷，人民出版社 2009 年版，第 62 页。
④ 《马克思恩格斯文集》第 1 卷，人民出版社 2009 年版，第 61 页。
⑤ 《马克思恩格斯全集》第 1 卷，人民出版社 1995 年版，第 122 页。

德家"①。因为资产阶级道德家的所有活动都是为"生产现实的或想像的使用价值"② 服务的。在资本主义生产过程中，最高级别的精神生产在资产阶级看来也是浪费时间和无足轻重的。它们只有被错误地解释为物质财富的直接生产者，才能得到资产阶级的承认和允许。资产阶级道德的狭隘性本质主要体现在资产阶级道德的目光短浅、人情冷淡和资源浪费三个特点。

资产阶级道德具有目光短浅的特点。恩格斯在《自然辩证法》中指出："支配着生产和交换的一个个资本家所能关心的，只是他们的行为的最直接的效益。"③ 资本家把盈利当作自己生产和交换的根本目的，驱动他们进行生产和交换的唯一动力是在销售时可获得利润，所以他们只把最近的、最直接的、最有利可图的效益放在眼里，几乎不在意那些需要经过长期的、重复的和广泛的积累才能产生效益的最远结果。资产阶级道德的目光短浅造成了资产阶级在面对自然界和人类社会时只注意到那些最初的、最明显的成果。然而，在大多数情况下事情总是朝着相反的方向发展，资本主义生产关系和交换关系中的暂时和谐会变成两极对立。随着时间推移，资产阶级预料不到的社会危机会越来越严重地凸显出来。

资产阶级道德具有人情冷淡的特点。恩格斯在《英国工人阶级状况》中形象地刻画了在资本主义社会中普遍存在的隔绝、冷漠、麻木和残酷。恩格斯说："在任何地方，一方面是不近人情的冷淡和铁石心肠的利己主义，另一方面是无法形容的贫穷。"④ 成千上万的人集中在大城市中，他们虽然拥有相同的属性能力，拥有相同的幸福渴望，但是他们却没有选择相同的方法途径去寻找自己的幸福。他们之间仿佛毫无共

---

① 《马克思恩格斯全集》第 33 卷，人民出版社 2004 年版，第 348 页。
② 《马克思恩格斯全集》第 33 卷，人民出版社 2004 年版，第 348 页。
③ 《马克思恩格斯文集》第 9 卷，人民出版社 2009 年版，第 562 页。
④ 《马克思恩格斯全集》第 2 卷，人民出版社 1957 年版，第 304—305 页。

同之处，也对彼此毫无温情善意，只是遵守着互不侵犯的最低社会秩序原则。人们越是聚集在狭小的空间之内，人们在追求私人利益时表现出来的冷漠孤僻就越是使人难堪和面目可憎。恩格斯强调："每一个人的这种孤僻、这种目光短浅的利己主义是我们现代社会的基本的和普通的原则。"① 资本主义社会中的个人把这种"基本的和普通的原则"有意识地加以运用，使其变得更加卑鄙、露骨和无耻。每个人都怀揣着特殊交往目的，都秉持特殊生活原则，人们相互利用，富人践踏穷人，穷人勉强活命，人类历史上的任何社会都没有比资本主义社会更像一盘散沙。

　　资产阶级道德具有资源浪费的特点。马克思在《资本论》（第三卷）中揭露了："资本主义生产尽管非常吝啬，但对人身材料却非常浪费，正如另一方面，由于它的产品通过贸易进行分配的方法和它的竞争方式，它对物质资料也非常浪费一样。"② 资本主义生产的利己本质决定了资产阶级必须使社会失去的资源变成自己拥有的财富。资产阶级提倡的勤俭节约只是针对在资本主义生产过程中已经实现的、对象化在商品中的劳动。因为这部分劳动专属于资产阶级自己，并且能够直接转化为他们的物质财富。然而，资本主义生产对于人身材料和自然材料则极度挥霍，丝毫不会顾及和保护无产阶级的生命健康与自然界的生态环境。在资产阶级看来，人身材料和自然材料如果不能给他们创造物质财富，那么则毫无价值。资本主义生产"对人，对活劳动的浪费，却大大超过任何别的生产方式，它不仅浪费血和肉，而且也浪费神经和大脑"③。资产阶级道德正是采取欣然默许极大地浪费和破坏生态环境的办法，才能保证和实现资本主义生产的利益最大化。

---

① 《马克思恩格斯全集》第 2 卷，人民出版社 1957 年版，第 304 页。
② 《马克思恩格斯文集》第 7 卷，人民出版社 2009 年版，第 101 页。
③ 《马克思恩格斯文集》第 7 卷，人民出版社 2009 年版，第 103 页。

4. 亵渎一切神圣的东西

马克思、恩格斯在《共产党宣言》中论述了资产阶级道德具有的强大扩张性：在资产阶级道德面前，"一切固定的僵化的关系以及与之相适应的素被尊崇的观念和见解都被消除了，一切新形成的关系等不到固定下来就陈旧了。一切等级的和固定的东西都烟消云散了，一切神圣的东西都被亵渎了"①。如同资本主义生产对以往社会生产方式产生的颠覆性变革那样，资产阶级道德也以摧枯拉朽之势彻底改变了人类历史上所有传统的伦理观念和道德理念，人们不得不用资产阶级道德的眼光来看待自己的生活地位和社会关系。马克思、恩格斯从历时性和共时性两个角度分析了资产阶级道德扩张到现代社会各个角落的历史过程。

从历时性角度来看，马克思在《资本论》（第一卷）中形容资本主义贸易流通是一种"连圣徒的遗骨也不能抗拒"的"炼金术"②。一切东西抛到由资本主义贸易创造的"巨大的社会整流器"里面，都会变成"货币的结晶"。在资本主义贸易流通的推动下，资产阶级道德也迅速瓦解了古代社会的经济秩序和道德秩序。发达的交换制度打破了封建主义道德最为看重的出身门第、血统尊卑、荣誉等级、教养礼仪。资产阶级道德把"金钱"作为衡量世间万物的绝对标准，在资产阶级道德的眼光中，世间万物只有交换价值上的差别，没有事物本身上的差别。资产阶级道德让一切向来受人尊崇和令人敬畏的职业，不再拥有神圣光环。医生、律师、教士、诗人和学者都可以成为资产阶级出钱招雇的雇佣劳动者。温情脉脉的家庭关系也被资产阶级道德变成了充满算计、钩心斗角的金钱关系。

从共时性角度来看，马克思、恩格斯在《共产党宣言》中阐释了在资本主义生产关系的世界性扩展进程中，"物质的生产是如此，精神的

---

① 《马克思恩格斯文集》第2卷，人民出版社2009年版，第34—35页。
② 《马克思恩格斯文集》第5卷，人民出版社2009年版，第155页。

生产也是如此。各民族的精神产品成了公共的财产"①。这种精神产品自然也包括资产阶级道德在内，资本主义世界市场不仅把资本主义生产关系根植到了世界各地，也把资产阶级道德传播给了各个民族。资产阶级"把一切民族甚至最野蛮的民族都卷到文明中来了"②。这个文明就是以资本主义价值观念为伦理准则和道德要求而建立起来的资本主义文明体系。各个民族的传统价值观念受到资本主义价值观念的强烈冲击、破坏和侵蚀，无不迅速归于瓦解，各个民族的道德理念不再可能具有特殊性和封闭性。资本主义生产与资产阶级道德相互配合，成为摧毁一切封建藩篱和征服民族仇外心理的坚船利炮。资产阶级按照自己的行为方式和精神面貌创造出一个新的资本主义世界。

三、无产阶级道德的理论阐发和实践转化

恩格斯在《反杜林论》中指出："人们自觉地或不自觉地，归根到底总是从他们阶级地位所依据的实际关系中——从他们进行生产和交换的经济关系中，获得自己的伦理观念。"③ 无产阶级在自己的阶级地位所依据的实际关系中，根据自己的生产方式和交换方式，形成了具有无产阶级特性的无产阶级道德。无产阶级道德是唯一符合人类社会未来发展方向的新道德，也是最接近超越一切阶级对立和阶级压迫的"真正人的道德"④。

1. 无产阶级道德的本质特征

恩格斯在《反杜林论》中揭示了现代社会中封建统治阶级、资产阶

① 《马克思恩格斯文集》第 2 卷，人民出版社 2009 年版，第 35 页。
② 《马克思恩格斯文集》第 2 卷，人民出版社 2009 年版，第 35 页。
③ 《马克思恩格斯文集》第 9 卷，人民出版社 2009 年版，第 99 页。
④ 《马克思恩格斯文集》第 9 卷，人民出版社 2009 年版，第 100 页。

级和无产阶级都有各自的特殊道德。这三种阶级道德给现代社会提供了指向过去、现在和未来的不同道德形式，它们也在现代社会中并列地发挥作用。那么，这三种阶级道德中更合乎真理的是哪个阶级道德呢？恩格斯说："如果就绝对的终极性来说，哪一种也不是；但是，现在代表着现状的变革、代表着未来的那种道德，即无产阶级道德，肯定拥有最多的能够长久保持的因素。"① 在这里，恩格斯阐释了无产阶级道德是唯一符合人类社会未来发展趋势，并且拥有最多长久保持因素的阶级道德。无产阶级道德的物质基础是共产主义生产方式，共产主义生产方式决定了无产阶级道德的本质特征。结合马克思恩格斯关于无产阶级道德的其他论述，可以分析出无产阶级道德的本质特征体现在以下几个方面。

首先，无产阶级道德反对任何形式的道德说教。马克思、恩格斯在《德意志意识形态》中批判施蒂纳进行大量的道德说教时指出："共产主义者根本不进行任何道德说教。"② 共产主义者不向人们进行任何抽象的道德说教，也不对人们提出任何空洞的道德要求。这并不是因为共产主义者不尊崇任何道德原则，而是因为共产主义者既不是从情感形式上去领会一个事物的善恶美丑，也不是从思想形式上去评判一个事物的是非曲直。在共产主义者看来，重要的是能否理解和把握一个事物存在的物质根源和现实条件。正如恩格斯在《反杜林论》中写道："我们拒绝想把任何道德教条当做永恒的、终极的、从此不变的伦理规律强加给我们的一切无理要求，这种要求的借口是，道德世界也有凌驾于历史和民族差别之上的不变的原则。"③ 主张道德说教也就意味着尊崇一种抽象的、终极的和永恒的伦理规律，这种观点不符合共产主义运动的革命属性。共产主义者承认，无产阶级道德也是阶级道德的一种形式，它永远

---

① 《马克思恩格斯文集》第 9 卷，人民出版社 2009 年版，第 98—99 页。
② 《马克思恩格斯全集》第 3 卷，人民出版社 1960 年版，第 275 页。
③ 《马克思恩格斯文集》第 9 卷，人民出版社 2009 年版，第 99 页。

不会超越阶级社会的历史发展，也不会脱离任何民族的实际生活。可以说，无产阶级道德总是现实的、具体的和变化的。无产阶级道德的进步性体现在它始终明确自己不是"越出阶级的道德"，必须随着社会物质现实的历史发展而不断革新。

其次，无产阶级道德要求实现个人利益与共同利益的高度统一。马克思、恩格斯在《德意志意识形态》中说："共产主义者既不拿利己主义来反对自我牺牲，也不拿自我牺牲来反对利己主义。"① 道德作为调节社会利益的重要方式，不同的阶级道德内含着不同的利益原则。无产阶级道德既不主张依靠牺牲个人利益来实现共同利益，也不主张依靠牺牲共同利益来现实个人利益。剥削阶级的道德原则往往把个人利益与共同利益看作相互对立、彼此冲突的，它们把个人利益的代表视为利己主义者，把共同利益的代表视为自我牺牲者，人们只能选择一种利益来实现，另一种利益则要被放弃。因为剥削阶级的生产方式真正维护的是统治阶级的特殊利益，整个社会的共同利益只是一种抽象形式，只能在观念上"被确立为普遍的和理想的利益"②。在共产主义生产方式中，个人利益与共同利益不是相互对立的关系。个人利益是共同利益的实现前提，共同利益是个人利益的实现基础。所以，无产阶级道德只有把个人利益与共同利益高度统一起来，使个人以投入社会生活为快乐，社会以实现个人理想为目标，才符合共产主义生产方式建立的历史规律。

最后，无产阶级道德鼓励人的自由全面发展。马克思、恩格斯在《德意志意识形态》中分析了剥削阶级的生产方式对人的天赋特性的压抑。他们认为，人的天赋特性是丰富的、多样的，如果个人的生活条件只能给他提供发展某一方面天赋特性的材料和时间，那么个人则必须牺牲其他一切天赋特性而单方面地发展某一种天赋特性，这个人本身也不能超出单向度、畸形的自我发展。马克思、恩格斯认为："任何道德说

① 《马克思恩格斯全集》第 3 卷，人民出版社 1960 年版，第 275 页。
② 《马克思恩格斯全集》第 3 卷，人民出版社 1960 年版，第 276 页。

教在这里都不能有所帮助。并且这个受到特别培植的特性发展的方式如何，又是一方面决定于为他的发展所提供的材料，另一方面决定于其他特性被压抑的程度和性质。"① 剥削阶级道德为了掩盖剥削阶级的生产方式对个人天赋特性的压抑，通常采取"禁欲主义的说教"或"骑士式的道德规范"。与之相反的是，无产阶级道德鼓励个人通过发掘自己的天赋特性，使自己获得全面自由发展。马克思在《"莱茵观察家"的共产主义》中揭示了基督教社会原则与无产阶级道德追求的冲突矛盾："基督教的社会原则颂扬怯懦、自卑、自甘屈辱、顺从驯服，总之，颂扬愚民的各种特点，但对不希望把自己当愚民看待的无产阶级说来，勇敢、自尊、自豪感和独立感比面包还要重要。"② 怯懦、自卑、自甘屈辱、顺从驯服的性格特点只能使个人丧失自我意识、独立人格和自由精神，成为剥削阶级奴役的工具。无产阶级即使在无法保障物质生活的艰苦条件下，依然追求"勇敢、自尊、自豪感和独立感"，这些道德理想说明无产阶级不甘于充当剥削阶级奴役的工具，想要获得独立自主的全面自由发展。恩格斯在《现代兴起的今日尚存的共产主义移民区记述》中论述了为帮助无产阶级实现全面自由发展："德育只限于运用这样一条准则：己所不欲，勿施于人，也就是只限于实行完全平等和兄弟友爱。"③

2. 无产阶级道德的革命使命

马克思、恩格斯在《共产党宣言》中写道："共产主义革命就是同传统的所有制关系实行最彻底的决裂；毫不奇怪，它在自己的发展进程中要同传统的观念实行最彻底的决裂。"④ 在这里，剥削阶级道德原则

---

① 《马克思恩格斯全集》第 3 卷，人民出版社 1960 年版，第 296 页。
② 《马克思恩格斯全集》第 4 卷，人民出版社 1958 年版，第 218 页。
③ 《马克思恩格斯全集》第 42 卷，人民出版社 1979 年版，第 235 页。
④ 《马克思恩格斯文集》第 2 卷，人民出版社 2009 年版，第 52 页。

是传统观念的主要组成部分。无产阶级在共产主义运动中"同传统的观念实行最彻底的决裂"也是对无产阶级道德提出的革命任务。马克思、恩格斯要求无产阶级"同传统的观念实行最彻底的决裂",并不是要求无产阶级放弃对一切道德原则的追求和尊崇,而是要无产阶级意识到"法律、道德、宗教在他们看来全都是资产阶级偏见,隐藏在这些偏见后面的全都是资产阶级利益"①。剥削阶级道德原则只是维系剥削阶级特殊利益的意识形态工具,无产阶级应当在共产主义生产方式基础上确立符合整个社会共同利益的道德原则。

一是使共产主义生产方式成为无产阶级道德的现实基础。马克思在《人民报》创刊纪念会上的演说中揭露了资本主义时代的深刻社会矛盾:"在我们这个时代,每一种事物好像都包含有自己的反面,我们看到,机器具有减少人类劳动和使劳动更有成效的神奇力量,然而却引起了饥饿和过度的疲劳。"② 马克思指出,资本主义生产方式创造的财富源泉却变成了人民生活的贫困源泉,技术的胜利却带来了道德的败坏,人类对自然的控制却导致了个人受自身的奴役,科学的纯洁光辉却只能在黑暗中闪耀。社会的一切文明进步使物质力量越来越具有人性智慧,而人的生命则越来越趋向愚钝的物质力量。在资本主义社会中,人们无法回避地看到:"在一极是财富的积累,同时在另一极,即在把自己的产品作为资本来生产的阶级方面,是贫困、劳动折磨、受奴役、无知、粗野和道德堕落的积累。"③ 资产阶级为了掩盖这个显而易见的事实,不是狡狯地辩驳这种政治倒退是工业进步的合理代价,就是荒谬地主张抛弃现代技术而退回到落后时代。马克思认为,"要使社会的新生力量很好地发挥作用,就只能由新生的人来掌握它们,而这些新生的人就是工

---

① 《马克思恩格斯文集》第 2 卷,人民出版社 2009 年版,第 42 页。
② 《马克思恩格斯文集》第 2 卷,人民出版社 2009 年版,第 580 页。
③ 《马克思恩格斯文集》第 5 卷,人民出版社 2009 年版,第 743—744 页。

人"①。无产阶级作为资本主义社会中"新生的人",他们只有通过掌握现代社会生产力,改变现代社会生产方式,才能"使有保证的生产劳动最终成为人们早就在寻求的正义和道德的基础"②。

二是把消灭资产阶级信用作为推动社会道德革命的核心任务。马克思在《1848 至 1950 年的法兰西阶级斗争》中指出:"无产阶级的起义,就是消灭资产阶级的信用,因为它意味着消灭资产阶级生产及其制度。公共信用和私人信用是表明革命强度的经济温度计。这种信用降低到什么程度,革命的热度和革命的创造力就增长到什么程度。"③ 资本主义信用制度对于资产阶级道德的形成和发展起到了至关重要的作用。资本主义信用制度是资本主义生产方式的特殊产物。资产阶级道德的本质特征也体现在资本主义信用制度的内容和形式上面。资本主义生产追求的资本增殖是建立在资本主义生产方式基本矛盾基础上的。在没有资本主义信用制度的情况下,资本增殖只能达到一定的现实的自由限度。有了资本主义信用制度以后,资本增殖会不断打破资本主义生产方式基本矛盾带来的束缚和限制。事实上,资本主义社会生产力的迅猛发展和世界市场的普遍扩张正是通过资本主义信用制度的推动才实现的。所以,无产阶级想要变革资产阶级道德,也应从消灭资本主义信用制度着手。

三是解构资本主义社会由"货币价值"和"物化理念"建立起来的拜物教信仰体系。马克思在《资本论》(第三卷)中认为,资本主义信用制度具有二重性质,一个是把资本主义生产方式"发展成为最纯粹最巨大的赌博欺诈制度"④,另一个是"造成转到一种新生产方式的过渡形式"⑤。可以说,资本主义生产方式利用资本主义信用制度完成了

---

① 《马克思恩格斯文集》第 2 卷,人民出版社 2009 年版,第 580 页。
② 《马克思恩格斯全集》第 45 卷,人民出版社 1985 年版,第 184 页。
③ 《马克思恩格斯文集》第 2 卷,人民出版社 2009 年版,第 92 页。
④ 《马克思恩格斯文集》第 7 卷,人民出版社 2009 年版,第 500 页。
⑤ 《马克思恩格斯文集》第 7 卷,人民出版社 2009 年版,第 500 页。

自己的历史使命。资本主义信用制度也加速了资本主义生产方式基本矛盾的爆发，进而促进了资本主义生产方式的旧要素解体和共产主义生产方式的新要素形成。资本主义信用制度最为矛盾的一点在于，它是以"信仰"作为精神基础构建起来，又靠"信赖"把人们联结起来，但它却是引起资本主义欺诈行为的最有效工具。从根本上看，在资本主义信用制度中，人们信仰的是"商品内在精神的货币价值"①，信赖的是"物化的交换价值"②。无产阶级消灭资本主义信用制度，就是要通过共产主义运动来消灭"货币价值"和"物化理念"在社会道德领域的统治地位，破除商品的金钱属性对人的支配和异化，使人的社会关系不再需要通过货币形式来联结，使人本身的价值和尊严得到应有的尊重和体现。

3. 无产阶级道德的实践培育

恩格斯在《英国工人阶级状况》中写道："工人除了为改善自己的整个生活状况而进行反抗，再也没有任何其他表现自己的人的尊严的余地，那么工人自然就一定会在这种反抗中显示出自己最动人、最高贵、最合乎人性的特点。"③ 在这里，恩格斯揭示了无产阶级道德是在反抗资产阶级的革命实践中培育出来的。无产阶级道德之所以反对一切形式的抽象说教，正是因为无产阶级道德是随着反抗资产阶级的革命实践才不断丰富、发展和完善的，无产阶级也只有在革命实践的现实发展中才能理解、体悟和践行无产阶级道德。

无产阶级革命实践能够促进无产阶级道德不断丰富、发展和完善。无产阶级在资本主义社会中享受不到应有的民主权利和必要的生活保障，他们的生活条件集中表现了资本主义社会一切生活条件达到的非人

---

① 《马克思恩格斯文集》第 7 卷，人民出版社 2009 年版，第 670 页。
② 《马克思恩格斯文集》第 8 卷，人民出版社 2009 年版，第 54 页。
③ 《马克思恩格斯文集》第 1 卷，人民出版社 2009 年版，第 449 页。

性顶点，他们不仅能够在理论层面认识到自己被剥夺的社会地位，而且能够在现实层面感受到自己无法掩饰的悲惨遭遇。无产阶级只有反抗资产阶级，才能表达自己"对这种非人性的愤慨"，所以无产阶级把全部社会要求和实践力量都倾注在反抗资产阶级的革命实践中。无产阶级如果不能消灭他们自身的生活条件，如果不能消灭集中表现在他们自身生活条件中的非人性因素，如果不能消灭这些非人性因素带给所有社会成员的普遍灾难，那么无产阶级就不能解放自己。恩格斯说："无产阶级并不是白白地经受那种严酷的但能使人百炼成钢的劳动训练的。"[①] 在无产阶级反抗资产阶级的革命实践中，无产阶级把自己对资本主义社会弊病的愤懑憎恶转化为对人类自由解放的真理追求和实践探索，能够锻造出具有道德感召力和纪律约束力的广大无产阶级先锋战士，淬炼出无产阶级舍己为人、大公无私的奉献精神，自强不息、刚健有为的革命精神，团结统一、互爱互助的国际主义精神，这些崇高精神也彰显了无产阶级道德原则。

无产阶级革命实践能够推动无产阶级道德始终处于人类道义的潮头和高地。恩格斯在《反杜林论》中驳斥了杜林把革命实践看作道德堕落发生根源的错误观点。恩格斯认为："他说这话竟不顾每一次革命的胜利带来的道德上和精神上的巨大跃进！"[②] 无产阶级革命实践不仅能够使资本主义社会过渡到共产主义社会，而且能够扫除战争屈辱"在民族意识中造成的奴才气"[③]。恩格斯批判杜林这种做法不过是把"枯燥的、干瘪的、软弱无力的传教士的思维方式"[④] 强加给共产党这个"历史上最革命的政党"[⑤]。可见，无产阶级在革命实践中能够摆脱传统价值观念遗留下来的懦弱本性，形成时代发展、社会进步和民族解放所需要的

① 《马克思恩格斯文集》第 1 卷，人民出版社 2009 年版，第 262 页。
② 《马克思恩格斯文集》第 9 卷，人民出版社 2009 年版，第 192 页。
③ 《马克思恩格斯文集》第 9 卷，人民出版社 2009 年版，第 192 页。
④ 《马克思恩格斯文集》第 9 卷，人民出版社 2009 年版，第 192 页。
⑤ 《马克思恩格斯文集》第 9 卷，人民出版社 2009 年版，第 192 页。

理想追求。无产阶级反抗资产阶级的革命实践也是无产阶级实现自身乃至广大人民群众自由解放的共同实践，具有引领社会发展进步的创造性、开拓性和导向性。培育无产阶级道德必须和无产阶级革命实践紧密结合起来，把无产阶级革命实践的现实需求作为无产阶级道德发展的价值导向，注重从无产阶级革命实践中不断总结、发现和升华具有道德示范和精神引领作用的价值元素，从而使无产阶级在认识和理解无产阶级道德时做到以知促行、知行合一。

"道德"是思想政治教育的基本概念。马克思、恩格斯批判道德，主要是从道德的阶级本质和政治立场出发的。马克思、恩格斯反对剥削阶级把道德作为奴役被剥削阶级的统治手段和精神枷锁，要求被剥削阶级看穿隐藏在剥削阶级道德背后的特殊利益，宣传和维护代表社会进步趋势的道德原则。

实际上，在阶级社会中，道德是必不可少的社会规则、伦理规约和价值标准。道德中暗含着人们在所处历史条件下对真善美的向往追求。每一个阶级的道德原则都诠释着该阶级视野中对正义、自由、民主、平等、友善等价值追求的理解和把握。一个阶级的特殊利益与社会绝大多数人的共同利益越对立，这个阶级对这些价值追求的理解和把握就越抽象、越普世和越虚伪，这个阶级的道德原则也就越需要被识破、被揭穿和被废除。无产阶级毫不隐讳自己的道德原则也是当今时代的历史产物，也会随着阶级社会的消亡而消亡，但是无产阶级敢于和各种传统的道德原则实行最彻底的决裂。这种最彻底的决裂不是要求反对一切传统观念，而是站在无产阶级的政治立场和时代发展的进步趋势，对一切传统观念进行积极的批判和否定性扬弃，努力使无产阶级道德更趋向真正的人类道德。

新时代我国道德教育的主要目的在于培育和践行社会主义核心价值观，习近平总书记指出："核心价值观，其实就是一种德，既是个人的德，也是一种大德，就是国家的德、社会的德。"① 社会主义核心价值观之所以是"个人的德""国家的德""社会的德"，主要在于它紧紧围绕实现好、维护好、发展好最广大人民根本利益这个基本价值立场，既高度统合了最广大人民的利益诉求和价值愿望，也继承弘扬了中华民族在长期历史实践中形成的传统美德，还坚持发展了马克思主义道德观和社会主义道德观，进而深刻回答了中国特色社会主义要建设什么样的国家、建设什么样的社会、培育什么样的公民等重大问题，给人民群众提供了覆盖经济、政治、文化、社会和生态文明等各个领域的开展精神生活的价值观念、道德理念和行为规范。

思想政治教育需要进一步研究社会主义核心价值观的德行转化规律，向人们清晰阐释社会主义核心价值观的内涵特质和功能结构，具体说明社会主义核心价值观的价值原则和价值遵循，透彻分析社会主义核心价值观与中华优秀传统文化中的德育理念相结合的时代意义和实现路径。思想政治教育要通过积极培育和践行社会主义核心价值观，引导中国人民明大德、严私德、守公德，进而加强社会主义道德建设。思想政治教育应当坚持用社会主义核心价值观引领社会主义文化强国建设，培育社会文明新风尚，引导中国人民坚定价值自觉和文化自信，用社会主义核心价值观育人树德、立心铸魂、成风化人，从整体上提升整个社会的精神风貌和道德力量。

---

① 习近平：《青年要自觉践行社会主义核心价值观——在北京大学师生座谈会上的讲话》，《人民日报》2014 年 5 月 5 日。

第九章　世　界　观

恩格斯在《英国工人阶级状况》中指出："他们构成了同一切有产阶级相对立的、有自己的利益和原则、有自己的世界观的独立的阶级，在他们身上蕴蓄着民族的力量和推进民族发展的才能。"[①] 马克思、恩格斯在批判以往的世界观基础上，提出了"新的科学的世界观"[②]，从而"在整个世界史观上实现了变革"[③]。思想政治教育总是在一定的世界观指导下形成和发展起来的，思想政治教育又总是用一定的世界观去建构和塑造人的思想。思想政治教育承担着培育"新的科学的世界观"的功能任务，只有在"新的科学的世界观"的指导下，无产阶级革命才能沿着共产主义的道路方向不断发展。我们可以通过总结和分析马克思恩格斯关于世界观的整体理解、无产阶级世界观的形成条件、无产阶级世界观的利益原则，为思想政治教育培育"新的科学的世界观"提供概念依据和思想来源。

恩格斯在《卡尔·马克思〈政治经济学批判。第一分册〉》中指出："我们党有个很大的优点，就是有一个新的科学的世界观作为理论的基础。"[④] "新的科学的世界观"作为共产党的理论基础，是无产阶级世界观的理论样态。无产阶级世界观的理论样态是从无产阶级革命实践中通过总结经验、反思问题和升华思想得出来的一套关于无产阶级革命实践的系统理论。在恩格斯看来，"这个基本观点却像一根红线贯穿着党的一切文献"[⑤]。新世界观的理论样态体现了马克思主义的基本立场、观点和方法，也是无产阶级世界观形成过程中应当一以贯之、一脉相承

[①] 《马克思恩格斯文集》第1卷，人民出版社2009年版，第475页。
[②] 《马克思恩格斯文集》第2卷，人民出版社2009年版，第599页。
[③] 《马克思恩格斯文集》第3卷，人民出版社2009年版，第457页。
[④] 《马克思恩格斯文集》第2卷，人民出版社2009年版，第599页。
[⑤] 《马克思恩格斯文集》第2卷，人民出版社2009年版，第598页。

的理论思维方式。恩格斯在 1895 年 3 月 11 日写给韦尔纳·桑巴特的信中交代了应当如何正确对待和实际运用"马克思的整个世界观"："马克思的整个世界观不是教义，而是方法。它提供的不是现成的教条，而是进一步研究的出发点和供这种研究使用的方法。"① 需要指出的是，这里所说的"方法"不是研究某一问题的具体方法，而是研究所有问题都应该遵循的方法论原则，也就是要求把"马克思的整个世界观"上升到方法论原则的高度，实现世界观和方法论的辩证统一。

一、世界观的整体理解

恩格斯在《社会主义从空想到科学的发展》中通过分析人们是否能够在自己的活动中证明人们的知觉与所感知事物的客观本性相符合这一问题，提出了人们会在自己的头脑中形成"关于外部世界的观念"② 和"关于外部世界的感性知觉"③。从这一论述中，我们能够从整体上理解世界观的本质内涵。世界观是人们在自己的实践活动中形成的关于外部世界的知觉与观念。人们如何理解外部世界，决定了人们会形成什么样的世界观。考察马克思恩格斯经典文本中对世界观的定义，首先需要从马克思、恩格斯如何解读世界入手。

1. 人就是人的世界，就是国家，社会

马克思在《〈黑格尔法哲学批判〉导言》中说："人不是抽象的蛰居于世界之外的存在物。人就是人的世界，就是国家，社会。"④ 这个经典论断是马克思对人的本质的深刻概括。从中可以看出，马克思所说的

---

① 《马克思恩格斯文集》第 10 卷，人民出版社 2009 年版，第 691 页。
② 《马克思恩格斯文集》第 3 卷，人民出版社 2009 年版，第 507 页。
③ 《马克思恩格斯文集》第 3 卷，人民出版社 2009 年版，第 507 页。
④ 《马克思恩格斯文集》第 1 卷，人民出版社 2009 年版，第 3 页。

世界也是"人的世界"，是由人构成的国家与社会。马克思在《关于费尔巴哈的提纲》中揭示了人的本质是一切社会关系的总和。我们无法离开人的社会属性，离开人的历史发展去观察和认识世界。关于这一问题，马克思指出："新唯物主义的立脚点则是人类社会或社会的人类"①，这也为我们观察和认识世界确立了基本的理论前提。

"全部社会生活在本质上是实践的。"② 人们通过自己的实践，不仅创造了全部社会生活，也建构了"人的世界"。马克思在《1844年经济学哲学手稿》中深入剖析了人们如何通过自己的实践建立起人们与外部世界的关系："通过实践创造对象世界，改造无机界，人证明自己是有意识的类存在物，就是说是这样一种存在物，它把类看做自己的本质，或者说把自身看做类存在物。"③ 在人们的实践中，人们把自己和外部世界统一起来，人们只有通过创造对象世界，才能确证自己的类本质。在这个意义上，马克思强调："整个所谓世界历史不外是人通过人的劳动而诞生的过程。"④ 世界诞生于人的实践，并且形成了一个依靠人的实践而不断发展变化的历史过程。

世界历史也是"自然界对人来说的生成过程"⑤。如果把自然界看作世界历史生成的客观基础，那么人的实践对自然界的改造过程也是"他通过自身而诞生、关于他的形成过程"⑥。自然界不仅给人的实践提供了生产资料和加工对象，而且给人的生命提供了生存空间和维系手段。可以说，自然界是人的无机身体，人是自然界的一部分，在人的实践中，自然界变成了"人化的自然界"⑦。人的生命过程是人与自然界

---

① 《马克思恩格斯文集》第1卷，人民出版社2009年版，第502页。
② 《马克思恩格斯文集》第1卷，人民出版社2009年版，第501页。
③ 《马克思恩格斯文集》第1卷，人民出版社2009年版，第162页。
④ 《马克思恩格斯文集》第1卷，人民出版社2009年版，第196页。
⑤ 《马克思恩格斯文集》第1卷，人民出版社2009年版，第196页。
⑥ 《马克思恩格斯文集》第1卷，人民出版社2009年版，第196页。
⑦ 《马克思恩格斯文集》第1卷，人民出版社2009年版，第191页。

不断交互作用的动态过程。马克思在分析无产阶级的生产方式时指出，没有自然界，无产阶级什么都不能创造，无产阶级只有依靠自然界才能进行生产，不仅生产出自己的劳动产品，也生产出自己的现实生活。无产阶级只有能够通过自己的劳动来连接自然界，从自然界中获得自己的劳动产品，才能与自然界建立起高度统一的关系，不断确证和发展自己的类本质。

但是，在资本主义生产方式中，工人虽然可以依靠自然界的物质资源进行生产劳动，但是劳动产品的所有权却掌握在资本家手中。"这一切后果包含在这样一个规定中：工人对自己的劳动的产品的关系就是对一个异己的对象的关系。"① 根据这个现实规定，无产阶级与自然界形成了一种相互对抗的关系。"工人在劳动中耗费的力量越多，他亲手创造出来反对自身的、异己的对象世界的力量就越强大，他自身、他的内部世界就越贫乏，归他所有的东西就越少。"② 从这里也可以看出，无产阶级在通过自己的劳动与外部世界建立起相互关系的同时，也会塑造和改变自己的内部世界。人的内部世界代表了以个体为中心的经验生活和精神状态，它是外部世界投射到人的思想中的主观映像。正如马克思在《论犹太人问题》中所说的："任何解放都是使人的世界即各种关系回归于人自身。"③ 人的内部世界和外部世界统一于人的实践，共同构成了"人的世界"。

2. 此岸世界的真理

马克思在《〈黑格尔法哲学批判〉导言》中分析完"人就是人的世界，就是国家，社会"④ 以后，接着写道："这个国家、这个社会产生

---

① 《马克思恩格斯文集》第 1 卷，人民出版社 2009 年版，第 157 页。
② 《马克思恩格斯文集》第 1 卷，人民出版社 2009 年版，第 157 页。
③ 《马克思恩格斯文集》第 1 卷，人民出版社 2009 年版，第 46 页。
④ 《马克思恩格斯文集》第 1 卷，人民出版社 2009 年版，第 3 页。

了宗教，一种颠倒的世界意识，因为它们就是颠倒的世界。"① 在这里，宗教这种由"颠倒的世界"产生的"颠倒的世界意识"可以理解为一种宗教的世界观。因为宗教确立了一种"关于这个世界的总理论"，它也是宗教精神营造的"世界观"，通过理论上"包罗万象的纲要""具有通俗形式的逻辑""唯灵论的荣誉问题"，以及情感狂热、道德约束和庄严补充，为它的信徒们提供了"借以求得慰藉和辩护的总根据"②。可见，人们从对世界的体验和感知中形成了世界观，人们的世界观又引导着人们如何体验和感知这个世界。宗教的世界观被德国哲学驳倒以后，它所虚构的"真理的彼岸世界"也随之消逝了。马克思指出，这时德国哲学的历史任务就是"确立此岸世界的真理"③。可以说，"此岸世界的真理"就是为"人的世界"，即社会和国家确立起来的新世界观。它不再像批判宗教的世界观那样，把思想视野指向天国里的"人的自我异化的神圣形象"④，而是指向尘世中的"非神圣形象的自我异化"⑤，所以，它要把"对天国的批判"变成"对尘世的批判""对法的批判"和"对政治的批判"⑥。在马克思看来，塑造这个新世界观对于现实地改造世界具有"特殊的实践意义"。因为德国过去的宗教改革就是理论性的，它首先要从僧侣的头脑开始，德国现在的社会革命也要从哲学家的头脑开始。在宗教改革中，路德即使战胜了"虔信造成的奴役制"，但是他又确立了"用信念造成的奴役制"，他即使破除了"对权威的信仰"，但是又恢复了"信仰的权威"。宗教改革是不彻底的，它无法仅仅通过在现实中废除僧侣制度，就消除人们内在世界中的宗教笃诚，它也无法仅仅通过在现实中把人们的肉体从锁链中解放出来，就砸碎宗教给人们心灵套上

---

① 《马克思恩格斯文集》第 1 卷，人民出版社 2009 年版，第 3 页。
② 《马克思恩格斯文集》第 1 卷，人民出版社 2009 年版，第 3 页。
③ 《马克思恩格斯文集》第 1 卷，人民出版社 2009 年版，第 4 页。
④ 《马克思恩格斯文集》第 1 卷，人民出版社 2009 年版，第 4 页。
⑤ 《马克思恩格斯文集》第 1 卷，人民出版社 2009 年版，第 4 页。
⑥ 《马克思恩格斯文集》第 1 卷，人民出版社 2009 年版，第 4 页。

的锁链。所以，改变世界与变革世界观是紧密联系和辩证统一的。

马克思、恩格斯论述了人是如何在改造世界的过程中变革世界观的实践原理的。马克思在《1844 年经济学哲学手稿》中指出："劳动的对象是人的类生活的对象化：人不仅像在意识中那样在精神上使自己二重化，而且能动地、现实地使自己二重化，从而在他所创造的世界中直观自身。"① 在这里，马克思所指的人能够在精神上使自己二重化，并且能够在他所创造的世界中直观自身，不仅是一种人的外部世界与内部世界相互映照的观念认知，也是一种人的本质力量的思想确证。人在实践中发挥出来的本质力量的独特性，是外部世界在人的内在世界中对象化的独特方式，也是人在外部世界中感知到的对象性的、现实的和鲜活的自我存在方式。在这个意义上，"人不仅通过思维，而且以全部感觉在对象世界中肯定自己"②。马克思认为，人的五官感觉、精神感觉和实践感觉等人对世界形成的感性知觉都是由于外部世界的对象性存在，即"人化的自然界"才产生出来。人们如何把握自己与外部世界的对象性关系，决定了人们如何形成自己的世界观。所以，恩格斯在《路德维希·费尔巴哈和德国古典哲学的终结》中说："全部哲学，特别是近代哲学的重大的基本问题，是思维和存在的关系问题。"③ 这里的哲学指的也是哲学世界观，恩格斯根据哲学家如何回答这个问题划分了两大阵营，一边是把精神看作存在的本原的唯心主义阵营，另一边是把存在看作精神的本原的唯物主义阵营。思维与存在的关系问题还内含着它们之间的同一性问题："我们关于我们周围世界的思想对这个世界本身的关系是怎样的？我们的思维能不能认识现实世界？我们能不能在我们关于现实世界的表象和概念中正确地反映现实？"④ 对这一问题的不同理解，

① 《马克思恩格斯文集》第 1 卷，人民出版社 2009 年版，第 163 页。
② 《马克思恩格斯文集》第 1 卷，人民出版社 2009 年版，第 191 页。
③ 《马克思恩格斯文集》第 4 卷，人民出版社 2009 年版，第 277 页。
④ 《马克思恩格斯文集》第 4 卷，人民出版社 2009 年版，第 278 页。

又会形成可知论和不可知论两种不同哲学世界观。

3. 唯物主义历史观

恩格斯在《路德维希·费尔巴哈和德国古典哲学的终结》中介绍了他和马克思为无产阶级解放事业提出的新世界观，即主要由马克思提出的"唯物主义历史观"①。马克思也把唯物主义历史观称为唯物主义世界观、新的科学的世界观和共产主义世界观。马克思提出唯物主义历史观是从批判黑格尔以后的哲学形式开始的，所以它与德国哲学的意识形态见解根本对立。马克思、恩格斯通过在新世界观中"共同阐明我们的见解"，彻底清算了他们从前的哲学信仰。恩格斯称《关于费尔巴哈的提纲》是"包含着新世界观的天才萌芽的第一个文献"②。在这个文献中，马克思提出："哲学家们只是用不同的方式解释世界，问题在于改变世界。"③ 根据在合理解释世界的基础上科学改变世界的理论诉求，马克思、恩格斯在各个极为不同的方面详细阐述了"这种新形成的世界观"④，他们把这个新世界观的哲学基础系统灵活地运用到所研究的一切知识领域。恩格斯在《反杜林论》中提到："现代社会主义必获胜利的信心，正是基于这个以或多或少清晰的形象和不可抗拒的必然性印入被剥削的无产者的头脑中的、可以感触到的物质事实，而不是基于某一个蛰居书斋的学者的关于正义和非正义的观念。"⑤ 在这个经典论断中，恩格斯通过"可感触到的物质事实""清晰的形象"和"不可抗拒的必然性"三个层次揭示了无产阶级能够确立对"现代社会主义必获胜利的信心"的思想逻辑，这个思想逻辑也体现了新世界观的思考方式。

新世界观反对先验主义的认识理解。恩格斯在《反杜林论》中指

---

① 《马克思恩格斯文集》第 4 卷，人民出版社 2009 年版，第 265 页。
② 《马克思恩格斯文集》第 4 卷，人民出版社 2009 年版，第 266 页。
③ 《马克思恩格斯文集》第 1 卷，人民出版社 2009 年版，第 502 页。
④ 《马克思恩格斯文集》第 4 卷，人民出版社 2009 年版，第 232 页。
⑤ 《马克思恩格斯文集》第 9 卷，人民出版社 2009 年版，第 165 页。

出："我们不知道有任何一种力量能够强制处在健康状态的每一个人接受某种思想。"① 也就是说，试图单纯通过概念、范畴或命题的先验认识形式使人们确立对现代社会主义的必胜信心自然是无法实现的。恩格斯提出这个经典论断主要是为了批驳杜林把社会主义理论"归结为各种最后的终极的真理、永恒的自然规律、同义反复的毫无内容的公理"②。杜林将他的先验主义认识形式运用于社会历史领域，以外在于人类生存发展进程的纯粹知性范畴来构造现实世界，恩格斯批判称杜林的这种做法不过是对黑格尔哲学体系的拙劣模仿。杜林以为，他能够先从头脑中制定出自然界和人类社会存在的基本形式和简单公理，再从中推导出关于现代社会主义的"世界模式论"，并把这套理论宣布为永恒公理"钦定赐给自然界和人类世界"③，人们就能形成对现代社会主义的必胜信心。恩格斯揭露道，杜林的"世界模式论"与黑格尔的思辨哲学体系一样错误地执迷的"这些'基本形式'或逻辑范畴，在它们应当'运用于'其中的那个世界之前和世界之外已经在某个地方神秘地存在了"④。恩格斯指出："对我们所处的世界体系形成精确的思想映象，这无论对我们还是对所有时代来说都是不可能的。"⑤ 因为，"世界体系的每一个思想映象"⑥ 既要在客观上受制于所处时代的社会历史条件，也要在主观上受制于思想映象形成者个人的物质条件和精神条件。"原则不是研究的出发点，而是它的最终结果。"⑦ 新世界观只有符合自然界、人类社会和人类思维在特定历史条件下的变化发展才是正确的。所以，既然不可能用一套预先制定的方案、范畴或模式来一劳永逸地为人类社

① 《马克思恩格斯文集》第9卷，人民出版社2009年版，第91页。
② 《马克思恩格斯文集》第9卷，人民出版社2009年版，第158页。
③ 《马克思恩格斯文集》第9卷，人民出版社2009年版，第42页。
④ 《马克思恩格斯文集》第9卷，人民出版社2009年版，第151页。
⑤ 《马克思恩格斯文集》第9卷，人民出版社2009年版，第40页。
⑥ 《马克思恩格斯文集》第9卷，人民出版社2009年版，第40页。
⑦ 《马克思恩格斯文集》第9卷，人民出版社2009年版，第38页。

会历史发展提供终极性的解释说明，那么也无法迫使我们从先验认识中形成新世界观。

新世界观来源于"最过硬的事实"①。恩格斯在《卡尔·马克思〈政治经济学批判。第一分册〉》中写道，因为黑格尔的辩证法在实质上是唯心主义的，所以不能在分析资本主义生产方式中加以运用，在这里"要求发展一种比从前所有世界观都更加唯物的世界观。它是从纯粹思维出发的，而这里必须从最过硬的事实出发"②。在这里，恩格斯指出新世界观必须是"更加唯物的世界观"，它牢牢建立在现实世界的客观事实基础之上。恩格斯在《反杜林论》中也提到："一切观念都来自经验，都是现实的反映——正确的或歪曲的反映。"③ 在历史唯物主义视域内，思维和意识都是人脑的产物，人本身又是现实世界的产物，无论是思维观念还是行为表现，都是在人自身所处的现实世界中产生和发展起来的。根据这一基本原理，现代社会主义不过是现代社会生产力和生产关系的"实际冲突在思想上的反映，是它在头脑中，首先是在那个直接吃到它的苦头的阶级即工人阶级的头脑中的观念上的反映"④。自从人类历史上出现资本主义生产方式以后，关于社会主义生产方式的未来理想常常隐约浮现在个别人物或某个派别的思想意识中。但是社会主义世界图景只有在满足它的社会物质条件已经具备时，才能获得现实可能性和历史必然性。恩格斯指出："不成熟的理论，是同不成熟的资本主义生产状况、不成熟的阶级状况相适应的。"⑤ 空想社会主义之所以陷入了"纯粹的幻想"，主要是因为导致资本主义社会生产力和生产关系内在矛盾的深层根源还隐藏在不成熟的资本主义经济发展中。随着大工业把两者之间的内在矛盾加剧为明显的社会危机，人们发现资本主义社

---

① 《马克思恩格斯文集》第 2 卷，人民出版社 2009 年版，第 601 页。
② 《马克思恩格斯文集》第 2 卷，人民出版社 2009 年版，第 601 页。
③ 《马克思恩格斯文集》第 9 卷，人民出版社 2009 年版，第 344 页。
④ 《马克思恩格斯文集》第 9 卷，人民出版社 2009 年版，第 285 页。
⑤ 《马克思恩格斯文集》第 9 卷，人民出版社 2009 年版，第 274 页。

会的内在矛盾"并不是像人的原罪和神的正义的冲突那样产生于人的头脑中，而是存在于事实中，客观地、在我们之外，甚至不依赖于引起这种冲突的那些人的意志或行动而存在着"①。人们已经能够从大量"最过硬的事实"② 中不仅了解到只有采用同现存社会生产力发展水平相适应的社会主义生产方式，现存社会生产力才能突破生产关系的严重桎梏而继续向前发展，而且了解到社会主义生产方式对现存社会生产方式的否定性扬弃和历史性超越，还进一步了解到由于社会主义社会在人类社会发展进程中的特殊历史意义而必然会取代资本主义社会，所以能够为新世界观的形成奠定坚实的感性基础。

新世界观致力于从人类社会发展规律中把握"贯串于人类思维的发展史中"的规律。恩格斯提到："在自然界里，正是那些在历史上支配着似乎是偶然事变的辩证运动规律，也在无数错综复杂的变化中发生作用；这些规律也同样地贯串于人类思维的发展史中，它们逐渐被思维着的人所意识到。"③ 也就是说，随着人类思维的不断自觉和发展，人类历史不再被视为杂乱无章的事实堆砌，而是被视为一个动态发展的过程。努力从这一过程中透过一切表面现象的各种偶然性考察社会发展的历史规律性也变成人类思维的重要任务。以往的社会主义学说固然对资本主义生产方式及其有害后果作出了道义上的谴责和批判，但是它们不能"针对事物的进程本身"④ 对资本主义生产方式提供科学的解释说明，所以也就不能从根本上摒弃资本主义生产方式。问题的关键在于，"一方面应当说明资本主义生产方式的历史联系和它在一定历史时期存在的必然性，从而说明它灭亡的必然性；另一方面应当揭露这种生产方式的一直还隐蔽着的内在性质"⑤。对于新世界观而言，其需要帮助人

---

① 《马克思恩格斯文集》第 9 卷，人民出版社 2009 年版，第 285 页。
② 《马克思恩格斯文集》第 2 卷，人民出版社 2009 年版，第 601 页。
③ 《马克思恩格斯文集》第 9 卷，人民出版社 2009 年版，第 13 页。
④ 《马克思恩格斯文集》第 9 卷，人民出版社 2009 年版，第 30 页。
⑤ 《马克思恩格斯文集》第 9 卷，人民出版社 2009 年版，第 30 页。

们准确理解现代社会主义的本质内涵，理性把握社会主义制度代替资本主义制度的历史规律，清晰认知人类社会从资本主义社会走向社会主义社会的必然趋势。在此意义上，只有从"最过硬的事实"① 中凝练抽象出人类社会由资本主义生产方式向社会主义生产方式过渡的历史必然性，才能把由"最过硬的事实"② 建立起来的新世界观的感性认识升华到更高逻辑层级的理性认知。

在更高逻辑层级的理性认知基础上，新世界观能够形成概念层面的理论思维。恩格斯认为："如果自然科学不忘记，作为它的经验的总结的结论都是一些概念，而运用这些概念的艺术不是天生的，也不是和普通的日常意识一起得来的，而是要求有真实的思维，这样的思维也有同经验自然研究一样长的经验历史。"③ 这种"真实的思维"可以理解为概念层面的理论思维，其同样适用于对社会历史领域的描述和解释。人们总是习惯性地以经验层面的常识思维去理解和把握客观事物。但是在经验层面的常识思维中，客观事物的内容与形式、自身与他者、原因与结果表现出相互分离和相互封闭的现象。如果用这种"是就是，不是就不是"④ 的形而上学考察方式理解和把握人类社会从资本主义生产方式过渡到社会主义生产方式所呈现出来的"最过硬的事实"⑤，自然无法依附"直接给予"的杂多表象而真正洞悉现代社会主义必获胜利的内涵实质。在概念层面的理论思维中，则要求剥离掉经验层面被"直接给予"的杂多表象，进而以"内涵与外延相统一"的理性反思，实现对现代社会主义必获胜利"可以感触到的物质事实"的本质凝练和规律提取，并且随着时代变迁和社会发展而不断更新对其普遍性、必然性和规律性的反思和追问。也正是在这种不断更新的反思和追问中，人们对世

---

① 《马克思恩格斯文集》第 2 卷，人民出版社 2009 年版，第 601 页。
② 《马克思恩格斯文集》第 2 卷，人民出版社 2009 年版，第 601 页。
③ 《马克思恩格斯文集》第 9 卷，人民出版社 2009 年版，第 16—17 页。
④ 《马克思恩格斯文集》第 9 卷，人民出版社 2009 年版，第 24 页。
⑤ 《马克思恩格斯文集》第 2 卷，人民出版社 2009 年版，第 601 页。

界的认识和把握经历了从感性到理性、从现象到本质、从特殊到普遍的思想转化。由此表明，在对现代社会主义必获胜利"可以感触到的物质事实"的理解中，必须从经验层面的常识思维跃迁到概念层面的理论思维，才能脱离片面的、孤立的和静止的感性直观，进而通过不断深化对现代社会主义必获胜利内在本质的认识和把握，为形成新世界观确立科学的理论前提和明确的思想依据。

当我们在概念层面的理论思维中理解现代社会主义必获胜利"可以感触到的物质事实"时，我们就能够由此获得关于现代社会主义必获胜利的辩证观点。其不仅根据"可以感触到的物质事实"在思想映象中构筑了现代社会主义必获胜利"清晰的形象"，而且描绘了这一理想图景"总画面的一般性质"① 和"总画面的各个细节"②。恩格斯在《反杜林论》中提到，当人类思维已经能辩证考察自然界、社会历史和精神现象的发展变化时，首先呈现出"种种联系和相互作用无穷无尽地交织起来的画面"③，万千事物"都在运动、变化、生成和消逝"④。恩格斯认为，这种原始的、朴素的辩证法思想"虽然正确地把握了现象的总画面的一般性质，却不足以说明构成这幅总画面的各个细节；而我们要是不知道这些细节，就看不清总画面"⑤。也就是说，其固然提出了物质世界普遍联系的思想观念，但是没有把"总画面的各个细节"从"总画面的一般性质"中抽象出来，对事物的特殊属性和丰富内涵分别加以分析研究，所以对物质世界普遍联系的解释原因显得贫乏无力，导致后来哲学思维的形而上学转向，并对物质世界"总画面"作出了彻底否定。新世界观立足人类社会历史性活动的充分实证材料，通过对德国古典哲学，尤其是黑格尔哲学辩证法的批判性反思和创造性重构，把辩证法置于现

---

① 《马克思恩格斯文集》第 9 卷，人民出版社 2009 年版，第 23 页。
② 《马克思恩格斯文集》第 9 卷，人民出版社 2009 年版，第 23 页。
③ 《马克思恩格斯文集》第 9 卷，人民出版社 2009 年版，第 23 页。
④ 《马克思恩格斯文集》第 9 卷，人民出版社 2009 年版，第 23 页。
⑤ 《马克思恩格斯文集》第 9 卷，人民出版社 2009 年版，第 23 页。

实基础上，从而能够提供物质世界"总画面的一般性质"和"总画面的各个细节"的正确解释。恩格斯称新世界观视域内的辩证法为"某种建立在通晓思维历史及其成就的基础上的理论思维形式"①。用其考察人类社会历史就会发现，"每一时代的社会经济结构形成现实基础，每一个历史时期的由法的设施和政治设施以及宗教的、哲学的和其他的观念形式所构成的全部上层建筑，归根到底都应由这个基础来说明"②。基于此，现代社会主义必获胜利"清晰的形象"能够在新世界观建构起来的辩证法的普遍联系中准确、逻辑和完整地塑造，以此使"现代社会主义必获胜利的信心"在现代社会主义光明的世界图景中得到日益巩固。

新世界观推进了人对社会历史发展的必然性认识。新世界观揭示了资本主义发展的社会历史规律显示出的资本主义灭亡和社会主义胜利这一"不可抗拒的必然性"，也为坚定"现代社会主义必获胜利的信心"提供了根本理据。新世界观在根本上回答了人类社会是如何从资本主义社会发展到社会主义社会的深层原因。我们如果不以自觉的思考方式对人类社会历史发展进程加以考察和挖掘，它就会始终作为盲目的物质力量支配着社会个体的物质生活和精神生活。"自由不在于幻想中摆脱自然规律而独立，而在于认识这些规律，从而能够有计划地使自然规律为一定的目的服务。"③ 在人们对事物的认识改造过程中，对事物必然性的认识越深刻，思想意识的自由程度就越提升，进而既能不断实现主客体的辩证统一，也能不断实现合规律性与合目的性的辩证统一。所以，自由总是历史的、具体的、发展的。"文化上的每一个进步，都是迈向自由的一步。"④ 在此意义上，要想深刻认识现代社会主义必获胜利"不可抗拒的必然性"，就需要从资本主义社会发展的客观现实与历史规

① 《马克思恩格斯文集》第 9 卷，人民出版社 2009 年版，第 460 页。
② 《马克思恩格斯文集》第 9 卷，人民出版社 2009 年版，第 29 页。
③ 《马克思恩格斯文集》第 9 卷，人民出版社 2009 年版，第 120 页。
④ 《马克思恩格斯文集》第 9 卷，人民出版社 2009 年版，第 120 页。

律中"了解这种历史的联系,了解由于这种联系而成为必然的社会改造的条件,了解同样由这种联系所决定的这种改造的基本特征"①。恩格斯提到,在资本主义社会中,社会生产力的发展动力仅仅顺从"盲目起作用的自然规律强制性地和破坏性地为自己开辟道路"②,当无产阶级运用新世界观自觉认识并改造这种自然规律,造成资本主义经济崩溃的致命因素就会转化为促进社会主义经济发展的有力杠杆,导致资本主义社会生产紊乱的无政府状态也会让位于引导社会主义社会生产秩序的有计划调节。在这里,无产阶级才能把"一直作为异己的、支配着人们的自然规律"③ 转化为追求自身幸福和利益的现实条件,用真切的实践力量实现从必然王国到自由王国的不断飞跃。因此,正是新世界观提高了无产阶级对社会历史发展的必然性认识,从而帮助无产阶级愈益坚定对"现代社会主义必获胜利的信心"。

二、无产阶级世界观的形成条件

马克思、恩格斯在经典文本中论述了无产阶级世界观形成需要具备一定的客观条件和主观条件。其中,既包括无产阶级革命奠定的实践基础,也包括马克思主义提供的理论准备,还包括教育者对受教育者进行的教育塑造。

1. 无产阶级被戴上了彻底的锁链

马克思、恩格斯深刻揭示了无产阶级世界观的实践表征。工业革命使欧洲各国封建社会全面解体,随即使无产阶级这个"被戴上彻底的锁链的阶级"产生。马克思、恩格斯分析了工业革命对无产阶级独立思考

① 《马克思恩格斯文集》第 9 卷,人民出版社 2009 年版,第 283 页。
② 《马克思恩格斯文集》第 9 卷,人民出版社 2009 年版,第 296 页。
③ 《马克思恩格斯文集》第 9 卷,人民出版社 2009 年版,第 300 页。

的促进作用，两大阶级对立不断加速无产阶级阶级意识的发展和明朗，无产阶级在与资产阶级的斗争中联合起来，从自在阶级逐渐成长为自为阶级。

18 世纪后半期兴起的工业革命根本变革了现代国家的社会条件和经济基础，也彻底改变了无产阶级的生活方式和精神状况。恩格斯在《英国工人阶级状况》中指出："工业革命也就促使他们去思考，促使他们去争取人应有的地位。"[①] 在当时的历史条件下，英国率先发起了以"通过利益即社会的手段联合起来"[②] 为新原则的社会革命。这场社会革命不仅触及了"人类知识和人类生活关系中的任何领域"[③]，而且使 18 世纪科学成果和资产阶级革命实践结合起来，在现代国家建立起资本主义生产关系占统治地位的现代市民社会。社会革命摧毁了"古代世界观"和"基督教日耳曼世界观"的封建经济基础，促使市民社会成员告别了"封建主义以及中世纪缺乏思想性的状况"[④]，不再"对任何普遍利益和精神需求漠然处之"[⑤]，进而引领人类"走上自我认识和自我解放道路"[⑥]。

无产阶级的产生是工业革命的最重要结果。马克思、恩格斯在《共产党宣言》中指出："无产阶级却是大工业本身的产物。"[⑦] 在工业革命兴起之前，无产阶级作为替封建贵族做工的劳动力，主要生活在农村地区。他们处于闭关自守、与世隔绝的生活环境中，物质生活不仅重复单调，精神生活也贫瘠荒芜，道德和智力的发展程度与农民处于相似水平。工业革命兴起以后，机器大工业逐渐剥夺了无产阶级独立生计的最

---

① 《马克思恩格斯文集》第 1 卷，人民出版社 2009 年版，第 390 页。
② 《马克思恩格斯文集》第 1 卷，人民出版社 2009 年版，第 94 页。
③ 《马克思恩格斯文集》第 1 卷，人民出版社 2009 年版，第 87 页。
④ 《马克思恩格斯文集》第 1 卷，人民出版社 2009 年版，第 97 页。
⑤ 《马克思恩格斯文集》第 1 卷，人民出版社 2009 年版，第 97 页。
⑥ 《马克思恩格斯文集》第 1 卷，人民出版社 2009 年版，第 87 页。
⑦ 《马克思恩格斯文集》第 2 卷，人民出版社 2009 年版，第 41 页。

后一点残余，无产阶级只能到大城市中靠出卖劳动力为生，由此也把无产阶级卷入了由资本逻辑主导的世界历史进程中。马克思认为："无产阶级宣告迄今为止的世界制度的解体，只不过是揭示自己本身的存在的秘密，因为它就是这个世界制度的实际解体。"① 只是从这时起，无产阶级才开始认清自己的社会地位和阶级利益，并且开始在自己的经济关系和社会关系中独立思考和独立行动。恩格斯在《英国工人阶级状况》中说："如果没有大城市，没有大城市推动社会智慧的发展，工人决不会进步到现在的水平。"② 大城市中工业人口的广泛集中不但对资产阶级的发展起到了鼓舞和促进作用，而且也以更快的速度促进了无产阶级的发展和壮大。无产阶级在大城市中明确意识到自己遭受的不平等待遇，他们要求联合起来为改变自己的受压迫地位而斗争，开始在"社会上和政治上发生影响和作用"③。资本主义大工业主要聚集在大城市，大城市中的资本主义工业化进程充分展现了资本主义生产过程。马克思、恩格斯在对资本主义生产过程所作的批判性分析中，不仅充分论证了资本主义生产过程的内在规律，而且真实描述了资本主义生产过程对无产阶级的无限压榨。

根据马克思的观点，资产阶级和无产阶级的关系在本质上不是人和人的关系，而是资本和劳动的关系。在资本主义生产关系中，资本只有一种自然本能，那就是通过尽可能多地吮吸无产阶级的无酬劳动，来最大化地从无产阶级身上榨取使自身增值的剩余价值。在《英国工人阶级状况》中，恩格斯强调："工人和资本家的对立越尖锐，工人中的无产阶级意识也就越发展，越明朗。"④ 无产阶级意识的不断发展和逐渐明朗是无产阶级世界观形成的思想前提。马克思在《资本论》中写道：

---

① 《马克思恩格斯文集》第 1 卷，人民出版社 2009 年版，第 17 页。
② 《马克思恩格斯文集》第 1 卷，人民出版社 2009 年版，第 436 页。
③ 《马克思恩格斯文集》第 1 卷，人民出版社 2009 年版，第 435—436 页。
④ 《马克思恩格斯文集》第 1 卷，人民出版社 2009 年版，第 475 页。

"被生产的轰隆声震晕了的工人阶级一旦稍稍清醒过来，就开始进行反抗。"① 无产阶级和资产阶级之间对立程度的不断加深，促使无产阶级从资本逻辑的阴霾笼罩中逐渐觉醒。资产阶级和无产阶级拥有不可调和的阶级矛盾，并且反映在两个阶级截然不同的思想观念中。恩格斯认为："工人比起资产阶级来，说的是另一种方言，有不同的思想和观念，不同的习俗和道德原则，不同的宗教和政治。"② 在封建主义时代，向贵族出卖劳动力的人民群众虽然处于奴隶地位，但是他们的奴隶地位被温情脉脉的宗法关系所掩盖，他们不仅"在精神上死气沉沉"③，而且"对自己的利益一无所知"④。在资本主义时代，资产阶级把温情脉脉的宗法关系变成了赤裸裸的金钱关系，切断了工厂主与雇佣工人的人身羁绊，这也迫使无产阶级重新冷静地审视他们与资产阶级之间的利益冲突。在《共产党宣言》中，马克思、恩格斯指明："法律、道德、宗教在他们看来全都是资产阶级偏见，隐藏在这些偏见后面的全都是资产阶级利益。"⑤ 无产阶级用自己的发明和劳动创造了资本主义时代的历史伟业，资产阶级却无法保证为无产阶级提供合乎人性的最低生活标准。资产阶级对无产阶级的残酷蹂躏必然会激起他们奋起反抗。马克思在《哲学的贫困》中指出："在斗争中，这批人联合起来，形成一个自为的阶级。"⑥ 当无产阶级为了维护自己的经济利益而广泛联合起来，同资产阶级进行政治斗争时，也就从一个自在的阶级变成一个自为的阶级，进而产生作为一个自为的阶级所应具有的政治觉悟。

马克思、恩格斯深入考察了无产阶级在成为自为阶级之前进行的各种政治斗争形式。恩格斯在《英国工人阶级状况》中写道："工会在很

① 《马克思恩格斯文集》第5卷，人民出版社2009年版，第321页。
② 《马克思恩格斯文集》第1卷，人民出版社2009年版，第437—438页。
③ 《马克思恩格斯文集》第1卷，人民出版社2009年版，第436页。
④ 《马克思恩格斯文集》第1卷，人民出版社2009年版，第436页。
⑤ 《马克思恩格斯文集》第2卷，人民出版社2009年版，第42页。
⑥ 《马克思恩格斯文集》第1卷，人民出版社2009年版，第654页。

大程度上加深了工人对有产阶级的仇恨和愤怒。"① 无产阶级通过工会向资产阶级表达他们享有劳动者的主体权利，资产阶级不应该把他们当作"没有意志的物件"去顺从资本主义生产环境，而应该让资本主义生产环境来满足他们作为人的需要。无产阶级如果选择逆来顺受，就意味着承认资产阶级有权对他们进行剥削压迫。"罢工是各个劳动部门关于自己参加伟大的工人运动的宣言。"② 无产阶级通过罢工向资产阶级公开宣告他们的劳动诉求。在罢工中，无产阶级必须经受贫穷和饥饿的严酷考验，必须具备果敢强大的革命勇气和沉着镇静的坚忍精神。成立工会和组织罢工不仅有效控制了资产阶级发财致富的膨胀欲望，而且强烈激发了无产阶级反抗资产阶级的革命斗志。"只要工人还没有完全丧失人的情感，他们就不能不对此表示抗议。"③ 工会和罢工的存在前提是无产阶级已经懂得资产阶级统治无非是依靠他们之间的内部分裂，所以他们试图通过消灭竞争来更广泛地凝聚起推翻资产阶级统治的革命力量。然而，这些反抗活动也使无产阶级开始意识到，除此以外还需要通过更有力的政治斗争才能彻底摧毁整个资本主义社会的万能权势。"当工人自觉地这样做的时候，这种自觉的基础就是宪章运动。"④ 恩格斯高度评价了英国宪章运动的历史作用："在宪章运动旗帜下起来反对资产阶级的是整个工人阶级。"⑤ 宪章运动是无产阶级首次向资产阶级政权进攻的纯粹政治性斗争。在宪章运动中，无产阶级把斗争矛头直接指向资产阶级法律，无产阶级已经清楚认识到资产阶级法律是资产阶级压制无产阶级的皮鞭，所以无产阶级要求用人民宪章来代替资产阶级法律。无产阶级一旦明确提出推翻资产阶级制度的政治要求，为了共同的

---

① 《马克思恩格斯文集》第 1 卷，人民出版社 2009 年版，第 455 页。
② 《马克思恩格斯文集》第 1 卷，人民出版社 2009 年版，第 459 页。
③ 《马克思恩格斯文集》第 1 卷，人民出版社 2009 年版，第 454 页。
④ 《马克思恩格斯文集》第 1 卷，人民出版社 2009 年版，第 463 页。
⑤ 《马克思恩格斯文集》第 1 卷，人民出版社 2009 年版，第 463 页。

革命目标团结在一起，无产阶级也就逐步地成长为自觉的有组织的政治力量。

在现代资本主义国家中，无产阶级经过多年发展壮大才得以完全领悟到他们构成了现存社会关系中的固定阶级。又同样经过多年工人运动的实践历练，无产阶级才通过自己阶级意识的引导，组织起不受一切旧政党支配的"特殊的政党"。无产阶级政党之所以是特殊的政党，关键在于无产阶级政党独立于一切旧政党，拥有自己特殊的政治立场、政治原则、政治目的、政治方向和政治道路。无产阶级政党作为无产阶级"强有力的核心"，其建立意味着无产阶级思想的日臻成熟。"这个核心关于本阶级解放的思想更加明确得多，而且更加符合现存的事实和历史的需要。"[1] 可以说，各国无产阶级政党之间的密切联系证明了，无产阶级政党能够唤醒"各国无产阶级利益一致和相互团结的觉悟"[2]。恩格斯在《德国农民战争》中描述德国农业无产阶级的历史生活时指出，德国农业无产阶级在没有形成无产阶级意识，没有凝聚成一个阶级的强大力量之前，他们处于零星分散的生活状态中，反抗封建统治阶级和资产阶级的剥削压迫也显得十分软弱无力。但是，封建统治阶级和资产阶级都已经在无产阶级的繁重劳动中十分清楚地看到了无产阶级的潜在力量。这些剥削阶级故意使无产阶级的教育事业处于凋敝状态，以此使得德国农业无产阶级始终保持思想上的愚昧无知，无法形成无产阶级意识。恩格斯认为："唤起这个阶级并吸引它参加运动，是德国工人运动首要的最迫切的任务。一旦农业短工群众学会理解自己的切身利益，在德国就不可能再有任何封建的、官僚的或资产阶级的反动政府存在了。"[3] 这个论述也揭示出无产阶级只有通过参与有领导、有组织、有目的、有计划的工人运动，才能学会理解自己的切身利益，从剥削阶级

---

[1] 《马克思恩格斯文集》第2卷，人民出版社2009年版，第357页。
[2] 《马克思恩格斯文集》第3卷，人民出版社2009年版，第457页。
[3] 《马克思恩格斯文集》第2卷，人民出版社2009年版，第211—212页。

二、无产阶级世界观的形成条件 | 323

社会关系中觉醒过来。马克思、恩格斯在《共产党宣言》中要求："共产党一分钟也不忽略教育工人尽可能明确地意识到资产阶级和无产阶级的敌对的对立。"① 这样做的目的在于，无产阶级能够在推翻封建统治阶级之后马上开展反对资产阶级的斗争，并且能够把资产阶级统治的社会条件和政治条件作为自身反对资产阶级的现实武器。

2. 共产党有了新的科学的世界观

恩格斯在《卡尔·马克思〈政治经济学批判。第一分册〉》中指出："我们党有个很大的优点，就是有一个新的科学的世界观作为理论的基础。"② "新的科学的世界观"作为共产党的理论基础，也是无产阶级世界观的理论样态。新世界观的理论样态体现了从无产阶级革命中提炼升华而来的马克思主义基本立场、观点和方法，也是无产阶级世界观形成过程中应当一以贯之、一脉相承的理论思维方式。

把物质利益视为不同阶级展开政治斗争的内在根源，是新世界观思考和分析社会现实问题的基本切入点。恩格斯在为马克思《1848年至1850年的法兰西阶级斗争》一书所作的导言中高度概括了马克思如何运用"新的科学的世界观"来分析全部近代史："唯物主义的方法在这里就往往只限于把政治冲突归结为由经济发展所造成的现有各社会阶级以及各阶级集团的利益的斗争。"③ 无产阶级在维护自身利益原则的反抗斗争中清楚发现："资产阶级经济学关于资本和劳动的利益一致、关于自由竞争必将带来普遍和谐和人民的普遍福利的学说完全是撒谎。"④ 资产阶级为了把由他们阶级利益决定的物质基础和社会关系始终维系下去，则需要把资本主义生产方式和分配方式通过法律形式加以神圣化、

---

① 《马克思恩格斯文集》第2卷，人民出版社2009年版，第66页。
② 《马克思恩格斯文集》第2卷，人民出版社2009年版，第599页。
③ 《马克思恩格斯文集》第4卷，人民出版社2009年版，第535页。
④ 《马克思恩格斯文集》第9卷，人民出版社2009年版，第29页。

永恒化和抽象化，变成全部社会成员现实生活中"由习惯和传统造成的各种限制"①。然而，无产阶级在革命运动中需要根据新的事实对以往全部历史进行重新研究。通过研究可以发现，以往全部历史都是由基于物质利益的阶级斗争来推动的，这些拥有不同利益诉求的阶级都是自己时代生产关系和分配关系的人格化，都是特定历史条件下社会经济关系的实际产物。根据新世界观的科学分析，资本主义生产不过是人类社会一种特殊的、暂时的和历史的生产形式。资本主义生产过程在生产商品的同时，也不断生产出资本主义的生产关系和分配关系，二者统一于"劳者不获、获者不劳"的资本主义私有制，它们在资本主义私有制走向毁灭时也会毁灭。马克思在《资本论》（第三卷）中运用"新的科学的世界观"对资本主义分配关系分析道："这种分配关系赋予生产条件本身及其代表以特殊的社会的质。它们决定着生产的全部性质和全部运动。"② 社会生产的某一历史形势一旦达到危机时刻，就会被更高级的历史形势积极地扬弃。这样的危机时刻往往发生在生产关系和分配关系已经产生一定广度和深度的社会矛盾时。可以说，现代社会的普遍利益被资本主义私有制分解为相互排斥、相互分离的个体利益，这种情况本身就是一切特殊利益消除对立、走向融合的最后阶段，也是人类社会走向"自由的自主联合"的"真正的共同体"的必由之路。

　　"新的科学的世界观"不仅系统诠释了历史唯物主义对自然界、人类社会和人的思维如何存在发展的总体思考，而且为无产阶级革命大致描绘了关于人类社会终将走向共产主义社会的世界图景。恩格斯在《卡尔·马克思〈政治经济学批判。第一分册〉》中认为："只要进一步发挥我们的唯物主义论点，并且把它应用于现时代，一个强大的、一切时代中最强大的革命远景就会立即展现在我们面前。"③ 这种"唯物主义

---

① 《马克思恩格斯文集》第 7 卷，人民出版社 2009 年版，第 896 页。
② 《马克思恩格斯文集》第 7 卷，人民出版社 2009 年版，第 995 页。
③ 《马克思恩格斯文集》第 2 卷，人民出版社 2009 年版，第 597—598 页。

论点"指的也是马克思、恩格斯创立的"唯物主义历史观"。马克思在《哲学的贫困》中阐释了"唯物主义历史观"的基本内涵是"由历史运动产生并且充分自觉地参与历史运动的科学"①。无产阶级如果掌握了"唯物主义历史观",就会找到"理解全部社会史的锁钥"②,从而理解和把握"新的科学的世界观"的理论精髓,确保自己不仅在理论方面"了解无产阶级运动的条件、进程和一般结果"③,而且在实践方面成为无产阶级革命中"最坚决的、始终起推动作用的部分"④。

为了避免无产阶级世界观在形成过程中可能产生的"学理主义和教条主义的态度"⑤,马克思多次重申"我不是马克思主义者"⑥。恩格斯在 1895 年 3 月 11 日写给韦尔纳·桑巴特的信中阐明了如何正确对待和实际运用"马克思的整个世界观"的根本要求:"马克思的整个世界观不是教义,而是方法。它提供的不是现成的教条,而是进一步研究的出发点和供这种研究使用的方法。"⑦ 在这封信中,恩格斯强调了马克思当时撰写《资本论》(第三卷)初稿时还有一些工作没有做完,所以在阅读《资本论》(第三卷)时不得不"逼着读者更多地进行独立思考"⑧。可见,要想促进无产阶级"进行独立思考",则必须把"马克思的整个世界观"当作理论联系实际的方法论原则,而不是永恒不变的抽象教条。马克思、恩格斯始终没有对共产主义新社会的详细情况作出任何主观臆断或虚构想象。"马克思的整个世界观"的科学性、先进性和创造性就体现在它是具体的、历史的、开放的理论体系,它所阐发的理论原理"不过是现存的阶级斗争、我们眼前的历史运动的真实关系的一

---

① 《马克思恩格斯文集》第 1 卷,人民出版社 2009 年版,第 616 页。
② 《马克思恩格斯文集》第 4 卷,人民出版社 2009 年版,第 313 页。
③ 《马克思恩格斯文集》第 2 卷,人民出版社 2009 年版,第 44 页。
④ 《马克思恩格斯文集》第 2 卷,人民出版社 2009 年版,第 44 页。
⑤ 《马克思恩格斯文集》第 10 卷,人民出版社 2009 年版,第 557 页。
⑥ 《马克思恩格斯文集》第 10 卷,人民出版社 2009 年版,第 487 页。
⑦ 《马克思恩格斯文集》第 10 卷,人民出版社 2009 年版,第 691 页。
⑧ 《马克思恩格斯文集》第 10 卷,人民出版社 2009 年版,第 692 页。

般表述"①。它只有随着历史运动的前进变化而不断丰富发展才能焕发出生机与活力。理论思维在不同历史时期具有不同的内容和形式。根据理论思维形成的无产阶级世界观同样要求以发展的、联系的、辩证的眼光来考察社会历史运动，在纷繁复杂的历史经验材料里把握社会历史运动中典型的、成熟的和关键的发展环节。以此才能使无产阶级世界观形成的思想进程同社会发展的历史进程保持逻辑上的一致性，也使无产阶级世界观成为社会历史运动在思想形态上前后通达的自觉反映。

3. 形成新世界观需要发展和培养

恩格斯在《自然辩证法》中论述了彻底掌握"新的科学的世界观"的理性标志在于形成理论思维："这种才能需要发展和培养，而为了进行这种培养，除了学习以往的哲学，直到现在还没有别的办法。"② 从马克思恩格斯经典文本中能够分析出，必须通过系统的理论学习和教育塑造过程，才能把无产阶级世界观从通俗的、质朴的、感性的旧世界观转化为有理性、有觉悟、有灵魂的新世界观，创生出摧毁旧世界、建立新世界的物质力量。

实际生活带给无产阶级的影响和改变，是教育无产阶级形成新世界观的感性认识基础。马克思在《〈黑格尔法哲学批判〉导言》中阐释过，无产阶级通过自己的生活状况集中呈现出来的"社会的一切缺陷"③ 和"整个社会中昭彰的罪恶"④，能够直观认识到自己需要从"没有任何地位"的"奴役者等级"变成"必须成为一切"的"解放者等级"。在《神圣家族》中马克思、恩格斯认为，无产阶级的"目标和它的历史使命已经在它自己的生活状况和现代资产阶级社会的整个组织中明显地、

---

① 《马克思恩格斯文集》第 2 卷，人民出版社 2009 年版，第 45 页。
② 《马克思恩格斯文集》第 9 卷，人民出版社 2009 年版，第 436 页。
③ 《马克思恩格斯文集》第 1 卷，人民出版社 2009 年版，第 15 页。
④ 《马克思恩格斯文集》第 1 卷，人民出版社 2009 年版，第 15 页。

无可更改地预示出来了"①。这种来源于无产阶级生活状况的实际教育，帮助无产阶级天然本能地认识到自己的革命目标与历史使命。恩格斯在《英国工人阶级状况》中通过对英国无产阶级生活状况的实地考察发现，"幸而这个阶级的生活状况给了他们一种实际的教育"②。在资产阶级操控的国民教育中，无产阶级几乎接触不到"一切理性的、精神的和道德的教育"③。"实际的教育"一定程度上抵消了培养职业痴呆的"愚民教育"，机器大工业的劳动训练、生活历练和革命淬炼使无产阶级越来越富有革命性、组织性和纪律性。"同生活状况本身一样，缺少宗教教育和其他教育，也使得工人比资产者客观，比资产者容易摆脱传统的陈腐的原则和先入之见的束缚。"④ 无产阶级虽然没有兴趣理解教士们向他们讲述的"唯灵论的荣誉问题"⑤，但是他们强烈地想要深刻了解"尘世的政治和社会问题"⑥。科学越是大公无私和无所畏惧，就越是符合无产阶级的利益诉求和理想愿景。无产阶级作为资本主义社会中先进生产力的阶级代表，推动人类社会发展进步的阶级地位激发了无产阶级"在理论上毫无顾忌的精神"⑦。无产阶级只有解放人类才能解放自己的历史任务，赋予无产阶级在"智力上和道义上的优势"⑧。正是在"实际的教育"的感染和浸透中，无产阶级铸就了"非凡的社会主义天赋"，塑造了有可能把科学社会主义深入血肉的"理论感"，从而主动自愿地寻求"新的科学的世界观"的理论武装。

无产阶级在实际生活的客观基础上接受系统化、理论化和科学化的

---

① 《马克思恩格斯文集》第 1 卷，人民出版社 2009 年版，第 262 页。
② 《马克思恩格斯文集》第 1 卷，人民出版社 2009 年版，第 427 页。
③ 《马克思恩格斯文集》第 1 卷，人民出版社 2009 年版，第 425 页。
④ 《马克思恩格斯文集》第 1 卷，人民出版社 2009 年版，第 439 页。
⑤ 《马克思恩格斯文集》第 1 卷，人民出版社 2009 年版，第 3 页。
⑥ 《马克思恩格斯文集》第 1 卷，人民出版社 2009 年版，第 427 页。
⑦ 《马克思恩格斯文集》第 4 卷，人民出版社 2009 年版，第 313 页。
⑧ 《马克思恩格斯文集》第 2 卷，人民出版社 2009 年版，第 217 页。

世界观教育，必须有明确的教育主体。在无产阶级革命中，共产党始终
在理论方面和实践方面保持先进性决定了共产党是无产阶级世界观形成
的教育主体。"共产党一分钟也不忽略教育工人"① 对无产阶级世界观
形成具有极端重要性和刻不容缓性，共产党的教育工作必须在无产阶级
世界观形成的整个过程中持之以恒地进行下去，不给资产阶级意识形态
任何可乘之机。因为资产阶级"只允许工人接受符合资产阶级本身利益
的那一点点教育"②。资产阶级打着和平与博爱的幌子把掩盖资本主义
剥削本质的虚伪谎言灌输给无产阶级，好让无产阶级"做一个'好工
人'，'忠实地'维护资产者的利益"③。"共产党一分钟也不忽略教育工
人"，能够不断揭穿资产阶级"伪善的假面具"，帮助无产阶级仔细甄别
资产阶级教育中"掺杂资产阶级牟取私利的伎俩"④，引导无产阶级清
醒认识到资产阶级只是把无产阶级当作"无理智的动物"，唯独采取
"残忍的、不能服人而只能威吓人的暴力"⑤ 对无产阶级进行思想禁锢
和精神专制。共产党通过"纯粹无产阶级的教育"⑥，使无产阶级世界
观形成的整个过程中坚决不被各种非无产阶级思想所利用和蛊惑；通过
"踏踏实实的教育"⑦，给无产阶级世界观形成提供真正的"实际教育材
料"和"理论教育材料"。"共产党人不屑于隐瞒自己的观点和意图。
他们公开宣布：他们的目的只有用暴力推翻全部现存的社会制度才能达
到。"⑧ 共产党要向无产阶级昭示出推翻资本主义统治的革命决心和必
胜信心，向无产阶级充分证明："无产者在这个革命中失去的只是锁链。

---

① 《马克思恩格斯文集》第 2 卷，人民出版社 2009 年版，第 66 页。
② 《马克思恩格斯文集》第 1 卷，人民出版社 2009 年版，第 423 页。
③ 《马克思恩格斯文集》第 1 卷，人民出版社 2009 年版，第 433 页。
④ 《马克思恩格斯文集》第 1 卷，人民出版社 2009 年版，第 474 页。
⑤ 《马克思恩格斯文集》第 1 卷，人民出版社 2009 年版，第 428 页。
⑥ 《马克思恩格斯文集》第 1 卷，人民出版社 2009 年版，第 473 页。
⑦ 《马克思恩格斯文集》第 1 卷，人民出版社 2009 年版，第 474 页。
⑧ 《马克思恩格斯文集》第 2 卷，人民出版社 2009 年版，第 66 页。

他们获得的将是整个世界。"① 共产党不仅要领导无产阶级在共产主义运动中同资本主义所有制关系实行最彻底的决裂，而且要在这一历史过程中引导无产阶级世界观同资本主义观念实行最彻底的决裂，高度警惕资产阶级意识形态对无产阶级世界观的侵蚀破坏，时刻校准共产主义运动中无产阶级世界观的正确方向。

共产党对无产阶级进行系统化、理论化和科学化的世界观教育，需要给无产阶级提供严谨、完整和切实的思想理论。马克思早在 1842 年 11 月 30 日写给卢格的信中就写道："我认为在偶然写写的剧评之类的东西里塞进一些共产主义和社会主义的信条，即新的世界观，是不适当的，甚至是不道德的。"② 马克思认为，如果要讨论"新的科学的世界观"，则必须"更切实地加以讨论"。恩格斯在 1844 年 10 月初写给马克思的信中也提到，"新的科学的世界观"只有"从以往的世界观和以往的历史中逻辑地和历史地作为二者的必然继续用几部著作阐发出来"③，为无产阶级世界观形成指明方向道路，无产阶级才能从"半睡半醒状态"中觉醒过来，不用再"盲目地摸索"。在《反杜林论》中，恩格斯为了完全击破杜林创造的包罗万象的哲学体系，把"消极的批判"变成了"积极的批判"，从而也使"论战转变成对马克思和我所主张的辩证方法和共产主义世界观的比较连贯的阐述"④。这个"共产主义世界观"也就是"新的科学的世界观"。其作为一套精深而严整的理论体系，以辩证唯物主义和历史唯物主义的基本视角全面总结了人类社会、自然界和人的思维的普遍发展规律，系统揭示了资本主义必然灭亡和社会主义必然胜利的历史发展趋势，清晰阐明了无产阶级在共产主义运动中的革命地位和历史任务。恩格斯强调："社会主义自从成为科学

---

① 《马克思恩格斯文集》第 2 卷，人民出版社 2009 年版，第 66 页。
② 《马克思恩格斯文集》第 10 卷，人民出版社 2009 年版，第 3 页。
③ 《马克思恩格斯文集》第 10 卷，人民出版社 2009 年版，第 17 页。
④ 《马克思恩格斯文集》第 9 卷，人民出版社 2009 年版，第 11 页。

以来，就要求人们把它当做科学来对待，就是说，要求人们去研究它。"[1] 无产阶级虽然能够自然生发出对共产主义运动的感性认识，但是他们由于缺乏从事理论研究的物质基础、自由时间和学习条件，所以难以自发产生对"新的科学的世界观"的理性认知，更难以自主创生"新的科学的世界观"的理论学说。这就需要能够率先"从理论上认识整个历史运动"的无产阶级理论家"越来越透彻地理解种种理论问题"[2]，做到"以高度的热情把由此获得的日益明确的意识传播到工人群众中去"[3]。以此用"彻底的理论"说服和掌握无产阶级，使"新的科学的世界观"像"思想的闪电"一样，彻底击中无产阶级素朴的精神园地。进而在"头脑的激情"和"激情的头脑"相互交织中推动无产阶级世界观螺旋上升发展，向着新世界观不断趋近。

三、无产阶级世界观的利益原则

在新世界观的考察视域内，利益问题是关涉人的思想形成、发展和变化的根本问题。马克思、恩格斯在分析和讨论以往社会历史的政治变革时都是从利益问题着手的。不同阶级拥有不同的阶级利益，不同的阶级利益又从本质上决定了不同阶级形成自己的理论主张、价值通约和道德规约。恩格斯在考察 19 世纪英国无产阶级普遍状况时指出："他们构成了同一切有产阶级相对立的、有自己的利益和原则、有自己的世界观的独立的阶级，在他们身上蕴蓄着民族的力量和推进民族发展的才能。"[4] 这一经典论断从无产阶级利益原则的维度出发，揭示了无产阶级在社会现实层面何以建构自己的世界观，进而锻造出进行"有原则高

---

① 《马克思恩格斯文集》第 2 卷，人民出版社 2009 年版，第 219 页。
② 《马克思恩格斯文集》第 2 卷，人民出版社 2009 年版，第 219 页。
③ 《马克思恩格斯文集》第 2 卷，人民出版社 2009 年版，第 219 页。
④ 《马克思恩格斯文集》第 1 卷，人民出版社 2009 年版，第 475 页。

度的实践"的精神力量和物质力量的深层根据。

1. 无产阶级利益与资产阶级利益根本对立

马克思在《资本论》（第三卷）中提到："就需求的形式来说，和借贷资本相对立的是一个阶级的力量；就供给来说，这个资本本身作为群体表现为借贷资本。"① 在这里，与借贷资本的需求形式相对立的"一个阶级的力量"正是来自无产阶级。同时，资产阶级作为借贷资本的供给主体，乃至社会绝大部分资本的占有主体，他们与无产阶级产生根本对立。因为按其本质来说，"资本"是"对无酬劳动的支配权"②。"资本主义生产不仅是商品的生产，它实质上是剩余价值的生产。工人不是为自己生产，而是为资本生产。"③ 在商品市场上，无产阶级向资产阶级出卖的是自己的"劳动力"。在工人的实际劳动中，"劳动力"不再隶属于工人，而是归资本家所有。"工人劳动的时间就是资本家消费他所购买的劳动力的时间。如果工人利用他的可供支配的时间来为自己做事，那他就是偷窃了资本家。"④ 如果说，资本只有一种自然本能，那就是创造剩余价值，进而"增殖自身"，这又只有通过不变资本尽可能多地吮吸无产阶级的"无酬劳动"才能实现。所以，一切剩余价值无论最终凝结为哪种资本的特殊形态，究其本质都是无产阶级的"无酬劳动时间的化身"⑤。这样，就可以把"资本自行增殖的秘密归结为资本对别人的一定数量的无酬劳动的支配权"⑥。

资本家为了最大限度地榨取无产阶级的无酬劳动，必然从延长劳动时间和降低劳动成本两个方面着手。马克思把"劳动力"理解为"现实

① 《马克思恩格斯文集》第 7 卷，人民出版社 2009 年版，第 413 页。
② 《马克思恩格斯文集》第 5 卷，人民出版社 2009 年版，第 611 页。
③ 《马克思恩格斯文集》第 5 卷，人民出版社 2009 年版，第 582 页。
④ 《马克思恩格斯文集》第 5 卷，人民出版社 2009 年版，第 269—270 页。
⑤ 《马克思恩格斯文集》第 5 卷，人民出版社 2009 年版，第 611 页。
⑥ 《马克思恩格斯文集》第 5 卷，人民出版社 2009 年版，第 611 页。

的个人"在"生产某种使用价值时就运用的体力和智力的总和"①。无产阶级作为"现实的个人",他们在"劳动力"的使用过程中不仅会受"纯粹身体的界限"②,而且还会因为劳动时间的延长而"碰到道德界限"③。因为,无产阶级必须拥有可供支配的自由时间来"满足精神需要和社会需要"④。然而,无产阶级这些利益的满足一定会与资产阶级的利益发生冲突。可以说,"各种对工人的身体和精神起破坏作用的原因,都和有产阶级的利益有直接的联系"⑤。资产阶级把商品交换规律作为购买和使用无产阶级劳动力的交易根据,他们和所有买者都有相同的心理期待,那就是力图从商品的使用价值中获得尽量多的利益。同时,无产阶级的"劳动力"又与其他普通商品不同,其可以创造出比自身的使用价值更多的剩余价值。这种剩余价值对于资产阶级而言是"资本价值的增殖",对于无产阶级而言却是"劳动力的过多的支出"⑥。"你使用三天的劳动力,只付给我一天劳动力的代价。这是违反我们的契约和商品交换规律的。"⑦ 资本主义生产过程犹如在两个阶级之间展开的无声战争。"在战争中,一方的损失就是另一方的利益。"⑧ 无产阶级和资产阶级则始终处于战争状态。恩格斯在考察英国工人阶级状况时明确指出:"他们的利益同你们的利益是完全对立的。"⑨虽然资产阶级总是竭力掩盖掠夺无产阶级无酬劳动的内在真相,并且企图使无产阶级相信资产阶级真心同情无产阶级的悲惨命运。但是,资产阶级的实际行为不断揭穿着他们的伪善谎言。随着无产阶级和资产阶级之间不可避免

① 《马克思恩格斯文集》第 5 卷,人民出版社 2009 年版,第 195 页。
② 《马克思恩格斯文集》第 5 卷,人民出版社 2009 年版,第 269 页。
③ 《马克思恩格斯文集》第 5 卷,人民出版社 2009 年版,第 269 页。
④ 《马克思恩格斯文集》第 5 卷,人民出版社 2009 年版,第 269 页。
⑤ 《马克思恩格斯文集》第 1 卷,人民出版社 2009 年版,第 433 页。
⑥ 《马克思恩格斯文集》第 5 卷,人民出版社 2009 年版,第 270 页。
⑦ 《马克思恩格斯文集》第 5 卷,人民出版社 2009 年版,第 271 页。
⑧ 《马克思恩格斯文集》第 1 卷,人民出版社 2009 年版,第 458 页。
⑨ 《马克思恩格斯文集》第 1 卷,人民出版社 2009 年版,第 383 页。

的利益冲突变得日益尖锐，无产阶级"再也不可能被虚幻的希望和永不兑现的诺言所欺骗了"①。

2. 无产阶级内部的个体利益不断趋于一致

马克思在《哲学的贫困》中写道："经济条件首先把大批的居民变成劳动者。资本的统治为这批人创造了同等的地位和共同的利害关系。"② 无产阶级作为资本主义生产过程中的劳动者，共同的生产方式和生活条件促使他们在资本主义社会中拥有了共同的社会地位和利益诉求。然而，在与资产阶级的利益斗争中，单个无产者只有联合起来，才能形成一个自为的阶级，真正发挥出作为一个阶级的力量。马克思认为："他们所维护的利益变成阶级的利益。而阶级同阶级的斗争就是政治斗争。"③

一方面，工业化进程的加速发展，促进了无产阶级生活水平的平均化。"各民族工人生活水平的平均化，他们的党派利益的一致，都是机器生产的结果，因此机器生产仍然是历史上的一大进步。"④ 在现代资本主义国家中，英国率先实现了大工业的机器化生产。所以正是在英国，无产阶级和资产阶级之间的利益冲突最先激化。"英国一切被压迫阶级已经汇合成为一个具有共同利益的庞大阶级，即无产阶级。"⑤ 英国无产阶级的共同利益就是推翻压迫他们的资产阶级。资本主义大工业把素不相识的单个无产者聚集在工厂中，虽然劳动机会的激烈竞争使无产阶级的个体利益产生冲突，但是为了维护工资又使无产阶级在共同利益的思想要求下结为反抗资本家的同盟。同盟反抗的最初目的只是为了维护工资。然而，随着资本家对众多无产者的压迫不断加强，孤立的同

① 《马克思恩格斯文集》第 2 卷，人民出版社 2009 年版，第 357 页。
② 《马克思恩格斯文集》第 1 卷，人民出版社 2009 年版，第 654 页。
③ 《马克思恩格斯文集》第 1 卷，人民出版社 2009 年版，第 654 页。
④ 《马克思恩格斯文集》第 1 卷，人民出版社 2009 年版，第 697 页。
⑤ 《马克思恩格斯文集》第 1 卷，人民出版社 2009 年版，第 696 页。

盟凝聚为大规模的集团，其不仅是为了维护工资，更为了"消灭工人之间的竞争，以便同心协力地同资本家竞争"①。大工业的机器化生产为无产阶级形成共同的利益诉求创造了历史条件。没有大工业的机器化生产，则不会有无产阶级趋于相同的生活水平，不会有无产阶级不断恶化的生活处境，也不会有为共同利益而抗争的宪章运动。

另一方面，大城市的人口集中，推动了无产阶级"社会智慧的发展"②。可以说，"大工业与大城市"对无产阶级共同利益的形成发展起到了相辅相成的重要作用。人口集中不仅促进了资产阶级的成熟和强大，同时也以更快速度促进了无产阶级的觉醒和凝聚。"工人们开始感到自己是一个整体，是一个阶级；他们已经意识到，虽然他们分散时是软弱的，但联合在一起就是一种力量。"③ 这种情况促进了无产阶级和资产阶级的相互分离，也促进了无产阶级形成与他们的生活条件相符合的思想观念。无产阶级只有意识到他们所处的奴隶地位，才能在"社会上和政治上发生影响和作用"④。在以往的封建主义王权统治中，无产者的生存条件是长期不变的，生活状态也是平淡安稳的。大城市的人口集中使市民社会的一切生存条件都变成一种偶然性存在，所有人的生活状态也是复杂动荡的，单个无产者不仅无力加以控制，任何社会组织也无法帮助他们加以控制。可以说，"单个无产者的个性和强加于他的生活条件即劳动之间的矛盾，对无产者本身是显而易见的"⑤。在大城市中，当无产者切断了与自己雇主的人身羁绊，当无产者与自己雇主仅仅存在金钱利润的买卖交易，无产者则不仅会开始看清自己雇主的私人利益，而且会开始认清自己的利益归属。"当共产主义的手工业者联合起来的时候，他们首先把学说、宣传等等视为目的。但是同时，他们也因

---

① 《马克思恩格斯文集》第 1 卷，人民出版社 2009 年版，第 654 页。
② 《马克思恩格斯文集》第 1 卷，人民出版社 2009 年版，第 436 页。
③ 《马克思恩格斯文集》第 1 卷，人民出版社 2009 年版，第 435 页。
④ 《马克思恩格斯文集》第 1 卷，人民出版社 2009 年版，第 435—436 页。
⑤ 《马克思恩格斯文集》第 1 卷，人民出版社 2009 年版，第 572 页。

此而产生一种新的需要,即交往的需要,而作为手段出现的东西则成了目的。"① 既然无产阶级的利益诉求是相同的,阻碍他们利益实现的敌人也是相同的,那么他们就应该为了实现无产阶级共同利益广泛联合起来,展开与资产阶级特殊利益的革命斗争。

3. 无产阶级利益与全人类利益高度统一

恩格斯在《英国工人阶级状况》的"至大不列颠工人阶级"部分强调,英国工人阶级不仅仅是作为英国人而生存,也不仅仅是作为单个孤立的民族成员而生存,他确信"你们是认识到自己的利益和全人类的利益相一致的人,是伟大的人类大家庭的成员"②。在当时的历史条件下,法国和德国还没有形成完整意义上的资本主义生产关系,劳动人民也没有转化为现代意义上的无产阶级。虽然这两个国家的劳动人民也普遍经历着"穷苦、贫困和社会压迫",但是劳动人民的生活境遇并不会对民族发展起到实质性的推动作用。"相反,现代英国工人阶级的贫困和穷苦却具有全国性意义,甚至具有世界历史意义。"③ 因为英国工业革命已经把无产阶级的切身利益剥削到极点,无产阶级在机器化大生产中不再拥有任何独立活动的空间与可能,纯粹沦为"死机器"支配的"活机器","死资本"吸附的"活资本"。

但是,正是在这种非人境地中,英国工业革命促使英国无产阶级"去思考,促使他们去争取人应有的地位"④。同时,也如同法国的政治革命一般,"英国的工业和整个市民社会运动把最后的一些还对人类共同利益漠不关心的阶级卷入了历史的旋涡。"⑤ 从根本上看,劳动者在

---

① 《马克思恩格斯文集》第 1 卷,人民出版社 2009 年版,第 232 页。
② 《马克思恩格斯文集》第 1 卷,人民出版社 2009 年版,第 384 页。
③ 《马克思恩格斯文集》第 1 卷,人民出版社 2009 年版,第 93 页。
④ 《马克思恩格斯文集》第 1 卷,人民出版社 2009 年版,第 390 页。
⑤ 《马克思恩格斯文集》第 1 卷,人民出版社 2009 年版,第 390 页。

物质生产中受劳动资料垄断者的社会权力支配这一事实，构成了"一切社会贫困、精神沉沦和政治依附的基础"①。在此意义上，"只要外在化的主要形式即私有制仍然存在，利益就必然是单个利益，利益的统治必然表现为财产的统治。"② 事实上，"财产"不过是同人的自由自觉的类意识相对立的"自然的、无精神内容的要素"③。资本主义生产关系把"财产"捧上世界统治者的宝座，则意味着人已经变成了"物的奴隶"，人的关系完成了现实颠倒。可以说，资本主义生产关系造成的奴役制度才是"完善、发达而普遍的出卖，比封建时代的农奴制更不合乎人性，更无所不包"④。所以，资产阶级如果不能"给工人阶级提供一个为自身的利益而斗争的自由场地"，那么资产阶级利益和无产阶级利益的根本对立必然会把两个阶级之间的矛盾冲突发展为"使整个民族坚决果断地走上革命道路"⑤。然而，促进无产阶级的利益实现又是与资产阶级的生意经完全相悖的。所以，在无产阶级为切身利益而抗争的任何场合中，"工人阶级都代表整个民族的真正的和被正确理解的利益"⑥，这也必然加速整个资本主义生产关系瓦解的革命进程。

没有无产阶级的利益抗争，任何现代国家都无法获得消灭单个利益对立，摧毁旧社会秩序，以及全面变革社会关系的革命力量。恩格斯在《卡·马克思〈资本论〉第一卷书评——为〈民主周报〉作》中写道："他们越来越被迫起来要求利用这种财富和生产力来为全社会服务，以代替现在为一个垄断者阶级服务的状况。"⑦ 无产阶级的利益抗争不是要争取无产阶级的利益特权和生产资料垄断权，而是要争取全人类真正

① 《马克思恩格斯文集》第3卷，人民出版社2009年版，第226页。
② 《马克思恩格斯文集》第1卷，人民出版社2009年版，第94页。
③ 《马克思恩格斯文集》第1卷，人民出版社2009年版，第94页。
④ 《马克思恩格斯文集》第1卷，人民出版社2009年版，第95页。
⑤ 《马克思恩格斯文集》第2卷，人民出版社2009年版，第450页。
⑥ 《马克思恩格斯文集》第2卷，人民出版社2009年版，第450页。
⑦ 《马克思恩格斯文集》第3卷，人民出版社2009年版，第87页。

平等的权利义务关系，并且在世界历史意义上消灭一切阶级的社会统治。某一阶级联结各个成员的客观条件是"受他们的与另一阶级相对立的那种共同利益所制约的共同关系"①。在这样的利益共同体中，各个成员是无差别的一般化个人，他们只是由于自身无法改变的物质生活条件才被迫隶属于这种共同关系中。然而，在"革命无产者的共同体中"，他们致力于通过有差别的独立个体实现整个阶级的广泛联合，从而"把个人的自由发展和运动的条件置于他们的控制之下"②，由此也把受偶然性支配的个人从"物的奴役"中彻底解放出来，为促进全人类的利益融合创造世界历史条件。

4. 无产阶级利益生成无产阶级原则

恩格斯在《英国状况。十八世纪》中揭示了："原则要对历史产生影响，必须先转变为利益。"③ 无产阶级利益能够生成无产阶级原则。无产阶级原则要想对社会历史发展产生实质性影响，必须要充分融含和鲜明体现无产阶级利益，并且把无产阶级革命指向无产阶级利益的原则高度。正如马克思在《国际工人协会成立宣言》中所说的那样："十小时工作日法案不仅是一个重大的实际的成功，而且是一个原则的胜利；资产阶级政治经济学第一次在工人阶级政治经济学面前公开投降了。"④在这里，"十小时工作日法案"代表了无产阶级的利益诉求，无产阶级在实现自己的利益诉求过程中取得了"原则的胜利"，无产阶级政治经济学则是无产阶级原则的学理抽象。这种"原则的胜利"意味着无产阶级能够根据自己的利益诉求进行理论化、体系化和观念化的思想升华，形成统摄无产阶级利益的无产阶级原则。

---

① 《马克思恩格斯文集》第 1 卷，人民出版社 2009 年版，第 573 页。
② 《马克思恩格斯文集》第 1 卷，人民出版社 2009 年版，第 573 页。
③ 《马克思恩格斯文集》第 1 卷，人民出版社 2009 年版，第 92 页。
④ 《马克思恩格斯文集》第 3 卷，人民出版社 2009 年版，第 12 页。

　　无产阶级在自己的阶级利益基础上生成的阶级原则，意味着无产阶级能够立足共同的阶级利益基础，为了追求共同目的而采取统一行动。恩格斯在《德国的革命和反革命》一文中这样描述 1848 年爆发的维也纳起义：在这场由资产阶级领导的全民族反政府起义中，资产阶级"从来没有看见过工人作为一个阶级行动或者为自己本身的特殊的阶级利益而斗争"①。根据资产阶级以往反对封建贵族的革命经验，无产阶级往往衷心地跟随在资产阶级身后，为资产阶级利益而同敌人展开殊死斗争。那个时候，无产阶级没有成为与资产阶级完全分离的独立阶级，也并不清楚自身利益与资产阶级利益的根本对立。无产阶级与大工业的结合方式直接决定了无产阶级的思想发展。与大工业结合最为密切的产业工人能够最为清楚地意识到自己的切身利益，所以能够率先组织充分体现无产阶级原则的工人运动和革命同盟。"他们日益意识到自己的力量，日益迫切地要求分享社会设施的利益，这些人的命运应该如何，这个问题，从改革法案通过时起已成为全国性的问题。"② 而农业工人要达到这样的原则高度则比较困难。

　　无产阶级必须按照自己的利益诉求竭力摆脱这种非人状况，必须力求获得合乎人性的身份地位。达成这个目的的无产阶级原则就是和资产阶级利益进行不懈斗争。无产阶级一旦清晰表明自己的利益诉求，一旦想要摆脱被资产阶级剥削的现状，资产阶级马上就会公开成为无产阶级的首要敌人。"资产阶级第一次表明了，一旦无产阶级敢于作为一个具有自身利益和要求的单独阶级来同它相对抗，它会以何等疯狂的残暴手段来进行报复。"③ 因为资产阶级利益正在于剥削无产阶级利益。所以资产阶级必然会利用他们掌握的国家政权和财产特权，不惜一切代价地维护自己的特殊利益，乃至把自己的特殊利益说成全社会的普遍利益。

---

① 《马克思恩格斯文集》第 2 卷，人民出版社 2009 年版，第 383 页。
② 《马克思恩格斯文集》第 1 卷，人民出版社 2009 年版，第 403 页。
③ 《马克思恩格斯文集》第 3 卷，人民出版社 2009 年版，第 102 页。

所以，当无产阶级一旦看穿"法律、道德、宗教"等资产阶级意识形态全都是资产阶级偏见，也就能同时发现"隐藏在这些偏见后面的全都是资产阶级利益"①。随着无产阶级的成长壮大，无产阶级能够认清自己的阶级利益，也能够在和其他阶级共同反抗社会剥削制度的斗争中提出自己的阶级利益，从而能够立足无产阶级的利益诉求生成专属于无产阶级的原则遵循。正如恩格斯所说，各国无产阶级政党多年来始终保持的密切联系证明了："国际所唤起的对于各国无产阶级利益一致和相互团结的觉悟，即使没有一个正式的国际联合组织这样一条纽带，仍然能够发挥作用。"②

5. 无产阶级原则统摄无产阶级利益

恩格斯在《国民经济学批判大纲》中写道："从构成自由贸易体系的基础的利益分离，还能产生什么别的结果呢？一种原则一旦被运用，它就会自行贯穿在它的一切结果中。"③ 一个事物能否满足人们的利益需要，主要取决于这个事物是否具有价值。阶级原则是在阶级利益基础上凝练抽象出来的，同时又能够作为基本的价值依据和价值尺度引领贯穿一个阶级的革命实践。不同的阶级利益决定了不同的阶级原则。无产阶级根据自己的阶级利益形成了无产阶级原则，为无产阶级的一切革命理论和革命实践提供了从无产阶级利益需要出发的价值遵循。马克思、恩格斯在《共产主义者同盟中央委员会告同盟书》的结尾部分启发广大无产阶级，为了实现无产阶级革命的最终胜利，无产阶级必须努力做到："他们应该认清自己的阶级利益，尽快采取自己独立政党的立场，一时一刻也不能因为听信民主派小资产者的花言巧语而动摇对无产阶级

---

① 《马克思恩格斯文集》第 2 卷，人民出版社 2009 年版，第 42 页。
② 《马克思恩格斯文集》第 3 卷，人民出版社 2009 年版，第 457 页。
③ 《马克思恩格斯文集》第 1 卷，人民出版社 2009 年版，第 63 页。

政党的独立组织的信念。"①

正是因为无产阶级长期受到资本主义生产关系的劳动奴役和剩余价值剥削，他们深切感受到他们在劳动生产和社会生活中拥有"共同的苦难和共同的利益"，因而他们必须团结起来共同反抗资本主义生产关系，力求开动"每个自由国家里为此目的而预备的政治机器"②。为了实现这一目的，无产阶级革命的下一步骤就是"寻找医治这些共同苦难的共同药物，并把它体现在新的工人政党的纲领中"③。以此为原则建立的共产党，"没有任何同整个无产阶级的利益不同的利益"④。所以，共产党人"不提出任何特殊的原则，用以塑造无产阶级的运动"⑤。从无产阶级利益的原则高度来看，共产党人与其他无产阶级政党的区别在于，共产党人不仅"强调和坚持整个无产阶级共同的不分民族的利益"⑥，而且"始终代表整个运动的利益"。在该原则的统摄下，无产阶级才能够"摆脱种种传统的偏见"⑦，以便有可能在共同的利益基础上团结起来。

实际上，无产阶级在现实的政治斗争中，已经通过令人信服的事例感受到"如果他们为了自己阶级的利益而利用自己的选举权，他们能获得什么样的成果"⑧。他们意识到只要他们提出自己的利益诉求，并且明确自己利益诉求的内容实质，他们就会成为现代社会变革的"一种决定性的力量"⑨。可以说，工会组织和罢工活动是无产阶级试图消灭无产阶级相互竞争的最初尝试。它们存在的思想前提就是无产阶级已经看

---

① 《马克思恩格斯文集》第2卷，人民出版社2009年版，第199页。
② 《马克思恩格斯文集》第4卷，人民出版社2009年版，第318页。
③ 《马克思恩格斯文集》第4卷，人民出版社2009年版，第318页。
④ 《马克思恩格斯文集》第2卷，人民出版社2009年版，第44页。
⑤ 《马克思恩格斯文集》第2卷，人民出版社2009年版，第44页。
⑥ 《马克思恩格斯文集》第2卷，人民出版社2009年版，第44页。
⑦ 《马克思恩格斯文集》第1卷，人民出版社2009年版，第379页。
⑧ 《马克思恩格斯文集》第1卷，人民出版社2009年版，第380页。
⑨ 《马克思恩格斯文集》第1卷，人民出版社2009年版，第380页。

穿资产阶级的统治地位建立在无产阶级的内部分裂上。"当工人之间的竞争停止的时候，当所有的工人都下定决心，不再让资产阶级剥削自己的时候，财产王国的末日就来临了。"① 因为在资本主义分配关系中，无产阶级获得物质利益的唯一方式就是工资。无产阶级的相互竞争不断压低着他们的劳动报酬。工资之所以由劳动市场上的供求关系来决定，主要在于无产阶级把自己的劳动力乃至自身当作"商品"来看待。无产阶级一旦理解和把握了"劳动的价值"，一旦把自己不仅看待为劳动力的主体，更看待为"具有意志的人"，那么，现代国民经济学鼓吹的工资规律就不攻自破了。无产阶级和资产阶级不同的阶级原则鲜明地反映在他们对金钱不同的态度。金钱对于资产阶级来说具有"神的价值"，是推动商品世界永恒运行的第一动力，这种阶级原则把资产阶级变成了"卑鄙龌龊的'拜金者'"②；金钱对于无产阶级来说却只是商品价值的现实表征，是维系无产阶级贫困生活的基本手段，这种阶级原则促使无产阶级"有钱来为罢工者的反叛精神提供支撑"③，从而才能避免无产阶级因为"高工资"的诱惑继续成为资产阶级在经济、政治和社会各个方面的奴隶，才能使无产阶级为了自身的利益诉求形成斗争合力，展开坚决斗争。

"世界观"是思想政治教育的基本概念。世界观是一个人观念形成和人格养成的核心要素，一个人有什么样的世界观，就会有什么样的人生观和价值观。世界观既可以是对"世界"的直接观念反映，也是可以是对"世界"的科学思想反思。在哲学对"世界"的一般理解中，"世界"既是物质状态的外在世界，也是精神状态的内在世界，还是客观知识的思想世界。一个人的世界观决定了一个人如何看待和理解自己的内

① 《马克思恩格斯文集》第 1 卷，人民出版社 2009 年版，第 454 页。
② 《马克思恩格斯文集》第 1 卷，人民出版社 2009 年版，第 439 页。
③ 《马克思恩格斯文集》第 1 卷，人民出版社 2009 年版，第 458 页。

在世界和外在世界，也决定了一个人如何塑造和改变内在世界与外在世界。教育的意义在于通过揭示和阐述客观知识的思想世界，帮助人们认识到自在的世界图景和人类文明进程中自为的世界图景，进而学会从人类文明的高度来把握世界的各种基本方式。某种意义上，思想政治教育也是世界观教育，是选择一种客观知识的思想世界来建构世界观的教育。如何在思想政治教育的学科视域中深刻把握世界观的理论特质和社会功能，对于思想政治教育更有效地完成世界观教育具有至关重要的理论意义和现实意义。

马克思、恩格斯基于唯物史观的整体视角，揭示了每一个社会成员的世界观都带有鲜明的阶级属性和利益原则。不同阶级的社会成员拥有不同的世界观。剥削阶级的世界观与无产阶级的世界观相比，总是落后于人类社会历史发展的总体进程。剥削阶级为了维护自己的特殊利益，总是固守着陈旧的、狭隘的和片面的世界观，企图使人类社会始终停留在他们已经落后于时代发展的生产方式上面。无产阶级的世界观之所以是进步的、崭新的和科学的，主要是因为无产阶级的生产方式符合人类社会历史发展的整体趋势，无产阶级希望人类社会向着更多人能够实现自己美好生活向往的方向发展。所以，思想政治教育在引导人民群众形成无产阶级世界观的过程中，不仅会帮助无产阶级站在时代前沿去理解"现实的"世界图景，把握世界如何存在的"存在论"；而且会帮助无产阶级放眼未来去理解"理想的"世界图景，把握世界何以可能的"本体论"。思想政治教育由此推动无产阶级以实践的基本方式不断彰显出人的思维的"至上性"，创造出历史与个人相融合的"有意义"的"意义世界"。

马克思、恩格斯明确提出，共产党人的世界观是以"新的科学的世界观"作为理论基础的。共产党人之所以能在理论方面和实践方面始终保持先进性，关键在于共产党人掌握了"新的科学的世界观"。这个"新的科学的世界观"的创生过程，也是马克思主义的创生过程。

马克思主义把无产阶级世界观从素朴的、自发的和零散的生活样态提炼升华成为系统的、科学的和逻辑的理论样态。思想政治教育的一个重要任务就是引导人民群众用"新的科学的世界观"建构自己的世界观，把自己的世界观提升到"新的科学的世界观"的理论高度、实践高度、党性高度、人的高度和世界历史高度。

新时代思想政治教育需要充分运用习近平新时代中国特色社会主义思想，引导人民群众形成具有时代标识和中国特色的"新的科学的世界观"。思想政治教育要充分尊重人民群众对习近平新时代中国特色社会主义思想的接受和认同规律，自觉提升世界观教育的针对性、实效性，有效实现政治性和学理性、价值性和知识性、建设性和批判性、理论性和实践性、统一性和多样性、主导性和主体性、灌输性和启发性、显性教育和隐性教育的辩证统一，不仅使人民群众深刻掌握习近平新时代中国特色社会主义思想蕴含的道理哲理学理，而且使其指引的政治立场、价值理念和远景目标在人民群众心中更有吸引力、亲和力和感染力。培养人民群众形成"新的科学的世界观"是一个循序渐进、逐步深化的思想认识过程，也是一个知、情、意、信、行相统一的社会实践过程。思想政治教育应进一步总结和拓展已有的理论积淀、学术贡献和实践经验，运用思想政治教育研究范式，从学科属性、解释原则、研究论域、话语表征等方面探寻推动习近平新时代中国特色社会主义思想进教材、进课堂、进头脑的有效方式，在教育者长期的言传身教和潜移默化中引导人民群众对"新的科学的世界观"的理解、领悟和践行。

第十章 人 生 观

马克思、恩格斯在《德意志意识形态》中指出："一旦享乐哲学开始妄图具有普遍意义并且宣布自己是整个社会的人生观，它就变成了空话。"① 马克思、恩格斯在这里明确提出了"人生观"的概念，他们揭露了享乐哲学是宫廷贵族的一种人生观，宫廷贵族把这种"直接的朴素的人生观的形式"反映在回忆录、诗歌、小说等文学作品中，并且利用自己的统治地位把它宣布为"整个社会的人生观"。马克思、恩格斯在诸多文本中基于资本主义生产方式的总体视角，不仅深刻批判了剥削阶级人生观对剥削阶级人生选择和人生道路的错误导向，而且客观阐述了无产阶级人生观与剥削阶级人生观的本质区别。人生观代表了人们对自己人生目标、人生态度和人生价值的总观点和总看法。人生观是思想政治教育的基本概念，思想政治教育承担着教育人们形成正确的人生观，并且用正确的人生观来指导人生实践的重要使命。通过梳理、总结和分析马克思恩格斯经典文本中关于人生观的思想论述，我们能够更加清晰地认识到马克思、恩格斯对人生观的基本理解，从而为我们更有效地开展人生观教育提供有益启示。

1835 年 8 月 12 日，马克思在自己的中学考试德语作文《青年在选择职业时的考虑》中就提出了自己对人生的总体思考。马克思认为，人生的总体目标就是"使人类和他自己趋于高尚"②。虽然这时马克思深受基督教思想的影响，把这个总体目标看作神给人指明的。但是，马克思强调了人比动物远为优越的地方正是在于人不会在神为他限定的范围内生活，人也不会在最重要的事情上听天由命，而是会认真地权衡自己适合什么样的人生位置，以及什么样的人生位置会使自己和社会变

① 《马克思恩格斯全集》第 3 卷，人民出版社 1960 年版，第 489 页。
② 《马克思恩格斯全集》第 1 卷，人民出版社 1995 年版，第 455 页。

得高尚。如果人不能对这个问题作出正确选择，那么人不仅会失去自己相较于动物的优越性，而且会使自己的人生走向毁灭。所以，马克思认为，人必须要冷静地考虑自己应当从事什么职业，这个职业的选择不能来自短暂的热情或浅薄的虚荣心，而是要衡量它加在自己肩上的重大责任，以及自己的身体和能力是否能够承受这个重大责任。马克思提出，在选择职业时应当遵循的两个重要指针就是"人类的幸福和我们自身的完美"。在马克思看来，这两个指针是高度统一的。"人只有为同时代人的完美、为他们的幸福而工作，自己才能达到完美。如果一个人只为自己劳动，他也许能够成为著名的学者、伟大的哲人、卓越的诗人，然而他永远不能成为完美的、真正伟大的人物。"[①] 这个经典论断已经成为后人评价马克思人生观的标志性观点。虽然马克思在写下这些闪烁着伟大人性光辉的论断时只有 17 岁，但是他在此后用长达一生的时间践行着他选择的"最能为人类而工作的职业"，重担从来没有将他压垮，他享受的从来都不是"可怜的、有限的、自私的乐趣"，他和恩格斯等共产主义者开创的共产主义事业是属于千百万人的解放事业，并且持续发生着重大的世界历史作用。

1883 年 3 月 17 日，恩格斯在《在马克思墓前的讲话》中介绍了马克思的伟大成就、革命历程和不朽人格，这篇文章通过总结马克思作为无产阶级革命家的光辉一生，赞扬了马克思对自己从青年时期就一直秉持的人生观的深刻践行。恩格斯说："马克思首先是一个革命家。他毕生的真正使命，就是以这种或那种方式参加推翻资本主义社会及其所建立的国家设施的事业，参加现代无产阶级的解放事业。"[②] 对于马克思而言，生活永远是为无产阶级而工作，为无产阶级的工作又永远是向资产阶级展开战斗。马克思的一生充满苦难和波折，但是由于秉持明确而执着的人生目标，马克思能够超然于生活带来的一切烦琐忧虑。

---

① 《马克思恩格斯全集》第 1 卷，人民出版社 1995 年版，第 459 页。
② 《马克思恩格斯文集》第 3 卷，人民出版社 2009 年版，第 602 页。

不管遇到什么障碍，马克思都会朝着为无产阶级谋求解放的伟大目标前进，始终不让资本主义社会把他变成一架赚钱的机器。恩格斯强调："马克思是当代最遭嫉恨和最受诬蔑的人"①。但是，"他可能有过许多敌人，但未必有一个私敌"②。因为马克思从来都没有为一己私利而索取任何斗争回报，他把自己全部的个人幸福都奉献给了无产阶级解放事业。资产阶级对他的诽谤和诅咒，他都毫不在意。他通过自己满腔热情、坚韧不拔和卓有成效的斗争，使无产阶级第一次意识到自身的社会地位、利益需要和解放条件，千百万无产阶级革命战友都对马克思满怀深深的敬意、爱戴和悼念。恩格斯是马克思最亲密的战友，他们多年来相互支持、并肩作战，秉持着相同的人生观。可以说，马克思、恩格斯的人生经历就是他们人生观的真实写照，马克思、恩格斯用自己的人生经历充分诠释了他们的人生目的、人生态度和人生意义。我们也能够从马克思恩格斯经典文本中关于人的本质、资本主义人生观的主要特征、共产主义人生观的内在追求等思想论述进一步系统提炼马克思、恩格斯对人生观的深刻理解。

一、人的本质

一种"人生观"的确立，一定离不开在思想观念中如何认识和理解"人的本质"。"人的本质"不仅意味着"人是什么"，也决定了"人生应该如何发展"。正如马克思在《〈黑格尔法哲学批判〉导言》中所写的："人的本质不具有真正的现实性。"③ 因为"人的本质"是人通过自己的思想观念，从人的世界、人的活动、人的变化诸多现实表现中把握到的内在固有属性，所以"人的本质"具有高度的主观性、抽象性和统

① 《马克思恩格斯文集》第3卷，人民出版社2009年版，第602页。
② 《马克思恩格斯文集》第3卷，人民出版社2009年版，第603页。
③ 《马克思恩格斯文集》第1卷，人民出版社2009年版，第3页。

领性。在不同的思想观念中，"人的本质"也各不相同。分析马克思恩格斯经典文本中"人生观"的本质内涵，首先应当考察其中对"人的本质"的认识和理解。在唯物史观视域中，人首先是一种肉体存在物，人具有物质性本质；而人与其他动物的区别又在于人拥有自我意识，人具有精神性本质；人在自己的实际生活中必然建立起各种各样的社会关系，人具有社会性本质；人的全部社会生活又是由实践建构的，人具有实践性本质；人的实践活动能够推动人的历史发展，人具有历史性本质。

1. 人的物质性本质

在马克思、恩格斯看来，人首先是物质性的存在，这是我们考察"人的本质"的现实前提。马克思、恩格斯在《德意志意识形态》中指出："我们开始要谈的前提不是任意提出的，不是教条，而是一些只有在臆想中才能撇开的现实前提。这是一些现实的个人，是他们的活动和他们的物质生活条件，包括他们已有的和由他们自己的活动创造出来的物质生活条件。"① 马克思、恩格斯考察的"人"是"现实的个人"。他们虽然认为"人的本质"没有真正的现实性，但是在他们的视野中，"人"始终是由许许多多"现实的个人"组成的，"现实的个人"又必须在一定的物质生活条件下才能生存和发展。同时，马克思、恩格斯认为，"意识在任何时候都只能是被意识到了的存在，而人们的存在就是他们的现实生活过程"②。人虽然是一种物质性存在，但是这种存在方式与朴素唯物主义直观到的人的物质存在方式有着根本区别，它更是一种现实生活过程。所以，人的物质性本质不是在现实可感的表象层面直接确定的，而是通过人的意识对人的现实生活过程的内在把握反思抽象出来的"人的存在"。

① 《马克思恩格斯文集》第1卷，人民出版社2009年版，第516—519页。
② 《马克思恩格斯文集》第1卷，人民出版社2009年版，第525页。

  人作为物质性的存在，根源于人是自然界的一部分。自然界又是物质的、感性的和现实的存在。马克思在《1844 年经济学哲学手稿》中从人的类生活的角度系统论述了"人直接地是自然存在物"①。一方面，"人直接地是自然存在物"② 体现在自然界规定了人的生命活动状态。人作为一种有生命的自然存在物，既是能动的，也是受动的。人的生命活动状态也是能动性与受动性的辩证统一。人的自然力、生命力和能动性为人的生命活动注入了本质力量，这种本质力量又表现为天赋、才能和欲望潜藏在人身上，激发和指引着人的思想行动。人的本质力量的发挥又不是随心所欲的，而是时时刻刻受制于自然界的客观存在条件。自然界把人的生命活动限制在一定范围之内，正是因为自然界为人的生命活动设定了范围，人才能在调动自己能动性的同时考虑到受动性给自己带来的制约，寻找和制造条件使自己不断突破受动性。另一方面，"人直接地是自然存在物"③ 体现在自然界提供了人的生命活动对象。人在肉体层面和精神层面都需要依靠自然界才能生活。人与自然界之间建立起来的对象性关系体现在一种持续不断的交互作用过程中。在人的生命活动中，人先要把"植物、动物、石头、空气、光等等"自然材料作为自己的直接生活资料，其次要按照人的生活需要把这些自然资料变为"以食物、燃料、衣着的形式还是以住房等等的形式表现出来"的人的无机身体。在人与自然界的交互作用过程中，人的肉体成长和精神发展都能够从自然界获得源源不断的原料和能量。

  人和动物一样，都依赖自然界生活。但是，人和动物与自然界之间关系的本质区别在于人的生命活动所具有的普遍性，也就是人会通过自己的物质生产不断拓宽人在自然界中赖以生活的范围。马克思、恩格斯在《德意志意识形态》中写道："一当人开始生产自己的生活资料，即

---

① 《马克思恩格斯文集》第 1 卷，人民出版社 2009 年版，第 209 页。
② 《马克思恩格斯文集》第 1 卷，人民出版社 2009 年版，第 209 页。
③ 《马克思恩格斯文集》第 1 卷，人民出版社 2009 年版，第 209 页。

迈出由他们的肉体组织所决定的这一步的时候，人本身就开始把自己和动物区别开来。人们生产自己的生活资料，同时间接地生产着自己的物质生活本身。"① 人们生产自己的生活资料和物质生活，是人的物质性本质的关键标志，马克思、恩格斯正是通过深入到"物质生产"这一维度来把握人的生存和发展的。他们不仅仅把"物质生产"看作个人肉体存在的必要条件，更是看作个人表现自己生命的基本方式。因为人只有在"物质生产"中才能与自然界建立起现实的联系，才能把自然界作为自己的对象融入自己的生命活动中，才能展现出潜藏在自己身上的一切天赋、才能和欲望。所以，一个人的生存和发展在根本上取决于一个人的物质生产条件。一个人"如何生产"和"生产什么"，直接决定了一个人怎样表现自己的生命，以及怎样塑造自己的本质。

2. 人的精神性本质

人是精神性的存在，这是人能够自由自觉地开展自己现实生活的必要条件。马克思在《1844 年经济学哲学手稿》中说："一个种的整体特性、种的类特性就在于生命活动的性质，而自由的有意识的活动恰恰就是人的类特性。"② 马克思认为，人的整体特性是由人的生命活动的性质来体现的，人的生命活动又是一种"自由的有意识的活动"。"自由的有意识的活动"是在人的自由自觉的类意识指导下展开的。人和动物为了维系自己的生命，都需要与自然界之间进行交互作用，但是人之所以能够在自然界限定的条件和范围之内准确把握自己的受动性，并且充分发挥自己的能动性，进而利用自然界的资源和能量，按照不同尺度对自然界进行各种各样的改变，不断满足自己愈益具有普遍性的生活需要，关键在于人具有自由自觉的类意识。动物由于不具有这种类意识，所以无法在头脑中把自己和自己的生命活动区分开来。在动物的视野中，它

---

① 《马克思恩格斯文集》第 1 卷，人民出版社 2009 年版，第 519 页。
② 《马克思恩格斯文集》第 1 卷，人民出版社 2009 年版，第 162 页。

们与自己的生命活动是直接融为一体的，它们永远只能在自然界为它们限定的范围和条件内生存。人的自由自觉的类意识帮助人与自己的生命活动建立起一种对象性的关系，使人可以把自己的生命活动变成自己思索的对象，从而不仅通过自己的劳动在地球上打下专属于人的烙印，也在自己的存在中确证并表现自身。

人们在进行物质生产的过程中，也在进行着精神生产。马克思、恩格斯在《德意志意识形态》中写道："至于个人在精神上的现实丰富性完全取决于他的现实关系的丰富性。"① 人们的物质生产与精神生产是相伴相生的，物质生产对精神生产具有基础性决定意义，精神生产对物质生产具有能动性引领意义。自然界对于人的意义而言，从来都不是没有人的意志参与的无机界，而是展现为一个交织着丰富多样社会关系的历史发展过程。人的现实关系为人在精神上的现实丰富性敞开了空间与可能，人会在不断变化的现实关系中思考与分析自己的存在环境，设计与规划自己的未来发展，从而不仅创造了自己的社会生活，也推动了人类文明的历史进程。同时，我们也要注意到精神生产对于物质生产的相对独立性。正如恩格斯在《路德维希·费尔巴哈和德国古典哲学的终结》中所说的那样："在社会历史领域内进行活动的，是具有意识的、经过思虑或凭激情行动的、追求某种目的的人；任何事情的发生都不是没有自觉的意图，没有预期的目的的。"② 人的精神性本质决定了人的每一项生命活动总是要体现着"预期的目的"或"自觉的意图"。无论这种"预期的目的"或"自觉的意图"是经过了深思熟虑，还是仅仅凭激情行动。人在精神层面具有无限丰富性。直接决定人产生某种想法的动机是各式各样的，它既有可能来自外界事物，也有可能纯粹来自人的内心世界，同时糅杂着人的情绪、情感、意志、观念、认知、信仰等各种因素。当它足够强烈并且持续稳定在一定程度，就会汇聚成人想要

① 《马克思恩格斯文集》第 1 卷，人民出版社 2009 年版，第 541 页。
② 《马克思恩格斯文集》第 4 卷，人民出版社 2009 年版，第 302 页。

达到某个目标的愿望。恩格斯认为，人类文明的历史进程正是通过每一个人追求自己愿望的现实活动来共同创造的，按照不同方向活动的愿望能够对外部世界产生各种各样的作用，这些作用形成的合力就是历史。

3. 人的社会性本质

人是社会性的存在，人的本质在于它的社会性。马克思在《关于费尔巴哈的提纲》中指出："费尔巴哈把宗教的本质归结于人的本质。但是，人的本质不是单个人所固有的抽象物，在其现实性上，它是一切社会关系的总和。"① 这一结论是马克思对人的本质作出的十分清晰的科学界定。马克思得出这一结论是从批判费尔巴哈把宗教的本质归结为人的本质着手的。费尔巴哈通过自己的人本主义哲学揭露了宗教不过是人的虚幻反映，然而他只是把人的本质看作"单个人所固有的抽象物"，没有从人的社会交往中洞察到每一个现实的人都是在各种各样的社会关系中生存和发展的，他自然也无法理解各种各样的社会关系在人的本质形成过程中发挥的决定性作用。实际上，宗教情感本身就是一种社会的产物，抽象的人也必须属于一定的社会形式。

费尔巴哈的人本主义哲学仅仅把"人的类本质"理解为一种把许多个人自然联系起来的内在的、无声的、孤立的普遍性。马克思在《1844年经济学哲学手稿》等文本中接受了费尔巴哈关于"人的类本质"这一观点，马克思关注到了人与人之间相互联结、彼此趋同的类本质，同时马克思又对"人的类本质"这一观点进行了批判性分析，更进一步地揭示了社会关系存在在其中的核心地位和关键作用。马克思是在"社会的人"这一层面来探讨"自然界的人的本质"的。马克思认为，"自然界的人的本质只有对社会的人来说才是存在的"②。人的生命活动的普遍性质是一种社会性质，社会不仅是由人的生命活动生产出来的，人的生

① 《马克思恩格斯文集》第 1 卷，人民出版社 2009 年版，第 501 页。
② 《马克思恩格斯文集》第 1 卷，人民出版社 2009 年版，第 187 页。

命活动也是在社会中进行的。人之为人的任何一种体验和享受都具有社会性质，它们的内容和形式都离不开特定的社会环境。在马克思看来，"社会是人同自然界的完成了的本质的统一，是自然界的真正复活，是人的实现了的自然主义和自然界的实现了的人道主义"①。人是自然界的一部分，能够与人交互作用的自然界一定也是具有社会性质的自然界。因为只有在社会中，自然界才能成为人与人相互联系的纽带，才能为人奠定合乎人性的存在基础，也才能为人提供现实生活的各种要素。

在理解社会关系构成人的本质时，不能仅仅把人与人之间直接的、共同的交往活动看作建立起社会关系，乃至构成人的本质的全部内容。马克思在《1844 年经济学哲学手稿》中强调："甚至当我从事科学之类的活动，即从事一种我只在很少情况下才能同别人进行直接联系的活动的时候，我也是社会的，因为我是作为人活动的。"② 因为无论是一个人从事活动的所需材料，还是他必须运用的语言都是一种社会的产物。人们之所以能够创造出语言和文字，正是因为人们的生命活动无时无刻不需要与他人进行沟通合作，以及与其他人类文明成果进行交流互鉴。社会关系构成人的本质的关键因素就在于人的存在本身就是社会的活动，人的任何一种生命表现本身也是社会生活的表现和确证。所以，个人与社会从来都不是对立的，尽管人的个体生活各不相同，但是我们能够从每一种个体生活中把握到类生活的特殊性，我们也会从类生活中把握到每一种个体生活的普遍性。正是在这个意义上，人既是"特殊的个体"，人的特殊性使人能够成为现实的、单个的社会存在物；人也是"观念的总体"，人的类意识能够自为地感知和思考自己的现实存在。

在人类社会的历史发展中，基于人的社会关系建立起不同形态的共同体。马克思在《〈黑格尔法哲学批判〉导言》中写道："人不是抽象的

---

① 《马克思恩格斯文集》第 1 卷，人民出版社 2009 年版，第 187 页。
② 《马克思恩格斯文集》第 1 卷，人民出版社 2009 年版，第 188 页。

蛰居于世界之外的存在物。人就是人的世界，就是国家，社会。"① 在阶级社会中，国家是人生活于其中的政治共同体，这也决定了人是一种政治动物。现实社会不是一个"坚实的结晶体"，而是一个处在发展变化过程中的有机体。在社会意义上，每个人总是"一定的阶级关系和利益的承担者"②，这种社会关系是主导每个人如何开展自己社会生活的核心元素，为每个人的社会生活创造了不以主观意志为转移的客观存在条件，由此也把不同阶级的个人束缚在不同政治形态的共同体中，使每个人成为各自政治共同体锁链上的一环。社会阶级的存在说明现实社会中生产关系与生产力之间存在矛盾冲突，不同阶级之间也存在利益差别和利益矛盾。每一种政治共同体都与一种有限的社会生产力相适应。随着社会生产力的发展，落后的政治共同体也会走向解体，它们的解体反映出整个人类社会生产力水平的提高。马克思认为，它们的解体"成为对于不断前进的人群的发展来说过于狭隘的、正在消灭的前提"③。所以，只有当人认识到自身固有的力量其实是一种社会力量，并且把社会力量广泛组织起来投入到推动落后的政治共同体走向解体，提升社会生产力发展水平的时候，人的解放才能真正完成。

4. 人的实践性本质

人是实践性的存在，人通过实践不仅创造对象世界，也改变人自身的本质。马克思在《1844 年经济学哲学手稿》中描述了人的生产与动物生产的本质区别："动物的生产是片面的，而人的生产是全面的。"④动物进行生产的原因仅仅在于满足自己直接的肉体需要，动物的产品也直接归属它的肉体。人进行生产的原因却不限于满足自己直接的肉体需

---

① 《马克思恩格斯文集》第 1 卷，人民出版社 2009 年版，第 3 页。
② 《马克思恩格斯文集》第 5 卷，人民出版社 2009 年版，第 10 页。
③ 《马克思恩格斯文集》第 8 卷，人民出版社 2009 年版，第 148 页。
④ 《马克思恩格斯文集》第 1 卷，人民出版社 2009 年版，第 163 页。

要，甚至只有不再为了满足这种需要而进行生产时，人才是进行真正赋有人的意义的生产，所以人也在生产整个自然界，并且自由地面对自己的产品。可以说，实践是人发挥自身本质力量的集中体现，是人"对象性的、现实的、活生生的存在的独特方式"①。人的实践使"劳动的对象"和"人的类生活的对象化"达成了内在统一。人与自然界进行的交互作用过程就是人的实践过程。通过实践帮助人与自然界建立起来的对象性关系，不仅可以使人在意识中生成自我意识，使自己的精神二重化，而且可以在现实中建构起人化的自然界，能动地使自己的现实二重化，在人所创造的对象世界中直观和肯定自身。所以只有在实践中，人才能开展属于自己的类生活，也才能证明自己是"有意识的类存在物"②。

如果我们在现实性上把人的本质视为社会关系的总和，那么人的全部社会生活在本质上就是实践的。马克思在《关于费尔巴哈的提纲》中明确指出："全部社会生活在本质上是实践的。凡是把理论引向神秘主义的神秘东西，都能在人的实践中以及对这种实践的理解中得到合理的解决。"③ 在这里，马克思把实践界定为"人的感性活动"④。如果没有实践，人也无法展开自己的社会生活。可见，实践更进一步揭示了人的本质是如何由社会关系的总和构成的。其中，社会生产是创造整个现实世界生活条件的基本实践活动。马克思在《政治经济学批判（1857—1858 年手稿）》中深刻阐发了资本主义社会生产："乡村变为城市，荒野变为开垦地等等，而且生产者也改变着，他炼出新的品质，通过生产而发展和改造着自身，造成新的力量和新的观念，造成新的交往方式，新的需要和新的语言。"⑤ 在马克思看来，生产和消费是社会实践的两

---

① 《马克思恩格斯文集》第 1 卷，人民出版社 2009 年版，第 191 页。
② 《马克思恩格斯文集》第 1 卷，人民出版社 2009 年版，第 162 页。
③ 《马克思恩格斯文集》第 1 卷，人民出版社 2009 年版，第 501 页。
④ 《马克思恩格斯文集》第 1 卷，人民出版社 2009 年版，第 503 页。
⑤ 《马克思恩格斯文集》第 8 卷，人民出版社 2009 年版，第 145 页。

种重要形式。社会主体为了满足自己的需要，必须进行生产和消费。"生产不仅为主体生产对象，而且也为对象生产主体。"① 生产和消费又表现为一个过程的两个要素：从生产的角度来看，生产在最初阶段支配着消费的对象、方式和动力；从消费的角度来看，消费又在下一阶段引起了生产的需要、目的和追求。消费也可以理解为生产活动的一个内在要素。社会主体生产出某个对象，又通过消费这个对象来完成自己生产这个对象的最终目的。在这个过程中，社会个体不仅是"生产的个人"，也是"自我再生产的个人"。为此，马克思着重说明，由于无产阶级一生的大部分时间都被牢牢束缚在资本主义生产过程中，资本主义生产过程的实际条件也就构成了无产阶级进行生产和自我再生产的实际条件。如果无产阶级不满意自己的生活条件，如果他们认为自己的"存在"与自己的"本质"不相符合，那么，无产阶级只有通过"革命的实践"来改造资本主义生产过程中的不合理因素，他们才能使自己的"存在"与自己的"本质"不断达成协调一致。

5. 人的历史性本质

人是历史性的存在，人的每一种五官感觉、思想观念、实际需要、生活方式等都是历史的产物，它们只在特定的历史条件下才具有特定的意义。马克思在《1844 年经济学哲学手稿》中认为："正像一切自然物必须形成一样，人也有自己的形成过程即历史，但历史对人来说是被认识到的历史，因而它作为形成过程是一种有意识地扬弃自身的形成过程。"② 在这里，马克思揭示了人作为一种历史性的存在，其本质是不断发展变化的，这个形成过程就是人的历史。虽然一切自然物都有自己的形成过程，但是人因为具有自我意识，能够认识到自己的形成过程，所以人拥有自己的历史，这也是人的历史能够形成的必要条件。人只有

① 《马克思恩格斯文集》第 8 卷，人民出版社 2009 年版，第 16 页。
② 《马克思恩格斯文集》第 1 卷，人民出版社 2009 年版，第 211 页。

认识到自己的形成过程，对这一形成过程进行分析、总结和反思，才能有意识地扬弃自身，推动自己的心智模式和行为方式朝着历史进步的方向螺旋式上升发展，人的形成过程也才能不断向前发展而不会停留在某一阶段，从而创造出人的历史。

在唯物史观视域内，生产维系人的生命的物质资料是人创造自己历史的整个起点。马克思、恩格斯在《德意志意识形态》中指出："人们为了能够'创造历史'，必须能够生活。但是为了生活，首先就需要吃喝住穿以及其他一些东西。"[①] 所以，人的第一个历史活动就是生产自己的物质生活本身，这项历史活动从人类诞生以来一直延续到今天，奠定了人类开展其他历史活动的基本条件。这项历史活动是受人的肉体结构制约的，同时这项历史活动又制约着人的精神发展。虽然人类诞生至今每日每时都要进行这项历史活动，但是随着人的历史的发展进步，人进行这项物质生产的历史条件也不断发生着变化。人的历史不外是各个世代的依次交替，每一代都需要在以前各代遗留下来的材料、资金、生产力和环境等现实因素的基础上才能进行自己时代的物质生产。一方面，每一代无法选择以前各代为自己的物质生产所创设的历史条件，他们只能继承这些现实因素，在这种既定的环境下继续进行物质生产；另一方面，每一代又通过自己的物质生产改变着现有的环境，为下一代人创设他们进行物质生产的历史条件，预先规定他们进行物质生产的发展起点和特殊性质。这种观点表明，人不仅创造环境，环境也创造人。我们不能把人的本质想象为一种抽象不变的观念形态，而是要意识到每个个人和每一代人所处的环境是人的本质不断发展变化的现实基础。

把人看作历史性的存在，不仅要注意到"单个人"的历史发展，也要注意到"一个时代的人"的历史发展。由于人也是社会性的存在，单个人的历史发展总是取决于和他建立起社会关系的其他一切人的历史发

---

① 《马克思恩格斯文集》第 1 卷，人民出版社 2009 年版，第 531 页。

展。彼此之间建立起社会关系的个人也是同一时代的个人，他们继承着前代积累起来的各种现实因素。"单个人"的历史发展不仅不能脱离他自己以前的历史，也不能脱离同时代其他人的历史。马克思、恩格斯在《德意志意识形态》中详细论述了历史向世界历史发展转变的基本原理和现实过程："各个相互影响的活动范围在这个发展进程中越是扩大，各民族的原始封闭状态由于日益完善的生产方式、交往以及因交往而自然形成的不同民族之间的分工消灭得越是彻底，历史也就越是成为世界历史。"① 如果说，在人类历史的最初阶段，各民族还处于原始的封闭状态，随着物质生产水平的提高，交通运输渠道的增多，尤其是世界市场的建立，各民族之间的相互影响日益加深，活动范围不断扩展，人的存在和发展越来越具有世界历史意义。这就意味着单个人的活动也越来越扩大为世界历史性的活动，世界历史性的活动既给单个人的存在和发展带来不同的可能性和更多的丰富性，也使单个人越来越受到"异己的力量的支配"。正是在此意义上，马克思、恩格斯强调："每一个单个人的解放的程度是与历史完全转变为世界历史的程度一致的。"② 所以，不仅人的本质是随着世界历史的进程而发展变化的，而且人的解放也要放置在世界历史的进程中来考虑和谋划才有真正实现的可能。

二、对资本主义人生观本质的批判

　　资本主义人生观是资本主义社会中占统治地位的一种人生观。资本主义人生观与其他阶级人生观体现出截然不同的本质特征。资本主义人生观本身是由资本主义生产方式主导的。资产阶级实际上只是"人格化的具有自己的意识和意志的资本"③。资产阶级的人生选择、生命态度

① 《马克思恩格斯文集》第 1 卷，人民出版社 2009 年版，第 540—541 页。
② 《马克思恩格斯文集》第 1 卷，人民出版社 2009 年版，第 541 页。
③ 《马克思恩格斯文集》第 7 卷，人民出版社 2009 年版，第 323 页。

和生活方式都是围绕资本来确定和展开的。马克思、恩格斯主要是从批判的角度来阐述资本主义人生观的。马克思、恩格斯通过深入分析资本主义生产方式的内在性质和运行规律，批判了在资本逻辑的支配下资本主义人生观的狭隘性。

1. "人变成了物的奴隶"

资本主义生产方式造成了人与物之间关系的颠倒，这种颠倒了的社会关系首先决定了人对物的依赖性。恩格斯在《英国状况。十八世纪》中就指出了在资本主义社会中，"人已经不再是人的奴隶，而变成了物的奴隶；人的关系的颠倒完成了"①。恩格斯称这种奴役形式是一种"现代生意经世界的奴役"，一切社会活动都是逐利的，一切都围绕着商品买卖来进行。它比人类历史上任何一种奴役形式都更完善、隐蔽和发达，也更不合乎人性、更无所不包。资本主义生产关系把"人变成了物的奴隶"的最大特点是物成了主宰和目的，人却成了工具和手段。马克思深入到资本主义生产方式的运行过程中，通过系统剖析"商品""货币""资本"等各个要素之间的内在关系，为我们揭露了造成这种人为物役的根本原因。马克思在《政治经济学批判（1861—1863 年手稿）》中写道："物的劳动条件（它们作为这种独立的要素，人格化为资本家，同活劳动相对立）的生产力和形式。这里，我们又遇到关系的颠倒，我们在考察货币时，已经把这种关系颠倒的表现称为拜物教。"②可以说，拜物教是资本主义意识形态的集中体现，它的本质特征就是"物的人格化和人格的物化"，这种关系反映到资本主义社会中"现实的个人"身上，资本家就是"资本"的体现者。资本家依靠资本属性来统治工人，工人就是"活劳动"的体现者。工人本身受到对象化劳动，即工人的产品的统治。资本主义生产方式利用商品形式把这种真实的社会

① 《马克思恩格斯文集》第 1 卷，人民出版社 2009 年版，第 94—95 页。
② 《马克思恩格斯文集》第 8 卷，人民出版社 2009 年版，第 392 页。

关系彻底隐藏起来：人们本身劳动的社会性质被反映成劳动产品本身的物的性质，仿佛是这些劳动产品天然的社会属性。生产者与整个生产过程的社会关系也被掩盖成脱离于生产者之外的物与物之间的社会关系。物与物之间的社会关系类似于宗教世界幻境中的虚幻形式：人脑的产物和人手的产物被赋予了鲜活生命和社会权力。"现实的个人"反而受到它们的支配，人在资本主义生产方式中获得自由竞争机会的同时，也最彻底地失去了任何个人自由，因为只有商品具有独立性和个性，人的独立性和个性却完全屈从于物与物之间的社会关系。

资本主义生产方式造成的人与物之间关系的颠倒，反映在资本家的意识中是一种"不言而喻的自然必然性"。马克思在《资本论》（第一卷）中指出："一些公式本来在额上写着，它们是属于生产过程支配人而人还没有支配生产过程的那种社会形态的，但在政治经济学的资产阶级意识中，它们竟像生产劳动本身一样，成了不言而喻的自然必然性。"① 资产阶级意识作为资本家的阶级意识，其中也融含着资本家的人生观导向。资本家进行社会生产的全部目的在于榨取更多的剩余价值，使资本主义生产规模无限扩张。这样的目的不仅决定了他们如何对待工人，也决定了他们如何对待自身。马克思在《资本论》（第三卷）中指出："资本主义生产对已经实现的、对象化在商品中的劳动，是异常节约的。相反地，它对人，对活劳动的浪费，却大大超过任何别的生产方式，它不仅浪费血和肉，而且也浪费神经和大脑。"② 资本家尤为珍惜已经创造出来的社会财富，却极为浪费人的"血和肉""神经和大脑"。这种资产阶级意识突出反映在他们如何在资本主义生产过程中支配工人的生产劳动。在资本主义生产过程中，资本家总是竭尽全力地开发更先进的机器，这并不是为了减轻人的劳动负担，而是为了使工人的活劳动无限贬值。他们把工人变成机器的单纯附属品，只要求工人做极

---

① 《马克思恩格斯文集》第5卷，人民出版社2009年版，第98—99页。
② 《马克思恩格斯文集》第7卷，人民出版社2009年版，第103页。

其简单、单调和枯燥的操作。工人终生都从事着同一种简单操作，他们的身体仅仅是机器完成不同操作的自动的片面的器官。马克思说："这一类操作也断绝了同内容较充实的活动要素的流动的联系，硬化为专门职能。"① 工人的专门职能让工人活动的内容、方式、地点都固定不变。然而，"精力是在活动本身的变换中得到恢复和刺激的"②。工人这种极其单调、枯燥和乏味的生产方式会严重妨碍工人精力的振奋和焕发，工人只会越来越厌倦和排斥这种生产方式。但是，资本家在其中看到的只是劳动力非生产耗费的减少，以及劳动生产率的提高。资本家付给工人的工资也只限于工人维持最低的生活水平和延续自己的后代。

资产阶级作为资本主义社会的统治阶级，他们在行使自身社会治理职责时，主要考虑的也是如何能够最大限度地促进资本的自行增殖。资产阶级维系整个社会生产方式正常运转的动机和目的就是确保"以广大生产者群众的被剥夺和贫穷化为基础的资本价值的保存和增殖"③。在资产阶级眼中，生产只是为资本而生产的，而不是为了成为服务于所有社会成员生活过程的手段。然而，能够成为永远操纵资本主义生产过程的从来都不是某个具体的资本家，而是由特定历史条件促成的迎合这一阶段资本发展趋势的资本意志执行者。所以，资本家人生观的确立和发展也在物与物之间关系的主导下，具有自发性和偶然性。

2. "对生活乃至人的一切需要都加以节制"

资本主义生产方式把人与物之间的关系颠倒过来，使人受到物的奴役，这样产生的一个直接结果就是在资产阶级人生观中必然尊崇金钱至上，人可以为了追求金钱而无条件地牺牲自己的一切需要。马克思在《1844 年经济学哲学手稿》中深刻批判了国民经济学尽管具有世俗的和

---

① 《马克思恩格斯文集》第 5 卷，人民出版社 2009 年版，第 405 页。
② 《马克思恩格斯文集》第 5 卷，人民出版社 2009 年版，第 395 页。
③ 《马克思恩格斯文集》第 7 卷，人民出版社 2009 年版，第 278 页。

纵欲的外表，实际上却是"禁欲的科学"："它的基本教条是：自我节制，对生活乃至人的一切需要都加以节制。你越是少吃，少喝，少买书，少去剧院，少赴舞会……你积攒的就越多，你的那些既不会被虫蛀也不会被贼偷的财宝，即你的资本，也就会越多。"① 然而，人正是通过满足这些丰富多样的生活需求才能获得五官感觉的诸多体验，创造出自己生命的无限价值和意义。如果为了积攒越来越多的社会财富而节制人的一切正当需求，人的存在就会变得越来越微不足道，人表现自己生命力量的途径和方式就会越来越少。虽然人会拥有更多的社会财富，但是这种社会财富反而会变成一种人的"外化的生命"和"异己本质"。恩格斯在《英国状况。十八世纪》中明确指出，资产阶级的政治革命已经使"现金支付成为人们之间唯一的纽带"②，财产被捧上宝座，金钱也成了世界的统治者。财产是一种无精神内容的生产要素，金钱则是财产的外在化了的空洞抽象物。资产阶级尊崇金钱至上，自然也会把金钱的特质作为衡量人的生存发展的主要根据。

在资本主义生产方式中，只要人的活动不利于资产阶级的财富积攒，展开这种活动的动机和欲望就会被扼杀。尤其是受资本主义生产方式奴役的无产阶级，为了把他们捆绑在资本主义大机器生产的锁链上，资产阶级必须使无产阶级的一切需要都符合资本主义生产方式的特点，为此，资产阶级政治经济学是这样论证"人的生活和人的存在"的：资产阶级把无产阶级的一切需要都归结为维持最低限度的生活需要，并且把无产阶级的生命活动归结为最抽象的机械劳动。他们竭力掩盖资产阶级与无产阶级之间的利益对立，把这种最悲惨的生活方式设定为社会生活的普遍标准，并且诡辩成适用于大多数人的生活方式。资本主义生产方式要求把无产阶级本身变成没有任何感觉和任何需要的存在物，只有这样，无产阶级才能毫无怨言地从事抽去一切内容的、纯粹抽象的生产

---

① 《马克思恩格斯文集》第 1 卷，人民出版社 2009 年版，第 226—227 页。
② 《马克思恩格斯文集》第 1 卷，人民出版社 2009 年版，第 94 页。

活动。在资产阶级眼中，无产阶级的任何奢侈生活都是不可饶恕的，而资产阶级对这种奢侈生活的定义是不能超出一切最抽象的需要的内容，无论这种内容是"被动的享受"，还是"能动的表现"。这就是资产阶级政治经济学对"人的生活和人的存在"的基本看法，基于此，马克思把资产阶级政治经济学称为人类历史上最勤劳的科学，同时也是最限制个人欲望的科学。

在资本主义生产方式中，资产阶级扮演着"自行增殖的资本的人格化"的角色，那么，资本主义生产方式节制生活乃至个人的一切需要，是否仅仅针对无产阶级呢？资产阶级在资本主义生产方式中是否能够获得自由和丰富的生命体验呢？马克思认为，资产阶级在其中虽然不会像无产阶级那样被压榨得一无所有，但是资本主义生产方式的特点决定了资产阶级的人生态度也是禁欲的，只不过无产阶级是"禁欲的却又进行生产的奴隶"①，资产阶级是"禁欲的却又进行重利盘剥的吝啬鬼"②。资产阶级的人生追求就是完成资本的生活本能，用生产资料吮吸尽可能多的剩余劳动。生产资料本身成为资本主义大工业中的永动机，如果它没有在劳动者身上遇到自然界限，即人的身体和人的意志所无法承受的折磨和痛苦，它就会无止无休地进行生产。资产阶级在赋予生产资料人的意识和意志的同时，又获得了这样一种欲望的激励，"即力图把有反抗性但又有弹性的人的自然界限的反抗压到最低限度"③。在这种欲望长期的激励中，资产阶级又在资本主义生产方式的历史发展中，形成了由货币主义升华为信用主义的信仰。马克思在《资本论》（第三卷）中写道："这是对作为商品内在精神的货币价值的信仰，对生产方式及其预定秩序的信仰，对只是作为自行增殖的资本的人格化的各个生产当事

---

① 《马克思恩格斯文集》第 1 卷，人民出版社 2009 年版，第 226 页。
② 《马克思恩格斯文集》第 1 卷，人民出版社 2009 年版，第 226 页。
③ 《马克思恩格斯文集》第 5 卷，人民出版社 2009 年版，第 464 页。

人的信仰。"① 可以说，资产阶级正是凭借这种信仰，才能支撑着自身勤劳、禁欲、吝啬和乏味的生活，才能在拥有大量商品的情况下依然不想发挥它们的使用价值，而是想要创造出更多的交换价值。资产阶级坚信，资本主义生产方式从人的生命和人性中夺去的一切，都能用货币和财富补偿给自己，自己无法办到的一切也都可以用自己的货币来办到。货币能够为自己购买一切、占有一切、支配一切，从而成为真正的社会权力。资产阶级的一切活动和一切需要都必然湮没在贪财欲之中，他们也就彻底沦为金钱的奴仆。

3. "每个人追求自己的私人利益"

资产阶级在资本主义生产方式中建立起来的社会关系是"一切人反对一切人的战争"，这种社会关系决定了资产阶级人生目标的出发点也是自己的私人利益。马克思在《政治经济学批判（1857—1858 年手稿）》中深刻分析了在资本主义社会中人们之间的相互依赖只是表现在"不断交换的必要性上和作为全面中介的交换价值上"②。然而，资产阶级政治经济学家们却把这种情况表述为"每个人追求自己的私人利益，而且仅仅是自己的私人利益；这样，也就不知不觉地为一切人的私人利益服务，为普遍利益服务"③。马克思揭露了资产阶级政治经济学家们为了掩盖资本主义社会中一切人反对一切人的敌对状态，自然要把每个人对自己私人利益的追求解释成为社会的普遍利益而服务。但是，问题的关键不在于每个人对自己私人利益的追求是否会偶然达到为普遍利益服务的最终效果，而是在于人们之间的私人利益是相互对立的，每个人在追求自己私人利益的过程中，都注定互相妨碍别人私人利益的实现。在这种情况下，每个人的人生目标就不是对"为普遍利益服务"的肯

---

① 《马克思恩格斯文集》第 7 卷，人民出版社 2009 年版，第 670 页。
② 《马克思恩格斯文集》第 8 卷，人民出版社 2009 年版，第 50 页。
③ 《马克思恩格斯文集》第 8 卷，人民出版社 2009 年版，第 50 页。

定，而是对它的否定。资本主义生产方式已经为资产阶级形成这种人生观的基本导向，确立了不以任何人为转移的社会条件。资产阶级追求自己私人利益的内容以及实现私人利益的形式和手段，都被历史性地限定在资本主义社会化大生产的运动范围之内。

资产阶级对自己私人利益的追求，主要根源于资本主义社会关系的内在性质。资本主义生产方式已经打破了以往历史阶段每个人之间以自然血缘关系和统治从属关系为基础而形成的地方性联系。但是，每个人作为毫不相干的个人，他们之间形成的"相互的和全面的依赖"，是以交换价值为基础的。资本主义生产方式致力于生产的不是一般的产品，而是能够创造交换价值的商品。交换价值的特点是孤立化、排他化和个体化，它表征着货币所有者能够拥有支配社会财富和别人行动的权力。无论是个人在生活中的一切个性，还是产品在使用中的一切特性，都被消融在交换价值中。商品的普遍交换已经成为每个人的生存条件，人们之间发生联系的中介桥梁不过是社会普遍的需求和供给产生的压力。马克思在《资本论》(第一卷) 中强调："使他们连在一起并发生关系的唯一力量，是他们的利己心，是他们的特殊利益，是他们的私人利益。"① 人们的这种利己心导致人们之间是漠不关心的，每个人都只顾自己，不仅谁也不管别人，而且谁也无权干涉别人。大家就是在资本主义的契约精神中完成着"互惠互利、共同有益、全体有利的事业"②。

资产阶级只追求私人利益的价值导向，在支持自由竞争的资本主义社会中得到了充分发展，这种社会条件又进一步促进了资产阶级把自由竞争视为绝对的权威。资产阶级只承认私人利益之间的相互冲突施加在他们身上的强制，同时他们又强烈反抗任何对社会生产过程进行的有意识的监督和调节。在资产阶级看来，后一种行为是"侵犯资本家个人的

---

① 《马克思恩格斯文集》第 5 卷，人民出版社 2009 年版，第 204—205 页。
② 《马克思恩格斯文集》第 5 卷，人民出版社 2009 年版，第 205 页。

不可侵犯的财产权、自由和自决的'独创性'"①。马克思在诸多文本中系统分析了资本主义生产过程中的各个环节都鲜明体现出资产阶级只追求私人利益、私人利益之间又相互冲突的现实情况。他指出："分工产生出密集、结合、协作、私人利益的对立、阶级利益的对立、竞争、资本积聚、垄断、股份公司——全都是对立的统一形式，而统一又引起对立本身。"②

资产阶级赞扬这种以个人相互独立和漠不关心为前提的社会关系，因为这种社会关系代表了绝对的自由、平等、守信、救济等价值理念，每个人可以在这种社会关系中单纯追求他们的私人利益，无拘无束地实现自己的个人梦想。然而，以资本为基础的生产条件自身就是对社会生产力自由发展的制约和束缚。社会资源的有限性决定了一个人私人利益的实现，必然会干扰另一个人私人利益的实现。在资本主义生产条件下，每个人为了使自己的劳动和产品获取更大的交换价值，就一定会互相掠夺和互相欺骗。资产阶级的自由竞争不仅不会带来每个人自由个性的全面发展，它的形式和内容反而会带来"同个人相对立而存在的异己性和独立性"③。资产阶级把自由竞争看作"人类自由的终极形式"，这无非表明他们赞同"资产阶级的统治就是世界历史的终结"④。然而，在马克思看来，由交换价值建立起来的社会关系不过是一种单纯的物的联系，充满了与"反思的知识和意志相反"的异己性，这种思维方式也是一种历史的产物，它仅仅属于个人发展的某一历史阶段。在这个历史阶段上，人们建立起来的社会关系只能是"在一定的狭隘的生产关系内的自发的联系"⑤，每个人还无法全面、自觉、充分地利用自己的社会

---

① 《马克思恩格斯文集》第 5 卷，人民出版社 2009 年版，第 413 页。
② 《马克思恩格斯文集》第 8 卷，人民出版社 2009 年版，第 53 页。
③ 《马克思恩格斯文集》第 8 卷，人民出版社 2009 年版，第 56 页。
④ 《马克思恩格斯文集》第 8 卷，人民出版社 2009 年版，第 181 页。
⑤ 《马克思恩格斯文集》第 8 卷，人民出版社 2009 年版，第 56 页。

生活条件来创造自己的社会生活，从而实现自己完整、丰富和自由的生存价值与生命意义。

三、共产主义人生观的内在追求

马克思、恩格斯在《德意志意识形态》中认为："任何一种享乐哲学同呈现于它之前的现实的享乐形式的联系，这种不加区别地面向一切个人的哲学的虚伪性……也就是在资产阶级和无产阶级之间的对立产生了共产主义观点和社会主义观点的时候，才能被揭露。"① 在这里，享乐主义哲学作为一种"面向一切个人的哲学"，它实际上反映的是资产阶级的人生观。"共产主义观点和社会主义观点"则是无产阶级在对资本主义生产关系进行批判和变革的过程中形成的包括共产主义人生观在内的无产阶级意识。共产主义运动要对资本主义私有制进行彻底变革，实现"普遍的人的解放"。它一定内含着无产阶级在整个运动过程中如何形成自己人生目的和意义的内在追求。

1. 促进"人的本质的对象化"

资本主义生产方式把人的本质变成了没有精神内容的空洞抽象物，共产主义人生观则内在地要求促进"人的本质的对象化"，努力实现每个人生命体验的层次性和丰富性。马克思在《1844年经济学哲学手稿》中具体地描述了人在不同现实环境中会获得的不同真实感受：如果一个人正在忍饥挨饿，那么食物对他来说只是一种抽象存在，在他的想象中可能仅仅具有最粗糙的形式。而如果一个人忧心忡忡，受贫穷所困，那么再美丽的景色也无法激起他内心的情感波澜。盲目追逐金钱的人们只会看到万事万物的商业价值，不会看到蕴含于万事万物中的美和独特

---

① 《马克思恩格斯全集》第3卷，人民出版社1960年版，第490页。

性。人作为自然界的一部分，本身就是一种对象性的存在，人只有通过人的对象才能确证和发展自己的本质力量。所以，马克思认为，共产主义运动在理论方面和实践方面推翻资本主义私有制的重要意义就在于必须促进"人的本质的对象化"，不仅要"使人的感觉成为人的"，也要不断"创造同人的本质和自然界的本质的全部丰富性相适应的人的感觉"①。

促进"人的本质的对象化"是一个由人的生命活动来决定和塑造的动态发展过程。在这个过程中，人始终占有主体地位。马克思说："他通过自身而诞生、关于他的形成过程，他有直观的、不可辩驳的证明。"② 在唯物史观视域中，整个世界历史既是通过人的劳动而诞生的长期过程，也是"人化的自然界"的生成过程。人的劳动是脑力与体力的结合，人在其中有着最为直观、清晰和现实的体验经历。无论是人对自然界的存在方式，还是自然界对人的存在方式，都包含在由人的劳动创造出来的"人和自然界的实在性"之中。然而，私有制的生活使人的一切肉体感觉和精神感觉都被单纯异化为"拥有的感觉"，仿佛只有直接占有自己的对象，只有把自己的对象变成资本，人才能算是真正拥有自己的对象。这种"拥有的感觉"把人的本质变成了"绝对的贫困"。因为它只能帮助人从占有和使用的角度获得对对象的"直接的、片面的享受"，这种"直接的、片面的享受"压抑了人本应从对象身上挖掘出来的内在丰富性，缺乏这种内在丰富性，人则无法以一种全面的方式占有自己的全面本质。这是一种人的本质在精神上和物质上永远无法达到协调发展的"绝对的贫困"。而在对共产主义人生观的内在追求中，人要达到的是精神层面和物质层面的共同富裕。所以共产主义要求通过积极扬弃私有财产，来使"人对世界的任何一种人的关系——视觉、听觉、嗅觉、味觉、触觉、思维、直观、情感、愿望、活动、爱，——总

① 《马克思恩格斯文集》第 1 卷，人民出版社 2009 年版，第 192 页。
② 《马克思恩格斯文集》第 1 卷，人民出版社 2009 年版，第 196 页。

之，他的个体的一切器官"① 都能够在自己的生命活动中与现实环境建立起全面的对象性关系，帮助人在创造自己丰富、全面和深刻的感觉中成为"具有人的本质的这种全部丰富性的人"②。

共产主义运动要求促进"人的本质的对象化"，从而为人在精神层面和物质层面的共同富裕提供新的评判标准。这个评判标准在于"富有的人和人的丰富的需要"③，而不是资产阶级政治经济学眼中的富有和贫困。人在什么意义上才是"富有的人"呢？在马克思看来，"富有的人"是"需要有人的生命表现的完整性的人"④。这样的人了解自己的真实需要是什么，也清楚自己的各种感觉和特性，同时他会为实现自己的内在必然性而不断付诸实践来改变环境和改变自身。在共产主义运动中，每个人能够追求并且成为"富有的人"，不仅是个人的问题，也是社会的问题。马克思在《政治经济学批判（1857—1858 年草稿）》中描述了共产主义运动将会在资本主义生产方式奠定的物质财富基础上，按照共产主义的理想追求来塑造社会个体和社会整体：在塑造社会个体方面，要"培养社会的人的一切属性，并且把他作为具有尽可能丰富的属性和联系的人，因而具有尽可能广泛需要的人生产出来"⑤。这就要求共产主义教育要把"生产劳动同智育和体育相结合"⑥。这不仅是顺应未来工厂发展和提高社会生产的一种有效方法，也是造就全面发展的人的唯一方法；在塑造社会整体方面，要使未来社会生产成为"发展各种劳动即各种生产的一个不断扩大和日益广泛的体系"⑦，这个体系

① 《马克思恩格斯文集》第 1 卷，人民出版社 2009 年版，第 189 页。
② 《马克思恩格斯文集》第 1 卷，人民出版社 2009 年版，第 192 页。
③ 《马克思恩格斯文集》第 1 卷，人民出版社 2009 年版，第 194 页。
④ 《马克思恩格斯文集》第 1 卷，人民出版社 2009 年版，第 194 页。
⑤ 《马克思恩格斯文集》第 8 卷，人民出版社 2009 年版，第 90 页。
⑥ 《马克思恩格斯文集》第 5 卷，人民出版社 2009 年版，第 557 页。
⑦ 《马克思恩格斯文集》第 8 卷，人民出版社 2009 年版，第 90 页。

"与之相适应的是需要的一个不断扩大和日益丰富的体系"①。这个体系虽然以资本作为自己生产的物质条件和社会基础，但是它通过把一定生产作为具有新的使用价值的劳动从自身分离出来，创造出一种旨在缩短工人劳动时间的新的剩余时间，把人从无内容的机械劳动中解放出来，让人能够利用自己的灵性来探索整个自然界，发现物的新的有用属性，采用新的方式加工自然物，赋予它们新的使用价值，把自然科学发展到新的历史高度。总体来看，共产主义运动无论是对社会个体的塑造，还是对社会整体的塑造，都是始终以"现实的个人"为本位的。科学技术的发展、生产水平的提高、社会财富的积累都是为了更充分地发现、创造和满足人们在社会生活中日益产生的新的需要。而人要想具有多种多样的需要，只有自身具有"享受的能力"，成为"高度文明的人"才能实现。

2. 实现"活动着的个人的独立性和个性"

马克思、恩格斯深刻批判了资本主义生产方式是人类历史上最狭隘、最自私和最颠倒的生产方式，因为只有它把财富积累看作目的本身，而把人的发展看作附属条件。在《共产党宣言》中，马克思、恩格斯强调："在资产阶级社会里是过去支配现在，在共产主义社会里是现在支配过去。在资产阶级社会里，资本具有独立性和个性，而活动着的个人却没有独立性和个性。"② 在资产阶级社会里，活动着的个人具有的主要社会价值在于用自己的活劳动为已经积累起来的劳动提供不断增殖的燃料和动力。与之相反，在共产主义社会里，已经积累起来的劳动的主要社会价值在于为活动着的个人提供提高生活水平的物质条件。共产主义运动对资本主义私有制进行积极扬弃不是为了剥夺任何人

① 《马克思恩格斯文集》第 8 卷，人民出版社 2009 年版，第 90 页。
② 《马克思恩格斯文集》第 2 卷，人民出版社 2009 年版，第 46 页。

对社会产品的占有，而是为了剥夺任何人利用自己对社会产品的占有去奴役他人劳动的权力。所以，共产主义人生观的一个内在追求就在于把资本主义生产方式中物对人的奴役、过去对现在的支配、资本对劳动的压榨等社会关系颠倒过来，努力实现"活动着的个人的独立性和个性"。

活动着的个人也即在社会历史过程中通过自己的劳动创造自己现实生活的个人，他们能否拥有独立性和个性，需要放置在不同的社会历史条件之中才能加以考量。马克思、恩格斯在《德意志意识形态》中基于阶级社会劳动分工的总体视角揭示了，"他们的个性是由非常明确的阶级关系决定和规定的"①。每个人一切思想和行为的出发点总是他们自己，人们是否拥有独立性和个性，按照自己的意志和意愿自由发展，总是取决于当下既有的历史条件和关系范围。在社会历史发展进程中，人们之间的社会关系必然在劳动分工的范围内独立化，每个人的劳动方式都屈从于某一劳动部门的生产条件，不同劳动部门的生产条件也使人们的劳动方式乃至生活方式产生差别。人们之所以会屈从于不同的生产条件，这又是由人们的阶级地位决定的。在阶级社会中，劳动分工是一种由阶级对立产生的不平等、不自由的分工形式。人们生产什么以及如何生产，又直接决定了人们本身是什么样子的。所以，不管人们的其他社会关系如何，人们的阶级关系首先规定着"与他的个性不可分割的品质"②。然而，资本主义生产方式导致的阶级对立给每个人个性发展带来的最大变化就是"个人生活条件的偶然性"③。马克思、恩格斯对此解释道：资本主义生产方式产生的自由竞争和阶级斗争看似给每个人的个性发展提供了更高的自由度，事实上，他们在"个人生活条件的偶然性"中比以往更不自由，因为他们的全部生产生活条件都变得无法加以控制，也没有任何社会组织能够帮助他们加以控制。

---

① 《马克思恩格斯文集》第 1 卷，人民出版社 2009 年版，第 571 页。
② 《马克思恩格斯文集》第 1 卷，人民出版社 2009 年版，第 571 页。
③ 《马克思恩格斯文集》第 1 卷，人民出版社 2009 年版，第 571 页。

尤其在资本主义生产方式中，"个人生活条件的偶然性"的最大牺牲品就是无产阶级。无产阶级即使在直接劳动过程以外，也一样是资本的附属物。资产阶级给无产阶级支付的工资不过是在最低限度内确保无产阶级能够维系自己和后代的基本生活需要，无产阶级的个人消费也被纳入资本再生产过程中的一个要素。马克思在《资本论》（第一卷）中认为："罗马的奴隶是由锁链，雇佣工人则由看不见的线系在自己的所有者手里。他的独立性这种假象是由雇主的经常更换以及契约的法律拟制来保持的。"① 无产阶级实现自己的独立性和个性，与强加在他们身上的生产生活条件之间的尖锐矛盾，对于他们而言是显而易见的。就连资产阶级为无产阶级提供的教育也只是为了"把人训练成机器"。可以说，无产阶级在自己的阶级范围内没有任何机会可以获得使他们转换为另一个阶级的生产生活条件。

共产主义运动直接从彻底改变无产阶级的生产生活条件入手，致力于推动无产阶级"实现自己的充分的、不再受限制的自主活动"②。无产阶级为了实现自己的个性和独立性，必须在共产主义运动中彻底改变自己迄今面临的生产生活条件，也就是由资本主义生产方式产生的社会历史条件。由此，无产阶级也就与借以表现资本主义生产关系的整个"政治的上层建筑"即资本主义国家处于直接对立中，所以推翻资产阶级政权是无产阶级实现这个社会目标的前提条件。无产阶级开展自主活动的主要标志就在于占有社会生产力总和，并在此基础上充分发挥自己的天赋和才能。以往社会占统治地位的任何生产方式无论在生产工具方面还是在社会分工方面都会对人的自主活动产生各种各样的限制和束缚，人们的独立性和个性的发展也在不同方面达到了新的局限。共产主义运动力图抛弃资本主义生产方式的局限性，就是为了使财富在普遍交

---

① 《马克思恩格斯文集》第 5 卷，人民出版社 2009 年版，第 662 页。
② 《马克思恩格斯文集》第 1 卷，人民出版社 2009 年版，第 581 页。

换中能够产生"个人的需要、才能、享用、生产力等等的普遍性"①。共产主义运动把物对人的奴役关系颠倒过来,才能把财富变成"人本身的自然力"充分发展和"人的创造天赋"绝对发挥的一种手段,人类全部力量得以全面发展才能变成人类社会物质财富积累的根本目的。同时,共产主义运动还会改变整个社会用来衡量人的个性和独立性发展的旧有尺度,它带来的新的尺度不是把人限定在某一种规定性上再生产自己,也不是力求使人停留在某种已经存在的发展阶段上,而是把人的个性和独立性发展视为处在变易的绝对运动之中,从而生产出人的全面性。

3. 致力于"为绝大多数人谋利益"

无产阶级要想通过共产主义运动来满足自身日益丰富的生活需要和实现自己的全面自由发展,则必须把"为绝大多数人谋利益"作为自己的人生追求。马克思、恩格斯在《共产党宣言》中强调:"过去的一切运动都是少数人的,或者为少数人谋利益的运动。无产阶级的运动是绝大多数人的,为绝大多数人谋利益的独立的运动。"② 无产阶级致力于"为绝大多数人谋利益"是无产阶级凝聚整个社会革命力量、获得革命领导权来彻底变革资本主义生产方式的基本前提和必要条件。资本主义社会周而复始的工业不振和商业危机已经充分证明:作为统治阶级的资产阶级完成了它的历史使命,历史的领导权已转到无产阶级手中,无产阶级由于自己的社会地位和历史使命,只有消灭一切阶级对立和阶级压迫,才能解放自己。无产阶级通过共产主义运动想要建立的是一种使每个社会成员不仅有机会参加社会财富的生产,而且有机会参加社会财富的分配和管理的社会制度。这种社会制度足以保证社会生产力的不断增长能够给每个人的一切合理需求提供越来越充足的保障。而要建立这种

---

① 《马克思恩格斯文集》第 8 卷,人民出版社 2009 年版,第 137 页。
② 《马克思恩格斯文集》第 2 卷,人民出版社 2009 年版,第 42 页。

社会制度不是一蹴而就的，它需要在无产阶级"为绝大多数人谋利益"的现实运动中，逐步变成现实。

在共产主义运动中，无产阶级致力于"为绝大多数人谋利益"的内在追求根源于个人的全面性是自身"现实联系和观念联系的全面性"。马克思在《政治经济学批判（1857—1858年手稿）》中指出："个人的全面性不是想象的或设想的全面性，而是他的现实联系和观念联系的全面性。"① 也就是说，人作为社会存在物，他要想发展出自己的全面性，就必须从拓展自己与社会的现实联系和观念联系入手。在由私有制主导的生产方式中，人们之间虽然是相互依存的，但是又必然充斥着压迫、剥削和奴役，一部分人的发展总要成为另一部分人发展的障碍。唯物史观揭示了至今全部历史都是在阶级对立和阶级斗争中发展的。因为社会生产力的不发达，社会上只有极少数特权者才能占有绝大部分社会财富。绝大多数人则注定要终生从事艰苦劳动，来为特权者生产日益丰富的生活资料和为自己生产微薄的必要生活资料。资本主义生产方式建立起来的普遍化人类交往和全球化世界市场，为个人的全面自由发展奠定了现实基础。人们之间自然形成的世界历史性共同活动，本来是由人们的相互作用产生的，却成为对人们来说完全异己的、威慑和驾驭他们的力量。共产主义运动就是消灭人们之间社会关系的自发性，让人们之间的社会关系服从于他们自己的共同控制，进而使人们自觉驾驭由他们的共同活动产生的实践力量。

如何占有社会财富是关涉人们能否自由驾驭由他们共同活动产生的实践力量的核心问题，因为这是从生产方式和生产力内在关系的角度来变革人们之间社会关系的关键环节。马克思、恩格斯在《德意志意识形态》中提到，社会财富的占有只有通过绝大多数人联合的方式才能实现。由于无产阶级本身固有的社会地位和历史使命，这种联合需要在无产阶级革命中不断获得日益广泛的普遍性。共产主义运动要消灭物对人

---

① 《马克思恩格斯文集》第8卷，人民出版社2009年版，第172页。

的奴役、个性对偶然性的屈从、私人关系对阶级关系的屈从，归根结底取决于能否消灭私有制产生的异化分工。"私有制和分工的消灭同时也就是个人在现代生产力和世界交往所建立的基础上的联合。"① 资本主义私有制只有在个人得到全面发展的条件下才能被消灭，同时也只有全面发展的个人才能占有全面性的生产方式和生产力，使它们变成自己的自由生活方式。个人的全面发展又取决于个人之间的全面性关系。共产主义运动致力于"为绝大多数人谋利益"的内在追求，正是基于绝大多数人在现有生产力基础上的团结一致是一切人全面发展的这个必要前提，来组织无产阶级革命为人自主活动和物质生活相一致创造共同条件的。共产主义运动为每个人的全面发展创造生活条件，以便每个人都能自由地发展专属于自身的个性和独特性，按照全面性的社会关系与他人和谐相处。马克思、恩格斯以新的标准驳斥了资本主义对人生乐趣的狭隘理解。在无产阶级看来，共产主义运动将要牺牲掉的人生乐趣，不过是由资本主义社会制度产生的"表面上的享乐"，这些享乐仅仅属于少数特权者。共产主义运动决不想破坏能够满足人的一切生活条件和生活需要的"真正的人的生活"，相反，共产主义运动的社会目的就在于尽一切力量去创造这种生活。

共产主义运动推动人的异化劳动向自主劳动转化，推动人的受限制的社会交往向个人本身的交往转化，每个人发展过程中产生的自发性才会消除。这一过程最后都要归结为联合起来的个人对全部社会生产力和社会财富的占有。联合起来的生产者将按照绝大多数人的利益来合理地调节他们和自然之间的物质交换，靠消耗最小的力量和节约更多的时间在不同的生产部门之间进行有计划的分配，在共同的生产基础上实现符合社会全部需要的生产。只有在这种生产方式中，每个人才能"产生出个人关系和个人能力的普遍性和全面性"②。全面发展的个人不是自然

---

① 《马克思恩格斯全集》第 3 卷，人民出版社 1960 年版，第 516 页。
② 《马克思恩格斯文集》第 8 卷，人民出版社 2009 年版，第 56 页。

的产物，而是历史的产物。这种生产方式对于人类来说，始终处于"作为目的本身的人类能力的发挥"① 的彼岸世界，这个彼岸世界建立在存在着以"必要性和外在目的规定要做的劳动"② 的此岸世界的现实基础之上，而这个此岸世界的边界又只有依靠致力于"为绝大多数人谋利益"的共产主义运动才能不断向前突破。

　　"人生观"是思想政治教育的基本概念。人生观是人的思想观念中的一个基本维度。人生观直接聚焦于人的生活方式和生活状态，人作为有思想的存在物，总是会自觉或不自觉地思考应当如何度过自己的一生，怎样才能不虚度自己的人生。人在面对生活中随时出现的各种问题和不同矛盾时，都需要运用自己的人生观进行判断和选择。在人生观的引导下，人也会走出属于自己的人生道路。马克思、恩格斯关于人生观的丰富论述，能够给思想政治教育引导受教育者形成积极向上的人生观提供深刻的现实启示。

　　马克思恩格斯经典文本从分析人与其他动物不同的生命过程出发，根据历史唯物主义对人类社会历史发展趋势的整体判断，循序渐进地深入到资本主义生产方式内部的各个环节，揭露和批判了资本主义对人的发展造成的物化和异化，从而指明了共产主义运动在推翻资本主义私有制的历史过程中不断推动人的全面发展的根本目的。从马克思恩格斯经典文本中梳理、总结和提炼马克思、恩格斯对人生目的、人生态度和人生价值等问题的基本看法，能够为我们在新时代中国特色社会主义伟大进程中树立正确的人生观，把自己的人生追求与国家的发展进步相统一提供科学的理论指导。

　　马克思恩格斯经典文本深刻揭示了"人的本质"是什么，如何看待"人的本质"是区分不同人生观的根本问题。人对自身的认识核心就在

① 《马克思恩格斯文集》第 7 卷，人民出版社 2009 年版，第 929 页。
② 《马克思恩格斯文集》第 7 卷，人民出版社 2009 年版，第 928 页。

于认识"人的本质"。"人的本质"既不能从抽象的人性论来理解，也不能依靠神的启示来证明，而必须将其放置在具体的、历史的社会关系中加以考量。人是在客观的、变动的、多维的社会关系中塑造自己的个性特征和思想行为的。马克思、恩格斯把"现实的个人"作为考察人类社会历史发展的出发点，"现实的个人"在各种各样的生活境遇中实践人生和感悟人生，建立起人与世界、人与他人、人与自己的内在联系，进而形成相互对应的人生观。

马克思、恩格斯要求把人的生活内容与社会活动紧密联系在一起，个人与社会的关系问题是每个人处理人生问题的重要着眼点。社会是由每个具体的人组成的，人又必须生活在社会之中。个人与社会是对立统一的关系。在这对关系中，个人利益与社会利益的关系制约着所有方面。马克思、恩格斯虽然把"现实的个人"作为考察人类社会历史发展的出发点，但是他们始终以社会绝大多数人的根本利益来衡量具体个人的私人利益。因为社会绝大多数人的根本利益反映了整个社会根本性、全局性和长远性的发展需要。资本主义私有制之所以成为社会生产力进一步发展的桎梏，正是因为它倡导的个人私欲的无限膨胀使资本主义生产方式走向崩溃。个人发展与社会进步是相辅相成、相互促进的，个人发展是社会进步的根本目的，社会进步又是个人发展的必要条件。正如习近平指出的："'得其大者可以兼其小。'只有把人生理想融入国家和民族的事业中，才能最终成就一番事业。"① 所以，我们既要从国家和民族的事业中不断汲取个人发展的强大动力，又要把个人发展融入国家和民族的事业中，坚持人民至上的奋斗目标，找到自我价值与社会价值的契合点，在为国家和民族的事业不断贡献力量中实现个人理想、获得自我认同、成就精彩人生。

---

① 《习近平给北京大学学生回信勉励当代青年 勇做走在时代前面的奋进者开拓者奉献者》，《人民日报》2013年5月5日。

第十一章 价 值 观

马克思在《资本论》（第一卷）中指出："在观念的价值尺度中隐藏着坚硬的货币。"① 在这里，马克思揭示了价值尺度对人的观念的规约作用。一般意义上，价值反映了客体满足主体需要的性质与程度。主体对客体价值的衡量与评判形成了价值观。思想政治教育总是致力于影响和塑造人们的价值观念，引导人们按照一定的价值原则和价值尺度展开社会生活。马克思恩格斯经典文本中虽然没有直接提出价值观这个概念，但是通过分析资本主义生产关系形成、发展和运转的内在逻辑，阐发价值这个范畴的起源、本质和特征，由此可揭示出价值观在人的思想中的地位、作用和意义，为我们考证思想政治教育中的价值观概念提供了文本依据和学理依据。

恩格斯最早在《国民经济学批判大纲》中提到价值这个范畴，他指出："商业形成的第一个范畴是价值。"② 可见，价值是第一个随着资本主义生产方式的形成而产生的历史性范畴。价值概念之所以能够成为商业形成的第一个范畴，主要在于它不仅包含了货币的萌芽，而且包含了商品生产和商品交换一切的进步发展形式的萌芽。价值概念的产生，意味着需要有一种社会形式来表现私人产品中所包含的社会劳动，在价值概念中已经存在着私人劳动和社会劳动之间出现差别的可能性。这种可能性预示着资本主义生产方式已经具备在人类社会中存在和发展的前提条件，人类社会即将从封建社会过渡到资本主义社会，商品生产和商品交换即将成为人类社会物质生产的主要方式。一个商品有多少价值是由它包含了多少无差别的抽象人类劳动决定的。马克思说："劳动是价值的实体和内在尺度，但

---

① 《马克思恩格斯文集》第 5 卷，人民出版社 2009 年版，第 124 页。
② 《马克思恩格斯文集》第 1 卷，人民出版社 2009 年版，第 63 页。

是它本身没有价值。"① 劳动本身没有价值是因为包含了无差别的抽象人类劳动的商品，只有出现在市场上用来进行商品买卖才能够用价值尺度来衡量。同时，资本主义生产方式存在的一个基本前提就是："在市场上出现了特殊的商品——劳动力。"② 在这个过程中，出卖自己劳动力的主体是无产阶级，购买劳动力的主体是资产阶级。由此，"在产品的价值形式中，已经包含着整个资本主义生产形式、资本家和雇佣工人的对立、产业后备军和危机的萌芽"③。马克思、恩格斯不仅剖析了资本主义生产方式是如何变革人类社会物质生产方式的，而且探讨了其如何改变人们的社会意识，资本主义生产方式使得价值成为人的思想中的核心元素，人的思想中也形成了用来判断一个事物是否有价值和有多少价值的价值观。

一、价值观的基本定位

通过分析马克思、恩格斯探讨价值概念的相关论述，能够发现价值概念在商品世界中的地位作用间接反映了价值观在人的思想结构中的基本定位。在资本主义社会中，人们进行的商品买卖是由人们产生的商品观念来引导的。人们要想进行商品买卖，必须先在商品观念中进行价值衡量和价值判断。在马克思恩格斯经典文本中，有诸多经典论断从人们产生的商品观念着手，为我们揭示了构成价值观的内在客观尺度，价值观背后隐藏着的阶级利益关系，以及价值观包含着的历史道德要素，有助于我们从以下三个维度来理解和把握价值观的基本定位。

1. 体现商品作为人类劳动的社会化身

人们的观念不仅有明确的价值尺度进行评判衡量，而且决定这种价

---

① 《马克思恩格斯文集》第 5 卷，人民出版社 2009 年版，第 615 页。
② 《马克思恩格斯文集》第 9 卷，人民出版社 2009 年版，第 327 页。
③ 《马克思恩格斯文集》第 9 卷，人民出版社 2009 年版，第 327—328 页。

值尺度的内在标准是"坚硬的货币"。马克思提到，金之所以能够在观念中充当价值尺度，是因为金在交换过程中已经变成货币商品的一种形式进行流通。金作为货币进行流通的内在条件在于商品世界中为取得货币而让渡商品的可能性和必要性。人们观念中的价值尺度是以包含多少无差别的抽象人类劳动来划定的。在马克思看来，货币能够作为人们观念中的价值尺度，是因为货币在流通过程中执行着"商品作为人类劳动的社会化身"① 的职能。马克思在《资本论》（第一卷）中分析资本主义生产方式的运动规律是从商品开始的："资本主义生产方式占统治地位的社会的财富，表现为'庞大的商品堆积'。"② 单个商品是构成资本主义社会财富的元素形式。在单个商品中，包含着使用价值和交换价值两种价值形式。单个商品的使用价值要求这个商品体现出与其他商品"质的差别"，单个商品的交换价值则要求这个商品只能体现出与其他商品"量的差别"。马克思通过分析商品所具有的使用价值和交换价值，深刻揭示了两种价值形式体现在商品中的劳动二重性，即生产同一商品所耗费的具体私人劳动与抽象人类劳动之间的劳动二重性。当商品进入流通领域，商品的价值形式中"剩下的只是同一的幽灵般的对象性"③，这种"同一的幽灵般的对象性"是单纯凝结在商品中的无差别的抽象人类劳动。各种具体私人劳动不再有任何差别，全都转化为无差别的抽象人类劳动。商品现在只表示在它们的生产过程中耗费了多少人类劳动力，这些商品身上共有的人类劳动力结晶就是商品价值。马克思在《资本论》（第一卷）中进一步解释道，货币能够充当人们观念中的价值尺度，是因为所有商品都需要用货币来计算它们的价值，从而使货币成为商品在想象中的价值形态，才能进一步在现实中把货币作为商品全面让渡自己使用价值的实际的价值形态。马克思对此指出："货币拜物教的

① 《马克思恩格斯文集》第 5 卷，人民出版社 2009 年版，第 118 页。
② 《马克思恩格斯文集》第 5 卷，人民出版社 2009 年版，第 47 页。
③ 《马克思恩格斯文集》第 5 卷，人民出版社 2009 年版，第 51 页。

谜就是商品拜物教的谜。"① 商品凭借货币的价值计算和价值转换，不仅在自己的价值形态上蜕掉了使用价值的一切痕迹，而且蜕掉了具体私人劳动的一切痕迹，蛹化为抽象人类劳动的社会化身，从而货币也成为一切人类劳动的直接化身。也就是说，只有从无差别的抽象人类劳动入手，才能揭开商品世界中价值观如何形成、发展和变化的深层秘密。

人们观念中的价值尺度具有可通约性。马克思在《资本论》（第一卷）中从商品占有者的观念视角剖析了他们主导商品交换过程的思想动机："它们能够交换，是由于它们的占有者彼此愿意把它们让渡出去的意志行为。同时，对别人的使用物品的需要渐渐固定下来。交换的不断重复使交换成为有规则的社会过程。"② 在这里，马克思强调了商品要想得到交换，首先需要有商品占有者愿意把商品的使用价值完全让渡的意志行为。随着人们对他人物品的使用价值形成一种固定需要，重复交换的社会行为也固定为有规则的社会过程。可以说，凝结在商品上的抽象人类劳动因为处于商品交换的流动状态才能形成价值，但是其本身没有价值，只有当这种流动状态已经固定为一种世俗化、日常化和规则化的社会过程，在商品交换的对象化形式上才能凝固为价值。马克思说："从这个时候起，商品世界的统一的相对价值形式才获得客观的固定性和一般的社会效力。"③ 商品世界的统一的相对价值形式反映在观念中，使观念中的价值尺度也拥有了"客观的固定性和一般的社会效力"。马克思通过分析货币对商品价值中无差别人类劳动的社会表现，阐发了商品价值的可通约性："不同物的量只有化为同一单位后，才能在量上互相比较。不同物的量只有作为同一单位的表现，才是同名称的，因而是可通约的。"④ 因为在流通过程中，商品只有作为无差别的人类劳动

---

① 《马克思恩格斯文集》第 5 卷，人民出版社 2009 年版，第 113 页。
② 《马克思恩格斯文集》第 5 卷，人民出版社 2009 年版，第 107 页。
③ 《马克思恩格斯文集》第 5 卷，人民出版社 2009 年版，第 86 页。
④ 《马克思恩格斯文集》第 5 卷，人民出版社 2009 年版，第 63—64 页。

表现才能计算交换价值，商品必须转化为同一社会单位才具有价值对象性，所以这种价值对象性具有纯粹的社会属性，只有在商品之间的社会关系中才能表现出来。

总的来看，商品的价值对象性凸显出商品作为一种"物的'社会存在'"① 的全面社会关系，因而商品的价值形式必须采取社会公认的价值形式，才能是可通约的。社会公认的价值形式反映在观念中，也决定了观念中的价值尺度是可通约的。在这个意义上，我们可以理解马克思探讨的商品价值关系中包含的意志行为，是如何从一种为取得货币而让渡商品使用价值的主观意愿逐渐发展到"在观念的价值尺度中隐藏着坚硬的货币"② 的。在商品世界中，由货币构成的对象性价值方式也在观念中形成了用来衡量不同事物价值的各种范畴。马克思指出，"这些范畴是有社会效力的，因而是客观的思维形式"③。这种客观的思维方式能够在商品世界中为人们提供作出判断和进行选择的理性原则。马克思在《资本论》中举例说明一切东西都可以用价值来衡量，例如良心、名誉、信用等东西即使本身不是商品，没有使用价值，也可以在虚幻形式上具有价格，取得商品形式，从而被它们的占有者出卖以换取金钱。恩格斯在《英国工人阶级状况》中提到过相同观点："牟利精神渗透了全部语言，一切关系都用商业术语、经济范畴来表现。需求和供应，需要和提供，supply and demand，这就是英国人用来判断整个人生的逻辑公式。"④ 在资本主义生产过程中，人们原本单纯原子般的社会关系由于货币形成的可通约的对象性价值方式而相互联系起来，人们自身的生产关系也通过他们的劳动产品采取商品形式而被纳入货币流通的整体之中。商品世界的稳固状态使得由货币构成的对象性价值方式已经日益渗

---

① 《马克思恩格斯文集》第5卷，人民出版社2009年版，第83页。
② 《马克思恩格斯文集》第5卷，人民出版社2009年版，第124页。
③ 《马克思恩格斯文集》第5卷，人民出版社2009年版，第93页。
④ 《马克思恩格斯文集》第1卷，人民出版社2009年版，第478页。

透在人们的行为方式和思维方式中，成为人们"用来判断整个人生的逻辑公式"。

2. 经济范畴的人格化

马克思在《资本论》（第一卷）中说："商品所缺乏的这种感知商品体的具体属性的能力，由商品占有者用他自己的五种和五种以上的感官补足了。"① 可见，商品身上能够体现商品占有者如何感知自己商品具体属性的能力。商品占有者为了使自己生产的物品作为商品进入流通领域，必须把自己的意志体现在自己的商品中，与买者产生买卖关系。买卖双方只有达成共同一致的意志，才能使卖方让渡自己的商品，使买方占有别人的商品。所以这种买卖关系也是一种反映经济关系的意志关系，这种意志关系的主观内容是由商品世界的经济关系本身决定的。在研究商品世界的经济关系过程中我们可以发现，人们扮演的经济角色实际上是经济关系的人格化，人们因为承担了不同的经济关系和由经济关系衍生出的利益关系而彼此对立着。这种在经济关系中，由具体私人劳动同抽象人类劳动之间产生的价值对立，导致社会关系中"物的人格化和人格的物化"② 的阶级对立，其内在矛盾在商品形态变化中取得了进一步发展的运动形式，由此塑造和形成了各个阶级在商品世界中不同的价值观特质。对此，马克思在《资本论》第一版序言中解释了他在分析资本主义生产方式的所有论述中涉及的并不是哪个具体的人，而是"经济范畴的人格化，是一定的阶级关系和利益的承担者"③。可以说，马克思分析资本主义生产方式也不是仅仅为了说明资本主义生产方式的物质表现，而是为了透过资本主义生产关系的物质表现，揭示出隐藏在商品世界中人与人之间的社会关系。这种社会关系是通过"经济范畴的

---

① 《马克思恩格斯文集》第5卷，人民出版社2009年版，第104页。
② 《马克思恩格斯文集》第5卷，人民出版社2009年版，第135页。
③ 《马克思恩格斯文集》第5卷，人民出版社2009年版，第10页。

人格化"体现出来的。如果想要理解和把握不同的人的观念中隐藏着什么样的价值尺度，那么则需要把不同的人视为"一定的阶级关系和利益的承担者"才能进行考察。

仅仅由商品流通和货币流通构成的简单社会关系，还不具备使商品世界中各个阶级价值观形成分化的历史条件。只有在资本主义生产方式成为人类社会占统治地位的生产方式后，商品世界中各个阶级之间的价值观才会产生矛盾冲突。马克思在《资本论》（第一卷）中揭示了导致商品世界中各个阶级之间价值观产生矛盾冲突的真正开端："劳动产品和劳动本身的分离，客观劳动条件和主观劳动力的分离，是资本主义生产过程事实上的基础或起点。"[1] 以此为"基础或起点"来考察整个资本主义生产过程，这一过程不仅不断生产出"商品"和"剩余价值"，而且不断生产出资本主义生产关系本身。在资本主义生产过程中，资产阶级和无产阶级构成了资本主义生产关系得以生产和再生产的两个核心支点。

一方面，"资本家"代表了"人格化的资本"[2]。马克思指出："你们的观念本身是资产阶级的生产关系和所有制关系的产物，正像你们的法不过是被奉为法律的你们这个阶级的意志一样，而这种意志的内容是由你们这个阶级的物质生活条件来决定的。"[3] 资产阶级的生产关系和生活条件决定了资产阶级价值观的内容实质。"他的灵魂就是资本的灵魂。"[4]"资本"的唯一生存本能就是在资本主义生产过程中榨取剩余价值，不断使自己增殖。"资本"如同吸血鬼一般，只有用自己生产资料吮吸工人的剩余劳动，才能维持自己的生命。"资本"吮吸的剩余劳动越多，它的生命活力就越旺盛。资产阶级作为"价值或货币的

① 《马克思恩格斯文集》第 5 卷，人民出版社 2009 年版，第 658 页。
② 《马克思恩格斯文集》第 5 卷，人民出版社 2009 年版，第 269 页。
③ 《马克思恩格斯文集》第 2 卷，人民出版社 2009 年版，第 48 页。
④ 《马克思恩格斯文集》第 5 卷，人民出版社 2009 年版，第 269 页。

占有者"①，承担着推动这一运动的主体责任。资产阶级的物质财富积累就是货币流通的出发点和复归点。资产阶级把货币流通的客观内容，即"价值增殖"，作为自己的主观目的。资产阶级"只有在越来越多地占有抽象财富成为他的活动的唯一动机时，他才作为资本家或作为人格化的、有意志和意识的资本执行职能"②。所以，促使单个资本家组成一个"整体"的唯一力量就是资本家追求价值无限增殖的特殊利益。

另一方面，"工人"代表了"人格化的劳动时间"③。马克思提到："人数较多的工人在同一时间、同一空间，为了生产同种商品，在同一资本家的指挥下工作，这在历史上和概念上都是资本主义生产的起点。"④ 如果说，资本主义物质资料生产的"永动机"在资本家身上获得了一种受"剩余价值"欲望无限激励的"意识和意志"，那么，这个"永动机"的不竭动力就是无产阶级的"活劳动"。这个"永动机"只有在无产阶级作为"人的身体的虚弱和人的意志"⑤ 到达自然界限时，才会被迫停止生产。所以，资产阶级必须在资本主义生产过程竭力把无产阶级关于人的自然界限的反抗弹性压制到最低限度，才能使"永动机"不停进行生产。资产阶级把无产阶级当作"活机器"，终生固定在机器化大生产的某种局部操作，把这种形式称颂为提高社会生产力的劳动组织。同时，资产阶级又坚决反对资本主义生产过程中任何有意识的社会调节，声称这是对资本家个人"财产权、自由和自决的'独创性'"⑥ 的严重侵犯。马克思指出："生产过程的智力同体力劳动相分离，智力转化为资本支配劳动的权力，是在以机器为基础的大工业中完

---

① 《马克思恩格斯文集》第 5 卷，人民出版社 2009 年版，第 658 页。
② 《马克思恩格斯文集》第 5 卷，人民出版社 2009 年版，第 178 页。
③ 《马克思恩格斯文集》第 5 卷，人民出版社 2009 年版，第 281 页。
④ 《马克思恩格斯文集》第 5 卷，人民出版社 2009 年版，第 374 页。
⑤ 《马克思恩格斯文集》第 5 卷，人民出版社 2009 年版，第 464 页。
⑥ 《马克思恩格斯文集》第 5 卷，人民出版社 2009 年版，第 413 页。

成的。"① 在这种劳动条件下，单调枯燥的机器劳动剥夺了无产阶级在精神上和身体上的一切自由劳动，不仅极度损害了他们的神经系统，而且严重压抑了他们的肌肉运动。在资本主义生产过程中，劳动资料的不断积累促使资产阶级增强了对无产阶级劳动力的指挥权，进而监督无产阶级按照机器化大生产的工作方式进行高强度劳动。在资产阶级看来，无产阶级像机器一样的劳动形式是一种不言而喻的自然性。但是，"被生产的轰隆声震晕了的工人阶级一旦稍稍清醒过来，就开始进行反抗"②。无产阶级与资产阶级之间的阶级利益越对立，无产阶级在资本主义生产过程中遭受的折磨越残酷，无产阶级与资产阶级之间的价值观对立也就越尖锐。

3. 一个历史的和道德的要素

马克思在《资本论》中揭示了在商品世界中形成的价值观不是一种永恒的、抽象的和无实在性的观念，而是必须具备资本主义生产方式占统治地位的历史条件。只有在流通市场上，资产阶级作为生产资料的占有者找到出卖自己劳动力的无产阶级，双方达成了让渡无产阶级自身劳动力的统一意志以后，资本主义生产方式才能具备成为占人类社会统治地位的生产方式的历史条件。这个历史条件的形成标志着人类社会生产过程进入一个以资本逻辑为主导的新时代，在这个新时代中，"劳动力的价值规定包含着一个历史的和道德的要素"③。可以看出，无产阶级的劳动力因为成为一个具有交换价值的特殊商品，所以包含了由资本主义生产关系决定的具有特殊历史性的社会道德要素，由此也规定了整个资本主义社会中不同阶级价值观形成、发展和变化的历史道德内核。

---

① 《马克思恩格斯文集》第5卷，人民出版社2009年版，第487页。
② 《马克思恩格斯文集》第5卷，人民出版社2009年版，第321页。
③ 《马克思恩格斯文集》第5卷，人民出版社2009年版，第199页。

资本主义生产关系形成了"着了魔的、颠倒的、倒立着的世界"①，"着了魔的、颠倒的、倒立着的世界"为资本主义社会成员价值观形成创造了外在环境。马克思在《资本论》（第三卷）中指出："资本主义生产方式的神秘化，社会关系的物化，物质的生产关系和它们的历史社会规定性的直接融合已经完成；这是一个着了魔的、颠倒的、倒立着的世界。"② 资本主义生产方式通过货币发挥的中介职能，掩盖了资产阶级对无产阶级创造的剩余劳动的无偿占有，把人与人之间的社会关系变成了物与物之间的交换关系，使整个人类社会按照资本主义生产关系体现的历史社会规定性不断发展下去，由此也建构起了一个"着了魔的、颠倒的、倒立着的世界"。在马克思看来，这是一个"劳者不获、获者不劳"的颠倒世界，只有从资本和劳动的关系入手，才能找到理解这个颠倒世界中所有社会体系所围绕旋转的轴心。资本主义社会中各个阶级的价值观就是在这个颠倒世界中形成和发展起来的。通过对商品形式中价值二重性的分析可以发现，只有在资本主义生产方式中，劳动产品才具有交换价值，由此才把劳动产品变成商品，并且进一步发展出货币形式和资本形式。这也决定了资本主义生产方式是一个具有特殊历史特征的社会生产类型。

马克思批判资产阶级政治经济学把它自己的生产关系解释成为一种"永恒的自然规律和理性规律"③，这种解释出自资产阶级和其他一切剥削阶级所共有的利己观念。马克思认为，在资本主义社会中由资本积累同自由劳动相对立造成的颠倒社会现实，不在于商品形式形成的价值对象化，而在于商品形式形成的价值异化，在于无产阶级创造的社会财富不归无产阶级所有，而仅仅归拥有社会化生产条件的资产阶级所有。马克思指出："资本主义生产所固有的并成为其特征的这种颠倒，死劳

① 《马克思恩格斯文集》第 7 卷，人民出版社 2009 年版，第 940 页。
② 《马克思恩格斯文集》第 7 卷，人民出版社 2009 年版，第 940 页。
③ 《马克思恩格斯文集》第 2 卷，人民出版社 2009 年版，第 48 页。

动和活劳动、价值和创造价值的力之间的关系的倒置，是如何反映在资本家头脑的意识中的。"① 按照资本家的价值观理解，这个"着了魔的、颠倒的、倒立着的世界"是以"正立着的"形式存在的。资产阶级因为要把无偿占有无产阶级的自由劳动力当作维系资本主义生产方式正常运转的一个必要条件，所以必须把无产阶级置于同自己根本对立的社会地位。虽然在资本主义社会中各个阶级价值观的形成环境是相同的，人们观念中的价值尺度也是可通约的，但是各个阶级的生产方式决定了他们不同的阶级利益，不同的阶级立利益又决定了他们站在什么样的阶级立场上来看待这个"着了魔的、颠倒的、倒立着的世界"，进而形成什么样的价值观。

资本主义生产关系生产了"商品人"，"商品人"为资本主义社会成员价值观形成提供了主体条件。马克思在《1844年经济学哲学手稿》中说："生产不仅把人当做商品、当做商品人、当做具有商品的规定的人生产出来；它依照这个规定把人当做既在精神上又在肉体上非人化的存在物生产出来。"② 在马克思看来，"商品人"构成了资本主义社会中所有社会成员的内在本质，同时使所有社会成员在精神上和肉体上成为与自身的自由自觉的类本质相异化的社会存在物。"商品人"如同一个"具有自我意识的和能够自主活动的商品"③，他在商品买卖中的自我意识和自主活动也成为他价值观形成的主导因素。因为在任何一次商品买卖中，买方为了以更少的钱获得商品更大的使用价值，卖方为了以商品更少的使用价值获得买方更多的钱，所以买卖双方总是因绝对对立的利益互相对抗。恩格斯对此说道："商业所产生的第一个后果是：一方面互不信任，另一方面为这种互不信任辩护，采取不道德的手段来达到不

① 《马克思恩格斯文集》第5卷，人民出版社2009年版，第360页。
② 《马克思恩格斯文集》第1卷，人民出版社2009年版，第171页。
③ 《马克思恩格斯文集》第1卷，人民出版社2009年版，第171页。

道德的目的。"① 商业扩展促使资本主义社会中的所有社会成员处于相同利益的敌对状态中。资产阶级政治经济学为了掩盖资本主义社会中所有社会成员之间相同利益的敌对状态，给买卖双方的互不信任提供合理性辩护，逐渐建立起一个"成熟的允许欺诈的体系、一门完整的发财致富的科学"②，其最开始就"在额角上带有最令人厌恶的自私自利的烙印"③。由于商业扩展造成的资本主义社会不道德现状已经达到极点，这个极点就是竞争。恩格斯认为，"由竞争关系造成的价格永恒波动，使商业完全丧失了道德的最后一点痕迹"④。竞争建立在资本主义社会成员之间相同利益的绝对对立基础上，当这种相同利益的绝对对立发展到极端又引起垄断。可以说，垄断构成了竞争的对立面，竞争在最终意义上限制了资本主义社会在道德上的可能进步。

资本主义生产关系把社会权力变成私有权力，私有权力为资本主义社会成员价值观形成注入内驱动力。马克思在《资本论》（第一卷）中阐述了，货币使社会成员占有劳动产品的社会权力变成了某个人占有商品的私有权力，从而对古代社会经济秩序和道德秩序产生了瓦解作用："但货币本身是商品，是可以成为任何人的私产的外界物。这样，社会权力就成为私人的私有权力。因此，古代社会咒骂货币是自己的经济秩序和道德秩序的瓦解者。"⑤ 事实上，货币代表的是货币占有者对商品占有的私有权力，这种私有权力在瓦解古代社会经济秩序和道德秩序的过程中，开辟了资本主义社会中人们如何进行价值判断和价值选择的现实道路。恩格斯在《英国状况。十八世纪》中指出了私有财产是私有权力的外在化形式："为了完成这种外在化，金钱，这个财产的外在化了

---

① 《马克思恩格斯文集》第 1 卷，人民出版社 2009 年版，第 61 页。
② 《马克思恩格斯文集》第 1 卷，人民出版社 2009 年版，第 56 页。
③ 《马克思恩格斯文集》第 1 卷，人民出版社 2009 年版，第 56 页。
④ 《马克思恩格斯文集》第 1 卷，人民出版社 2009 年版，第 75 页。
⑤ 《马克思恩格斯文集》第 5 卷，人民出版社 2009 年版，第 155—156 页。

的空洞抽象物，就成了世界的统治者"①。货币形式和资本形式都是资产阶级掌握私有权力的外在化、物化形式。当资产阶级成为占统治地位的社会阶级，资产阶级把自己掌握的私有权力制度化和法律化为资本主义私有制，由此也把私有财产捧上了商品世界的宝座。马克思、恩格斯在《共产党宣言》中生动描述了资产阶级的私有权力对资本主义社会成员价值观形成施展出的颠覆性力量："它把宗教虔诚、骑士热忱、小市民伤感这些情感的神圣发作，淹没在利己主义打算的冰水之中。它把人的尊严变成了交换价值，用一种没有良心的贸易自由代替了无数特许的和自力挣得的自由。"② 资产阶级的私有权力彻底摧毁了"一切封建的、宗法的和田园诗般的关系"③，无情斩断了"把人们束缚于天然尊长的形形色色的封建羁绊"④。这也决定了资本主义社会成员的价值观向着"赤裸裸的利害关系"和"冷酷无情的'现金交易'"的方向发展。

二、价值观的阶级特质

通过分析马克思恩格斯经典文本中对价值概念本质内涵的相关论述，我们可以发现隐藏在价值概念背后的是"经济范畴的人格化"⑤。在资本主义社会中，不同的阶级关系和利益原则决定了人们会形成什么样的价值观。马克思恩格斯经典文本中主要探讨了资本主义社会中的三个阶级，资产阶级、无产阶级和小资产阶级。根据马克思恩格斯经典文本对这三个阶级生产方式、生活交往和思想状态的细致描述，我们可以

① 《马克思恩格斯文集》第 1 卷，人民出版社 2009 年版，第 94 页。
② 《马克思恩格斯文集》第 2 卷，人民出版社 2009 年版，第 34 页。
③ 《马克思恩格斯文集》第 2 卷，人民出版社 2009 年版，第 33—34 页。
④ 《马克思恩格斯文集》第 2 卷，人民出版社 2009 年版，第 33—34 页。
⑤ 《马克思恩格斯文集》第 5 卷，人民出版社 2009 年版，第 10 页。

从中揭示出这三个阶级价值观的主要特质。

1. 资产阶级价值观的主要特质

马克思在《资本论》（第三卷）中指出："在资本主义生产占统治地位的社会状态内，非资本主义的生产者也受资本主义观念的支配。"① 资产阶级是资本主义社会中占统治地位的阶级，资产阶级价值观也主导着其他阶级价值观的形成、发展和变化。马克思恩格斯经典文本中对资本主义社会的价值观导向的揭露和批判，主要是针对资产阶级价值观开展的。从马克思恩格斯经典文本中可以提炼出资产阶级价值观具有以下几个方面特质。

一是"实际需要和自私自利"②。马克思在《论犹太人问题》中说："实际需要、利己主义是市民社会的原则。"③ 资产阶级在瓦解封建社会经济秩序和道德秩序的基础上，按照自身的特殊利益建构起市民社会。市民社会的普遍原则也凸显出资产阶级价值观的鲜明特质。资产阶级作为"人格化的资本"④，它的利益原则使得资产阶级把对实际需要的追求和个人私利的看重放在开展一切社会活动的首要位置。资产阶级追求的实际需要不仅仅是满足自身生存发展的实际需要，更是维护自身私有财产的实际需要。所以，这种实际需要体现出自私自利的价值倾向，资产阶级要求的个人自由不是把别人的自由看作自己自由实现的有利条件，而是看作对自己自由实现的不利限制。金钱是资产阶级的实际需要和自私自利的极致体现。"实际需要和自私自利的神就是金钱。"⑤ 所以，金钱给资产阶级提供了一种"神的价值"，它帮助资产阶级获得了无偿占有无产阶级剩余劳动的私人特权。没有金钱，资产阶级就失去了

---

① 《马克思恩格斯文集》第 7 卷，人民出版社 2009 年版，第 47 页。
② 《马克思恩格斯文集》第 1 卷，人民出版社 2009 年版，第 52 页。
③ 《马克思恩格斯文集》第 1 卷，人民出版社 2009 年版，第 52 页。
④ 《马克思恩格斯文集》第 5 卷，人民出版社 2009 年版，第 269 页。
⑤ 《马克思恩格斯文集》第 1 卷，人民出版社 2009 年版，第 52 页。

维系资本主义生产关系的根本性保障力量。恩格斯指出，"这样，它就使资产者变成了卑鄙龌龊的'拜金者'"①。可见，资产阶级已经把金钱视为自己的生命信仰和精神支柱。在资产阶级眼中，金钱的价值不仅在于决定自己能否有条件购买满足生活需要的商品，更在于决定自身如何生存和生活的全部意义。所以，赚钱是资产阶级日常生活的唯一目的。恩格斯说："金钱使资产者所处的那种可怜的奴隶状态甚至在语言上都留下了痕迹。"② 可以说，国民经济学作为资产阶级价值观的理论表现，不过是一门"关于赚钱的科学"③，也是那些"唯利是图者所喜爱的科学"④。

二是"勤劳、节俭、吝啬"⑤。马克思在《资本论》（第一卷）中写道："他生产的越多，他能卖的也就越多。因此，勤劳、节俭、吝啬就成了他的主要美德。"⑥ 通过对国民经济学的研究可以发现，其核心意旨就是帮助资产阶级实现"多卖少买"。因为，资产阶级只有把越来越多地占有抽象财富作为自己进行工业生产和商品买卖的唯一动机时，他们才能执行自己的资本职能。所以，占有社会财富的使用价值并不是资产阶级的直接目的。资产阶级的活动目的也不是为了仅仅取得一次利润，而是为了使自己的活动成为谋取利润的无休止运动。马克思揭露了这是资产阶级与货币贮藏者共同拥有的绝对致富欲。但是，他们的区别在于，"货币贮藏者是发狂的资本家，资本家是理智的货币贮藏者"⑦。货币贮藏者只是想把货币从商品流通过程中"拯救"出来，让货币在脱离资本逻辑的静止状态中进行无休止的价值增殖。然而，资产阶级比货

---

① 《马克思恩格斯文集》第 1 卷，人民出版社 2009 年版，第 439 页。
② 《马克思恩格斯文集》第 1 卷，人民出版社 2009 年版，第 477 页。
③ 《马克思恩格斯文集》第 1 卷，人民出版社 2009 年版，第 477 页。
④ 《马克思恩格斯文集》第 1 卷，人民出版社 2009 年版，第 477 页。
⑤ 《马克思恩格斯文集》第 5 卷，人民出版社 2009 年版，第 157 页。
⑥ 《马克思恩格斯文集》第 5 卷，人民出版社 2009 年版，第 157 页。
⑦ 《马克思恩格斯文集》第 5 卷，人民出版社 2009 年版，第 179 页。

币贮藏者更加精明的做法是他们通过不断把货币重新投入商品流通，使货币转化成资本形式并且进入流通领域去吸附更多无产阶级劳动力来进行无休止的价值增殖。所以，马克思认为，在资产阶级的内心世界展开了"积累欲和享受欲之间的浮士德式的冲突"①。资产阶级为了在流通领域使自己的商品买卖实现"流水般的统一"②，他们就必须恪守"勤劳、节俭、吝啬"的主要美德。资产阶级不仅要指挥无产阶级进行超高强度的工厂劳动，而且要竭力钻研如何在最大限度上榨取无产阶级的剩余劳动。在资本主义生产过程中，资产阶级受到了这样一种欲望激励："即力图把有反抗性但又有弹性的人的自然界限的反抗压到最低限度。"③ 正因如此，资产阶级在"精力、贪婪和效率方面"④ 要远远胜于以往任何一个剥削阶级。

　　　三是"求助于诡辩和伪善"⑤。恩格斯在《国民经济学批判大纲》中说："新的经济学只前进了半步；它不得不背弃和否认它自己的前提，不得不求助于诡辩和伪善，以便掩盖它所陷入的矛盾，以便得出那些不是由它自己的前提而是由这个世纪的人道精神得出的结论。"⑥ 在这个论断中，恩格斯揭露了国民经济学为了掩盖资本主义私有制陷入的矛盾，必须"求助于诡辩和伪善"的价值观特质。恩格斯之所以认为国民经济学只前进了半步，是因为国民经济学对以往经济学进行的理论革命是片面的、狭隘的和不彻底的。国民经济学虽然认识到以往的社会私有制具有特殊性和历史性，但却把资本主义私有制辩护为具有永恒合理性的私有制。恩格斯认为，国民经济学无法解释自己的前提与结论的相互矛盾，只能诡辩资本主义时代发挥作用的道德原则是人道精神、绝对理

---

① 《马克思恩格斯文集》第 5 卷，人民出版社 2009 年版，第 685 页。
② 《马克思恩格斯文集》第 5 卷，人民出版社 2009 年版，第 143 页。
③ 《马克思恩格斯文集》第 5 卷，人民出版社 2009 年版，第 464 页。
④ 《马克思恩格斯文集》第 5 卷，人民出版社 2009 年版，第 359 页。
⑤ 《马克思恩格斯文集》第 1 卷，人民出版社 2009 年版，第 57 页。
⑥ 《马克思恩格斯文集》第 1 卷，人民出版社 2009 年版，第 57 页。

性和永恒权利。马克思在《政治经济学批判(1857—1858 年手稿)》中说:"个人现在受抽象统治,而他们以前是互相依赖的。但是,抽象或观念,无非是那些统治个人的物质关系的理论表现。"① 事实上,国民经济学宣扬的抽象观念无非是以理论形式表现的资本主义生产关系。国民经济学从表面上承认人的独立性和自主活动,但是资本主义生产关系已经从所有社会领域把私有财产的运动方式渗透到人自身的本质发展中。资产阶级利用自由贸易,打着和平、自由与博爱的幌子使自己成为唯一的价值规定,发挥出摧毁一切地域界限和民族束缚的道德力量。恩格斯指出:"这就是商业的人道,而滥用道德以实现不道德的意图的伪善方式就是自由贸易体系引以自豪的东西。"② 可以说,资产阶级价值观体现出的这种伪善、前后不一贯和不道德在所有社会领域中都与人们之间的和谐社会关系处于对立状态。

2. 无产阶级价值观的主要特质

恩格斯在《英国工人阶级状况》中指出:"工人比起资产阶级来,说的是另一种方言,有不同的思想和观念,不同的习俗和道德原则,不同的宗教和政治。"③ 无产阶级与资产阶级根本对立的阶级立场和利益原则,决定了两个阶级之间截然相反的价值趋向。通过分析马克思恩格斯经典文本,可以发现无产阶级价值观呈现出以下主要特质。

一是"对金钱没有这种敬畏感"④。恩格斯在《英国工人阶级状况》中对比了无产阶级与资产阶级面对金钱的态度,他说:"对金钱没有这种敬畏感的工人,不像资产者那样贪婪,资产者为了赚钱不惜采取任何手段,认为自己生活的目的就是装满钱袋。"⑤ 资产阶级对金钱的无限

---

① 《马克思恩格斯文集》第 8 卷,人民出版社 2009 年版,第 59 页。
② 《马克思恩格斯文集》第 1 卷,人民出版社 2009 年版,第 62 页。
③ 《马克思恩格斯文集》第 1 卷,人民出版社 2009 年版,第 437—438 页。
④ 《马克思恩格斯文集》第 1 卷,人民出版社 2009 年版,第 439 页。
⑤ 《马克思恩格斯文集》第 1 卷,人民出版社 2009 年版,第 439 页。

欲望是受资本运作的无限动力驱动的。资产阶级因为拥有"资本的灵魂",所以自然而然成为金钱的奴隶。无产阶级没有用来进行资本运作的金钱,金钱在无产阶级眼中也就失去了任何神圣性的光环。恩格斯认为,资产阶级把金钱从无产阶级那里夺走,从而把无产阶级变成了"实际的无神论者",无产阶级不尊重金钱带来的强权和威力,他们只为得到尘世中的生存权利而活着。虽然无产阶级长期忍受着贫穷带来的痛苦生活,无产阶级比资产阶级更迫切地需要金钱,但是金钱对于无产阶级的价值只在于用它来购买最基本的生活必需品,根本不足以获得任何积蓄。无产阶级眼中的金钱不像在资产阶级眼中那样,深具一种固有的特殊价值。这种看待金钱的眼光使得无产阶级真诚、无畏、大气。恩格斯在深入考察无产阶级的实际生活以后发现,无产阶级的仁慈可亲表现在他们生活中的各个方面。虽然无产阶级自身命运多舛,但是他们更能同情那些境况不好的人。无产阶级把每一个人都看作享有平等权利的人。马克思在《法兰西内战》中描述了无产阶级在巴黎公社中的革命表现:他们"在空前艰难的条件下虚心、诚恳而卓有成效地进行他们的工作,而所得报酬最高额还不及科学界高级权威人士所建议的伦敦国民教育局秘书最低薪额的五分之一"[1]。无产阶级对金钱没有敬畏感,所以他们能够不计得失地为无产阶级的共同事业而辛勤劳动,这种崇高的精神境界在资产阶级旧世界观中是难以存在的。

二是"不持偏见"[2]。恩格斯在《国民经济学批判大纲》中说:"贷款生息,即不花劳动单凭贷款获得收入,是不道德的,虽然这种不道德已经包含在私有制中,但毕竟还是太明显,并且早已被不持偏见的人民意识看穿了,而人民意识在认识这类问题上通常总是正确的。"[3] 结合恩格斯在上文中阐述的资本和劳动的关系问题,我们可以明确恩格斯在

---

① 《马克思恩格斯文集》第 3 卷,人民出版社 2009 年版,第 159 页。
② 《马克思恩格斯文集》第 1 卷,人民出版社 2009 年版,第 71 页。
③ 《马克思恩格斯文集》第 1 卷,人民出版社 2009 年版,第 71 页。

这里提出的"不持偏见的人民意识"主要是指无产阶级意识。可以说，"不持偏见"是无产阶级价值观导向的集中体现。无产阶级不仅因为"对金钱没有这种敬畏感"①，所以不是"戴着自私的眼镜来看一切"②，而且因为缺乏"一切理性的、精神的和道德的教育"③，所以"丝毫没有沾染上传统的'体面的'资产阶级偏见"④。这个优势使得无产阶级在看待资本主义社会各种现象及其相互关系的过程中更加清醒、准确和客观。资产阶级的阶级利益和资本主义社会的现存制度紧密联系在一起，资产阶级不愿改变任何触及自身阶级利益的社会制度，所以资产阶级的价值观导向也受制于由资本主义社会现存制度衍生的各种阶级偏见、政治偏见和宗教偏见，无产阶级却诚实、坦率和热情地正视真正标志着社会进步的一切事物。恩格斯在《英国工人阶级状况》中阐发了他对无产阶级价值观导向的整体看法，他非常欣慰地看到无产阶级"已经摆脱了民族偏见和民族优越感这些极端有害的东西"⑤，因为在资本主义社会中这些东西"归根结底不过是大规模的利己主义而已"。无产阶级同情世界上每一个真诚地致力于人类进步的人，仰慕世界上每一寸土地上的一切伟大美好事物。这种价值观导向意味着无产阶级已经认识到他们的阶级利益已经与全人类的共同利益紧密联系在一起，他们已经把自己看作整个人类大家庭的成员，而不是某个孤立民族的成员。

三是"毫无顾忌和大公无私"⑥。恩格斯在《路德维希·费尔巴哈和德国古典哲学的终结》中指出："科学越是毫无顾忌和大公无私，它就越符合工人的利益和愿望。"⑦ 正因如此，只有在德国无产阶级中还

① 《马克思恩格斯文集》第 1 卷，人民出版社 2009 年版，第 439 页。
② 《马克思恩格斯文集》第 1 卷，人民出版社 2009 年版，第 439 页。
③ 《马克思恩格斯文集》第 1 卷，人民出版社 2009 年版，第 425 页。
④ 《马克思恩格斯文集》第 1 卷，人民出版社 2009 年版，第 379 页。
⑤ 《马克思恩格斯文集》第 1 卷，人民出版社 2009 年版，第 383 页。
⑥ 《马克思恩格斯文集》第 4 卷，人民出版社 2009 年版，第 313 页。
⑦ 《马克思恩格斯文集》第 4 卷，人民出版社 2009 年版，第 313 页。

延续着德国古典哲学传承的理论基因，还保持着德国人的理论兴趣。无
产阶级没有"对职位、牟利，对上司的恩典"的任何考虑，所以他们能
够"毫无顾忌和大公无私"地进行理论探索和科学研究。事实上，无产
阶级的这种价值观导向深刻根植于他们在资本主义社会中贫穷、动荡和
非人性的生活境遇中。恩格斯提到："当无产者穷到完全不能满足最起
码的生活需要，穷到处境悲惨和食不果腹的时候，那就会更加促使他们
蔑视一切社会秩序。"① 无产阶级面对这种生活境遇，只有依靠自己的
实际力量才能改变现状。但是资产阶级竭力遏制无产阶级的一切反抗行
为。单个无产者为了改善自己现状所做的一切努力，如同一滴水淹没在
那些支配着他，而他又无法控制的各种由偶然事件构成的洪流中。无产
阶级只有团结起来奋起反抗那些企图使他们永远处于非人境地的资产阶
级，才能尽力设法不陷入这种洪流的漩涡底部，也才能设法挽救自己的
人的尊严。所以，无产阶级身上具有资本主义社会中其他任何阶级都不
具有的"能标明自己是社会消极代表的那种坚毅、尖锐、胆识、无
情"②，具有那种"和人民魂魄相同的"开阔胸怀，具有"鼓舞物质力
量去实行政治暴力的天赋"③，也具有"革命的大无畏精神"④。只有无
产阶级才能向资产阶级振振有词地宣布自己没有任何地位却必须成为一
切的革命要求。无产阶级的这种价值观导向使得无产阶级能够在任何一
场流血冲突中发挥出"勇敢而坚定地以自我牺牲的精神来争取胜利"⑤。

3. 小资产阶级价值观的主要特质

马克思、恩格斯在《共产党宣言》中描述了资本主义社会中介于资
产阶级和无产阶级之间的中间等级，他们主要是由"小工业家、小商

---

① 《马克思恩格斯文集》第1卷，人民出版社2009年版，第429页。
② 《马克思恩格斯文集》第1卷，人民出版社2009年版，第15页。
③ 《马克思恩格斯文集》第1卷，人民出版社2009年版，第15页。
④ 《马克思恩格斯文集》第1卷，人民出版社2009年版，第15页。
⑤ 《马克思恩格斯文集》第2卷，人民出版社2009年版，第194页。

人、手工业者、农民"① 构成的小资产阶级。在资本主义社会中，小资产阶级的阶级利益与无产阶级的阶级利益既有区别，又有联系。从根本上看，他们同资产阶级作斗争，主要是为了维护自己作为中间等级的生存条件。他们的价值观导向既保守和反动，又矛盾和善变，具体体现出以下特质。

一是"摇摆于无产阶级和资产阶级之间"②。马克思、恩格斯在《共产党宣言》中对"各种社会主义的和共产主义的文献"所作的批判性分析，也包括"小资产阶级的社会主义"内容。"小资产阶级的社会主义"充分体现出小资产阶级摇摆于无产阶级和资产阶级之间的价值观导向。马克思、恩格斯认为，"小资产阶级的社会主义"的实际内容是想恢复旧的生产方式和生产关系，或者想重新把资本主义的生产方式和生产关系硬塞到旧的所有制关系框架中去。这两种企图都是"力图使历史的车轮倒转"③，具有空想性、反动性和落后性。小资产阶级的价值观导向是由小资产阶级的阶级地位决定的。小资产阶级在资本主义社会中是作为资产阶级成员，因为经常的竞争而被抛到无产阶级队伍的补充部分而存在的。他们中间的内部成员不断地重新组合，并且随着资产阶级商业垄断的最终定型而即将失去自己作为一个阶级的独立地位。小资产阶级由于害怕被抛到贫穷的无产阶级行列中，他们必须想方设法跻身于富有的资产阶级行列。恩格斯在《德国农民战争》中揭露道："他们彷徨于恐惧和希望之间，在斗争期间会力求保全自己宝贵的性命，而在斗争之后则去投靠胜利者。这就是他们的本性。"④ 小资产阶级的政治观点如同他们的阶级地位一样，是极端动摇的。他们在封建制政府面前卑躬屈膝和百依百顺。当资产阶级取得国家政权，他们又陷入了资产阶

① 《马克思恩格斯文集》第 2 卷，人民出版社 2009 年版，第 42 页。
② 《马克思恩格斯文集》第 2 卷，人民出版社 2009 年版，第 56 页。
③ 《马克思恩格斯文集》第 2 卷，人民出版社 2009 年版，第 42 页。
④ 《马克思恩格斯文集》第 2 卷，人民出版社 2009 年版，第 209 页。

级的民主主义狂热。无产阶级一旦表现出展开独立运动的革命意志，他们又立刻变得意气消沉和忧虑重重。如果说小资产阶级身上还蕴藏着任何革命意志，那是鉴于他们将来有可能转入无产阶级的队伍，从而站到无产阶级的政治立场上来。

二是"擅长吹牛，在行动上却十分无能，而且不敢作任何冒险"①。恩格斯在《德国的革命和反革命》中揭示了小资产阶级在 1849 年的五月起义中作为领导阶级的实际表现，他指出，小资产阶级在革命宣传上的狂妄和革命行动上的无能形成了鲜明对比。小资产阶级不敢冒任何风险的胆怯心理和懦弱行为使得他们领导的革命运动遭到了彻底失败。实际上，小资产阶级在商业交易和信贷业务方面采用的是小本经营的劳动方式，这种劳动方式很容易给小资产阶级的性格打上缺乏魄力和进取心的烙印，他们这种性格特质也充分地体现在他们领导和参与的政治运动中。马克思在《路易·波拿巴的雾月十八日》中分析了小资产阶级形成这种价值观的根本原因："他们的思想不能越出小资产者的生活所越不出的界限，因此他们在理论上得出的任务和解决办法，也就是小资产者的物质利益和社会地位在实际生活上引导他们得出的任务和解决办法。"② 小资产阶级的固定财产稀少、交往空间狭小、社会地位较低，使他们不能不用狭隘、僵化和封闭的思维方式来思考自己的现实处境和命运走向。在小资产阶级领导或参与的革命运动中，他们往往利用漂亮言语吹嘘自己的革命意图，并且鼓动无产阶级加入进来。在革命中他们又尽可能拖延行动，采取犹豫不决的消极态度。一旦革命效果超出了小资产阶级的狭隘愿望，他们就会迫不及待地攫取政治权力、防止过火和独占胜利果实。

三是"不能以自己的名义来保护自己的阶级利益"③。马克思在

① 《马克思恩格斯文集》第 2 卷，人民出版社 2009 年版，第 451 页。
② 《马克思恩格斯文集》第 2 卷，人民出版社 2009 年版，第 501 页。
③ 《马克思恩格斯文集》第 2 卷，人民出版社 2009 年版，第 567 页。

《路易·波拿巴的雾月十八日》中详细论述了法国农民推选路易·波拿巴作为自身利益代言人的内在原因，这个内在原因也揭示了一个影响小资产阶级价值观导向的关键因素。马克思写道，从法国农民的经济条件、生活方式、阶级利益和教育程度来看，他们的这些现实情况与其他阶级各不相同并且互相敌对，所以他们能够作为一个独立阶级而存在。但是在小资产阶级内部，他们没有分工、缺乏联系的生产方式和松散隔绝、机械单调的生活状态又使得他们难以形成全国性的政治组织。他们已经习惯于被动地接受"直接碰到的、既定的、从过去承继下来的"的生产方式和在此基础上形成的文化观念和思想意识，他们在这样的历史条件局限中，很难形成推动社会发展进步的主体意识和首创精神。小资产阶级不敢主动提出和争取自己的阶级利益，所以他们一定要选择一个高高在上的主宰和权威来代表他们的利益。法国农民怀念拿破仑时代的封建君主专制对他们生产方式的维系和保护，所以他们信任路易·波拿巴能够像拿破仑一样保护他们的利益不受其他阶级侵犯，以一种超越现代政府限制的绝对权力自上而下地赐予他们阳光和雨露。路易·波拿巴正是利用了法国农民的这种依赖心理，成功赢得了法国农民的选票。在法国农民"把第二个波拿巴推上西奈山"以后，他们才发现自己已经上当受骗。马克思形容他们"不再是农民青年的精华，而是农民流氓无产阶级的败类"①。因此，小资产阶级只有通过与无产阶级结成革命联盟，接受无产阶级的领导，才能走向开化、先进和理智。

三、价值观的培育原则

通过分析马克思恩格斯经典文本可以发现，不同阶级的价值观体现出不同的思想特质，在所有阶级的价值观中又存在着可通约的内容。培

---

① 《马克思恩格斯文集》第 2 卷，人民出版社 2009 年版，第 572 页。

育具有特定价值取向的价值观能够对个人生活与社会发展起到观念引领、矛盾化解和共识凝聚的重要作用。只有把所有阶级的价值观培育成为符合社会绝大多数人共同利益和人类社会发展趋势的价值观，才能给人们生活和社会发展提供正确的价值标准和价值遵循。根据马克思恩格斯经典文本中对价值概念的相关论述，我们可以从唯物史观的整体视域分析出价值观的培育原则。

1. 把握价值观的社会基础

恩格斯在《反杜林论》中指出："人们自觉地或不自觉地，归根到底总是从他们阶级地位所依据的实际关系中——从他们进行生产和交换的经济关系中，获得自己的伦理观念。"① 按照唯物主义历史观的基本原理，人们的物质生活从根本上决定了人们的思想意识。人们的思想意识随着人们的生活条件、社会交往和利益关系的改变而改变。其中，人们的生产方式和阶级地位起到了根本性决定作用。人们的生产方式直接决定了人们在社会生活中的阶级地位；人们在社会生活中的阶级地位决定了人们站在什么样的阶级立场上；人们站在什么样的阶级立场上又决定了人们拥有什么样的利益原则；拥有什么样的利益原则最终决定了人们面对各种现实事物时会作出怎样的价值判断和价值选择，进而形成一种什么样的价值观。所以，我们应当根据人们的生产方式和阶级地位来理解和把握人们的价值观。从整个社会来看，我们也应当从主导这个社会的生产方式和交换方式中去理解和把握这个社会的整体价值观导向，而不是从人们对永恒真理和绝对正义的抽象认识中去理解和把握。马克思、恩格斯强调，他们拒绝把任何道德教条当作一种终极的、永恒的和绝对的伦理规范强加给他人。因为人类社会中从来没有凌驾于历史发展和民族差别之上的道德原则。可以说，任何价值观都可以从这一历

---

① 《马克思恩格斯文集》第 9 卷，人民出版社 2009 年版，第 99 页。

史阶段的社会经济状况中寻找到它们存在、发展和变化的物质基础和社会根源。

　　在资本主义社会中，资产阶级价值观在所有阶级价值观中处于统治地位，所有阶级价值观都受资产阶级价值观的支配。马克思在《资本论》（第三卷）中写道："在资本主义生产占统治地位的社会状态内，非资本主义的生产者也受资本主义观念的支配。"① 在这里，马克思用巴尔扎克的小说《农民》举例，说明一个小农把自己替高利贷者无偿劳动视为支付自己所欠现金的自然行为。在这个小农的价值观中，自己的劳动力没有任何价值，高利贷者向他收取不合理的利息却具有天经地义的正当性。实际上，小农接受的这种"颠倒的观念"正是资产阶级价值观的本质体现。马克思通过剖析资本的生息形态所内含的经济关系，为我们揭示了其如何使"资本的物神形态和资本物神的观念"② 得以最终完成。马克思指出，尽管利息只是资产阶级从无产阶级的生产劳动中榨取的剩余价值的一部分，但是却反过来表现为资产阶级在商业运转中自己创造的劳动财富和应当获得的生产利润。资本的生息形态使资产阶级获得了展开再生产过程的前提条件，也使货币产生了独立于再生产过程之外而自行增殖的能力。马克思说，从资本的生息形态中我们可以看到资本那种没有概念的真实形式，也可以看到资本主义生产关系最高程度上的颠倒和物化。在资本的生息形态上，资本用最显眼的神秘外衣掩盖了自己享有的用过去死劳动来支配未来活劳动的阶级特权，不仅使资产阶级把无产阶级创造的剩余价值顺理成章地据为己有，而且使资本主义社会的所有社会成员都心甘情愿地在资产阶级价值观建构的伦理秩序中生产生活。

　　马克思通过阐明资本主义生产总过程中资本发展演变的各种具体形态，进一步揭示了资产阶级价值观是如何伴随资本主义生产总过程而深

---

① 《马克思恩格斯文集》第 7 卷，人民出版社 2009 年版，第 47 页。
② 《马克思恩格斯文集》第 7 卷，人民出版社 2009 年版，第 442 页。

入整个资本主义社会，是如何发挥出支配所有社会成员价值观的内在机理的。马克思认为，"价值"在资本主义生产过程中分化为两个对立面，一面是过去死劳动支配着未来活劳动的资本职能转化为人格化的资本家；另一面是未来活劳动受制于过去死劳动的劳动职能转化为商品化的工人。从这样的颠倒关系出发，衍生出了相应的歪曲意识。马克思在《资本论》（第三卷）中强调："这种意识由于真正流通过程的各种转化和变形而进一步发展了。"① 分析资本主义生产过程的内部联系是一项极其复杂和细致的科学工作，必须从日常可见的表面现象深入到资本流通的现实运动。然而，在资本主义生产过程中的当事人由于被日常可见的表面运动所迷惑，他们头脑中关于资本主义生产过程的观念反映必然会偏离真实的客观规律。尤其是资产阶级的价值观由于资本所经历的流通过程，必然会被资本主义生产关系的颠倒本性彻底歪曲。资产阶级的价值观是与资本主义生产关系相符合的。马克思分析了资本主义生产过程中当事人之间进行交易的正义性，在于这种经济交易是从资本主义生产关系中产生出来的自然结果。这种经济交易不仅是当事人之间的共同意志，也是在法律形式上予以认定的共同契约，而法律形式只是通过国家政权肯定了这种经济交易的实际内容。这个实际内容只要与资本主义生产关系相符合，就具有正义性；其只要与资本主义生产关系相矛盾，就不具有正义性。

一种生产关系之所以能够使与之相适应的价值观在社会道德领域获得这种权威性地位，主要在于它本身的反复再生产。如果这种再生产持续一段历史时期，它就会成为社会上固定的习惯和传统，最后通过法律形式加以神圣化。资本主义生产过程中的当事人感受不到这种颠倒关系中存在的异化事实，也是因为他们每天都在这些虚假的社会形态中活动。资产阶级的意识形态阶层承担着对这些当事人的日常观念进行教义

---

① 《马克思恩格斯文集》第 7 卷，人民出版社 2009 年版，第 53—54 页。

式翻译的理论任务，把这些日常观念安排在资本主义社会有条不紊的道德秩序中，并且宣布资产阶级的收入源泉具有自然必然性和永恒合理性，资产阶级则会从整个社会的道德秩序中为自己榨取无产阶级的剩余劳动找到合情合理和不可置疑的价值观依据。

2. 发挥价值观的引领作用

恩格斯在《反杜林论》中探讨了资产阶级平等观念在 1789 年法国大革命中和大革命以后发挥出来的"实际的政治的作用"和"巨大的鼓动作用"，他说，资产阶级平等观念"特别是通过卢梭起了一种理论的作用，在大革命中和大革命之后起了一种实际的政治的作用，而今天在差不多所有国家的社会主义运动中仍然起着巨大的鼓动作用。这一观念的科学内容的确立，也将确定它对无产阶级鼓动的价值"①。资产阶级平等观念是资产阶级宣扬的一个核心价值观。资本主义生产方式要求打破一切等级森严的封建制度对资本流通造成的束缚和限制，让人们能够平等地利用货币进行商品交换和贸易往来，也给资本逻辑创造出无限扩展的世界市场。为此，资产阶级平等观念也必须随着资本主义革命的广泛展开而渗透到社会生活的各个领域，为变革封建主义生产方式奠定必要的社会心理基础。无产阶级在帮助资产阶级推翻封建统治阶级的革命运动中也接受了资产阶级对他们进行的政治教育，获得了资产阶级价值观给他们带来的思想启蒙。

虽然人们的价值观根植于社会的经济事实中，但是价值观能够起到重要的先导作用，引领一个社会的生产关系发生历史性变革。关于这一点，恩格斯在《马克思和洛贝尔图斯》中说道："但是，从经济学来看形式上是错误的东西，从世界历史来看却可能是正确的。"② 也就是说，某种事物的形式从经济学角度来看也许是不符合现实条件的，但是从世

---

① 《马克思恩格斯文集》第 9 卷，人民出版社 2009 年版，第 108 页。
② 《马克思恩格斯文集》第 4 卷，人民出版社 2009 年版，第 204 页。

界历史角度来看它却具有发展成熟的必然趋势。恩格斯解释说，在奴隶制或徭役制还存在的历史时期，群众的道德意识已经宣布它们是不公平的。这就证明了奴隶制或徭役制作为一种经济事实，其存在的形式本身已经过时，它们由此变得不能忍受和无法持续，新的经济事实也已经出现，即将取代它们。可见，群众的道德意识中隐藏着非常真实的经济内容，他们往往能够从日常生活经验中准确捕捉到社会生产方式在历史发展中的前进方向，甚至比经济学更具有前瞻性、预见性和创造性。

事实上，任何一种社会生产关系的确立和巩固都需要与之相适应的价值观为其奠定必要的社会心理基础。马克思在《资本论》（第三卷）中探讨了资本主义生产关系与宗教信仰之间的内在联系，他说："货币主义本质上是天主教的；信用主义本质上是基督教的。"① 在马克思看来，货币主义和信用主义都建立在信仰基础上。这种信仰不是教徒对原始教义的宗教信仰，而是经由商品世界转化而形成的"对作为商品内在精神的货币价值的信仰，对生产方式及其预定秩序的信仰，对只是作为自行增殖的资本的人格化的各个生产当事人的信仰"②。在资本主义社会中，人们正是通过对货币主义和信用主义的信仰，才能自觉按照资本主义生产方式的内在要求来开展自己的生产生活。

从本质上看，这种信仰不是对未来某种社会样态的理想追求，而是对资本主义生产方式在价值观上的认同和维护。正因如此，本身不具有价值的货币才能取代社会财富的现实要素，成为代表商品价值的社会存在形式。随着资本主义生产关系的不断发展，信用能够进一步取代货币，成为社会财富形式的新的代表，也正是由于人们对资本主义生产方式的价值确认，才使得尽管商品的货币形式和信用形式表现为单纯想象的东西，却拥有体现商品价值的社会权力。恩格斯在《资本论》（第二卷）序言中提到，在面对资本主义生产方式日益体现出严重的不公平现

---

① 《马克思恩格斯文集》第 7 卷，人民出版社 2009 年版，第 670 页。
② 《马克思恩格斯文集》第 7 卷，人民出版社 2009 年版，第 670 页。

象和导致周期性的经济危机时，许多经济学家和社会主义者依然站在资产阶级价值观的视角研究解决所有社会问题的办法，他们都被资产阶级价值观创设的既定经济范畴所束缚，不是止步于研究劳动产品在工人和资本家之间分配的数量比例上面，就是陷入了寻找乌托邦的手段来消除这种不公平现象的幻想当中。只有马克思从无产阶级价值观出发，提出了与所有人直接对立的意见，从而对资本主义生产方式的内在关系作出了透彻分析。马克思认为："这里的问题不是在于要简单地确认一种经济事实，也不是在于这种事实与永恒公平和真正道德相冲突，而是在于这样一种事实，这种事实必定要使全部经济学发生革命，并且把理解全部资本主义生产的钥匙交给那个知道怎样使用它的人。"① 这个能够理解全部资本主义生产方式，并且能够推动资本主义生产方式变革的社会阶级就是无产阶级。

然而，在无产阶级还没有形成对自身价值观清晰认知的时候，他们也同样受资产阶级价值观的支配。恩格斯在《反杜林论》中指出，法国无产阶级在 1789 年大革命以后，抓住了资产阶级对平等观念的现实诉求，提出平等不应当是表面的，也不应当仅仅在国家政治领域中实行，而是应当体现在社会经济领域的各个方面，这种现实诉求也成为"法国无产阶级所特有的战斗口号"②。恩格斯揭示了无产阶级这种受资产阶级价值观支配的平等要求具有双重意义：一方面，它自发反映了阶级社会中剥削者和被剥削者之间的不平等关系；另一方面，它在这种自发反映的基础上产生了争取平等地位的革命本能。无产阶级从资产阶级的平等观念中才找到自己应当被平等对待的现实理由。他们也从中吸取了一些可以在日后无产阶级革命中进一步发展的正当要求。可以说，在无产阶级作为一个独立阶级开展革命运动的最初阶段，无产阶级是利用资产阶级的政治主张来作为自己的鼓动手段的。在这种情况下，无产阶级革

---

① 《马克思恩格斯文集》第 6 卷，人民出版社 2009 年版，第 21 页。
② 《马克思恩格斯文集》第 9 卷，人民出版社 2009 年版，第 112 页。

命自然不会提出任何超越资产阶级平等观念的现实诉求。

3. 协调价值观的多元发展

恩格斯在《反杜林论》中通过分析资产阶级价值观中隐含的资产阶级物质利益揭示了："道德始终是阶级的道德；它或者为统治阶级的统治和利益辩护，或者当被压迫阶级变得足够强大时，代表被压迫者对这个统治的反抗和他们的未来利益。"① 可以说，没有抽象的、永恒的和绝对的道德法则，只要人类社会处于阶级社会的历史阶段，任何一种道德法则都是在某个阶级的利益格局内对所有社会成员进行的思想规约和行为规范。恩格斯认为，善恶观念在不同民族和各个时代之间总是千差万别、千变万化的，甚至它们常常处于直接对立的矛盾之中。但是，从人类社会历史发展的整体进程来看，被压迫阶级变得足够强大以后，代表被压迫阶级物质利益的道德法则将会体现出更加适合人类社会未来发展趋势的进步特征，也会代表社会上更多数人的物质利益，从而得到更多数人的支持和认同。人类社会只有在消灭了阶级差异和阶级对立的发展阶段上，才会出现"超越阶级对立和超越对这种对立的回忆的、真正人的道德"②。

恩格斯在《反杜林论》中总结了人类社会历史发展进程中已经出现的三种道德，一是过去的基督教封建道德，二是现代的资产阶级道德，三是未来的无产阶级道德。在当时的欧洲先进国家中，这三种道德都同时地、并列地发挥出社会价值。如果试图分析这三种道德的合理性问题，那么这三种道德在绝对的终极性方面，哪一种都不可能代表绝对真理。"但是，现在代表着现状的变革、代表着未来的那种道德，即无产阶级道德，肯定拥有最多的能够长久保持的因素。"③ 因为，无产阶级

---

① 《马克思恩格斯文集》第 9 卷，人民出版社 2009 年版，第 100 页。
② 《马克思恩格斯文集》第 9 卷，人民出版社 2009 年版，第 100 页。
③ 《马克思恩格斯文集》第 9 卷，人民出版社 2009 年版，第 98—99 页。

已经成为资本主义社会中的绝大多数人，无产阶级的道德不仅是对社会上绝大多数人共同利益的真正阐扬，而且无产阶级身上"蕴蓄着民族的力量和推进民族发展的才能"①，只有无产阶级才能向着人类社会未来发展趋势推动资本主义生产方式发生历史性变革。

关于无产阶级道德能够成为代表未来社会变革的那种道德，马克思在《资本论》中从资本主义生产方式与生产力之间内在矛盾的角度分析了得出这个结论的根本原因。马克思在《资本论》（第一卷）中说，资本主义生产方式之所以把劳动价值表现为和它的本质完全不同的形式，主要是因为它是在资产阶级价值观基础上产生的"直接地、自发地、作为流行的思维形式"② 再现出来的。想要把劳动价值的本质真实地揭示出来，必须运用科学的思维方式才能做到。马克思指出："古典政治经济学几乎接触到事物的真实状况，但是没有自觉地把它表述出来。只要古典政治经济学附着在资产阶级的皮上，它就不可能做到这一点。"③也就是说，资产阶级作为人格化的资本执行职能，他们的历史使命就在于维系资本主义生产方式的永续运转。资产阶级在资本主义生产过程中感受到的是绝对满足，他们的阶级立场也就深深扎在这个使人的劳动异化和物化的过程中。所以，从资产阶级的阶级立场上永远不能对资本主义生产方式作出科学分析，也不会自觉地把资本主义生产方式的内在矛盾真实地表述出来。

然而，资本主义社会是人类社会从必然王国走向自由王国的一个必经阶段，资本主义生产方式依靠牺牲绝大多数人的共同利益来强制性地创造社会财富，只有这种残酷的社会劳动生产方式才能为自由人类社会奠定物质基础。马克思在《资本论（1863—1865 年手稿）》中指出，

---

① 《马克思恩格斯文集》第 1 卷，人民出版社 2009 年版，第 475 页。
② 《马克思恩格斯文集》第 5 卷，人民出版社 2009 年版，第 621 页。
③ 《马克思恩格斯文集》第 5 卷，人民出版社 2009 年版，第 622 页。

"工人在这里所以从一开始就站得比资本家高"①。因为无产阶级作为人格化的劳动执行职能，他们在资本吸收活劳动来自行增殖的过程中，感受到的是痛苦和消耗。无产阶级作为这个过程的牺牲品，一开始就处于这个过程的对立面。他们必须把这种死劳动对活劳动的统治变革为人对物的驾驭，才能改变自己被奴役的命运。正因如此，无产阶级价值观不需要用"纯粹的花言巧语"来欺蒙广大人民群众，而只需要真实地揭示出符合人类社会未来发展趋势的价值标准和价值要求。在无产阶级价值观的指导下，无产阶级理论家能够最确切地揭示资本主义社会经济状况，无产阶级的革命主张也能够最广泛地代表社会上绝大多数人的共同利益。这些利益即使在当时还没有被社会上绝大多数人所认识，但是随着无产阶级革命把它们逐渐变成现实，广大人民群众会因为亲眼目睹而信服，进而也会支持和认同无产阶级价值观。恩格斯在《英国工人阶级状况》中通过对工人运动的实际考察发现，"工人除了为改善自己的整个生活状况而进行反抗，再也没有任何其他表现自己的人的尊严的余地，那么工人自然就一定会在这种反抗中显示出自己最动人、最高贵、最合乎人性的特点"②。无产阶级在工人运动中表现出来的"自己最动人、最高贵、最合乎人性的特点"③ 也是无产阶级价值观具有真实性、进步性、人民性的充分体现。可以说，无产阶级在对资产阶级的反抗斗争中，处处都表现出自身在智力、道义和实践上的巨大优势。工人能够证明他们反抗斗争的合理性和必要性，所以他们是"有教养的人"，而资产阶级才是"粗野蛮横之徒"。

无产阶级一旦认识到自己的价值追求和价值主张是与人类社会历史发展的未来趋势相契合的，他们就会秉持豁达乐观的大无畏精神进行斗争。因为这种斗争建立在充分的社会历史条件奠定的坚实物质基础上，

---

① 《马克思恩格斯文集》第 8 卷，人民出版社 2009 年版，第 469 页。
② 《马克思恩格斯文集》第 1 卷，人民出版社 2009 年版，第 449 页。
③ 《马克思恩格斯文集》第 1 卷，人民出版社 2009 年版，第 449 页。

必定会推进历史发展进程，取得伟大成果，所以他们对自己的革命事业满怀信心。马克思在《法兰西内战》中描述了小资产阶级在看到无产阶级的革命力量以后，认识到："唯一能够救亡济危的是工人阶级的宏伟的志向和巨人般的力量，而不是妄想当法国奴隶主的那个腐败的阶级!"① 无产阶级在自己的革命事业中体现出来的价值立场和价值追求向其他阶级充分证明，只有他们能够把广大人民群众从剥削压迫中解放出来，只有他们能够把科学从统治阶级的专制工具变为整个社会的服务手段，也只有他们能够帮助科学家本人从资本的同盟者变为自由的思想家。所以，只有用无产阶级价值观整合、凝聚和引领社会价值观发展，才能破除受资产阶级价值观支配的整个社会观念中对物的崇拜和对人的蔑视，改变资本主义生产方式对人的劳动造成的异化和物化，解决资本对劳动的统治以及物对人的奴役问题，进而推动整个社会向着更高级别的自由社会发展。

"价值观"是思想政治教育的基本概念。一般意义上，"价值"体现了一个事物对人们需要的满足程度。在资本主义生产方式成为人类社会占统治地位的生产方式以前，所有社会成员虽然也存在各种各样的实际需要，形成了形形色色的价值观念，然而，只有在资本主义生产方式成为人类社会占统治地位的生产方式以后，所有社会成员的大部分实际需要才都必须依靠货币进行物质交换才能得到满足，所有社会成员的思想观念中也才具有了现代意义上的"价值观"。可以说，在资本主义社会中，交换价值就是人们用来衡量和判断一个事物实际价值的主要标准，人们的价值观被交换价值左右着。尤其对于资产阶级和小资产阶级来说，他们价值观的形成被金钱牢牢束缚着，坚持个人利益至上，很难跳出金钱限定的狭隘范围。无产阶级由于很难占有大量社会财富，反而

---

① 《马克思恩格斯文集》第 3 卷，人民出版社 2009 年版，第 204 页。

不易受到金钱的束缚，能够更开阔、更无私和更清醒地形成自己的价值观。在当今时代的中国，社会主义核心价值观是社会主义市场经济在价值理解上的核心观念反映，集中表达了社会主义市场经济的价值导向，总体确立了社会主义市场经济的价值标准，充分诠释了社会主义市场经济的价值理想，能够从思想道德层面建构起新时代人民群众价值观培育的利益格局和伦理形态。面对社会意识领域出现的各种各样价值观，社会主义核心价值观需要发挥出引导社会价值观协调发展的重要作用。

当前我国已经进入全面建设社会主义现代化国家的关键时期，我国经济发展将迎来更加光明的前景，同时我国经济局势也将发生深刻变革，必将导致在社会意识领域出现各种价值观念和社会思潮交流交锋交融的复杂态势。能否秉持共同的核心价值观关乎社会意识领域的和谐稳定和人民精神生活的健康发展。思想政治教育培育和践行社会主义核心价值观意味着坚持马克思主义在意识形态领域的指导地位，意味着塑造人民广泛的价值共识和普遍的价值追求。中国共产党带领中国人民成功走出一条中国特色社会主义道路，并且从中国特色社会主义伟大实践中提炼和概括了社会主义核心价值观。社会主义核心价值观集中展现了社会主义意识形态的价值内核，鲜明彰显了新时代中国精神和中国价值的意蕴实质。社会主义核心价值观作为当代中国价值观念，也是中国特色社会主义价值观念。社会主义核心价值观根植中华文化沃土、顺应时代进步潮流、反映人民深切期待。在这个意义上，社会主义核心价值观能够成为代表全体中国人民价值共识的"最大公约数"，也能够画出全体中国人民为实现中华民族伟大复兴而不懈奋斗的"最大同心圆"。我国社会意识领域需要社会主义核心价值观的价值引领和观念整合，澄清各种模糊认识，纠正各种错误思想，树立正面舆论导向，壮大主流思想阵地，使人民群众在实现中华民族伟大复兴的进程中灵魂相契、精神相通、同心同德、团结奋进。

在实现中华民族伟大复兴的进程中，培育和践行社会主义核心价值观既是一项基础工程，也是一项根本任务。习近平总书记强调，要"把培育和弘扬社会主义核心价值观作为凝魂聚气、强基固本的基础工程"①。思想政治教育必须通过积极培育和践行社会主义核心价值观，充分发挥社会主义核心价值观的强大感召力、凝聚力和向心力。从社会主义核心价值观倡导的"富强、民主、文明、和谐"这一国家层面的价值要求来看，它总结了以中国式现代化全面推进中华民族伟大复兴的应然状态，凝练了人民当家作主、共创美好生活的殷切夙愿，概括了社会主义现代化国家建设的原则根据。实现共同富裕需要确保始终坚持正确的社会主义方向道路。通过积极培育和践行社会主义核心价值观，能够引导人民群众不断增强对中国特色社会主义的自信和首创精神，教育人民群众始终保持建设富强民主文明和谐美丽的社会主义现代化国家的政治定力和价值自觉。从社会主义核心价值观倡导的"自由、平等、公正、法治"这一社会层面的价值要求来看，它表达了马克思主义对人类社会制度结构和发展模式的内在追求，体现了中国特色社会主义民主政治的基本要求，反映了社会主义社会实现人的全面发展的当代形态。思想政治教育通过积极培育和践行社会主义核心价值观，能够形成有利于实现人民生活共同富裕的生活情景和社会氛围，有助于充分激发人民群众进行物质生产、精神创造、社会交往和文化传播的积极性主动性创造性。从社会主义核心价值观倡导的"爱国、敬业、诚信、友善"这一公民层面的价值要求来看，它明确了人民群众必须恪守的基本道德准则，强调了人民群众与祖国血脉相融、荣辱与共的深厚情感，阐释了诚实劳动、诚恳待人、信守承诺的人类道德传统，体现了社会个体之间和睦友好、守望相助的社会主义新型人际关系。实现中华民族伟大复兴必须找准人民群众实际生活与中国特色社会主义新时代发展同频共振的结合点、着力点。这就需要积极培育和践行社会主义核心价值观，塑造人民

---

① 《习近平谈治国理政》第 1 卷，外文出版社 2018 年版，第 163 页。

群众深入思考自己与国家、民族、社会、他人关系的普遍价值基础，引导人民群众理解把握自己在中国特色社会主义事业中的历史责任和使命担当，进而在以中国式现代化全面推进中华民族伟大复兴的历史进程中，给人民群众提供价值支撑、精神动力与实践力量。